欧洲近古史

何鲁之 著

图书在版编目（CIP）数据

欧洲近古史 / 何鲁之著. —成都：巴蜀书社，2022.8
（巴蜀百年学术名家丛书）
ISBN 978－7－5531－1628－0

Ⅰ.①欧… Ⅱ.①何… Ⅲ.①欧洲—历史—古代 Ⅳ.①K500

中国版本图书馆 CIP 数据核字（2021）第 272738 号

欧洲近古史
OUZHOU JINGUSHI

何鲁之 著

责任编辑	王承军
出　　版	巴蜀书社 成都市锦江区三色路 238 号新华之星 A 座 36 层 邮编：610023 总编室电话：(028)86361843
网　　址	www.bsbook.com
发　　行	巴蜀书社 发行科电话：(028)86361852　86361847
排　　版	四川胜翔数码印务设计有限公司
印　　刷	成都东江印务有限公司
版　　次	2022 年 8 月第 1 版
印　　次	2022 年 8 月第 1 次印刷
成品尺寸	130mm×210mm
印　　张	17
字　　数	340 千
书　　号	ISBN 978－7－5531－1628－0
定　　价	98.00 元

本书若有印装质量问题，请与本社发行科联系调换

出版说明

本书原为何鲁之先生任教成都大学、四川大学时的讲义，1934年6月由商务印书馆出版。此次重版，我们即据商务印书馆初版整理。书中人名、地名、字词等与今日略有不同，为保存原貌，我们未做统一修改，尚希读者见谅。

巴蜀书社
2022年8月

目　录

弁　言/1

概　论/1

第一编　十六十七世纪之欧洲/1

第一章　宗教改革/3

第一节　宗教改革之原因/4

第二节　赎罪券事件/6

第三节　休牧公会与路德之翻译《圣经》/7

第四节　社会斗争/8

第五节　奥格斯堡信条与《奥格斯堡和约》/10

第六节　斯堪狄那维各邦之宗教改革/12

第七节　甲尔文及其教义/13

第八节　甲尔文与日内瓦之宗教改革/14

第九节　英国之宗教改革/16

第十节　亨利第八之虐杀及其后继者/17

第十一节　苏格兰之宗教改革/19

第十二节　宗教改革中之束盈黎/20

欧洲近古史

第十三节　耶稣社运动/22

第十四节　特林脱宗教大会/23

第十五节　新教运动之结果与旧教改革之性质/25

第二章　西班牙王之反对新教及荷兰之独立/27

第一节　西班牙与腓力布第二/28

第二节　腓力布第二之虐杀新教徒与驱逐摩尔人/29

第三节　尼柔兰之叛变/30

第四节　联省共和国之成立/32

第五节　腓力布第二与英国/34

第六节　腓力布第二与法国/34

第七节　腓力布第二与土耳基/35

第八节　腓力布第二与葡萄牙/36

第九节　腓力布第二统治西班牙之结果/37

第三章　伊利沙白时代之英国/39

第一节　伊利沙白/39

第二节　伊利沙白与宗教问题/41

第三节　英吉利教与虐杀/41

第四节　斯都亚德玛利/42

第五节　斯都亚德玛利之死/43

第六节　西班牙战争/45

第七节　伊利沙白之对外政策/46

第八节　伊利沙白时代之农工商业/48

第九节　贫民律/49

第十节　伊利沙白与国会/50

第四章　新旧教徒纷争之法国/52

第一节　新教之起源/53

第二节　新旧教徒之斗争初期/54

第三节　加他林与新旧教徒之斗争/55

第四节　圣巴德勒米之屠杀/57

第五节　三亨利之战/58

第六节　亨利第四之处境及《南第敕令》/59

第七节　宗教战争后之法国情形/61

第八节　亨利第四时代之农工商业/62

第九节　亨利第四之被刺/63

第五章　三十年战争与欧洲政治/64

第一节　战争溯源/65

第二节　哈蒲斯堡家辖地中之新教/67

第三节　鲁多夫及马底亚司与新教/68

第四节　斐迪南第二与越窗掷人事件/69

第五节　波西米战争/70

第六节　丹麦王之干涉失败与斐迪南第二之奢欲/71

第七节　瑞典王之援助德国新教徒及其失败/73

第八节　法国之参战及其结果/75

第九节　委斯法利亚和议成立之原因及其经过/77

第十节　《委斯法利亚条约》及其性质/78

第十一节　荷兰正式独立与《比利牛斯和约》/80

第六章 十七世纪之荷兰/82

第一节 荷兰/82

第二节 政治组织/83

第三节 共和党与鄂伦吉党之争/85

第四节 党争之消长/87

第五节 荷兰人之黄金时代/88

第六节 东印度公司与西印度公司/89

第七节 智识生活/90

第七章 十七世纪之英国/91

第一节 政治组织与宗教派别之情形/92

第二节 占士第一之专制/94

第三节 查理第一与《权利请愿书》/95

第四节 查理第一之专制与船税/96

第五节 《国民公约》与长短国会/97

第六节 内讧之开端/98

第七节 克林威尔与查理之被囚/99

第八节 查理之被杀/100

第九节 共和时代/101

第十节 克林威尔之独裁及其死/103

第十一节 复辟/104

第十二节 宗教问题与国会/105

第十三节 《排斥议案》与占士第二/107

第十四节 名誉革命与《权利宣言》/108

第十五节　威廉第三与英国国会/110

第八章　十七世纪之法国/111

第一节　路易十三与黎塞留/113

第二节　黎塞留之政治措施/114

第三节　路易十三死后之法国情形/117

第四节　巴力门之投石戏/118

第五节　马撒林末年与投石戏之影响/120

第六节　路易十四/121

第七节　路易十四时代之法国政治组织/122

第八节　哥尔伯特/124

第九节　卢屋瓦与阜邦/127

第十节　宗教事件/128

第十一节　路易十四之对外行动/131

第十二节　反法联军与《幼立希条约》/133

第十三节　路易十四时代之法国社会及财政情形/137

第九章　十七世纪之东欧/142

第一节　匈牙利历史概观/143

第二节　哈蒲斯堡族统治下之匈牙利/144

第三节　里泊德与匈牙利人/145

第四节　加尔老基和约/146

第五节　征服匈牙利之重要性/147

第六节　瑞典历史概观/149

第七节　瑞典之对外战争/150

第八节　瑞典之弱点/152

第九节　波兰/153

第十节　俄国/155

第二编　十八世纪之欧洲/157

第一章　十八世纪之英国/159

第一节　大不列颠联合王国/159

第二节　巴力门制溯源/160

第三节　哈诺威新朝诸王/161

第四节　占士党人之反动/162

第五节　政党/163

第六节　维新党内阁与斯丹浩/164

第七节　瓦尔波耳/165

第八节　魏司礼与博爱主义/167

第九节　比特/168

第十节　哈诺威王朝政府/169

第十一节　选举制/170

第十二节　乔治第三及其独裁政治之结果/171

第十三节　维尔克事件与言论界/172

第十四节　第二比特与英人之自由/173

第十五节　工业之发展/174

第二章　路易十五时代之法国/176

第一节　摄政/177

第二节　摄政时代之风俗与政情/178

第三节 多数会议制/178

第四节 财政情形与洛夫制度/179

第五节 洛夫制度之失败及其影响/182

第六节 佛雷里内阁/183

第七节 路易十五/184

第八节 嬖妇与政治/186

第九节 宗教问题/187

第十节 财政困难/188

第十一节 整理财政与破产/189

第十二节 巴力门之废止/190

第十三节 对外政策/192

第三章 十八世纪之俄国/193

第一节 大彼得之幼年生活/194

第二节 彼得亲政以后/195

第三节 阿速要塞之占领/197

第四节 波罗的海方面之进展/198

第五节 波塔华之役/199

第六节 里斯达德之和/200

第七节 彼得之改革/201

第八节 改革中之阻力/203

第九节 彼得之承继者/204

第十节 加他林第二/206

第十一节 农民生活与蒲加捷夫之叛/207

第十二节　内政/208

第十三节　加他林之对外/209

第四章　十八世纪之普鲁士/210

第一节　普鲁士统一之第一步/211

第二节　大选侯之对外/212

第三节　普鲁士王国/213

第四节　队长国王/214

第五节　队长国王之事业/215

第六节　弗勒德勒第二/217

第七节　外战与内政/218

第八节　弗勒德勒之成绩/220

第五章　十八世纪之奥大利/221

第一节　奥大利统治下各邦之性质/222

第二节　查理第六与《相续令》/224

第三节　玛利德利珊及其改革/226

第四节　若瑟第二及其改革/228

第五节　改革中之阻力/231

第六节　结果/232

第六章　十八世纪之欧洲大陆政治状况/233

第一节　英法之接近及其原因/234

第二节　西班牙之行动与《维也纳条约》/236

第三节　波兰承继问题/238

第四节　波兰承继问题中之法王与皇帝/239

第五节　《维也纳和约》及此次战争之结果/240

　　第六节　皇帝与土耳基之战/241

　　第七节　奥大利承继问题/242

　　第八节　奥大利之敌人与友军/245

　　第九节　弗勒德勒入西勒西亚/245

　　第十节　法国之干涉/246

　　第十一节　玛利德利珊应付危局之手腕/247

　　第十二节　法国之宣战/248

　　第十三节　第二度西勒西亚战役/249

　　第十四节　尼柔兰战役/249

　　第十五节　亚亨和议/250

　　第十六节　武装和平/250

　　第十七节　同盟之颠倒/252

　　第十八节　凡尔赛条约/254

　　第十九节　七年之战/256

　　第二十节　呼白脱堡之和约及弗勒德勒战胜之原因/258

第七章　海外殖民之战争/260

　　第一节　英法冲突之原因/261

　　第二节　葡萄牙人与西班牙人之继起者/262

　　第三节　英法在印度之敌对形势/263

　　第四节　英法在美洲之殖民状况/265

　　第五节　英法在美洲冲突前之形势/266

　　第六节　英法冲突/267

第七节 亚亨及顾德辉之和/268

第八节 印度与加拿大之丧失/270

第九节 巴黎条约/271

第十节 英法胜负之原因/272

第十一节 英人在印度之统治/274

第八章 北美合众国之成立/278

第一节 北美殖民地之概况/278

第二节 殖民地叛变之根由/280

第三节 大陆会议与《独立宣言》/282

第四节 华盛顿与萨拉多加之降/284

第五节 法人参战与约克土恩之降/285

第六节 《凡尔赛和约》与战争之影响/288

第七节 一七八七年之制宪会议与宪法/289

第九章 东欧政治状况/293

第一节 波兰共和国及其界域/295

第二节 社会组织/296

第三节 政治组织/297

第四节 俄人入波兰/299

第五节 俄土之战/301

第六节 波兰之分割/302

第七节 开拉齐之和/304

第八节 分割土耳基之计划与战争/305

第九节 波兰之翘首与第二度分割/307

第十节 波兰国命之告终/309

第十一节 波兰分割之影响/310

第十章 近古期之智识运动/311

第一节 培根与笛卡尔之方法/314

第二节 数学/315

第三节 天文学/316

第四节 物理学/319

第五节 生物学/321

第六节 化学/322

第七节 医学/325

第八节 电学/327

第九节 蒸汽/329

第十节 哲学/331

第十一节 政治学/341

第十二节 国际法学/346

第十三节 经济学/348

第十四节 史学/352

第十五节 文学/355

第十六节 艺术/363

第十七节 音乐/368

第三编 法国革命/369

第一章 大革命前之法国/371

第一节 无统一/371

第二节 风气/373

第三节 沙隆/373

第四节 宫庭/376

第五节 社会情形/376

第六节 僧侣/377

第七节 贵族/379

第八节 第三阶级/381

第九节 城市生活/382

第十节 乡人生活/383

第二章 路易十六与财政情形/385

第一节 路易十六/385

第二节 财政/386

第三节 堵哥之改革/387

第四节 尼格与卡伦/388

第五节 巴力门之反抗/389

第六节 尼格之复职/390

第三章 革命/392

第一节 全级会议之开幕/392

第二节 国民会议/393

第三节 国王与国民会议之冲突/394

第四节 立宪会议/395

第五节 路易十六之失策/395

第六节 巴士的狱之陷落/396

第七节 七月十三十四两日之影响/396

第八节 大恐惧/397

第九节 八月四日之夜/397

第十节 困难时期/398

第十一节 人权宣言/399

第十二节 联合会/400

第十三节 瓦棱之逃/401

第十四节 马尔士校场之枪声/402

第十五节 立宪会议之事业/402

第十六节 僧侣财产与僧侣宪法/404

第十七节 党派与演说家/405

第四章 立法会议与王权倾覆/408

第一节 各党派一瞥/408

第二节 皮尔里兹宣言/410

第三节 宣战/412

第四节 八月十日与市政府/413

第五节 九月之屠杀/414

第五章 共和/416

第一节 国民公会/417

第二节 共和与路易十六之死/418

第三节 及伦大党之失败/419

第四节 元年宪法与革命政府/419

第五节 恐怖/421

第六节　新党与罗伯卑尔之狄克推多/422

第七节　大恐怖与暑月九日/424

第八节　白色恐怖与国民公会之事业/425

第六章　指挥官政府/427

第一节　一七九五年之宪法/427

第二节　混乱之源/428

第三节　雅各宾党与王党之遭攻击/429

第四节　一七九九年之舆情/429

第五节　拿破仑返国与雾月政变/430

第七章　革命与欧洲之战/432

第一节　瓦尔米之役/433

第二节　第一次联军/434

第三节　枉德之战/434

第四节　拿破仑/435

第五节　意大利战争与《坎波福米约条约》/435

第六节　埃及之出征/436

第七节　第二次联军/437

第八节　亚眠和约/438

第八章　执政政府/440

第一节　宪法/440

第二节　行政司法与财政/442

第三节　拿破仑与宗教问题/442

第四节　民法/443

第五节 执政政府之其他建设/444

第六节 终身执政与帝制/444

第九章 帝制/445

第一节 拿破仑/445

第二节 独裁/446

第三节 与教皇冲突/447

第四节 怨恶之源/447

第十章 拿破仑之对外/449

第一节 战争之原因/450

第二节 与英国决裂之原因/451

第三节 第三次联军/452

第四节 西方皇帝/453

第五节 第四次联军/454

第六节 大陆封锁/455

第七节 拿破仑与西班牙/456

第八节 第五次联军/457

第九节 拿破仑之极盛/458

第十一章 拿破仑帝制之式微/459

第一节 普鲁士之改革/459

第二节 第六次联军/461

第三节 莫司科之火/461

第四节 第七次联军/462

第五节 巴黎之降/464

第六节　拿破仑逊位及第一次《巴黎条约》/465

第七节　《巴黎和约》后之法国舆情/466

第八节　自厄尔巴岛归来/467

第九节　拿破仑与欧洲/467

第十节　滑铁卢之役/468

第十一节　第二次《巴黎条约》及拿破仑之末日/468

附　录/471

各国王朝系统表/473

参考书/509

弁 言

中文本欧洲史至今仍不多觏,因此著者决将历年所编讲义分期披露,盖一方可以供给青年学子之参考,同时又可博取海内硕学之批评,殆一举而两得也。

兹先将《欧洲近古史》一部付梓,其余各部容陆续整理后再为刊行。

何鲁之 二十二年九月国立四川大学

概 论

　　文艺复兴曾将中世纪拘囿之民智加以解放，其效力之大，至可惊异；而宗教改革，尤为至自由道上一有力之长足进步（摩瓦特）。盖宗教改革实欧洲中古历史之特产品，其意义绝非宗教所能范围，明白言之，即欧人绝顶聪敏之特质，经过中世纪长期闭塞之后，至十六世纪始大为显著；再察其影响之所及，殆普遍于宗教、政治、经济、社会及知识各方面，即十六、十七两世纪之欧洲，亦完全笼罩于此宗教改革云雾之下（陈衡哲）。

　　宗教改革之原因本复杂，而宗教分子究为此种运动之一重要原因，换言之，宗教改革即时人宗教观念之复活。然除宗教原因之外，苟无其他原因搀入，则此宗教改革之结果，无非朝拜圣地，忏悔行善而已，又何至掀起旷古绝今之宗教改宗运动哉（陈衡哲）。

　　路德改革运动之发机，实文艺复兴之反动，盖亦可谓北欧对于南欧之奢侈纵欲之反动也。因北人向来关心于道德问题，重内观，近于宗教神秘性，而反对审美自然主义也。宗教改革之气运几弥满于全欧，而德国乃独首发难者，则政治形势使然也（蒋方震）。

路德所取之态度，吾人于今日视之似甚平庸；然出之于初脱中世纪之人，实一可惊之举动，盖此种态度为对公认信仰之一切挑战，不啻掷生命与灵魂为孤注以与暗中一切可惧之势力相搏斗也。迨路德击破教皇之一切制度，终竟创建独立之新教教会，于是路德坚实之信念遂保持世界之清明（摩瓦特）。

就德国之宗教改革言，路德固为其主体，而就宗教改革全体之事业言，则应共举者有三人：曰路德，曰束盈黎，曰甲尔文（蒋方震）。

路德之反对旧教也为情感作用，其根据在良心；甲尔文之反对旧教也为理智作用，其根据在理论。故太因氏谓路德之改革宗教为良心之悲剧（蒋方震）。

束盈黎与甲尔文俱与闻政治运动，而路德则专事宗教，立政教分离之基。束盈黎颇有共和气味，而路德则颇近于专制。路德不自认其举动为宗教革命，尤不主张政治革命，然就实际言之，宗教改革实当时一大革命事业也（蒋方震）。

一千五百年时，欧洲最富而表面又最强之国家，厥维西班牙。自查理第五登皇帝位，实行大武力罗马教之理想，竟常与新兴新教为敌；至其子腓力布第二尤为变本加厉（摩瓦特），因此宗教狂之腓力布遂与宗教改革合而为一而不能分离也。腓力布自以负有挽狂澜之责，竟不惜对尼柔兰之新教徒施以极残酷之行动而造成流血与恐怖，然结果引起革命，荷兰宣告独立。

英国为婚姻问题，亦被卷入宗教改革潮流之内；其宗教改革虽为一种不彻底之举动，然英国究以维新自命，故其结果竟成为旧教嫡系之西班牙之劲敌。

法国内乱之主要原因本为承继问题；乃适逢其会，宗教改革之潮流恰于此时流入法境，于是单纯之政治问题亦竟蒙上宗教之色彩。加以查理第五自即皇帝位后，西班牙之势力突有威胁法国之势，法国为自保计，自不能不努力摧此凌驾一切之势力，于是法国之宗教态度，既非守旧，亦不维新，纯以政治利害为标准，决不作绝对之左右袒也。

西、英、法三国为当时欧洲最强之国家，此等国家既被卷入宗教改革运动之漩涡中，其余诸国更可想而知矣。

综观各国在此大运动之下，西班牙为至死不渝之旧教信徒，英国为调和之改革，法国则为互争之骚扰；至于德国，因统一事业未成，各国辄借宗教问题之名，暗地发展其权利之野心，结果酿成三十年战争之惨剧（蒋方震）。

方旧教之敝而新教之兴也，旧教为因习，新教为独倡。自历史之演进言，则新教之势力，必日侵旧教而有起而代之之势也。顾新教发展之后，不能利用其长于建设，其势因而停顿;而旧教转能尽全力以革其弊,卒使旧势复振,结果新旧竟成对峙之局,是中消息,固有可以研究者焉(蒋方震)。

观于旧教之复兴,即至今日欧洲政治上之王室首领已仅保残喘而宗教上之首领犹得拥虚名以自固,乃知天下无不可挽之局势,无不可改之弊政也,亦视乎人而已矣(蒋方震)。

法国人称十七世纪为大世纪(Le Grand Siècle),以法国、英国、尼柔兰及瑞典之一切承认之标准而判断,此世纪诚一大世纪也。至于其余各国,则时钟之针殆停而未动(摩瓦特)。

三十年战争者,德国国内战争也,故德国之损耗至属可惊。城市衰落、大学之荒废者不一而足;知识与物质之恢复需五十年以上之时间。法国受祸颇浅,缘此次战事为国外战斗,且胜利又归之也(摩瓦特)。

路易十四即法国王位,以其名字自成一时期,所以然者,盖由于一六四八年之《委斯法利亚条约》与一六五九年之《比里牛斯条约》之缔结,加以知识与艺术之发皇足以助成其政治上之最高地位,而其军备与外交又确能保持以上条约之尊严也。路易王朝在其政治之立场以外,实为近世欧洲进化之戏剧中一出动人之引言,与开场之动作也。欧洲之世界,除英国外,已公认巴黎为政治与知识之联合之重心。法国语言,不仅为外交之语言,且为人本主义上各种进化不可缺少之启智之钥。至于文学上壮丽之文体，按照古代法式之建筑物，哥尔伯特管理之农工商业，皆路易最伟大之和平事业也。即在军事方面，法国亦雄视一时，对外无不顺利，边防亦极巩固。自经福禄特尔之著作披露以后，于是路易十四竟能在十七世纪中保持其大世纪之称号（罗倍尔孙）。

自《委斯法利亚和约》以至法国大革命，欧洲历史中之重要事迹可得而纪者凡二：其一，为欧洲各国在海外作殖民之竞争；殖民事业本发端于葡萄牙，继之而起者则有西班牙。迨英、法、荷相继而起，于是葡、西之势力渐就衰减。其二，为欧洲各国在欧洲本土上作政权或土地之攘夺；攘夺政权最显著之例证为英国，攘夺土地者，则有法国与俄、普、奥。就此两事之结果观之，前者为英国成为海外殖民之伯主，后者为促成列强战争之新形势，为此后数百年之欧洲政治树一不幸之新基础（陈衡哲）。

欧洲历史自路易十四之死以至法国革命之发生之一时期，可视为十七世纪之尾声，或十九世纪之小引。就此七十五年大量加以考察，揭示将来之政治结果有三：（一）为法国政治势力之继续衰落；（二）为普鲁士之兴起臻于一等国之地位；（三）为俄国之展开（罗倍尔孙）。自俄、普在英、法、奥之左右崛起以后，土耳基与波兰之命运遂大受影响，一则因此衰微，一则竟被宰割。

十八世纪为充满战争之世纪，除本世纪开端之西班牙王位承继战争,及最终之法国革命战争外,则有波兰王位承继战争、奥大利王位承继战争、七年战争、英法殖民战争、美国独立战争及波兰战争与土耳基战争(马来)。在此世纪中,军队亦渐变为国家之军队,虽其方法仍极恶劣,然其训练则较之十七世纪纯粹之佣兵,视战争只若一种辛苦之职业者,优越多矣(摩瓦特)。

在自由思想方面,其界域以前为限制的,为特殊的,盖有时目的为宗教问题,有时宗教与政治又互相混合,总之其注意点并不及于一切。十八世纪则不然,其性质为广泛的,普遍的,无论宗教、政治、哲学、个人、社会、精神、物质,皆同时成为研究、理论或怀疑之对象(介索)。

一七八九年之法国革命,犹之意大利之文艺复兴,德国之宗教改革,决不以法国为限。其性质虽偏重于政治,但仍不以政治为限,仍兼含有社会革命及经济革命之性质。因此之故,虽前乎彼者已有荷兰对西班牙之革命,英国之议会革命,但以之与法国革命相较,则未免限于一地一国。至于法国革命之根本意义,则为对于所谓旧制度之大反抗(陈衡哲)。

自一七八九年路易十六召集全级会议起至拿破仑雾月政变止,为时恰约十年。在此十年中,法国革命之成绩,虽未能达到以前一般哲学家之理想,但亦自有其良好之结果。法国革命所学之标鹄,为自由、平等及博爱;试观佃奴制及特权制之废止;根据人权主义之宪法之成立;

法制之统一及改良；言论自由、出版自由及信仰自由之颁布；凡此种种，实为自由平等实现于法国社会之表征。至于博爱之意义，此时却与爱国观念融合为一，成为一种仇外爱内之狭义爱国主义。此种主义之流弊虽然甚大，但在法国革命期内，此种主义实为一种巩固内部、抵抗外侮之救国大势力。由此可知，十年来之法国革命，虽不免流血、肇祸，委曲若干无辜之人士，实行若干可笑之改革，但对于所举之三大标鹄，亦可谓大致达到（陈衡哲）。

至于法国革命之原理，如权利平等（Ègalité des droits）之原理，及民权（Souveraineté nationale）之原理，在历史方面，实为革命之重要原理。所谓平等原理之逻辑的结果即民主主义，民权原理之逻辑的结果即共和。但此两种结果，并非产生于立刻。盖一七八九年之人，不建民主主义，而代之以纳税选举制，所谓中资阶级；不组织共和，而代之以限制君主制。直到一七九二年八月十日，法人始建普选制以成立民主主义；直到一七九二年九月二十二日，始废弃君主而建共和。至于共和之形式，则直延至于一八〇四年，即共和政府托命于一皇帝之时。但民主主义已于一七九五年因共和三年之宪法而消失，竟使全法国之人逊让其权利以授于一阶级，所谓中资阶级，即指挥官时期。既而全法国之人又逊让其权利于一人，即波拉巴特拿破仑，此为平民共和（République plébiscitaire），此即执政官时期（阿拉尔）。

法国革命并非为数特异之人,为数英雄所造成。盖一七八九年及一七九九年之间,并无一人领导事变,既非路易十六,更非米拉波,并非段敦,亦非罗伯卑尔。然则法国革命之真正英雄,其为法国民族乎?曰然,惟所谓法国民族,非用以代表群众,须加于各有组织之团体耳。譬如确有效力之事实,即曾发生影响者,有巴士底狱之陷落,及市府之革命。一七八九年七八月间,正新法兰西组织之时,于时固有人身任各种组织之中坚,然仅引证此类人之姓名,则说明当时情形将陷于支绌之境。然则所观察者果何事乎?徒见法人组成团体而集为自治区,再联合而成国家,此即基于友爱与理性之自动运动而造成之新祖国。一七九二年八月十日之变,曾改易法国之运命,如推翻累世之王统及建立民主主义。此变之性质究何如乎?此为公变,为国变,此非段敦、巴尔巴鲁等之事业,而应归功于马赛与布拉斯的(Brest)之联合会会员,及巴黎之国军。厥后巩固法国统一者谁乎?法国既遭王族之攻击,复为内讧所破坏,而拯救之者谁乎?是否段敦,是否罗伯卑尔,是否加洛(Carnot)?此辈诚然效力不少,夷考其实,统一之所以得维系,独立之所以获保证,实皆由于法人能团结为自治区,及平民会社之所致耳。能使欧洲联军退却者,自治区与雅各宾之组织力也。然进而察之,每一团体,皆有二三精干之士执行决案,兼具领袖神情,而人亦尊之为领袖,其实此辈之力量,取自团体者较多于其本身也。为停止革命,拿破仑竟解散一般团体,从此法国遂无公民,仅有个人(阿拉尔)。

拿破仑本世界上之一怪杰,但其文武才略几于旷绝古今,而其意志之坚强,又复超绝群伦,其所集于一身之威权,全历史中之人物,殆无可与之比拟者(摩瓦特)。洎夫被流于森黑勒拿岛,于是盖世英雄之政治生命为之永绝。森黑勒拿岛壁立于大西洋中,孤悬海外,人迹鲜到,音问隔绝,为世间孤岛之一,从未为世人所注目,自拿破仑茌此后,其名乃与拿氏并传焉(张仲琳)。

第一编 十六十七世纪之欧洲

第一章　宗教改革

宗教改革在十六世纪上半期为历史中重要宗教运动之一。其主要主动人，在德国有路德，在法国则有甲尔文。此种运动所生之影响，不仅限于宗教，且涉及于政治。

在宗教方面，曾摧毁西欧之耶教统一，并在罗马加特力教会之前，创出别种之耶教教会，如路德教会、甲尔文教会、英吉利教会与长老教会。而在加特力教会方面，则自动实施改革，并在特林脱宗教大会中确定其教义与纪律。

在政治方面，宗教改革适为内战之机会，首受其祸者厥维德意志，继蹈覆辙者则有法兰西。同时，宗教改革又为新兴国组成之根源，如普鲁士公国、瑞典王国与联省共和国。

第一节　宗教改革之原因

宗教改革之原因甚夥，但其中有二原因比较特别重要：一为十六世纪初教会本身之情形；一为《圣经》因印刷之便利而普及。

教会本身之腐败，教会中人已自认不讳。忆一四三六年，当宗教大会开会于巴尔（Bâle）时，教皇阁员西萨里利（Julien Cesarini）即已上书教皇主张改革教会。西萨里利之为此言，决非无的放矢，盖十一世纪教会所犯之流弊，已渐复萌于当时，孰知至十六世纪初而愈益显著。然十一世纪，教会所犯之病，究不若十六世纪之为甚也。当革黎归第七（Grégoire Ⅶ）时，所谓教会腐化，仅指教会中之僧侣腐化而已；而教会之领袖，固仍光明正大、卓然独立于罗马也。迨十六世纪，教会腐败之源，且发端于罗马。试观亚历山大第六（Alexandre Ⅵ Borgia）之努力于经营家室与世俗权力，如耳第二（Jules Ⅱ）之身被甲胄而为军队之司令，列翁第十（Léon Ⅹ）与克勒曼第七（Clément Ⅶ）之倾心于文艺与世俗利益，凡此诸人，或则孜孜于金钱之收入，或则汲汲于嗜好之满足，至于教会之精神利益，早已置诸脑后而不暇顾及之也。

教会内部之腐败，各地皆然，然德国教会之腐败程度，实非他处所能比拟。德国教会在十六世纪初异常富有，其不动产之总额约占德国土地三分之一。所有大主教区、主教区与修道院,无非食邑之地;教会中人皆可于此等地方征取大量金钱,以作满足口腹、粉饰宫室、备置车马、供给宴会、游猎及跳舞等等挥霍之用。信徒不胜压榨之苦,已露疲敝之象,所谓"不注意羊群之饲养而徒知剥削之也"。

在法国方面,教会之腐败情形,略有不同。然教会中人之兼职,仍与德国无异,如汉斯(Heims)之大主教,兼任土伦(Toulon)之主教是,此等高级教会中人,多将信徒之精神指导权付与属员,而自生活于国王之左右。忆路易十二(Louis XII)入米兰(Milan)时(一五〇六),其参谋部中,计有教皇阁员三人,大主教二人,及主教五人,迨一五一六年时,教会情形益趋败坏,亨利第三或将主教区给与年幼无知之童子,或以之用作少女出阁之妆奁,或竟赐予幸臣以代酬庸之品。

宗教改革之另一原因,为《圣经》之普及;盖因印刷术发明,人人咸可手置《圣经》一卷而直接探究耶教教义之源泉也。德国印刷事业极发达,一五〇〇年时,印刷所何止一千余处,《圣经》触目皆是,俨然一种新著作焉。以前大多数人士对于《圣经》,仅于礼拜日或圣节日从教士口中获知一二;自此以后,遂能直接窥见耶稣之全部演词。

凡读《圣经》者,既知耶稣力主穷困、温和、谦逊及抛弃现世之财产诸旨,愈觉当时教会中人之骄纵奢侈之不可恕，愈觉教会之改革之不可缓；时人之言曰，必回复原始教会之朴质生活而后可。当此宗教热诚甚炽之际，另一严重之影响于焉发生，即有人以为上帝之意旨既载在《圣经》中，则应谨恪遵循此种意旨，此外如人传说与诠释，皆为毫无价值。即退一步言之，历来教皇与宗教大会之译解，比之任何信徒之译解，并无较多之价值；明白言之，即各个人皆可根据其信仰译解《圣经》。此种论调，即当时路德与以后甲尔文之理论，即由此种理论竟完成耶稣教会之统一之崩溃。

第二节　赎罪券事件

教会对于信徒之犯罪者，本有忏悔（Pénitences）之规定，在某种条件下，并允以善举——朝拜或施舍——代替世俗之忏悔（Pénitence temparelle），时人即称此种代替为赎罪（Indulgence）。一五一五年，教皇列翁第十公布决议云，凡有罪而不能赴罗马朝谒圣彼得寺者，可纳款以作建筑该寺之资，时因该寺建筑正需款故也。教皇颁发之赎罪券，在德国方面系托付于度明哥修道派（Dominicains）之手，奥古斯丁修道派（Augustins）遂起而大哗。同时赎券之销行，又由奥格斯堡（Augsbourg）大银行家佛然（Fugger）经手，并在银行交易柜上公开贩卖，于是神圣之赎罪券竟一变而为商业品焉。

一五一七年十月，维登伯尔（Wittenberg）、路德

(Martin Luther)起而攻击赎罪券贩卖之不当,及其原理与功用之谬妄,初无攻击教会之意也。赎罪券之宣扬者德泽(Jean Tetzel),径与路德公开辩论,历时数月,遐迩喧传,然教皇对于此种辩论,仅视作"修道士彼此间之争执"耳,路德继进而批评教会之组织,再进而攻击武断诠释之教义。氏之言曰,《圣经》应为惟一之法律;信仰耶稣,即足以自拔,至如禁食、苦修、制欲等,均为无益之事。氏对于教仪,亦仅主张三种,即浸礼(Baptême)、坚信礼(Communion)与忏悔礼(Pénitence)。教皇屡遣人劝谕之,冀其悔悟,终无结果,不得已宣布屏之于教外(一五二〇年六月)。两月后,教令送达于路德,路德竟将教令投于烈火之中,从此路德遂一变而为反耶稣者,而与加特力教会脱离关系矣。

第三节　休牧公会与路德之翻译《圣经》

当路德叛离教会之时,正查理第五(Charles quint)被选为皇帝之日也(一五一九年六月)。查理第五对于此次争论颇怒焉忧之,盖查理本人为加特力教徒,同时此次争论在德国所生之影响甚大;德国情形,业已分裂不堪,而此次争论对于皇帝权力又将成为分裂,甚至瓦解之一新原因也。一五二一年四月,查理乃在休牧(Warms)召集公会(Dicte),并令路德赴会,且特给以一护照焉。路德在公会中辩论之后,遂正式宣言反对教皇及各宗教大会之权力,虽屡经警告,终不取消其主张。公会以路德怙恶不悛,遂决议屏之于法律之外:即凡附和其说者,亦当苛以同样之惩罚。

路德既被判为异端(Hérétique),其被逮与被焚,固当日宗教惩戒中之最后办法也。乃萨克逊(Saxe)选侯竟令骑兵于路德归途中挟之而入瓦尔堡(Wartbourg)。路德匿居堡中约一年(一五二一年五月——五二二年三月),终日惟编著反对教皇之短文,并译《圣经》为德语,其实以德语译《圣经》者并不自此始,计自一四五二年以来,德文《圣经》何止十数种。惟路德译本所用之德文,明白晓畅,人人能读,故流行极广,其文体且成为今日德国文之标准。德国以后文化之发达,实系于兹,其功足比一八七一年之政治统一。

第四节　社会斗争

路德之言论,曾摇撼德国之全部社会。当其离开瓦尔堡时,德国已陷于纷扰之境。一般尊奉路德之言论者,析之不外两种人:一种为虔诚信仰者,虽人视之如异端,仍无所顾忌;另一种则以为"抱持《圣经》已足,而无须乎禁食与祈祷也"。路德亦曾以利益为号召:忆其与教皇尚未正式决裂时(一五二〇年八月),氏曾发出一篇致德国耶教贵族之通告。氏之言曰:"欲改革教会而回复其原始之纯洁,必须除去教会之财富,必须掠取其产业而使之世俗化。"

氏之通告,不啻教人劫掠,因此赞成之者极众,贵族中之穷者——骑士——尤响应之不遗余力。盖德国骑士为贫困而浮动之阶级,对于富有之中产阶级与僧侣,常充满一种不平与仇视;此辈以佛兰斯(Frans de Sichingen)为领袖,佛氏固一精干而喜事之人也,人谓其但见宗教改革为报复与获利机会,或非过诬之词。各地骑士均结队而起,与高级贵族为难,然卒为高级贵族所击败(一五二三)。

农民亦与骑士同时而起。盖农民累世所受之困苦,久蕴莫泄,此次骚动,殆乘千载一时之机会也。同时,又以为实现"耶稣王国"之期已届,似应再行浸礼一次,因此人呼之为再浸礼派(Anabaptistes,或 Rebaptiseurs)。乱事发端于德国中部,而蔓延于南部与西部各地,农民到处焚杀,寺院与城堡多被蹂躏,农民之势焰,至一五二四年而达于极顶。路德因被难贵族之诉苦,乃转而宣传扑击乱民,竟呼之为"疯狗"。路氏之言曰:"纵在上者横暴不公,人民究不应反抗之。"方肯好生(Frankenhausen)一役,农民大败,总计各地被杀之农民不下数万人(一五二五)。

各地诸侯既以武力降服骑士与农民,彼辈则自动染指其境内之教会财产。就中有名而重要者,厥维霍亨索伦(Hohenzollorn)族之亚尔伯耳(Albert de

Brandebourg)。亚氏掠取条顿骑士团之产业而改之为世袭公国,所谓普鲁士公国(一五二五年四月)。

第五节 奥格斯堡信条与《奥格斯堡和约》

查理第五因忙于与法王佛兰西斯第一作战,遂不暇顾及路德教义之日益扩张。迨奥法和议将开始时,查理立召集公会于斯丕尔(Spire),决议对路德教采取宽容政策,惟除路德教已经散布之各地外,其他各处则不许其宣传(一五二九年四月)。自此种决议披露后,各地新教诸侯与城市立即提出抗议,新教之被称为抗议者(Protestants),即从此始。翌年,查理又拟调和新旧两教,复于奥格斯堡(Augsbourg)召集公会(一五三〇年六月至十月)。此次公会本身虽归失败,但仍产生两重要之结果。

为参与公会中之辩论,路德乃令其弟子麦朗克登(Melanchton)撰述新教之教义,新教教义全赖此次确定后始告成功,世称之为奥格斯堡信条(Confession Augsbourg)。另一方面,则有修马加敦(Schmalkalden)同盟之组织。盖奥格斯堡公会之决议,为重申休牧公会之成案,即在宣布路德及其信徒为异端也。新教教徒为自卫计,遂在修马加敦成立同盟以与皇帝相抗(一五三〇年十二月——一五三一年十二月)。新教教徒在过去仅为一种宗教之团体,此后竟一变而为政治之结合,且与法王缔结同盟焉（一五三二年）。就皇帝方面观之，自修马加敦同盟成立后，帝国竟从此明白分为两部，此实宗教改革政治方面之第一大结果也。

另一结果，为修马加敦同盟成立后十六年之宗教内战与《巴梭(Passau)和约》。奥格斯堡公会之决案虽经宣布，但皇帝因忙于应付法王（一五三六）与土耳基人（一五三八），终未执行。至《克比(Crépy)和约》成立后（一五四四），路德刚死之时（一五四六），皇帝遂率西班牙军入德国以扑击修马加敦之同盟军。新教军大败于密尔伯耳(Muhlberg，一五四七年四月)，诸新教首领亦被俘。不久，摩里司选侯(Maurice de Saxe)叛，新教同盟之势复大张，并与法王亨利第二缔结同盟于斐德瓦尔(Friedwald)，皇帝为欲专力应付法王，乃于巴梭公布合约（一五五二），暂时允许路德派之信仰自由。

三年之后，查理第五因疲于战争与劳苦，决意逊去帝位，但拟于逊位之前确定德国之宗教和平。一五五五年八月，查理召集公会于奥格斯堡，承认路德教诸侯之信仰自由，并承认彼辈在一五五二年以前掠采教会产业之正式所有权。至于旧教诸侯如改奉新教时，则须将其财产缴还于教会，称教会保留条件(Reservat Ecclésiastique)。此次和约，并非保证永久之和平，仅为一种休战契约而已。其中最足令人注意者，即所谓信仰自由，仅给于诸侯，而非给与人民。其次，该和约中有一条云：如旧教诸侯之人民改奉新教,得自由保存其信仰。此条规定,是厚于新教诸侯而薄于旧教诸侯也。旧教诸侯颇反对此项规定;在新教诸侯方面,亦不以保留条件为然。此外,和约中所称之新教,仅指路德派而言,至于甲尔文派,则并无只字提及之也。

总而言之,《奥格斯堡和约》成立以后,仍与以前无异。即自路德改教以来,德国即分为两部,俨然两军对垒之形势,以后之德国皇帝,因身为旧教教徒,常拟摧毁新教之势力,而新教教徒因自力薄弱,亦不惜结纳外援以自卫。即由此种内部之冲突,因而引起外人之干涉,结果,德国在十七世纪之初,亦如十六世纪初之意大利,竟不幸而为欧洲之战场!

第六节 斯堪狄那维各邦之宗教改革

路德教散布极速,不过十五年,竟飞越德国边境而征服斯堪狄那维(Scandinaves)各邦,即丹麦、瑞典与那威。路德教之所以能在以上诸地获得胜利者,其原因殆完全基于政治上之理由,试胪述之。

瑞典、那威之并于丹麦,本基于十四世纪之《克尔马(Calmar)条约》(一三九七)。但瑞典贵族对于本国独立之丧失,终抱不安。至丹麦王克利斯丁第二(Christian Ⅱ),瑞典人颇以其所用之残酷手段为苦,竟呼之为北方之尼罗(Néron du Nord)。一五二二年,贵族中有名巨斯达夫（Gustdve Wasa）者，起义于瑞典中部，旋被人承认为瑞典国王（一五二三年六月）。

克利斯丁第二为皇帝查理第五之妹婿，为旧教徒，教皇因宣言拥护之。巨斯达夫既不为教皇所容，复为金钱所困，因毅然奉行路德教，而大肆没收教会之财产，并令一般瑞典人皆以路德教义为标准信仰焉（一五二七）。巨斯达夫本在反抗克利斯丁，不图宗教改革竟为其保证国家独立之一种有力方法也。

丹麦方面之贵族，亦不满意克利斯丁之统治：既闻瑞典之事变，乃亦起而废置其王，而另举一新教亲王佛勒德勒（Frédéric d'Ordenbourg）以代之（一五二三年一月）。至一五三六年，克利斯丁第三乃从事没收教会财产，并于丹麦及那威两地厉禁旧教之奉行。

第七节　甲尔文及其教义

宗教改革之首倡者，允推路德固矣；然改革主张最为激烈者，实不能不推法人甲尔文。甲尔文（Jean Cauvin，一五〇九——一五六四）小路德二十六岁，幼时即受洛瓦雍（Noyon）主教之保护而享受教会之利益。但其父亦与路德之父同，亦欲其子研究法律，此殆当时一般人之心理也。甲尔文入布尔日（Bourges）大学，识一德国学者窝耳马尔（Melchiar Volmar），甲氏因获探究路德教义之机会；不久，甲氏决抛弃教会利益而与旧教断绝关系（一五三四)。适法王大索新教徒,甲尔文逃赴巴耳(Bâle),而于该地编著《基督教原理》(Institution Chrétienne)一书,以陈述其所持之理论焉。

甲尔文对于宗教,亦与路德同,亦仅承认《圣经》之权威。氏之言曰"应读惟一之《圣经》",并谓:"除上帝训示吾人之教义外,不应接受其他任何教义。"氏对善举之见地,亦与路德相同,亦谓毫无裨益,仅谓信心惟能保证人之幸福。但氏又谓信心为"特别天赋",谓此为上帝为优秀保留者。氏之先天注定(Prédestination)之说,为氏主张中之精义,但此种主张不啻摧毁人之一切自由,以后其弟子多抛弃之而不谈。

关于宗教之仪节,甲尔文仅承认两种:即浸礼与坚信礼。关于仪式方面,氏只主张祈祷、宣道与颂歌。至于礼拜堂内部之设备,路德尚保存一简单祭台及一苦像,而氏则并此祭台与苦像亦摈而不用。教会组织,路德派仍分阶级,惟一切教职之任命权,皆操于本地亲王之手,所谓"本地教皇";至于甲尔文派,则毫无阶级,教士(Pastenrs,或 Ministres)由信徒推举以担任祈祷及宣道之职。

第八节　甲尔文与日内瓦之宗教改革

日内瓦(Geneve)为一小共和国,居民仅一万五千,人民酷爱自由,空气异常和悦。但此小共和国之上,另有两重宗主,一为宗教方面之主教,一即政治方面之萨瓦公

(Savoie)。一五二七年，日内瓦人因邻州伯尔尼（Berne）与弗利波格（Fribourg）之助，竟起而排除萨瓦公之势力，至一五三三年，居民又起而驱逐当地之主教，时苏黎世州（Zurich）之新教领袖束盈黎（Zwingli）虽死（一五三一），而路德教义确已征服瑞士一部分地方，伯尔尼即奉行路德教之地也。适有新教宣道者数人抵日内瓦，法人法莱尔（Guiliaume Farel）即其中最有力之一人。法氏经过两年之努力（一五三四——一五三六），卒获赢得日内瓦人之赞同，日内瓦人且集会宣誓奉行新教焉（一五三六年五月）。法氏以组织新教教会之责任，非甲尔文莫属，乃将主持之权付与之。

甲尔文从事宗教改革之后，又进行风俗之改革。甲氏主张教士有"惩戒不善于生活者"，及向不改过者执行"屏出教外之神圣纪律"之权。甲氏在日内瓦不过两年，居民以不堪其手段之严酷，遂起而驱逐之（一五三八年四月）。甲氏走斯特拉斯堡（Strasbourg），而为该地之教士者约三年。

留于日内瓦之新教徒众，日惟伺隙而动，卒乘敌方之失信而再起攫获政权，并派人迎归甲尔文。甲氏入日内瓦（一五四一年九月），其主要之设施，则为成立宗教会议（Consistoire），会议由教士及政府中人之年长者组织之。此为一种宗教委员会及风俗裁判所，盖其职权为任免教士，及弹劾不善于生活者也。甲氏为保证一般人之幸福，举凡祈祷、听道、衣服、饮食、消遣、游戏,皆有规定,虽家居之私人生活,亦常受其检查。犯之者辄遭罚金、监禁,或当众忏悔之惩戒。日内瓦人对于此种专制虽屡起反抗,然甲氏对之之手段亦极严酷,故终莫若之何也。

甲尔文为谋增厚其势力,又允住日内瓦之法国逃亡者以公民权。即赖此种外籍中产阶级之增加,甲尔文俨然成为"日内瓦之教皇",从此日内瓦亦成为新教之罗马而为宗教改革之中心焉。甲氏又创一宗教学院,计入学者竟达八百人之多。此辈学子挟其热烈之信心,及其训练之精神,到处宣传,所向无不成功。即以法国而论,自甲尔文返日内瓦至其死时,为时不过二十三年,其信徒竟在法境成立新教教会二千余所,亦殊可惊也。

第九节　英国之宗教改革

宗教改革在德国与法国方面皆为私人事业,而在英国方面则为国王事业。此种情形,恰与斯堪狄那维各邦相同,此殆国王为自利心所驱策而出此也。亨利第八(Henry Ⅷ)之与旧教教会断绝关系而成立英国教会,自利心之外,实无其他可作解释之理由。

亨利第八性专制,克林(Green)谓"其惟一所遭之障碍,即坐拥大量产业之僧侣,及其特有之会议与独立之司法"。以一专制之人遇此障碍,自成势不两立之局,故其计划在"强迫僧侣使其成为完全服从王权之职官团体,国王意志即其惟一之法律，国王决定即其信心之准绳"。盖亨利第八兼欲支配精神之权力，所谓欲自为英国之教皇也。

但亨利第八与罗马教皇断绝关系之机会，并非基于宗教本身之问题，乃缘于一极不名誉之事件。亨利第八欲娶其寡嫂加他林（Cathrine of Aragon），因近亲关系，直至取得教皇如耳第二（Jules Ⅱ）之特许（Dispensation），始获举行婚礼（一五〇九）。十八年后（一五二七），亨利借口其婚姻之不合法，恐获罪于上帝，乃复请于教皇要求取消其特许之婚约。亨利之所以出此，盖因迷恋加他林之一傧娘波林（Anne Boleyn）而欲与之缔婚也。教皇不许，亨利遂贿坎多伯里（Canterbury）大主教康麦（Cranmer），令其为之执行离婚及与波林结婚等手续（一五三三年）。

自波林加冠为王后之消息传出后，教皇遂宣布驱逐亨利第八于教会之外（一五三三年七月）。一五三四年十一月，英国国会通过独尊议案（Act of Supremacy），宣布英王为"世间英国教会之唯一最高元首"，并享有一切宗教元首应享之权利。凡英国之官吏——无论在教会中或在政府中者——均须宣誓不再服从罗马教皇，而应谨遵英王之训示。

第十节　亨利第八之虐杀及其后继者

亨利第八本非真正之新教教徒，忆当赎罪券事件时，亨利曾竭力攻击路德，教皇竟称之为"信心拥护者"。即一五三九年经国会通过之《六条议案》(Six Articles)，其中规定，亦皆以旧教教义为根据。然旧教教徒与新教教徒皆反对之；新教教徒之反对之也，固不以其保守旧教教义为然也，至于旧教教徒，对于教义虽无问题，而对于英王之兼精神领袖，则难容认，盖其心目中之元首，惟有教皇一人而已。亨利第八对此反对之两派，或认作奸人，或称为异端，杀之焚之，务快其意。据云此次罹祸者不下五万人，有名之人文学者摩尔(Thomas More)即死于是役。至于寺院之财产，亨利第八则特设一法院以专理没收之事务。亨利既劫掠小寺院，复攻击较大之寺院，甚至寺院之钟与屋顶之铅板，亦复搜卖一空，至今游英国者，尚能目睹昔日寺院之废墟也。

亨利第八死(一五四七)，其子女三人相继入承王位。计亨利死后之十五年间，新旧教之势力时有消长，盖其子女对于宗教问题各有不同之政策也。

爱德华第六(Edward Ⅵ，一五四七——一五五三)即王位时年仅九龄，左右尽甲尔文派，王仅为此辈之傀儡。不久，《六条议案》被取消，政府并编订《四十二教条》以作信仰之标准。政府中人每假新教之名以行其贪婪之实，且常劫掠教会以自肥，故英国一般历史家，皆称爱德华第六时代为"新教专横"时期。

玛利(Mary Tudor，一五五三——一五五八)为加他林之女，自幼即信奉旧教，即位之后，一意以恢复旧教为事。自嫁西班牙王腓力布第二(Philip Ⅱ)之后，恢复旧教之势益迫。其在位之最后四年，尤嗜虐杀新教教徒，其残酷殆为英国史上所罕见，故世称之为"血腥玛利"。

英国宗教改革，自亨利第八至血腥玛利，徒见新旧两教派互相杀戮，迄无正式之解决方法。迨波林之女伊利沙白(Elisabeth，一五五八——一六〇三)即位后，始糅和甲尔文之教义及一部分旧教仪式，颁布《三十九教条》及《教旨同一法》(Act of Uniformity)，以成立英国国教(Anglicanism)，从此英国之宗教始正式确定(一五六三)。

亨利第八之六后及其子女表

（一）加他林（生女玛利，一五三三年离婚）。

（二）波林（生女伊利沙白，诬以行为不检，斩之）。

（三）塞模（Jane Seymour，生子爱德华第六，不久死）。

（四）安那（Anne of Cleves，嗣嫌其貌不美，废之）。

（五）好华（Catherine Howard，以其性淫，斩之）。

（六）巴尔（Catherine Parr，正疑忌时，亨利第八死）。

第十一节　苏格兰之宗教改革

英国之宗教改革，主持之者为国王，而苏格兰之宗教改革，则发动于人民。苏格兰之宗教改革，并无特异之点，仅奉行甲尔文之教义而已，而人则另予以一种称谓，曰长老会派（Presbyterianism）。英国教会之组织，仍存阶级制，并由国王统治之；至于长老会派，则纯依甲尔文之规定，由宗教会议料理事务，会议由教士及年长者组织成之。

苏格兰王占士第五（James V）死（一五四二），继之者为其初生之女，名曰玛利（Mary Stuart）。时苏格兰贵族已迎受新教之思潮；既见政府大权操于女王玛利之母后洛林玛利（Mary of Lorraine）之后，一般贵族遂露一种跋扈之象。适有罗克司（Johe Knox）其人者，曾充英王爱德华第六宫庭之教士；当血腥玛利入继王位时，罗克司即往日内瓦依附甲尔文（一五五三）。罗氏不久返苏格兰，着手即专攻击洛林玛利，并集合一部分贵族以谋宗教之改革。英王伊利沙白复资以军队，罗氏之势力顿张，洛林玛利见大势已去，不得已而交出政权（一五五九）。苏格兰国会旋通过采行甲尔文教，并厉行禁止旧教（一五六〇）。

苏格兰之采行甲尔文教，其影响及于英国者颇大；盖长老会派渐渐浸入英国，不久即起而与英国国教相抗，英国在十七世纪中发生之长期冲突与革命，即苏格兰改教影响英国之结果也。

第十二节　宗教改革中之束盈黎

瑞士人束盈黎（Ulrich Zwingli，一四八四——一五三一），初为格拉里（Glaris）之司铎（一五〇六），继充瑞士军中之行营教士（一五一三及一五一五），一五一六年任安息德伦（Einsiedeln）之副主教，不久被聘为苏黎世州教会之宣道者（一五一八年十二月）。但氏受人文思潮之影响甚深，早已置身于神学境域以外。氏初尽力攻击瑞士人之充佣兵，复攻击教皇宫庭之奢侈，及崇拜圣贤遗骸之妄谬，与夫一般教士之恶习。当赎券在瑞士贩卖时，氏攻击教会之言论行动，尤为激烈，并辞去教皇给予之补助金。苏黎世州之议会宣言拥护束氏，氏遂一往直前，毅然以改革宗教为己任；一五二四年，氏以身作则实行结婚；一五二五年，氏令人取消弥撒（Missa），并废止修道院之共同生活；氏着手组织苏黎世州之大学，并于一五二八年赴伯尔尼进行宗教改革。一五三一年，新教各州与旧教各州发生冲突，苏黎世州人竟大败于加伯尔（Kappel），束氏死之（十月十一日）。

束氏认定《圣经》为信仰之惟一源泉，并采取路德之革命言论；忆维登伯尔事件发生之翌日，氏即宣言教权崩溃之不能避免。其实，氏之主张恢复原始之耶教，尚在路德以前。氏心目中之信仰形式，为一简单而严正之形式；氏对圣餐礼之观念，仅认此种仪节为耶稣精神降临之象征，氏极反对先天注定之说；氏谓凡循理生活者，俱得入天堂。氏改革主张，自始即合宗教与政治而为一，盖其目的，一方固在恢复原始之耶教，而同时又在调和各州之感情也。氏死后，其信徒多与路德派及甲尔文派相合。

第十三节　耶稣社运动

自路德引起宗教之困难后,旧教教会竟因此获得双重之结果。盖一方突有新兴教派之创建,锐意攻击异端以维护教皇之权力;同时又有特林脱(Trente)宗教大会之召集,卒将以前宣布之教义加以确定,并从事改善旧教教会中之流弊。

自一五二四年至一六四一年之间,一时新兴教派风起云涌,言其较著者,有达丹(Theatins)教派(一五二五)及俄阿多里言(Oratoriens)教派(一五四八)。但各教派所作之事业,与在历史中所占之位置,皆不能与耶稣社(Ordre des Jesuitei,或 Compagnie de Jesus)相抗衡,以下专言耶稣社运动。

西班牙伊业司(Ignace de Loyola,一四九一——一五五六)因旁蒲吕伦(Pampelune)之役(一五二〇)腿部受伤,旋拟抛弃军人之生活。当调摄时,尝读圣佛兰西斯(Saint Francais d'Assise)与圣度明哥(Saint Dominique)之传记以消遣,若有所悟,遂决意献身成一耶稣之军人。氏朝谒耶路撒冷以后,即返欧洲从事研究神学,并于求学中物色同志,卒于一五三四年得同志六人。一五三七年十月,此七人团遂成立所谓耶稣社。三年后,教皇保罗第三(Paul Ⅲ)承认之(一五四〇)。

耶稣社之目的为:"仰赖神之恩宠并尽其全力以谋人

类之幸福。"社中规则之主要点为绝对服从；社中人除服从社中领袖之意志外，不得有其他意志，自视应如死尸或手杖，须任人支配。社中之领袖称将军(Général)，任期终身。各地支社称省(Provinces)，省长(Provincial)由将军任命，并对将军负责。耶稣社之生活，完全处于军法部勒之下，伊业司亦谓："其并不自知已经离去军役，所不同者特服从上帝之命令耳。"

耶稣社之规律虽严，而其发展亦颇迅速。忆一五四〇年时，社员不过十人，至伊业司死时，为时仅十六载，人数竟达一千五百，社址增为六十八所。耶稣社极努力中等教育，因此一般贵族子弟多入其势力之下。耶稣社即以教育为手段，竟征服德国南部，特别为巴维也拉及奥大利，并在巴拉加(Prague)创建大规模之中学；此外如尼柔兰之比利时部分，亦大受其影响。英法虽亦有该社中人之足迹，但其势力比较为小。该社并不以欧洲为限，并遣人至亚洲及美洲诸地。该社自命为耶稣之军队，其所注意之利益，完全为旧教教会全部之利益，即世界旧教教会之利益，因此各国政府对于此种国际化之组织多蓄意摧残之。然在新教方面，实无异遭一临头之打击矣。

第十四节　特林脱宗教大会

当耶稣社向新教对抗之时，亦正旧教教会完成其自身改革之日。忆路德与教皇冲突之初，路德曾要求召开宗教大会。追休牧公会议决惩戒路德后，查理第五与德国旧教教徒又主召集宗教大会，教皇亚德立言第六（Adrien Ⅵ）且从事预备宗教大会之召集焉（一五二二）。乃查理第五与佛兰西斯第一（Francais Ⅰ）迭有战争，宗教大会竟因此延缓二三年，直至一五四五年，宗教大会始获在特林脱地方举行。

宗教大会历时虽久（一五四五——一五六三），但中间常为战争所中断（一五四九至一五五一，一五五二至一五六〇），实际开会之期，前后不过八年而已。其时德国之新教徒，方准备与皇帝开战，并料及宗教大会之行动，于己必无利益，竟不与会。查理第五之主张召集宗教大会，本在调和新旧两教；今新教徒既不参加，调和既无希望，结果宗教大会仅将旧教教义及旧教纪律加以确定。

关于教义方面，教徒须永奉圣耶罗门（Saint Jerome）以拉丁文所译之《圣经》（Vulgate）为准则。教会仪节，以伦巴伯多禄（Pierre Lombard）所规定之七种为是，不得随意增减，并认定举行圣餐礼（Eucharistie）时之耶稣降临为实有之事。此外如罗马教会高于其他各地之教会，教徒在精神方面须服从教皇等等，皆曾在议决案中明白规定。

关于纪律方面，祈祷须用拉丁文；教士不许结婚；不许一人兼任职务；教士须住于教会中；教士每周至少须向信徒宣道一次；教士非三十岁不能任主教，非二十五岁不能充司铎。同时宗教大会又劝令多设司铎训练学校，并愿每一教区皆建一初级免费之学校。

此次宗教大会，并主张编订旧教徒不应诵习及有害于教会之书目。大会既开会，教皇遂颁发禁书书目（Index），此举实为此次宗教大会最著行动之一。同时教皇又改组异端裁判所（Inquisition，或 Saint office）以监视教士，及惩罚反乎旧教教义之理论著作者。在教皇本身方面，则竭力屏去奢习，并常在罗马市街中跣足追随迎神游行队之后。教会领袖既以身作则，一时旧教内部之克励精神陡然为之重振，此于新教虽未积极予以打击，而消极遏止新教之发展诚为不少矣。

第十五节　新教运动之结果与旧教改革之性质

新教自发创于德国，渐浸入斯堪狄那维各邦及英国以后，其第一结果为财产移转，即各国君主之信奉新教多利于没收教会财产以为己有也。其次，为君主权力之增加，盖各国君主既改新教以后，皆直接染指精神上之权力，即兼任政治与宗教之领袖，所谓国君而兼为教皇也。就此两种结果观之，十六世纪之新教运动，在政治方面，并非有益于自由，乃实有利于专制主义也。

再就新旧两教改革之性质观之，新教在信仰方面，无异酿成欧洲之分裂；至于旧教，则在维持联合之原则，必使信仰之共性能在各民族间建立密切之关系，旧教改革之目的既如此,故旧教会不许在祈祷中使用各国国语,而须应用公共之语言,即拉丁语。旧教教会并确定教皇高于教会及宗教大会,并且教皇为《圣经》之惟一译解者。在教会中一切应以教皇为起首之点,同时又以之为最终之点。总而言之,教皇"为教会中之最高教士,有统治世界教会之全权",所谓教会如一人身,教皇即其首也。此种过度尊崇教皇之理由,法人诮之为山外之理论(Doctrine Ultramontaine)。

第二章 西班牙王之反对新教及荷兰之独立

在十六世纪下半期中,西班牙当腓力布第二(一五五六——一五九八)时代,其势力之强,可谓达于极点。在内部方面,因虐杀新教徒及驱逐摩尔人(Morisque),卒正式保证宗教之统一;其次,因合并葡萄牙,竟获实现半岛之地理统一者约六十年(一五八〇——一六四一)。在对外方面,西班牙王一方拟推翻英国之伊利沙白,同时又乘法国有宗教而内讧之战争,积极发挥其觊觎法国王位之举动,两事虽未成功,而其势力之骇震一时亦可见矣。

腓力布第二本纯粹之旧教信徒,尝拟自为西欧旧教之领袖,其攻英扰法,即其梦想之表现。在其直接统治下之尼柔兰,腓力布自不容许该地新教之发展,乃竟因此诱起该地人民之叛变,结果尼柔兰一部分宣布脱离西班牙而组成联省共和国(一五七九)。

第一节　西班牙与腓力布第二

皇帝查理第五于一五五六年退位休养，其子腓力布第二遂起而承继其西班牙之王位。腓力布第二虽名为西班牙王，而所辖之领土，除西班牙外，尚有意大利方面之萨丁岛、西西里、那不勒及米兰，此外在法国边境之上，尚有方时公底（Franche Comté）、亚多瓦（Artois）、佛兰德及尼柔兰。在欧洲以外，则有中美洲全部及南美洲大部分之殖民地，迨一五八〇年，腓力布第二又在其承袭之领土上增一葡萄牙王国及殖民地。在当时欧洲各国中，西班牙势力之大，真无出其右者。

但自他方面观之，腓力布第二之实力，殊不能与其表面相比拟。盖其统治下之分子，既复杂而散漫，尤以其财政之支绌为人意想所不及。观其与法王佛兰西斯第一战争也，常因军费竭蹶而向德、意之银行家借款。然腓力布所养之军队则不下十五万人，此自当时视之，实为最高军额，且其军队之战斗力，又为时人所称为最优者。同时，西班牙之军事领袖又多干练之材，如亚尔伯公（Duc d'Albe）、东爽（Don Juan d' Antriche）及巴耳门公（Duc de Porme Alexandre Farnese）等，故西班牙王之声威，大有不可一世之概。

腓力布与其父不同；盖查理第五平生几完全生活于西班牙之外，或尼柔兰，或意大利及德国，至于腓力布则长养于西班牙，居然完全为一西班牙人。腓力布平居寡言笑，性极专制,政务完全由其独裁,部臣特钞录其意志之书记而已。但同时王之性复优柔,遇事不能立决,虽王终日黾勉从事,亦徒劳耳。惟王对于攻击异端一事,则毫不迟疑,几视为其平生之惟一责任,必竭其全部之精力与财力以对付之;虽外国之异端,只须力所能及,亦决不放任之也。

查理第五世系表

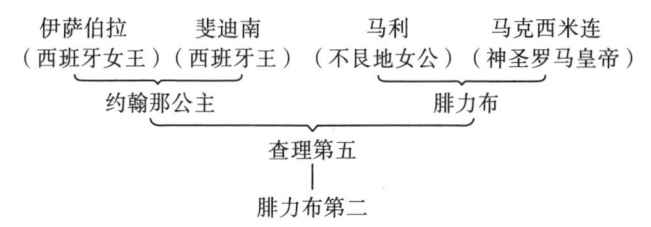

伊萨伯拉　　斐迪南　　　马利　　　马克西米连
(西班牙女王)(西班牙王)(不良地女公)(神圣罗马皇帝)
　　　约翰那公主　　　　　　腓力布
　　　　　　　　查理第五
　　　　　　　　　｜
　　　　　　　　腓力布第二

第二节　腓力布第二之虐杀新教徒与驱逐摩尔人

西班牙之异端裁判所,自斐迪南第五(Ferdinand Ⅴ)改组以后(一四八一)称神圣办事处(Saint Office),虽名为宗教裁判机关,实则政府之罗织工具。神圣办事处之裁判官,类皆极端之旧教教士,其狭隘褊浅,实非楮墨所能形容;即耶稣社之创始人伊业司,亦常被其监视,其他可想而知矣。腓力布第二即利用此种机关以扑杀新教徒,前后计历十年,直到西班牙境内无一新教徒时始行停止。腓力布又为杜绝新教之复兴机会,竟禁止西班牙人赴外国大学肄业。腓力布之对待新教徒,诚可谓至矣尽矣，新教徒皆恨之刺骨，竟呼之为"南方之鬼物"。

腓力布第二与神圣办事处又将其施于新教徒之手段施之于摩尔人。摩尔人本为回教徒，此辈皆西班牙"光复"时未能离开其地者之子孙，但皆已被迫改信旧教。其实，此辈虽阳奉旧教，而其生活仍阴遵行其回教之教义。关于习惯方面之蒸汽浴与面网，仍照常通行，最重要者，莫如使用亚拉伯文。腓力布亦认此辈为异端，竟以最残酷之方法对待之（一五六七——一五七一），摩尔人死者什一，余皆散逃。摩尔人在西班牙本为最勤耐之农民，自经此次虐杀驱逐后，彼辈所居之地，皆顿变为荒废之区，此亦西班牙经济方面之损失也。但腓力布之目的已达，即信仰之统一已获实现，从此西班牙旧教国王之下，惟有纯粹之旧教人民。

第三节　尼柔兰之叛变

腓力布在其本部西班牙，可谓完全成功，而在其统治下之尼柔兰地方，则产生另一种形式之结果。尼柔兰计包括十七省，此查理第五传自其祖母不艮地玛利（Marie de Bourgogne）者。南部地方肥沃，工商业极盛，北部不如南部，人民多赖渔业为生。但南北两部人民有一共通之性质，即酷爱自由。各省各有其行政组织，各有其僧侣、贵族、城市等代表所成立之议会，并有国王由各省贵族中选任之省长。总之，尼柔兰所享受之自由极大，俨然一种独立自治之区域。查理第五因长养于尼柔兰，其对于当地人民之自由多尊重之。

尼柔兰因邻近德国之故，路德教输入最早。查理第五为遏止新教之发展，曾特设一异端裁判所，而任一俗人为之领袖。查理虽明令严惩异端，但终查理之世，其法令几等于具文。迨腓力布第二即位后，即重申查理第五所颁之法令，并令严厉执行，时新教人数正日增，亦正甲尔文教起而代替路德教之时也。同时，腓力布又遣西班牙军队入尼柔兰各城市以代当地之团防；其最侵犯尼柔兰人之自由之举动，即任巴耳门女公马加立（Marguerite de Parme）为尼柔兰之统治者，尼柔兰人为争宗教与政治之自由，遂推代表赴马得利（Madrid）向腓力布请愿。结果巴耳门女公之总参议克朗维尔（Cranvelle）虽被撤职（一五六四），而尼柔兰之政治设施则丝毫未有变更。

一五六六年，一部分贵族成立同盟于伯达（Breda），计陆续前往加入者不下二千人；既而贵族团遂径向巴耳门女公要求废止异端裁判所，乃女公之近臣某竟呼之为"乞丐"，讵料日后之叛变，即为此辈"乞丐"所鼓动。不久，新教徒四出讲道，听者甚众；一般性情暴烈者，遂突入教堂之中，或焚肖像，或毁神坛，安特威普（Anvers）之大礼拜堂所受损失尤重（一五六六年八月）。

腓力布以巴耳门女公过于柔懦，乃另简亚尔伯公（Duc d'Albe）以代之，亚尔伯公遂于一五六七年八月率领西班牙精兵一万余人入不鲁舍拉（Bruxelles）。亚尔伯公认残酷手段为消灭异端之惟一方法，遂特成立一乱事会议（Conseil des Troubles）以司其事，此即世人所称之人血裁判所（Tribunal du Sang）是也。彼驻尼柔兰约六年（一五六七——一五七三），被害者不计其数，实为尼柔兰之恐怖时代。因惧祸而游走者数亦不下十万，但此辈之财产则尽被没收。彼又苛人民以重税以作军饷，人民大愤，卒酿成一五七二年之普遍暴动。

第四节　联省共和国之成立

其时尼柔兰人之领袖为那梭（Nassau）及鄂伦吉（Orange）亲王威廉（一五三三——一五八四）其人。威廉曾侍查理第五而获被任为荷兰及斯兰德（Zelande）两省之省长。彼亦未尝不愿誓忠于腓力布第二；然鉴于亚尔伯公之政策，乃知诉苦于西班牙王之无益，遂于一五六八年召集军队以与西班牙宣战。彼能为他人所不能为者，矢志救其同胞于专制压迫之下，其一生事业颇与美国之华盛顿相仿，故人称之为荷兰民族之英雄。

尼柔兰全部之行动原本一致，继因威廉之诱导，复于干特（Gand）成立联合会以捍卫自由为目的（一五七六）。惟尼柔兰南北两部之种族、语言与宗教，皆不一致，表面虽已联合，而实际实未可乐观。威廉极愿以"宗教和平"促成两方之交互谅解，惜新旧教徒之意见太深，彼此终似不能释然。适腓力布第二改遣巴耳门女公之子亚历山大（Alexandse Farnese）入治其地；此人性和平而长于外交，卒使南部诸省复对西班牙王发生信任之心。一五七九年，南部诸省竟脱离干特之联合，而另组织亚拉司（Arras）联合会，以再立于腓力布第二统治之下。

北部七省——荷兰、斯兰德、幼立希、给尔德勒、疴威尔义塞尔、哥罗尼加及非里萨——及南部数城，如安特威普、干特、不鲁至、俄斯坦德等，不得已单独进行，并在幼立希（Utrecht）成立同盟（一五七九年一月）。一五八一年七月，北部七省复在海牙（La Haye）宣布独立，而组成一种联邦（Federation d'Etats），称联省共和国（Bépnblique des Provinces Unies）。各省仍保存其自治，公共利益则由各省代表组织会议讨论决定之。联省之主持人，为一选举之最高军事领袖（Stathouder），当时一般代表即拥威廉以膺其职。

腓力布第二及其子腓力布第三对于北部尼柔兰人此种行动，视为大逆不道，大有灭此朝食之概，结果南部诸城悉入于西班牙人之手。惟西班牙军，费力甚大，计安特威普费时一年，俄斯坦德乃竟达三年。至对于北部诸地，西班牙军竟无丝毫之进展。迨一六九〇年，腓力布第三不得已而与联省妥协，成立所谓十二年休战之和约，然此已无异承认联省之独立矣。

第五节　腓力布第二与英国

英国自血腥玛利（Mary Tudor）死后（一五五八），腓力布第二即无日不思推翻其继位者伊利沙白。或谓腓力布欲拥斯都亚德玛利（Mary Stuart）以为英之元首，然玛利不幸又为伊利沙白之俘囚（一五六八）。一五八七年，伊利沙白杀玛利，旧教徒大愤，竟视之为殉教者，腓力布则借此以为征英之口实。

一五八八年，腓力布预备大规模之出征，海陆两军总约六万人，由巴耳门公亚历山大与西多里亚公（Medina Sidonia）统率之。陆军集中于尼柔兰，须待舰队到时始渡英作战。西班牙舰队会于里斯奔（Lisbonne），约庞大船只一百余艘，大炮二千六百余尊，诚当时莫与比伦之完备宏大海军也，故人称之为无敌舰队（Invincible Armada）。西军屡为英舰所袭击，常不得休息，时当七八月之际，风浪甚恶，无敌舰队或为英舰所击沉，或为风浪所覆灭，并未正式交战，损失极巨，其能退归西班牙之船只，统计不过五十余艘而已。西班牙军并无一人足履英国国土，而死亡之数则不下两万余人。

第六节　腓力布第二与法国

对于法国方面，腓力布第二虽未遭受对于英国之同等损失，然亦无甚成功。忆当法国宗教战争发端之时，腓力布即异常注意其乱事之演变，至一五八四年，当亚郎松公佛兰西斯（Francais d'Alencon）死后，亨利第三之王位承继权应转于那瓦尔（Navarre）王布尔奔亨利（Henri de Bourbon）时，腓力布尤注意，腓力布立与法国之极端旧教徒（Ultra Catholiques），及其领袖介斯侯亨利（Henri de Guise）成立同盟于软维尔（Joinville），申明愿助以金钱，以"捍卫旧教及殄灭异端"。同时，彼又运动教皇，请其颁布否认那瓦尔亨利承继法国王位之命令。

迨那瓦尔亨利承继亨利第三为法王（一五八九年八月），腓力布遂于金钱援助法国旧教徒之外，并资之以军队：驻尼柔兰之西班牙军三次（一五九〇、一五九一、一五九二）入攻法国，巴耳门公亚历山大且进据巴黎与鲁昂（Rouen），腓力布此种举动，固出于其宗教之热诚，同时彼尚挟有一种政治上之野心。盖腓力布为法王亨利第二之婿，其妻伊利沙白曾育一女名伊萨伯拉（Isabelle），今亨利第三既无子嗣，腓力布急欲利用法之旧教徒，以拥其女即法国王位。乃法人富于爱国情愫，亨利第四又改宗旧教，于是腓力布之一切计划，顿归泡影。法、西明白宣战历三年，至一五九八年五月，不得已缔结《维尔文（Vervins）条约》，承认亨利第四为王。数月后，腓力布死（一五九八年九月）。

第七节　腓力布第二与土耳基

土耳基当苏力曼第二（Soliman II）时，不仅陆军实力优厚，海上势力亦极强盛，西班牙、威尼斯与教皇，亦常以联合舰队对付之，然胜利终属于土耳基。苏力曼并能运用政治手腕，使地中海之剧盗，成为土耳基之忠仆。终苏力曼之世，土耳基海上势力总占优势，并能取得爱琴海诸岛、非洲北部数省以及亚拉伯西南要塞。至于土耳基利用之海盗，则常劫掠地中海商船及其沿岸之城市，有时且更扰及英吉利。

苏力曼以一五六六年去世，由其子栖林第二（Sélim Ⅱ）继位。栖林虽为酒徒，幸有贤相索科利（Grand Vzir Sokolli）当国，尚能继承苏力曼之遗志，维持帝国声威于不坠。一五七〇年，土耳基发兵攻取威尼斯势力下之塞普洛斯岛（Cyprus），至一五七一年八月，居然完全占领该岛。

欧洲耶教各国震于土耳基在地中海势力之日益扩张，共谋出兵以与之抗。腓力布第二于是约同威尼斯、教皇等，组织联合舰队，以其弟东爽（Don Juan d'Antriche）为之司令。一五七二年十月，两军战于科林斯湾（Golfe de Corinthe）之勒颁多（Lepante）地方，联合舰队大胜。各耶教国闻此消息，皆大欢喜；东爽且主张直捣君士但丁堡，但多不赞同，盖未敢尽量凌侮土耳基之势力也。

第八节　腓力布第二与葡萄牙

荷兰脱离西班牙之日，正腓力布第二取得葡萄牙之时。葡萄牙王塞巴斯殿（Sebastien）性刚愎，亦常以殄灭异端为职志。适摩洛哥有内讧，塞巴斯殿遂率军赴丹吉尔（Tanger），拟乘乱略其地。一五七八年八月四日，遇摩洛哥人于亚尔加沙克比（Alcazar Kebir）附近，敌人数倍于葡军，塞巴斯殿身先士卒，卒负伤死。塞巴斯殿有叔祖名亨利，为教皇阁员，曾继加他林为塞巴斯殿之摄政，至是遂承继之而即葡萄牙王位。

一五八〇年一月，教皇阁员亨利死。腓力布之母伊萨伯拉（Isabelle）本为葡萄牙公主，至是腓力布竟自认为合法承继人，要求葡萄牙王位。葡人拒之，腓力布遂调亚尔伯公率军入葡萄牙，战争不过两月，居然完全征服其地，计葡萄牙合于西班牙者约六十年（一五八〇——一六四一）。所有葡之殖民地，如巴西，如非洲与印度之商埠，如南洋之香料岛，皆随其本部之运命而归于西班牙。腓力布第二虽损失其尼柔兰之一部分，而所得于葡萄牙者，实足以弥缝之而有余也。

第九节　腓力布第二统治西班牙之结果

当腓力布死时（一五九八年九月），西班牙已陷于衰弱之境，因历年战争毫未间断，人力、财力两露枯竭之象。工业既未振兴，农业则几濒于破产。至于英国之海商，更常骚扰西班牙之沿岸，并劫掠其商船，此种行动，且远达于西印度。腓力布本欲将西班牙造成世界之第一等强国,乃其结果,竟使西班牙趋于衰落之途。然西班牙之军队与威力,固仍保存其大国之风度也。迨入十七世纪,西班牙国势之衰替日益显著,大有消灭之势,而受其利者,则为邻邦法兰西。

第三章 伊利沙白时代之英国

伊利沙白在位之时间不过四十五年（一五五八——一六〇三），而此四十五年在英国历史中实为最重要之时期。在内部方面，其重要事实，为完成宗教改革，并正式组成英吉利教会；在对外方面，彼曾竭力援助法国及尼柔兰之新教徒，俨然以新教领袖自命，而欲与旧教领袖之腓力布第二相对抗。其与西班牙王不同之处，即其行动并非发端于宗教热诚，乃基于政治上之作用也。此外，因抵抗西班牙人之入侵，遂诱起英国海军之发展，同时尼柔兰商业之凋残，又助成英国商埠之兴盛，及其经济力量之膨胀，此实当时意料以外之利益也。

第一节 伊利沙白

伊利沙白为波林（Anne Boleyn）之女，当亨利第八与塞模（Jane Seymour）结婚时，伊利沙白曾被宣布为非合法者，而被褫夺其承继王位之权；迨亨利聚巴耳

(Catherine Parr)后,伊利沙白乃获回复其合法之资格。血腥玛利时,伊利沙白曾被卷入威特(Wyatt)阴谋之中,结果卒获幸免。此后玛利信伊利沙白甚笃,临终时(一五五八年十一月),曾嘱其继续维持旧教,伊利沙白亦应之以恳切之词。总之,终其姊之世,伊利沙白完全为一诚笃之旧教信徒,故英人之拥护之也,无异拥护其姊玛利。

伊利沙白极为英人所爱戴。彼尝自诩为一完全之英国人,而非如其姊玛利之为半西班牙人也。西班牙公使非利雅的(Comte de Feria),劝其联络腓力布第二,俾可获得西班牙之援助,彼乃岸然答曰:"余之现在地位,应归功于英国人民;余所倚靠者,亦为英国人民耳。"凡此种种言论,皆伊利沙白博得英国人民之信仰之秘诀也。

伊利沙白有政治天才:对内能选任内阁,发展工商业及扩充海军;对外能应付腓力布第二,援助苏格兰与法国之新教徒,及促进土、俄、非洲与印度之经济关系。至于一时才人辈出,如斯宾塞尔(Spenser)、培根(Bacon)与莎士比亚(Shakespeare),更足以点缀当代之光荣。彼融本身利益于英国利益之中,诚英国人民之真正元首;彼之所得报酬,即英国人民之深切忠诚,人民因爱之之故,遂置其谬误行动而不论,而使其英名至今犹深印于一般英人之脑中也。

第二节　伊利沙白与宗教问题

伊利沙白在血腥玛利时代，虽常参与教会之弥撒，而其本人之于宗教，实持一种无可无不可之态度。但彼即位时所举行之加冠典礼，仍为旧教仪节，彼且敬谨接受《圣经》焉。惟当时英国之宗教问题，至为困难，盖自二十五年前亨利第八引起此种困难之后，陆续推波助澜或倒行逆施者，前有爱德华第六，后有血腥玛利，迨至此时，内而可以引起变乱，外而可以招致纠纷，殊可虑也。

抑伊利沙白对宗教之究竟目的为何，亨利第八实为其理想中人，此则大可推崇之也。彼之性质似波林，极倾向于"新知识"，是其举措如何，又可以了然过半矣。然当时环境，断非率尔操觚所能措置裕如，此固伊利沙白早已筹之有素，故决舍去正面之进行，而由间接途程以达其理想也。伊利沙白仍保留其左右之旧教职官，惟于额外另简新教教徒以为之副。彼极优遇新旧教徒之温和者；既审其权力已臻巩固，乃令国会通过《祈祷书》三十九条及《教旨同一法》（一五六二年五月）。前者确定英国国教之教义与纪律，后者明令以《圣经》及《祈祷书》著为国民信仰仪式之标准。

第三节　英吉利教与虐杀

英吉利教至为奇特，既非旧教，亦非新教，乃旧教与甲尔文教之一种混合品。关于旧教之仪式方面,伊利沙白认为有部分保存之必要,如祈祷之仪节,及教士之服装与阶级等,惟祈祷文则摈去拉丁而用英文。至于教义,则纯采自甲尔文教,即仅奉行两种教礼,即浸礼与坚信礼。如旧教中之弥撒,则禁止举行。此外,如教会之领袖问题,伊利沙白之意见则与其父略异,而不愿自膺最高领袖之头衔;然英国教会固早已轶出罗马教皇势力之外,而无形间入于其掌握中矣。

英吉利教成立之初,伊利沙白对于一般不遵行者(Nonconformistes),即一般真诚旧教教徒与真诚甲尔文教徒,颇持宽容态度;但不久彼即强令一般人一律归入"法律规定之教会",凡不奉行英吉利教者则处以极重之罚金。对于旧教教徒,亦禁止其举行弥撒。至于自英吉利教改入旧教,及宣传旧教教义者,则视同大逆不道而处以死刑。一五八四年,且成立一特别裁判所以处理异教分子(Dissidets),计旧教教士被刑死者极众。

第四节 斯都亚德玛利

自伊利沙白颁布《祈祷书》三十九条后,一般旧教徒之希望,咸转注于斯都亚德玛利之身,斯都亚德玛利之不见容于伊利沙白,固岂偶然之事耶!然斯都亚德玛利自投牢笼,卒至身首异处,亦可谓不智之甚也。

斯都亚德玛利为苏格兰王占士第五之女,为法王佛兰西斯第二之后。玛利结婚不过一年,佛兰西斯第二死(一五六〇年十二月)。一五六一年八月,玛利返苏格兰即王位,此正罗克司完成宗教改革之时也。玛利为旧教信徒,自幼即长养于法国宫中,所有习惯嗜好,皆极端法国化,俨然一法国妇女也。入苏格兰后,左右几尽为新教徒,玛利颇以为苦,急欲再醮以求获得一切身之助手。一五六五年七月,玛利毅然嫁其表兄亨利达里(Henry Darnley)。亨利达里为世家子,又为旧教信徒,惜品行不良,日惟纵情酒色,一鄙俗浪人而已。玛利既秽其行径,远之惟恐不及,尤竭力防止其染指政务。亨利达里以从中作梗者为玛利之心腹李却(David Rizzio),遂纠合暴徒径入宫中立毙李却于玛利之眼前(一五六六年三月)。十一月后,亨利达里突以被人勒毙闻(一五六七年二月),苏格兰人皆异口同声谓玛利及其情人波提威尔(Bothwell)实为此次阴谋之主动人。乃亨利达里死后不过三月,正国人极端怀疑之际,突传玛利与波提威尔又正式宣告结婚。苏格兰人大愤,起兵抗玛利,玛利败绩,不得已签订逊位约,旋即遁入英吉利(一五六八年五月)。

第五节　斯都亚德玛利之死

玛利赴英后,伊利沙白竟以仲裁人自命,一方责备苏格兰人之叛变,一方又监视玛利以待所犯谋夫罪之证实。但就利害方面言之,玛利赴英,颇诱一般英国旧教徒之属望,此不利于伊利沙白者;然从他方面观之,玛利在英,无异人质,盖英国可以借此阻止西班牙王之进攻也。伊利沙白本忌妒玛利之颜色,复反对其为英国王位之承继人,然伊利沙白对之之方法,除囚之而外,固不能加以超过此种程度之手段也。乃英、苏两方面之旧教徒,咸视玛利为旧教之唯一领袖,急欲推翻伊利沙白以利玛利,计自一五六八年至一五八七年,旧教徒在此十九年间为拥护玛利所组织之阴谋何止五次。

最后玛利卒卷入巴宾登(Babington)阴谋中。先是一冒险家沙瓦其(Savage)及一教士巴拉尔(Ballard)计谋暗刺伊利沙白,一少年贵族巴宾登,平时极崇慕玛利,亦偕其挚友数人加入阴谋中。同时,此辈又与西班牙公使芒多沙(Mendoza)联络以为外援。事发,伊利沙白令最高法院审讯玛利,玛利虽精于辩护,卒被判处死刑(一五八七年二月)。

斯都亚德家之系统

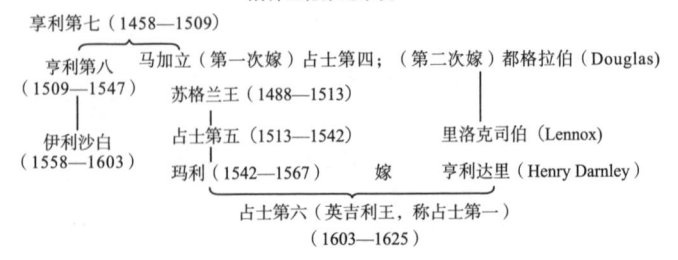

```
亨利第七(1458—1509)
  │
亨利第八      马加立(第一次嫁)占士第四;(第二次嫁)都格拉伯(Douglas)
(1509—1547)    │
  │          苏格兰王(1488—1513)
伊利沙白        │
(1558—1603)   占士第五(1513—1542)         里洛克司伯(Lennox)
              │                              │
              玛利(1542—1567)   嫁   亨利达里(Henry Darnley)
                        │
                占士第六(英吉利王,称占士第一)
                        (1603—1625)
```

第六节 西班牙战争

英国与西班牙之战争,此为伊利沙白对外之主要策略。盖自一五六八年以来,英国各埠即尽量收容尼柔兰之海上乞丐,此实无异故意与西班牙为难,然此犹非正面而积极之行动也。其最使西班牙人不安者,即伊利沙白奖励海盗劫掠西班牙人之商船,初仅限于欧洲方面,嗣竟扰及美洲殖民地之沿岸。德拉克(Drake)者,海盗中之巨子也,其最令人警奇之行动,即秘鲁科罗(Callao)埠前掠得满载大量金银及珍宝之运输船三艘(一五七七)。

德拉克既抵英,伊利沙白且登其舟嘉慰之,故英人不呼德氏为海盗,而称之为海上之飘流骑士。

德拉克日益猖獗,又于一五八五年蹂躏南美之加尔达日那(Carthagene),中美之三多明各(San Domingo)及北美之佛鲁里达(Fioride),并进犯西班牙之巴约伦(Bayonne)与维哥(Vigo)。值此海盗横行防不胜防之际,伊利沙白又承认安多略(Don Antonio)有承袭葡萄牙王位之权,同时并明白派遣军队资助海上乞丐,腓力布第二逐处皆感觉英国之敌视,忍无可忍,其欲与英国一决雌雄,早已筹之熟矣。至一五八八年,腓力布借口报斯都亚德玛利之死,遂遣无敌舰队往攻英国,乃凯撒与威廉第一成功之地,腓力布竟于出师之初即大遭失败(参看本编第二章第五节)。然在英国方面,却产生一重要之结果,即全部英人对此西班牙人入侵之危险,皆起而拥护伊利沙白,同时旧教竟从此被视为敌人之宗教,而失去发展机会,至于恢复英国与罗马之关系之希望,尤陷于绝望之境地。

此次突如其来之混战,并不因西班牙之败挫而告终止。伊利沙白仍继续纵容其海军或海盗劫掠西班牙沿岸及其属地;德拉克且欲乘胜拥护安多略入据葡萄牙,腓力布第二忿不可遏,又拟组织新无敌舰队以攻英国。伊利沙白得此消息,乃特派德拉克往巴拿马以牵掣其海军;同时又阴调大队海陆军以袭击西班牙,英军突入加的斯(Cadix),竟大掠而还(一五九六)。一五九七年,新无敌舰队再出发攻英,乃此次仍为风浪所阻不得前进,舰队四散,不得已悄然而返西班牙。翌年,腓力布死,从此英人永绝西班牙人入侵之患而泰然称雄海上矣。

第七节 伊利沙白之对外政策

伊利沙白之对外政策,始终皆以扶助新教徒为目的。然此种政策,并非根据于宗教之理由,乃完全着眼于政治之作用,换言之,即根据于实际利益也。其对于尼柔兰也,无论直接、间接皆在援助被虐待之新教徒。夷考其实,此辈新教徒多为佛兰德之呢工及安特威普(Anvers)之商人,其每年所购英国之羊毛,实英国大宗产品入款之一。自一五六七年起,此辈逃往英国者何止万人,兰加斯特（Lancaster）竟因此变成英国之佛兰德，而伦敦且浸成为西欧之经济中心焉。

在法国方面，伊利沙白亦常援助新教徒以抗查理第九（一五六二）。彼之援助法国新教徒也，亦不外乎两种作用：（一）构成法国之内讧以弱世仇，并借报加雷（Calais）之损失，此四年前为介斯公（duc de Guise）所占领者（一五五八）；（二）在报复行为中，可以获得实际之补偿，即在法国新教徒手中取得勒哈佛尔（Le Havre）以作交换条件也（一五六二）。二十八年后（一五九〇），彼又援助亨利第四，其用意固亦非仅限于援助新教徒而已也。

此外，伊利沙白又遣蒋肯生（Jenkinson）赴俄，蒋氏经里海入中央亚细亚而抵布哈尔（Bokhara）（一五五九），此后英人竟拟循蒋氏之途径以通波斯。一五六六年，英人卒在莫斯科获得房舍一所，即以此为输入英国文明于俄国之根据地。在君士但丁堡方面，英人之商业亦极繁荣，并且土耳基政府因恶葡萄牙人之故，亦常资以与印度通商之便利。一五八〇年，英土缔结第一次条约；翌年，英人且创一东方公司焉。伊利沙白目光四射，举凡有利于英国之事，无不努力为之，彼为反对腓力布第二，竟不惜与阿尔及耳（Algérie）及摩洛哥（Maroc）之土酋相结纳，即其例证也。

第八节　伊利沙白时代之农工商业

历史家普通认伊利沙白时代为英国之隆盛时期,盖英国自宗教改革以来,一般富室、小地主及宫庭中人,皆因购买或谋取教会之土地而致富。但当时人对于土地之观念,并不似封建时代之仅视为租佃生息品,乃视作投机之目的物,而欲在土地上耗最少之费用以获取最大之赢益焉。在宗教改革以前,羊毛之价即已腾高,一般地主已从事圈入公地以饲养羊群。改革以后,一般新兴地主多操牧业,牧业获利厚而需人工较少,因此工资亦随之而低落。至十六世纪之初,牧业已渐浸入种麦之区,但当时英人仅五六百万,除过荒歉之年,平时颇能自给。至于一般大地主、小地主及大佃户之境况,尤极丰裕,因土地之价无甚变更,而产品却可随市价以增高也。

当时各城市中之工业亦极发展,其原因盖迎受汉西同盟之衰落之影响。如不鲁至(Bruges),如安特威普(Anvers),往昔皆为欧洲北部之商业中心,而现在则伦敦起而代替之矣。此外如欧洲以外之贸易亦猛进:英币到处流入,英舰到处飘航,此自英人视之固极快意,而在敌人心目中,则早已感受威胁,无敌舰队之来攻,实意中事也。

第九节 贫民律

伊利沙白时代虽号称英国隆盛时期，但非完全无缺之隆盛时期，因隆盛之中仍有一段悲苦之痕迹也。忆英国宗教自与罗马分离后，国中陡露一种畸形之现象，即富者愈富，贫者益贫。盖自各寺院及各病院陆续被摧毁后，一般平时仰给教会之补助者顿失所依，尤以爱德华第六时代为甚，此种情形，不仅一般历史家如此认定，即新教历史家与经济学家亦复承认之。各城市因商业发展虽能位置一部分贫民，而乡间因牧业侵犯农业，反使一部分农业工人陷于失业；贫民诉苦无门，乞援无路，故每一念及旧教教会，辄不禁感慨系之也。

当爱德华第六时，摄政诸人即主张消灭贫困生活与闲游生活；其所用之方法，即对无产者以红铁烙记之，并以铁链绳束之，然后令其作工，此实无异驱之入于奴隶生活也。幸此种法令之励行期，仅两年而已。至爱德华在位之最末一年，乃令各村富裕之家，每周纳款若干以备救济贫民之用；凡纳款者，须由收款者注册，收款者即以所集之资，以作贫民作工之工资。此外，并请各教区之理事人，担任劝导一般悭吝者与顽固者襄助善举。迨伊利沙白即位之初，凡富室经主教劝导纳款而无效者，则被送于和平裁判所，如仍顽固不化，裁判官得核定其每周应纳之款额，而置其人于狱中，直至缴款后为止。此种救贫办法,至为奇异,然有三种作用:(一)贫民永不能离开其教区及其社会地位;(二)贫民必须作工;(三)作工仅能获得最小限之工资。至关于闲游生活之惩罚条例,自改订后尤为严酷,即再犯者必处死刑(一五七二)。

贫民救济费,始初本为自由捐助性质,至一六〇一年,竟改为强迫纳款性质,其原因盖由于各村之贫民必须生活于各村中也。惟贫民律之性质为暂时的,每届国会开会之时,其上届通过之贫民律则失其效力,此亦奇异之事也。贫民律既须经每次国会之通过,故其中条文常有变更,直至查理第一时始著为定律。

第十节　伊利沙白与国会

伊利沙白不愿其权力之受限制,因此对于国会极不重视。一五七一年,彼语法国公使摩提(La Mothe)云:彼已召集三次国会,似此已足,以后殊无须再行召集也。伊利沙白之敢于轻视国会,亦自有故,盖彼曾将前代财政之流弊加以纠正,并改铸货币,且锐意节省公帑;彼既于人民无多需求,因此仰给国会之处亦少,其间久始一召集国会,固无不可也。

但国会议员常有变更,以后渐渐加入乡绅及城市中之中资阶级,于是国会之态度遂不如前此之温和。盖此辈议员比较富于知识与经验,言动极沉着,且多具有独立之精神,加以清教主义又正浸润于此辈思想之中。此辈竭力维护国会之权利与自由,竟起而攻击各种专卖,某议员且大声呼曰:"究竟何时实行面包专卖乎!"幸伊利沙白临机善变,诿为不知,并申谢国会之忠诚,卒令取消各种专卖。

国会虽努力与王室相抗,但终未获得议会之必要条件,所谓定期集会,然其权威究已日见树立,其干涉范围亦日见扩张也。迨伊利沙白之继起者行动稍拂其意,国会则尽力维护其权利,虽以革命为代价亦所不惜,盖此种精神之养有由来也。

第四章　新旧教徒纷争之法国

法国自与奥国结束其长期战争之后（一五五九），又陷入极端残酷内乱之中。此次战争历查理第九（一五六〇——一五七四）、亨利第三（一五七四——一五八九）及亨利第四（一五八九——一六一〇）三世，至一五九三年方告终止，世称之为法国之三十年战争。

此次战争之主要原因为宗教问题，故人又称之为宗教战争。盖法人大多数皆为旧教信徒，对于一部分甲尔文教徒，所谓嚣格槐（Huguenots），急欲以全力扑灭之。最后，此次战争又牵入政治问题，即关于王位承继问题。盖华洛亚（Valois）朝绝嗣于一五八九年，合法承继人仅有布尔奔之亨利。然亨利为甲尔文信徒，以新教徒继法国王位，此不仅法国旧教徒极力反对，即西班牙王腓力布第二亦起而从中干涉之也。

迨亨利第四改宗旧教（一五九三），宗教战争始告结束，至一五九八年颁布《南第敕令》（Edit de Nantes），一般法人乃重归于和好。此外,亨利第四又竭力规复残破之政局与社会,卒使王权不至失坠,而经济得以从容发展焉。

第一节 新教之起源

法人对旧教极忠诚,故人称法国为"教会之长女"。但当十六世纪之初,教会之流弊,常为人所不满,因此多数皆倾向于改革。在路德倡改革以前六年,法国人文学者勒非维(Lefèvre d'Etaples,一四五五——一五三七),即与数学、哲学之外,努力于宗教之研究;彼极提倡诵读《圣经》,认此为"人生之源泉",并主张"回复原始之宗教纯洁"。既而路德发表其德文翻译之《圣经》,勒非维亦约是时印行其法文译本(一五二三)。

法国环境如是,因此路德教义之流播极为顺利。信徒多为技术工人,此辈之信心极强烈,同时僧侣亦有加入之者。法王佛兰西斯第一不惟不虐待此辈,且常阻止巴力门之攻击异端。其妹马加立(Marguerite d'Angoulême)对新教徒尤具同情,并于其宫中收容所谓之形迹可疑者焉。乃新教徒大毁神像于街头或礼拜堂外,并贴激烈标语于各大城市,甚至贴于国王寝室之门前。佛兰西斯认此种举动为阴谋之结果,遂捕新教徒数十人焚之于巴黎(一五三四年)。法王末年愈激烈,对异教益形压迫,竟于一五四五年令人焚毁佛多瓦(Vaudois)教派之村落二十余，屠杀教徒三千人，所有教徒之小孩，悉数售与土耳基人以作奴隶焉。

亨利第二即位，正甲尔文教义输入法国代替路德教义之时，亨利较其父尤强硬，对新教徒毫不犹豫，直视之为王权之敌人。亨利特令巴黎巴力门设一裁判所以惩治新教徒；其惩治之法计分三种：即名誉刑、永远监禁与死刑，世称之为激烈裁判所。

第二节　新旧教徒之斗争初期

虐杀并不能遏止新教之发展，适足坚固新教教徒之信仰耳。忆自一五五五起，甲尔文教徒日益增多，并以日内瓦教会为模范加以组织，至一五五九年且开宗教大会于巴黎。同时大批贵族亦相率加入，此举在新教发展史上最为重要。盖初时之新教教徒皆为工人，一遇虐杀，只能委心任命，至于贵族，则有相当抗拒之实力。以前之新教教徒，仅为宗教团体，以后竟一变而为政治而军事之团体，宗教战争之关键实系于此。

际此甲尔文教派向前进展之时，乃亨利第二死（一五五九），而其子三人，不幸皆为未成年者；佛兰西斯第二尚未满十六岁（一五四四生），查理第九与亨利第三，一不及十龄（一五五〇生），一不过八岁（一五五一生）。佛兰西斯第二以冲龄践位，环境异常恶劣；盖王室中人顿萌觊觎王位之心，以冀掌握政权，因而互相嫉视，各植党羽，以争政治、宗教及自身之利益。时王室中具有参与政治之资格者，计有三族，即布尔奔族（Bourbons）、孟慕杭西族（Montmorency）与介斯族（Guises）。布尔奔族源出于圣路易，在亨利第二未死之前，即已改宗甲尔文教（一五五八）。孟慕杭西族为法国世家，其祖先与喀伯（Hugues Capet）同时，在法国极有势力，此族本为旧教信徒，惟其外侄哥里尼（Coligny）则与布尔奔族同时改奉甲尔文教。介斯族之母为布尔奔血族亲王之女，此族为王室尽力特多，常与孟慕杭西族共事亨利第二，亨利极信赖之，此为旧教之热心信徒。

佛兰西斯第二之后斯都亚德玛利，为介斯族之外侄女，因此法国政权遂落于介斯族之手。介斯族既当权，其着手之行动即大肆捕杀新教徒。新教徒大愤，遂秘密计划掠走佛兰西斯，以脱离介斯族之势力；乃新教徒谋事不臧，卒因谋泄而复遭杀戮。介斯族正拟根本摧残新教徒，乃佛兰西斯第二死（一五六〇年十二月）。

法王佛兰西斯第二与介斯族之婚姻关系

克老德（Claude Lorraine）　　　　　安敦梯（Antoinette Bourbon）

长子　　　　　　次子　　　　　女
佛兰西斯（介斯公）　查理（教皇阁员）　玛利　嫁占士第五（苏格兰王）
子
亨利　　　　　　　　　　　　斯都亚德玛利嫁佛兰西斯第二（法王）

第三节　加他林与新旧教徒之斗争

查理第九承继其兄而即法国王位，此后母后加他林

(Catherine de Medicis)遂为政局中之一重要人物。母后对于新旧教，本持一种无可无不可之态度，其最后目的，乃在维持其政权。母后着手即欲调和新旧教之纷争，旋于一五六一年召集新旧教士于波瓦西(Poissy)；乃新旧两方卒以对圣餐礼之基本观念不同，无法协调。一五六二年，母后颁布《一月敕令》，许新教徒得在各城市附郭一带及乡间，公开集会举行礼拜。

自母后观之，《一月敕令》为一种宽容政策，似可保证以后之和平。乃新旧教两方皆否认宽容，仍继续发展其仇视心理与行动。在南部方面，新教徒人数较多，常倚势虐待旧教徒，迫其改宗新教。乃在北部方面，竟发生屠杀事件，而激起法国之内乱。先是介斯公于一礼拜日（一五六二年三月一日），自洛林入巴黎，道经瓦西(Vassy)，适该地有新教徒约五百人举行礼拜，公之扈从与新教徒突然发生龃龉，新教徒恐不敌，旋以石投击之，旧教徒还击以枪，死新教徒二十余人，伤者百余。此外如桑斯(Sens)与都尔(Tours)两地，新教徒亦大遭屠杀（一五六二年四月）。不久，巴黎巴力门竟公布命令，屏新教徒于法律之外（七月十七日），从此内乱遂成不可免之事实。

在新旧教徒斗争之中，除斗争所用手段之酷残，及此次宗教运动兼含政治而解放之性质外，其最令人注意者，即两方皆求援助于外人。加他林常乞援于腓力布第二，新教首领则求金钱与军队之赞助于伊利沙白，勒哈佛尔

(Le Haure)埠之交付于英人,即彼此交换条件之结果也(一五六二)。

第四节　圣巴德勒米之屠杀

新旧教徒之战争区域,以塞伦(Seine)及洛瓦尔(Loire)两河流之间一带地方为主要地带,新旧教之战士人数,两方相等,但新教领袖常濒于危险;不意介斯公佛兰西斯正围攻阿尔良(Orléans)时,竟被一新教徒所刺而死(一五六三年二月),其子亨利遂归罪于哥里尼。一月后,加他林颁布《安博斯(Amboise)敕令》,允新教徒信仰自由,法国赖以和平者约四年,新旧教徒且合力自英人手中夺回勒哈佛尔(一五六三年七月)。但此种协调终不持久,新旧教徒复于一五六七年继续互攻。至一五七〇年八月,加他林疲于内战,乃于圣日耳曼重申《安博斯敕令》。

加他林为欲完成新旧教徒之和解,乃从事撮合查理第五之妹马加立与拉瓦尔王亨利结婚。哥里尼被召入宫,查理极信任之,一时宫中充满信奉新教之贵人。哥氏主张与奥大利家宣战,此种计划极为查理所赞许。加他林闻此消息,颇为震骇。盖此种计划如实行,则旧教之西班牙必受影响;况哥氏所倚恃者,为英之伊利沙白,伊利沙白尝宣言不许法人入住尼柔兰,是英为法之劲敌也。其最使加他林忧惧者,莫如对其子之势力从兹消失。适介斯公亨利亦参议于加他林之左右，计划结果，遂决意排除哥里尼，当那瓦尔亨利与马加立结婚后四日（一五七二年八月二十二日），哥里尼竟以被人暗杀闻。

哥里尼虽仅受微伤，而查理第九对此极震怒。既经调查之后，立发见介斯公亨利确为此案之主动人。加他林大恐，乃向查理伪言新教徒有阴谋叛逆之举，查理信之，乃确定杀尽新教徒之计划，迨圣巴德勒米（Saint Barthélemy）节日（八月二十四日）黎明时，旧教徒遂对新教徒开始屠杀，哥里尼亦死于是役。拉瓦尔亨利则被迫改宗旧教。巴黎新教徒死者约数千人，屠杀与劫掠，直延至二十六日。自巴黎消息传出，各省相率效尤，新教徒死者又数千人。外省加毕加底（Picardie）、奥维尼（Auvergne），如诺曼底（Normandie）及度非勒（Dauphine）等地之省长，则拒受巴黎之命令，因此此等地方之新教徒得免于难。"可耻的血浴"完全源于一妇人之野心，此实法国历史上之一污点也。

第五节 三亨利之战

查理第九卒（一五七四年五月），其弟亨利第三继之，此后之情形愈趋困难，战争状况益形复杂。盖新教徒自遭圣巴德勒米之杀戮后，旋在里门（Nimes）组织甲尔文信徒联合会（Union Carviniste）以事抵抗，拉瓦尔亨利即为其领袖。至于旧教徒则分为两派：一派主张和平，称政策家(Politiques,或 Malcontents),奉亨利第三之弟亚郎松公佛兰西斯为领袖;另一派主张完全珍灭甲尔文派,特成立神圣同盟,以介斯公亨利为首领。至一五八四年,亚郎松公死,于是拉瓦尔亨利遂为王位之惟一合法承继人;此后政潮益趋纷扰,联合会与同盟竟成势不两立之政敌。

介斯公亨利对国王日益跋扈,大有取而代之之意。一五八八年圣诞节前一日(十二月二十三日),国王于不洛瓦(Blois)召介斯公入见;当介斯公经过王寝室时,王之左右遂围而手刃之。在巴黎方面,神圣同盟分子闻此不洛瓦之暗刺消息,遂起而骚乱,并成立一十六人委员会。委员会俨然一种革命政府,竟公然宣布亨利第三之失德(一五八九年一月),而令巴力门主持暗杀事件之审讯。一时多数省分咸起而拥护委员会之决议。

此时亨利第三陷于孤立,不得已而与拉瓦尔亨利缔结同盟(四月)。七月末,两亨利率军三万人进围巴黎。八月一日,一修道来谒亨利第三,亨利召见之,修道托言呈递函简,径以刀刺其腹。入夜,亨利第三于临终前,正式承认拉瓦尔亨利为其承继人,拉瓦尔王遂改称法王亨利第四。

第六节　亨利第四之处境及《南第敕令》

亨利第四即位时,环境异常恶劣,盖多数旧教徒皆不愿奉一甲尔文信徒为国王;同时一部分新教徒亦表示不满，因亨利曾于八月四日正式宣言竭诚维护旧教也（一五八九）。其所统之军队人数日形减少，遂不能不解去巴黎之围。但亨利始终以取得巴黎为目的，因此地既为法国之京都，又为敌人之中心，巴黎如下，则全国当不难平定也。一五九〇年再围巴黎，乃居民誓死抵抗，同时巴耳门公亚历山大亦率军自尼柔兰来援，亨利又不得不退返诺曼底（九月）。

西班牙王腓力布第二之后伊利沙白，本法王亨利第二之女，至是腓力布竟欲以其所生之女伊沙伯拉（Isabelle）入主法国，法人虽尽力推拒，而西班牙王固未能遽然抛弃此种意念也。当此内忧外患日益迫切之际，亨利第四乃毅然举行改宗旧教典礼（一五九三年七月）。大多数法人闻此消息，皆大欢忻，不久，亨利竟不费一兵一矢而获得巴黎（一五九四年三月）。

亨利自正式改革旧教后，多数甲尔文派大为惊异。亨利为避免内战机会之重开，乃于一五九八年四月颁布《南第敕令》，此令允许新教徒在一五九七年以前所居之城市中自由举行礼拜，惟宫庭中与巴黎则禁止之；新教徒与旧教徒得享同等之政治权利；在各巴力门中，特创一混合裁判所，即新旧教裁判官各半数以保证司法之平允；新教徒得自由召集各省宗教大会与全国宗教大会；国内重要城市之足以自守者，仍留诸新教徒之手，如拉荷余尔（La Rochelle）、蒙多邦（Montauban）与里门（Nimes）等。

自此令公布后,多数旧教徒极为愤怒,巴黎巴力门且拟正式反对之。亨利第四不得已向巴力门亲作一极度沉着而恳挚之演说,反对之气焰乃熄。《南第敕令》本为一种宽容政策,孰期不及百年,竟产生一种悲哀之结果,可慨也夫!

第七节　宗教战争后之法国情形

法国宗教战争约历三十年,在此长期斗争之中,无论政治方面与物质方面,皆遭受极重大之损失,不仅佛兰西斯第一与亨利第二之绝对权威归于消失,即法国之统一亦陷于危殆之境。贵族不愿有国王,人民不愿有国王与贵族,至于各省长,则尾大不掉俨然各以国王自视矣。

地方之被蹂躏,尤为不堪。"各地村镇几无人居住而变为荒凉之区",此一五九九年亨利第四之言也。各地农民,或则因纷扰而停止耕作,或则因饥寒而从事劫掠。如诺曼底,如度非勒,如里穆森(Limousin),如圣冬日(Saintonge),农民结队骚乱,大有不可收拾之势。在白里哥尔(Perigord)之白耳日拉(Bergerac)附近,作乱之农民有时竟达二十万人(一五九四)。道路被破坏,桥梁被毁割,举目所见,惟有乞丐。工业停顿,贸易中止,国债累积,尤不可以终日。亨利第四曰:"法国与余,皆需要一时之喘息。"此语实当时一般法国人之心声也。战争之为祸,可胜道哉!

第八节　亨利第四时代之农工商业

亨利第四自颁布《南第敕令》，及与西班牙签订《维尔文（Vervins）和约》后，旋即从事于内政之整理。亨利左右之辅弼极多，其最有名者允推许里（Sully），许氏认定财政为当时之急务，而其整理之方，则不外勤俭廉节。彼一方减轻农民之负担，一方则尽力于储蓄，故终亨利之世，国库不仅无亏耗，且常有赢余焉。

亨利与许里极关心农民生活。亨利认定农民为国家之主力，为"滋养国家者"。许里亦谓"农牧为法国之双乳，可比秘鲁之金矿"。彼二人极致力于保护农作，如禁止贵族在麦田中及葡萄园地中从事围猎，如严禁军队劫掠农民，如禁收税人不得因农民欠课而夺其牲畜与农具。因有以上种种保护条例，农民遂得十二年之和平，而获从容改善其生活焉。同时亨利又拒绝接近一般贵族，而令其返于田间，盖不须其虚度骄奢生活于巴黎而枉耗其农产之收入也。

关于已经颓废之工业，如丝、呢、绒之制造等，亨利亦努力恢复之，里昂（Lyon）与都尔（Tours）一时顿呈生气，大有从此可以阻遏现金之溢出以利外人之概。至关于商业之恢复，许里则尽力修筑道路与桥梁，并从事运河之开凿，对外又与土耳基、与英国成立商事条约；并拟在北美圣罗连（Saint Laurent）沿岸创建新法兰西，乃商伯兰

（Samuel Champlain）卒于一六〇八年筑成圭倍克（Quebec）。

第九节　亨利第四之被刺

一六一〇年,亨利第四突拟大举攻德皇与西班牙王。据许里云,此种计划之目的不外摧毁奥大利家,驱逐土耳基人于欧洲以外,及预备将来组织欧洲合众国;并谓此种计划曾商之英国、荷兰与威尼斯,但皆不赞同。在法人方面,突然闻此大规模之军事准备,颇为狐疑,一般人皆以为军事需款,必增课税,此为一定不易之理;亦有认此次军事行动之目的,必在援助德国新教徒,甚有谓亨利第四将往攻击教皇者。一时谣诼纷纭,莫衷一是,一神经错乱者哈瓦雅克（Ravaillac）,既闻以上各种传说之后,精神愈益摇荡,乃立意刺杀亨利。适亨利将往见许里,哈瓦雅克伺于途间而刺之。"出师未捷身先死",此真可为亨利第四咏之矣。惟其对内之改革事业,骤然中止,殊可惜耳!

华洛亚安古列门朝与布尔奔朝系统表

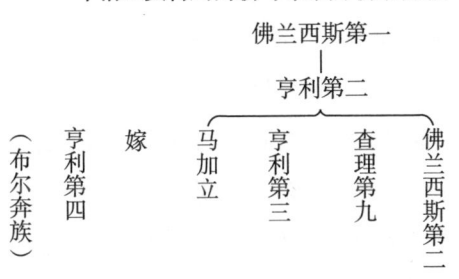

佛兰西斯第一
　　｜
　亨利第二
　　｜
佛兰西斯第二／查理第九／亨利第三／马加立／嫁／亨利第四（布尔奔族）

第五章　三十年战争与欧洲政治

十七世纪上半期与十六世纪上半期同,亦为欧洲之困难时期。在此困难期中,无论中欧、西欧与北欧之国家,皆陆续卷入漩涡,此即世称之三十年战争。此次战争本源于宗教问题,即新教之捷克族起而反抗旧教之元首也。但其真因,则实源于奥大利家一亲王之奢欲,因此亲王拟改变选举,而联邦式之帝国,成一世袭而集权之国家也。

此次战争,始初仅为奥大利家统治邦中之争执,既而则成为德国各邦间之战争,最后竟一变而为欧洲之战争。溯此次战争自发端以至演变以后,所有争论之问题,除德帝国之宗教自由问题,与政治组织问题之外,尚有联省共和国之独立问题,瑞典在波罗的海(Mer Baltigue)之优势问题,与法国在西欧之霸权问题。抑犹有可注意者,即法国一方与奥大利战,同时又与西班牙战,是三十年战争自一六三五年以后,不啻又为法兰西家与哈蒲斯堡家斗争之一新段落也。

以上诸种问题之大部分,皆于一六四八年获得解决;盖《委斯法利亚条约》(Traites de Westphalie)曾否定奥大利家在德国之计划,并承认联省共和国之独立,助成瑞典在北欧之优势,强迫哈蒲斯堡家割让亚尔萨斯(Alsace)与法国。然一部分战争并不因《委斯法利亚条约》之缔结而宣告中止也;法国与西班牙仍继续战争至十一年之久,直至一六五九年法、西成立《比利牛斯条约》(Traites des Pyrenees),三十年战争之余波始告平息。

第一节　战争溯源

一五五五年之《奥格斯堡和约》,虽不完善(参看本编第一章第五节),究保证德国六十余年之安宁。在此六十余年之中并非毫无冲突,但皆为各地之局部小争执,瞬间即告完结。即比较郑重之特吕佘司(Gebhard Truchess)事件(一五八四),一战之后,亦立即了息。就此情形观之,德国和平似可继续保证,乃祸乱一经爆发,遂至不可收拾,此其故何耶？曰:为此和平之暗礁者,即《奥格斯堡和约》所不承认之甲尔文派也。

《奥格斯堡和约》虽不承认甲尔文派,而甲尔文派之在德国西部与莱因地带者则日见增多。但此派常受路德派与旧教徒之威胁,不得已乃于阿森(Hausen)地方组织福音联合会(Union Evangelique)以自固结(一六〇三年与一六〇八年之间），巴拉丁选侯佛勒德勒（Frédéric électeur palatin）实为其领袖。在对外方面，联合会并与法国及联省共和国签订同盟条约。旧教徒鉴于甲尔文派之团结，亦于一六〇九年在明星（Munich）成立神圣同盟（Sainte Ligue），奉巴威略公马克西米连（Maximilien）为首领，并与西班牙缔结同盟。自新旧两派教徒各自团结后，两方遂各从事于军事上之准备，对垒之势已成，爆发之期特迟早问题耳。

其次，如哈蒲斯堡家之内部情形，及斐迪南第二之性质与欲望，在在皆足为促成此次长期战争之原因。盖奥大利家除保有德国皇冠之外，计有上奥大利、下奥大利，及士的里亚（Styrie）、克仑地亚（Carinthie）、喀尼鄂拉（Carniole）等公领，与的罗尔（Tyrol）伯领。以上诸地皆一五五六年查理第五传与其弟斐迪南第一者，史称之为世袭之邦。此外如波西米（Bohême）与匈牙利两王国，此则为获得之地，盖此为斐迪南私人于一五二六年因承袭而取得者，哈蒲斯堡家辖地虽广，但极不统一；又况辖地内之民族，既非单纯民族，且无一种公用之语文。如在世袭各邦中，普通皆为德国人，但在的罗尔伯领中，一部分且为意大利民族；在波西米王国中，居民皆为捷克族，而在匈牙利王国中，则又纯为蒙古族。关于政治方面，尤为不可思议；各辖地各有京都、政府、宪法与国会。如关于征兵、课税及制定法律等事，非经各地国会之通过，决不能实施。即在世袭各邦中直辖下之公领,彼此亦各自独立,不生关系;如在喀尼鄂拉公布之法律,只能行之于喀尼鄂拉;在的罗尔颁行之法令,亦不能施之于其他各地。

第二节　哈蒲斯堡家辖地中之新教

在哈蒲斯堡家统治下之各邦,民族之复杂既如彼,而行政之不统一又如此,其惟一赖以维系之者,仅公戴之元首与共信之宗教。但此仅有之维系物,不期在无意之中竟虚悬至半世之久(一五六四——一六一九)。斐迪南第一将死之前,曾将所有辖地分赐于其三子;除长子马克西米连第二承袭奥大利、波西米与匈牙利,余如的罗尔、士的里亚、克仑地亚、喀尼鄂拉,则给于其他二子。幸马克西米连主张,惟长子乃得承袭帝国之统治权,于是哈蒲斯堡家之领地,乃未因斐迪南之分封而渐至于瓦解。但在他一方面,马克西米连对于信仰却极其宽容;忆彼在位之十二年中(一五六六——一五七六),新教在其世袭各邦中发展极速,如在下奥大利,新教徒竟在国会中及维也纳大学中占最大多数。其次如波西米,历来即为著名之异教区域,其居民之最大多数皆为路德教徒。至于匈牙利之宗教情形又何如耶?匈谚有云:"甲尔文派之信仰,即匈牙利人之信仰。"是语也,实一般匈人宗教趋向之表现也。

第五章　三十年战争与欧洲政治　·67·

第三节　鲁多夫及马底亚司与新教

鲁多夫第二（Rodolphe Ⅱ，一五七六——六一二）继其父马克西米连即位后，即本其所受耶稣之教育，从事扑击异端，以冀恢复宗教之统一。结果彼在世袭各邦中颇收一时之效，而在波西米与匈牙利两地，则大遭激烈之抵抗。鲁多夫至为奇特，彼终日闭居于巴拉加（Prague）宫庭中，左右之人，惟有星象家、炼金术家、画家与雕刻家。彼不接见外国公使，并逐去其部臣，而任政事文件之停搁。彼信某星象家之言，恐将来遭受血族亲王之威胁，遂禁止诸弟结婚，彼自身亦不结婚。诸弟协谋，决拥一年长者以代之。马底亚司（Mathias）年较长，竟容纳诸弟之意，而陆续自鲁多夫手中夺去世袭各邦与匈牙利及波西米。鲁多夫临死之时，除德国皇冠之外，竟无长物。

然马底亚司所费之代价亦不资。盖马底亚司之获得政权也，常出之以叛变手段，及借助于新教徒之努力，而新教徒所要求之交换条件，又不外政治及宗教上之权利。如在世袭各邦中，路德派则乘机起而恢复其势力。在波西米方面，捷克人竟获得尊严手札（Lettre de Majeste）之承认（一六○九），即有完全之信仰自由，及建筑寺院与开设学校之自由。此外，又恐皇帝代表（Lieutenants—Gouverneurs）执行以上诸言之不力，捷克人并得选出若干代表（Deputes），称信仰防护者（Defenseurs de la foi），以监督之。

第四节 斐迪南第二与越窗掷人事件

斐迪南为查理第五之子、斐迪南第一之孙。彼受耶稣社之教育甚深，为一极端之旧教信徒。当彼为士的里亚公爵时，即尽力排除该地之新教而使之恢复旧教；如封闭新教寺院与学校，驱逐牧师等，并劝一般人民信奉旧教，否则离境，五年之后，斐迪南居然完全达其目的。

一六一七年，斐迪南被马底亚司任为波西米王，彼又欲以其在士的里亚行之而无障碍之手段施之于波西米。捷克路德派本在巴拉加主教管辖境内建有寺院，斐迪南竟命令毁去之。信仰防护者旋在巴拉加召开路德派大会，皇帝代表又令其解散之。五月二十三日（一六一八），正皇帝代表开会时，信仰防护者竟持械拥入会议室，并仿耶洗别（Jézabel）故事，而将皇帝代表自窗口抛出之。史称此事为巴拉加越窗掷人事件，此即为三十年战争导火线之第一序幕。

信仰防护者既对皇帝代表施行暴烈手段，旋即积极从事组织临时政府。一六一九年，正斐迪南被举为德皇时（八月二十六日），捷克人竟宣布其无为波西米王之资格，并拥戴巴拉丁选侯佛勒德勒第五以为之王。佛勒德勒一方以为可以获得英国王占士第一（James I）之援助，同时又为其妻伊利沙白怂恿，遂从捷克人之请求而即波西米王位。

第五节　波西米战争

波西米发生之事变虽严重,但直至当时,仅为捷克人反抗其元首之行动,仅为哈蒲斯堡家统治邦中局部事件。自佛勒德勒接受波西米王位后,捷克人之局部事件,遂一变而为德国各邦间之斗争。盖佛勒德勒之被举为波西米王,颇使德国之一般亲王感受不安,尤以各选侯为甚。佛勒德勒本为巴拉丁侯,在选侯团中本已有一票之选举权,今兼为波西米王,是佛勒德勒一人而有二票选举权矣。且佛勒德勒为甲尔文派,路德派与旧教徒对于其势力之增长,咸存戒惧之心。旧教徒恐惧尤甚,因在选侯团中,旧教徒仅有德里佛斯(Treves)、哥罗尼亚(Cologne)及梅尼士(Mayence)三大主教选区,以三票选举权对四票之新教选侯(Saxe, Brandebourg, Boheme, Palatin),自然必归失败,是德国皇冠将永属于新教徒也明矣。

德皇苦无军队以征佛勒德勒,久之,始自旧教徒及路德派两方面获得实力之援助。路德派之萨克逊选侯虽助以军队,但不十分重要;其最有力者,尤推巴威略公马克西米连之军队。巴威略军之步兵,系征之于农民与中产阶级之中,骑兵则由小贵族组成之,俨然巴威略之常备国军;训练甚佳,纪律亦严,在当时德国各地,实无有出其右者。统率此军之司令,为一比利时人第里伯爵(Comte de Tilly),亦当时有名之将领。既遇波西米军于白山,一战之后,波军大溃(一六二〇年十一月),佛勒德勒竟无暇顾及随军所带之秘密文件与珍宝而仓皇遁走焉。

斐迪南既征服波西米,旋即尽力摧残境内之新教徒(一六二一),其手段之酷烈,实使捷克人寤寐所不能忘。至于萨克逊选侯与巴威略公,则向皇帝要求报酬,皇帝不得已让路沙司(Lusace)于萨克逊侯,而与巴威略公以上奥大利之地。皇帝又赖西班牙人与巴威略军之助,进而攻击巴拉丁,第里卒费两年之力占领其地(一六二一——一六二三)。皇帝既宣布褫夺佛勒德勒之头衔及其财产外,并不商诸德国一般亲王,径以巴拉丁给与马克西米连。新教徒对于此举,颇为震恐,盖在选侯团中,新教选权顿减为二,而旧教选权反增为五也。

第六节　丹麦王之干涉失败与斐迪南第二之奢欲

斐迪南处置巴拉丁之举动,实不啻立意与新教徒为敌之先声。新教徒自视处境如此险恶,遂径求援于丹麦王克利斯丁第四(Christian)。丹麦王一方因自身为新教徒,同时又因在帝国中保有辖地而为帝国之一分子,故毅然以援助新教徒为职志而率军侵入德国(一六二五)。自克利斯丁出而参与德帝国之战争后,于是战争之性质为之一变;巴拉丁选侯曾变波西米战争为德国战争,今克利斯丁之出而干涉德国战争,是又变德国战争而为欧洲战争矣。

但克利斯丁之运命，并不较胜于巴拉丁之佛勒德勒。彼曾为两军所截击，一为底里所统之旧教徒，一为瓦郎斯登(Wallenstein)奉皇帝命所组织之新军。瓦郎斯登本捷克贵族，彼向皇帝投效，且不向皇帝率款，故皇帝极嘉许之。克利斯丁在德国北部陆续为瓦郎斯登及底里所败，不得已退归丹麦；即见敌军仍向丹麦国境压迫，乃向皇帝乞和，旋在卢卑格(Lubeck)成立和约，申明永不干预德国之事（一六二九年五月）。

皇帝军队屡次获胜，气为之壮，旋拟在辖境中更作进一步之措施。因自身为旧教徒也，遂欲尽量摧残新教徒；又因自身为皇帝也，竟欲改变德国之宪法。在《卢卑格和约》成立之前，皇帝即已颁布归还教产之令(Edit de restitution)，即凡自一五五二年自旧教教会夺来之财产，须一律交还于皇帝（一六二九年三月）。瓦郎斯登之军称执行军(Armee d'execution)，盖所以保证归还教产之令实施也。

同时，皇帝又拟从事变更德国之宪法，即欲废除选举制而代以世袭制也。瓦郎斯登之逢迎斐迪南，一则曰："皇帝应为德国之元首，一如法国为西班牙之国王。"再则曰："实无需乎选侯与亲王；罗马人之王之选举仪式，特虚文耳；皇帝之子应依世袭方式合法承继之。"皇帝之计划，固非各独立亲王之所乐闻；而其最使人注意之处，即此种计划一旦实现之后,联邦式之帝国,将一变而为统一而集权之国家,是欧洲中部将横梗一自亚得里亚海(Mer Adriatique)直至北海之庞然大物之国家也。

第七节 瑞典王之援助德国新教徒及其失败

斐迪南之计划,对哈蒲斯堡家固极有利,而对欧洲各国,则危险性殊大,尤以对瑞典与法国为甚。果此种理想一旦实现,则诚如瓦郎斯登所云:"一切哈蒲斯堡家之敌人皆入其彀中矣。"

就瑞典与法国之利害衡之,瑞典所受斐迪南之威胁,尤为直接。盖皇帝拟在波罗的海建创海军,并已任命瓦郎斯登为海军大将,同时且扩张其势力于瑞典对岸之梅格林不尔(Meclhembourg)与波美拉尼亚(Pomeranie)两公领中(一六二八)。岂知瑞典亦常视波罗的海为"瑞典之湖",卧榻之侧,不容他人鼾睡,对此斐迪南之举措,安能熟视无睹耶!且当时之瑞典国王为巨斯达夫(Gustave Adolphe,一五九四——一六三二),好大喜功,不让德帝,兼为其国谋利益计,实不能不着眼于海洋,彼欲经营波罗的海沿岸久矣。但瑞典与皇帝尚无开衅之机会,乃皇帝资之以口实:适巨斯达夫有事于波兰,皇帝力助波兰,巨斯达夫遂舍波兰而进攻皇帝(一六三〇年七月)。同时巴威略公马克西米连所领导之旧教亲王,亦因忌惮斐迪南之野心,起而表示要挟之态度,即不取消瓦郎斯登与裁减帝国军队,则不作抵抗巨斯达夫之援助,皇帝竟不得已而让步(一六三〇年八月)。

巨斯达夫之进攻皇帝,不仅为三十年战争史中之一重要事迹,且为军事历史中之一重要时期。盖巨斯达夫极努力于军械之改良与军队组织之改革;如令军队认法律与祖国为最高之理想,以严厉纪律及宗教仪式为约束之工具;此外如采用子弹,减轻炮身,皆为当时军事上之显著进步,故全欧争仿效之。瑞王之军队虽军容甚盛,有气吞敌人之势,然越境攻人,究不能不需要德国新教徒之援助。乃当时德国新教徒之勇气已大为沮丧,蜷居蛰处,不敢称兵。欲突破新教徒之沉沉死气,必须一巨大祸变以激励之。适底里攻入新教城市马德不尔厄(Magdebourg),瑞典人乘机纵火,转瞬之间,全市顿成灰烬(一六三一年五月)。一般人归焚城责任于底里,于是德国北部之人大为愤激,咸来依附巨斯达夫而奉之为解倒悬者。九月中,巨斯达夫进攻底里及神圣同盟军,卒大败之于勒不士格(Leipzig)附近。次年春,进逼巴威略之明星(Munich),陷之(一六三二年五月)。巨斯达夫正拟向维也纳进攻,乃皇帝复又起用瓦郎斯登,令其抗御瑞军。两遇于陆村(Lutzen),巨斯达夫因深入敌中,竟为敌人所杀(十一月)。然瑞军仍继续奋战,德国新教徒亦常为之声援。瓦郎斯登拟与瑞人共分波西米之地,然后一致迫皇帝议和,旧教徒疑甚,皇帝亦有所闻;不允,瓦郎斯登竟为其部下军官手刃而死(一六三四年二月)。一六三四年九月，皇帝军队大败瑞人于罗尔林根(Nordlingen)，新教诸侯大恐，遂向皇帝乞和，此时皇帝之声威复大振，德国之扰乱大有从兹止息之势。

第八节 法国之参战及其结果

法国对斐迪南之计划，亦甚恐怖，盖彼之计划若实现，是不啻查理第五之帝国复兴于欧洲，苟不加以破坏而任其成功，则前此之屡次战争果何为哉。法国虽急欲破坏其计划，无如当时法国之内部困难殊不许黎塞留(Richelieu)以对外之自由。盖一六二八年有罗舍勒之围，一六二九年有塞维伦(Cevennes)之役，至一六三〇年，黎氏本身且陷于谤日(Journee des depes)之中。因此黎氏不能不专意于国内之安宁，致不敢轻耗其力以对外。如嗾使巨斯达夫之进攻皇帝(一六三〇年七月)，怂恿旧教亲王之威吓皇帝(一六三〇年八月)，皆不过一种幕后之行为；至其行动之比较具体者，则为与巨斯达夫订立之《伯尔瓦德(Berwalde)同盟约》(一六三一年一月)。

迨一六三五年，法国已无内顾之忧，又值皇帝骄气盈溢之时，黎塞留认为机不可失，遂续与瑞典、联省共和国、一部德国新教徒、萨克逊威马尔(Saxe Weimar)、瑞士及萨瓦公等，缔结同盟之约，同时并向西班牙王腓力布第四宣战(五月)。自此以后，战争之性质，遂不仅为德国问题,乃同时又为法兰西家与奥大利家战争之重启。盖法人之宣战,其目的在恢复尚为西班牙所占领之亚多瓦(Artois)、卢司雍(Roussillon)与佛郎公德(Franche Comté)及奥大利所属之亚尔萨斯。以上诸地,皆法人所称之天然界域,大有非恢复之不可之势。其次如斐迪南之计划,不幸一旦贯彻,则整个之帝国将横梗于欧洲,兼并攻取,莫敢撄其锋,而法国必首受其祸,黎塞留熟筹已久,此次不惮作此大规模之运动,而挺身与之短兵相接,实时机不容再事犹豫也。

法国初战颇不利,奥军与西班牙军且侵入法境(一六三六),嗣因路易十三与黎塞留之躬亲督战,乃获转败为胜(一六三七),既驱逐敌人于境外,复占领亚多瓦(一六四〇)与卢司雍(一六四二)。至一六四三年,洛克洛(Rocroi)之战,法军大胜,此战无异宣告西班牙之霸权终止及法国之优势开端。

在德国方面,皇帝已死于一六三七年,继之者为其子斐迪南第三(一六三七——一六五七)。一六三九年,法、瑞两军曾自西北两部进迫维也纳,拟威胁新帝自动乞和,但无结果。嗣后法国名将龚德(Conde)与杜乃伦(Turenne)虽连胜奥军(一六四四——一六四五),亦徒耗损实力,仍非最后决战之胜利。直至一六四八年,法、瑞联军大败奥人于茹斯马尔好生(Zusmarshausen,五月),旋进陷巴威略而围明星,另一部分瑞军又自他方袭取巴拉加(Prague,七月)。斐迪南第三处此两种压迫之下,乃决意议和(十月)。

第九节 委斯法利亚和议成立之原因及其经过

其实,和议条件在四年前即已开始讨论。和议发动之原因,除战斗者方面因实力枯竭疲于战争外,各中立国鉴于损失之大,困苦之甚,亦极为动心。在德国方面,凡军队所过之地,田土无不荒芜,庐舍尽成丘墟。即莱因地带,素号欧洲沃腴之区,各地村落竟因战争损去人口十分之一,豺狼且公然出现于城市中焉。德人所受三十年战争之祸,诚可谓酷矣,以后约费百年之力,乃获回复其旧观。吁!十七世纪初之德人何不幸而至于斯极耶!

一六三六年,教皇与威尼斯即已从事调解,主张和平。但直至一六四四年,各国代表始会于委斯法利亚(Westphalie),开始讨论和议条件;计列席者,除教皇与威尼斯之代表外,则为皇帝、法国、瑞典、丹麦、西班牙、联省共和国及德国各亲王之全权大使。在此盛大之会议场上,瑞典力争必与法国立于绝对之平等地位;为避免席次之困难,乃分两地开会,一在曼司特(Munster),一在俄斯纳布鲁克(Osnabruck),两地相距约四十基罗米达之谱。

在此空前之欧洲和议席上,法人曾突破历来之外交习惯,而以法文为书面之文字,盖直至当时,一般外交家皆奉拉丁文为国际间之文字也。法人虽遭反对,仍悍然置之不理,继续使用其本国之文字。但自此后,法文竟起而代替拉丁文而为外交上之公用文字矣。

和约同时签于曼司特及鄂司拉昌克(一六四八年十月)。此次商榷和议条件,所以经过如许长久之时间,其原因不外三端:(一)各公使与其元首之往返商榷,因交通之不便利而延缓;(二)关系国家太多,调解困难;(三)问题复杂,确定不易。然此次和议实欧洲国际大会议之创举,在欧洲外交史上确辟一新纪元。且自此以后,此种国际社会日益扩张,竟括入非耶教之国家及非欧洲之国家。至于旧教世界主权之说,事实上已为宗教改革所击破,而此次和议则正式宣布其死刑。

第十节 《委斯法利亚条约》及其性质

《委斯法利亚条约》计解决三种问题,即德国之宗教问题,德国之政治组织问题,与欧洲之和平问题。

关于德国宗教问题,和约曾认甲尔文教得与路德教共同存在。和约并维持各亲王有强迫其人民尊奉其所决定之宗教之权,但人民有离境自由,且不损失其财产。凡在一六二四年以前所没收之旧教教会财产,仍得保有之。

关于德国皇冠问题,仍维持其选举制。巴威略公仍保有巴拉丁选侯头衔,并另创一巴拉丁选区以与佛勒德勒第五之子查理路易(Charles—Louis)。各选侯得保持其领土之绝对独立,皇帝不得假借任何题目干涉之,各选侯并得在不侵犯皇帝之条件下与人缔结同盟。帝国国会（Diete）对于议和、宣战、课税、征兵等事，有绝对自由主持之权。

此外，如帝国境内之土地变更，亦有足资纪述者：巴威略选侯得兼保有上马拉丁；白郎丁堡选侯则兼领阿得河上之加明（Camin）主教区与东波美拉尼亚、易白河之上马得不尔厄（Magdebourg）大主教区，与哈尔斯塔德（Halberstadt）主教区及威悉河上之曼登（Minden）主教区。白郎丁堡选侯骤获此若干土地，此实一重要事迹，盖变更世界局面之普鲁士，即基于此等土地而渐发展其野心也。

至于战争赔偿问题，瑞典则获得不来海（Breme）大主教区与维登（Verden）主教区，西波美拉尼亚与斯提丹（Stettin）。自此以后，瑞典对于德国不仅在地理上获得优势，且可列席亲王团、城市团及帝国国会中矣。法国所得者，为洛林之蛮次（Metz）、都耳（Teul）、凡尔登及大部分亚尔萨斯。

自此次和约成立后，所谓帝国，不过一种空名，所谓皇帝，亦仅一虚衔耳。法、瑞又将德国之政治组织置于签字各国保证之下，是法、瑞若起而干涉帝国内部之事，俨然一种合法之权力，而皇帝若有变更组织之企图，亦将为大不可能之事。此次和约陷德国于分崩之境者约二百年，法、瑞外交家之摧残敌人，亦可谓无微不至矣。但在外交方面，或认此次和约为近代国际法之诞生期，盖其影响于国际行为者，实至深且巨也。

第十一节　荷兰正式独立与《比利牛斯和约》

西班牙代表在和会结束以前，即已离席，因彼在曼司特正式承认荷兰独立后（一月三十日），即弃置法国而不之顾也。盖腓力布第四对荷兰方面既无问题，大可抽调尼柔兰之驻军以对法，或可于万一之中恢复亚多瓦也。西班牙军虽大挫于郎司（Lens，一六四八年八月），但法国适有内讧（Fronde），故腓力布坚持战争不肯议和。

至一六五八年，马撒林（Mazarin）与英人缔结同盟，原将西班牙占有之丹格尔克（Dunkerque）让渡于英，由英国供给法军六千人为条件。英军既与法军合，法将杜乃伦遂大胜西班牙人于度伦（Dunes，六月）。不久，丹格尔克被攻下，英人即根据盟约占有之。

此时西班牙王已乏战斗能力，乃决定议和。和约订于法、西边界间之雉岛（Ile des Faisans），故人称为《比利牛斯和约》（一六五九年十一月）。根据此次和约，法人取得卢司雍、塞尔达左（Cerdagne）、亚多瓦、佛兰德数重镇及卢森堡公领。约中并载明腓力布第四之长女马利德利珊应嫁与路易十四。此条自表面观之，似无足重轻；然自其影响衡之，实极为重要，盖路易十四耗费其五十年之光阴于诡谲外交与激烈战争之中，无非为此而已。

《比利牛斯和约》为法兰西家战胜西班牙哈蒲斯堡家之纪录,亦与《委斯法利亚和约》之摧毁奥大利哈蒲斯堡家同。法之领土骤然增大,因此在西欧之霸权赖以建立,一六五九年,实法国入于新时期之界标也。

第六章 十七世纪之荷兰

荷兰自起而反抗西班牙之暴力后,至一六四八年经委斯法利亚和会之承认,弹丸小邦,竟一跃而与英、法、西诸大国比肩而立,相与角逐于欧洲政治舞台上矣。荷兰在当时之重要性,与以前之迦太基(Carthage)及威尼斯相同,亦以海军与财富称雄于一时,此则为其殖民商业与经济活动之自然结果也。同时荷兰又为智识生活之陶冶中心,艺术生活尤极丰富,其能卓然立于大地之上,自非偶然。

第一节 荷兰

《曼司特和约》为西班牙王正式承认其叛民之独立之和约,非如一六〇九年法王亨利第四调解成立之暂时休战和约。但此次取得之正式承认,亦曾以二十七年之战争为代价,决非偶然之事。

荷兰在政治方面计包括两种土地:一为《幼立希和约》(一五七九年一月)之七省;一为联省会议之地带,即

《幼立希和约》后所征服之地也。联省会议之地带即今北巴拉班的(Brabant Septentrional)为七省之公有地,称国有之地(Reichs land),此等地带之行政人员,悉由联省会议任命之,故名。在七省之中,东南五省为农业地;西部之荷兰与斯兰德(Zelande)两省称沿海省分,组织之分子皆为水手、商人与中产阶级,此地为反抗西班牙之中心,斯兰德尤为"海上乞丐"集中之地。

荷兰人口极稠密,所有重要城市,如亚摩斯德尔登(Amsterdam)、哈连姆(Harlem)、海牙、德尔弗提(Delft)、来丁(Leyde)、鹿特登(Rotterdam)等,皆集中于此省境内。此省之中产阶级,多为商人、制造家及船主等,此辈常依其职业组成有力之行会(Corporations),并因其入款丰富,金融操纵之权,常握于此辈手中。联省共和国共有商船二万艘,荷兰一省即占有一半,因此在负担方面,荷兰对共和国所纳之款,约为百分之五八。荷兰既挟有超过其他六省之财富,因此其地位遂在无形之中驾乎其他省分之上,而自外人观之,亦只知有荷兰而不知其他,此联省共和国所以以荷兰为其代表也。

第二节 政治组织

荷兰为若干独立国家之集合,每一国家,又为若干城市及自治区之集合,威特若望(Jean de Witt)曾有言曰:"联省共和国不应称为单数之共和国,似应称为联合之多数共和国。"诚事实之言也。每一共和国,各有其政府与军队,其主持政治者为立法会议(Etats)、国家秘书(Pensionnaire)与省长(Stathouder)。

立法会议由各城市选出之代表组成之,有制定法律及任命国家秘书与省长之权。国家秘书总揽庶务,无异内阁总理。省长为行政人,为监督执行立法会议之决案者,并有检束各城市行政人员之权。省长之职权,在原则上完全属于军事范围;至于军事方面,陆军属于陆军司令(Capitaine),海军则属于海军大将(Amiral),此二军事领袖亦为立法会议所任命。

共和国之公共政府为联省会议(Etats Generaux),此为各省间之关系寄托所。联省会议始于一五八一年,集会之地为荷兰省之海牙。联省会议议员,约四十人至五十人,由各省立法会议选出之。无论各省选派议员若干,但在联省会议中,每省仅有一票表决之权。会议主席,由各省议员轮流担任之。联省会议为共和国之代表,如派遣驻外公使,及接待外国大使,悉由联省会议主持之;此外如共和国之海陆军最高领袖任用权,亦属于联省会议。

联省会议亦与各省立法会议同,亦有任命国家秘书之权;惟共和国之国家秘书,称最高国家秘书(Grand Pensionnaire),此种职位常由荷兰之国家秘书充任之。最高国家秘书,因常与各外国大使发生关系,竟于不知不觉间在欧洲形成一种总统之地位。即在共和国中,因其职权类似责任内阁,其势力亦常影响共和国之政治。

以上组织,皆《海牙合约》所规定,所谓合法权力。但因环境关系,宪法权力之外,又另产生一种权力,所谓联省省长(Stathouder General)。以后因应事实上之要求,联省省长竟兼掌海陆军大权,俨然一种海陆军大元帅焉。

第三节　共和党与鄂伦吉党之争

在尼柔兰叛变以前,查理第五已曾任命鄂伦吉(Orange)亲王威廉为荷兰及斯兰德之省长。叛变既起,威廉之权位,仍为一般叛民所拥护。威廉死后(一五八四),各省又推其子摩里司(Maurice de Nassau)继任其职;摩里司死,其弟佛勒德勒亨利(Fréderic Henri)复当选(一六二五——一六四七)。佛勒德勒亨利之后,继之者为其子威廉第二(一六四七——一六五○)。鄂伦吉家继续担任省长之职,俨同世袭。然细察当日情形,鄂伦吉诸亲王实皆智勇兼备,大有舍此族无以应付西班牙之势,故联省会议决以海陆军权托付之也。鄂伦吉亲王兼握民事及军事之全权,其与一国元首略异者,即属于最高国家秘书之外交指挥权不在其职权范围中也。然在事实方面,欧洲各国莫不视鄂伦吉家为荷兰之王族。

时荷兰人之意见,约分两派:一为民主派,一为共和派。民主派分子,多为农民与水手,此辈极愿废除各省间之界域,极愿组一集权之国家,以代各省之联立。民主派在东南五省及斯兰德省中极占优势，此派属意之元首，为具有独立思想及能对西班牙作战者，换言之，鄂伦吉亲王即其仰望中之人物，故民主派亦称鄂伦吉派。共和派多为商界中之中产阶级，此辈皆居于城市中，其重要分子咸集于城市最多之荷兰省内，此辈因担负公共用费较多，故常拟直接监督其用途；此辈不但不愿任人再事增加其担负之款额，且欲于和约缔结后要求减轻之。此派主张维持各省之自主权，最高国家秘书实为此派之领袖。

两派因主张不同，一主统一，一主联治，结果形成联省省长与最高国家秘书之对峙。因此两派在十七世纪中时常发生冲突，至《委斯法利亚和约》成立以后尤为显著。两方冲突之开始，乃源于宗教问题。先是来丁大学神学教授哈尔芒孙（Harmensen）与哥马尔（Gomar）因讨论甲尔文"先天注定"之说，致发生意见，而一般人又起而推波助澜，于是宗教之争竟一变而为政治之争。如国际法学者格老秀斯（Hugo Grotius），最高国家秘书巴尔伦维尔德（Barne veldt），与大多数中产阶级，皆拥护哈尔芒孙之说。至于一般群众，则推崇甲尔文诚实信徒之哥马尔，并谓哈尔芒孙之理论颇有害于国家独立，甚有控其有恢复西班牙统治之嫌疑者。摩里司亦自承为哥马尔派，并召集一全国宗教大会以讨论之，结果否认哈尔芒孙之理论，巴尔伦维尔德且被斩首焉（一六一九年五月）。

第四节　党争之消长

《曼司特和约》成立后,联省会议即主张裁减海陆军备。荷兰省之立法会议,对联省会议所裁减者认为不足,并决定解散屯驻该省之军队一部分。威廉第二颇不以荷兰此举为然,竟拟阻挠和议,袭据亚摩司德尔登,以阻止荷兰驻军之解散。然威廉之计划终未完成,且不久即死(一六五〇年十一月)。

荷兰人在此种环境中极为顺利,竟在海牙举行非常会议,其通过之案为:(一)取消陆军大将职;(二)各省自由废除省长职;(三)增大各省立法会议之职权(一六五一年一月)。自此以后,政权竟入于共和派之手,荷兰人不仅操纵联省会议,且控制共和国之全部,前后历时约二十年。

一六五二年,威特若望被选为最高国家秘书。威特若望极主张恢复鄂伦吉家之势力,但联省会则宣称省长之职与以后恢复之陆军大将职(Capitaine General)决不能由一人兼摄(一六六七)。迨一六七二年,一般人以法王路易十四之入侵可卢,乃强联省会议任命威廉第三为陆军大将。及荷军一战失挫之后,荷人遂一致拥护威廉为联省省长;不久,海牙之鄂伦吉派起而作乱,群众竟骗出威特若望围而杀之。自此以后,威特若望之继任者,悉为威廉之党人,而威廉则以一身兼任联省省长及海陆军大将之职,俨然荷兰之惟一元首矣。至于共和派不可一世之优势,竟从此一蹶不振。

第五节 荷兰人之黄金时代

荷兰虽有长期之独立战争及内部冲突,而其经济之发展,并未因此而停顿。在中世纪中,人称威尼斯人为"耶教民族中之黄金大王",此种徽号殆可转赠于十七世纪中之荷兰人。就事实方面言之,当时其他各地之借款利息皆为百分之五或六,而在荷兰方面,则为百分之四或三,其金钱之充实可想见矣。亚摩斯德尔登银行创于一六〇九年,其势力不仅囿于荷兰,且及于全欧。

荷兰人之财富,初仅取自于本地农业之中;工业之开展,殆始于十六世纪之末,如来丁之呢,幼立希之绒,哈连姆之布与毡,德尔弗提之陶器,皆为欧洲最有名之工艺产品。此外如大量渔业,亦为荷兰入款之一。但荷兰之主要财源,仍为海上运输与殖民商业。海上运输,在当时确为荷兰人所专利计用,于此项事业之船只,约占其所有船只之大部分。"那威为其森林;莱因沿岸为其葡萄之园;德意志、西班牙与爱尔兰为其牧羊之地;普鲁士与波兰为其仓廪;印度与亚拉伯为其园圃。"观此数语,不难明了当时荷兰人之生活及其注意力之所在矣。

第六节　东印度公司与西印度公司

荷兰人之发展殖民商业与开拓海外殖民地，皆西班牙合并葡萄牙与独立战争之结果。忆十六世纪之初，印度香料皆由葡萄牙人运输于里斯本（Lisbonne），再由荷人转输于欧洲其他各地。自葡萄牙并于西班牙以后，叛变之荷兰人自无再入里斯本之自由，因此荷人遂径赴香料产地直接经营。

荷人自一五九五年开始经营以后，至一六○二年，遂在亚摩斯德尔登创立东印度公司。东印度公司既确立其印度商业之专利权，乃进而夺取葡萄牙之商埠及苏门答腊一带之岛屿，并在爪哇建创巴达维亚（Batavia）以作东方殖民地之中心（一六一九）。公司复与远东各国发生关系，同时又于亚欧航程中，占领锡兰与好望角。公司获利甚厚，计自一六一○年起，股息常为百分之五十，有时且达百分之七十五，即最不如意时，亦决未低于百分之十二。

东印度公司既获如此之成绩，荷人乃又于一六二一年成立西印度公司，从事拓殖非洲之大西洋沿岸，及巴西与安地群岛，此仍为葡萄牙之遗产也。但此新公司之运命，则殊不若其第一公司之顺利。当葡萄牙人恢复其独立，巴西即首先宣告损失。然公司并不因此而气馁，竟于十三年间完成武装之船舰八百艘，荷兰之获保有居拉扫

(Curacao)、圭亚那（Guyane）及新亚摩斯德尔登（Nouvelle Amsterdam），皆西印度公司之力也。

第七节　智识生活

荷兰富而自由，在十七世纪中俨然欧洲智识活动之中心，尤为艺术陶冶之地。荷兰高级学校甚多，来丁大学在欧洲尤有名。荷人对于国外之著名教师，亦不惜以重金聘之，如语原学家茹司提李卜兹（Juste—Lipse）、编年史家斯加里热（Scaliger）与批评家苏麦司（Saumaise），皆荷人以隆礼聘往荷兰讲学者。笛卡尔（Descartes）因荷兰为自由之地，便于研究，竟勾留于该地者二十年（一六二九——一六四九）。

印刷事业在荷兰亦极发达。在来丁、海牙等地创办印刷所之里耳西维尔（Elzevirs）之名，闻于全欧者约百有余年，世人竟因此称荷兰为欧洲之总书店。各地刊行之报纸亦多，其他欧洲各国实不能望其项背。报纸每周约刊行两三次，消息极其灵通，因此读之者甚众。

在大学、印刷与报纸之外，其最足以光荣荷兰者，实为大哲人斯宾罗沙（Spinoza，一六三二——一六七七）。世有以斯氏非荷种因而藐视荷兰者，斯亦未免太过于狭隘也欤！至于在图画方面，荷人确不让过去之威尼斯与佛洛伦斯人，故荷人称十七世纪为黄金时代。

第七章　十七世纪之英国

英国在十七世纪中，曾有两桩极显著之事实，即一六四八年之革命，与一六八八年之革命。此两度革命之起因，由于斯都亚德朝诸王继续摧残英人之自由，而欲变限制王权为绝对王权也。前度革命之酝酿，始于占士第一（一六〇三——一六二五），展开于查理第一时代（一六二五——一六四九），结果查理失败而被杀。王制既废，代之者为共和政府，但不久克林威尔（Cromwell）专制自为，竟造成一种军事之狄克推多制（一六五三——一六五八）。

一六六〇年，英人恐陷于军事混乱之境，乃复迎归查理第一之长子查理第二。查理第二之后，继之者为其弟占士第二（一六八五——一六八八），二人之专制思想无异其父，前者仅趋向旧教，后者竟为公开之旧教信徒。两人均欲强迫人民服从其意志，经人民长期抵抗之后，结果酿成第二度革命（一六八八）。斯都亚德国王既被逐，英人遂选鄂伦吉（Orange）威廉为王。但查理第二之复辟，英人并未责以任何条件,而此次则令威廉宣誓遵守《权利宣言》(The Declaration of Rights)。英人为防止斯都亚德之再起,乃复由国会通过一《解决议案》(Act of Settlement),规定安那(Anne)去世之后,当由哈诺威(Hanover)选侯承继之(一七〇一)。

自《权利宣言》成立后,吾人于此不无感焉。盖十七世纪正法国国王绝对专制成功之时,乃仅隔一衣袖之海,而英人竟能于屡次奋斗之余,正式限制王权,卒使民权在凯旋声中宣告完全胜利,猗欤盛哉!

第一节 政治组织与宗教派别之情形

欲明了英国十七世纪所经之困难,须先了解其政治组织与宗教派别之情形。英国为世袭君主制,君主有和、战之权,及任免职官之权。但英王非绝对元首,并无任意制定法律之权。盖自十三世纪以来,王权经过《大宪章》(Magna Carta)与《牛津条约》(Statuts of Oxford)限制之后,人民代表已可直接参与政治。国会每年开会一次,关于立法与税课两事,非经国会通过不能实施。此外如人民对于政府措施,如选择职官、执行政务与因应外交等事,稍有意见,国会可转达于英王,请其采纳。若英王对于此种意见表示接受,即令国会当面宣读一遍,而后答以允诺形式,则此种意见可立即发生效力。但至十六世纪时,因亨利第八与伊利沙白之专断自为,人民参与政治之权利遂为之无形消失，所存者仅理论上之名词而已。然一般中产阶级，因当时经济势力之开展，生活安定，遂萌参与政务之心，而思有以抵抗元首之专断矣。

至于当时英国之宗教情形，其派别之复杂，殆为欧洲各国之冠。考所以致此复杂之原因，盖由于英国在十六世纪时之宗教改革，系基于两种运动：一为英吉利教之运动，此为亨利第八与伊利沙白所主持者；一为长老会派或清教之运动，此为人民自动之改革，盖受苏格兰人之影响而发动者也。但旧教并未因此两种运动而消灭；同时一般思想激进者，亦并不以以上两种运动为满足，遂另树一帜，自称之为独立派（Independents）。统而计之，英国国中竟有四种宗教团体，即旧教、英吉利教、清教与独立派。

英吉利教徒与清教徒在英国民族中占最大多数，此两派之信仰毫无区别，盖皆为甲尔文教派也。清教与英吉利教不同之点，即英吉利教尚保存一部分旧教之外观，至于清教徒，则绝对不与旧教为缘也。此外如独立派尤为急进，即清教之牧师职务，亦认为赘疣；此派认定各人即为各人之牧师，各人皆可直接自《圣经》中探索人生行为之标准。宗教派别虽如此复杂，但自英政府视之，除英吉利教为合法之宗教外，其余皆为叛逆。然清教徒之大欲，固不仅要求信仰自由已也。

第二节　占士第一之专制

英国之政治情形既如彼,宗教情形又如此,于是斯都亚德诸王遂针对两种目标从事进行,在政治方面,诸王拟将秋特勒(Tudors)诸王已在实际上废止之"民权",更欲从法理方面注销之,盖诸王不愿政府左右有巴力门,而欲以命令随意征收税课及处理外交也。在宗教方面,诸王则尽力巩固英吉利教之组织,盖欲维持其阶级制,以便对于人民控以精神上之权力也。明乎诸王对于政治与宗教之私意,则英国在十七世中,何以产生长期之冲突与叠次之革命,不难了若指掌矣。

苏格兰王占士继伊利沙白即英王位(一六〇三),颇欲压制国会以自逞。盖彼极富于君权神授观念,而不愿受法律之束缚,彼尝语人曰:"国王只能服从良心之命令。"观此可知其专制之程度矣。法王亨利第四虽呼之为"耶教民族中之明理的蠢物",然彼实一小有聪明之学者。忆彼刚为苏格兰国王时,彼曾特撰《国王之资》一书,以阐发绝对专制之理论。但此种主张,并非创举,不过模拟前代诸王之专制而发为言论而已。

占士本一旧教徒之子,既长养于长老会派之中。然占士极端信奉英吉利教,无论旧教徒与清教徒,皆视之为不共戴天之仇敌。忆彼登极之年,旧教徒之被惩办者即不下六千人,一六〇五年之火药阴谋,即旧教徒铤而走险之表示，于此亦可见占士对待旧教徒之残酷矣。

在清教徒方面，初以占士来自苏格兰，必优遇彼辈，因特上一千人请愿书以冀诱起占士之注意。乃占士因恶苏格兰之长老会派，亦常迁怒于清教徒，其最不赞成清教徒之处，即因彼辈不承认阶级制。占士常曰："长老会派与君主制，决不能并存，亦犹上帝与鬼物不能并存也。"清教徒虽未遭遇与旧教徒同等之虐待，然亦常受监狱之威吓，因此大批清教徒宁离弃其桑梓而结队逃往大西洋之他端。不图宗教虐待结果，英国国力竟因此向外发展而另创一新世界也。

占士虐待清教徒，颇惹起大多数英人之憎恶。乃占士又极蔑视巴力门议员，常谓议员之权利为国王所特许，因此对于巴力门之召集，视为无足重轻之事。忆自一六一四年至一六二一年，七年之间，巴力门竟未召集一次，占士之专横，亦可谓达于极点矣。但占士对外极主和平，虽抛弃其婿巴拉丁选侯及其女，亦所不惜。然英人对于此种退让政策，辄不禁追忆过去伊利沙白时代之隆盛，而更对占士愈益不满矣。

第三节　查理第一与《权利请愿书》

占士死后（一六二五年三月），其子查理第一即位。查理虽稍具君人之度，然其固执己见，失信于民，则与其父同。查理浸润占士之专制理论甚深，惟工于隐饰，不易觉察，故当彼即位之初，人民极其欢忭。克林威尔曰："王甚聪明，且具绝大能力，但无人敢于信任之，盖彼为一诳骗之尤者也。"英人之不满意查理，第一即因其与法王路易十三之妹结婚，其次即因其宠用毕肯哈门（Buckingham）公维列尔司（Georges Villiers），其最使英人憎恶者，竟两次解散巴力门（一六二五——一六二六）。

一六二七年，查理因援助法国之新教徒，曾遣海军前往，不幸海军失利。查理为继续战争，不得已召集巴力门，意在令其助以必需之款项也。巴力门议员旋向查理提出《权利请愿书》（The Petition of Right），请其尊重《大宪章》，承认人民之自由，如赋税须由人民自行规定，国王不得强迫人民借款，及擅行逮捕或监禁人民等，查理允之（一六二八）。乃翌年查理又不待巴力门之决议而擅行征收关税，下院起而反抗，查理竟宣布解散之，从此巴力门不召集者约十一年。

第四节　查理第一之专制与船税

查理解散巴力门后，即专制自为，并擢用斯他斐德（Strafford）与劳特（Laud）以为专制之爪牙。劳特任坎多伯里（Canterbury）大主教，一意摧残清教主义，务使一般英人崇奉英吉利教以尽忠于国王。斯他斐德本《权利请愿书》之主动人，自拥护查理后，即努力于王权之巩固。其对于筹款一项，则不惜一意孤行，成立种种之专卖。劳、斯两氏为摧毁一般人之抵抗力，一则以高等特别法院

(Court of High Commission)为一般不遵国教仪式者之惩治机关,一则利用星室厅(Star Chamber)以惩办政治上之反动分子。两机关所用之惩治方法,皆异常残酷:忆清教牧师莱登(Leighton)因披露一种反对主教之辩论文,竟被判罚金一万镑,并受标杆示众之辱;当彼被缚于标杆上时,人始则以鞭笞之,继则割其耳、劓其鼻,最后竟以红铁烙印二"S"于其额上焉(一六三〇年五月)。

英人处于此种专制之下,咸敢怒而不敢言,或则俯首帖耳任其虐待,或则移住美洲以避其锋。一六三六年,斯他斐德竟恢复旧日之船税(Ship Money),不仅扩张于全国,且欲定为永久之常课。有韩蒲敦(Hampden)其人者,愤政府诛求无厌,乃起而主张尊重《大宪章》与《权利请愿书》,而拒绝缴纳船税。政府令司法机关裁判韩氏,经过两年之审讯,韩氏卒被监禁,其财产且被没收(一六三八)。韩氏此举,英人对之颇感动,但无继起效法之者。

第五节 《国民公约》与长短国会

劳特欲扩张英吉利教于苏格兰,即令牧师前往爱丁堡(Edinburgh)从事宣传。一六三七年七月二十三日,牧师刚举行祈祷时,来会之妇女即以坐椅向牧师掷去,爱丁堡大礼拜堂且被劫掠焉。苏格兰各地闻此消息,皆起而从事抵抗之运动,旋成立一种同盟,宣誓遵守《国民公约》(Covenant),即"有生之日,必以可能之方法抵抗错误与异端"。同时并组织一种军队,而于一六三八年攻陷英之北部地方。

查理闻耗大惊,但苦军力不足,又恐英国发生叛变,不得已乃于一六四〇年四月召开国会。乃国会议员不讨论补助政费问题,而要求国王尊重《权利请愿书》,因此国会被解散,国会开会计历三周(四月十三日—五月四日),此即史称之短期国会。至八月末,斯他斐德费尽心力始组成一军,但一遇苏格兰人,不战即自行崩溃,查理技穷,乃再召集国会。

新国会议员皆仇视专制之士,并欲变更英吉利教会使趋于清教途径,而其中指挥之者,实为毕门(Pem)其人。国会刚开会四日,议员即主张确定国会超于国王之原则,并通过惩治斯他斐德,不久劳特亦被捕。斯他斐德卒被斩首(一六四一年五月),劳特亦于四年后被处死。新国会共历十三年(一六四〇年十一月—一六五三年),世称之为长期国会。

第六节　内讧之开端

国会既惩查理左右之重臣,遂严为戒备以与查理相对抗。一六四一年十月,爱尔兰旧教徒突然起而暴动,并屠杀新教徒数千人。有谓此次暴动为查理密令所唆使,国会遂向查理呈递奏折,历数其十年来之失德(十一月)。同时国会又公布命令,谓如无国会之允诺,决不许征集任何军队,即军官之任命,亦须商之国会云(十二月)。

查理自一年以来即俯首于国会意志之下,至是忍无可忍,竟欲以强硬手段威胁国会。一六四二年一月,查理亲赴下院,拟以大逆不道之罪加诸韩蒲敦及毕门等诸人之身而逮捕之,乃此辈闻风远扬,早已"渺如黄鹤"。但此种威胁企图颇激起英人之愤怒,伦敦人民遂积极准备武装,欲以实力维护人民代表之自由,查理以民气激昂,势不可侮,不得已离开伦敦。

然自此以后,两方均积极从事准备以图一逞。在国王方面,助之者有英吉利教徒、旧教徒及一般缙绅之士,其主要地带为西部与北部。国会方面之势力,则散布于东南部一带,其分子多为中产阶级、实业家、商业家、船主、清教徒与独立派等。两方又努力向外联络友党以增厚势力;国王所求者,不外爱尔兰旧教徒;国会则求助于苏格兰之清教徒。至一六四三年九月,英人竟加入苏格兰之《国民公约》,两方人民且宣誓"爱如兄弟,合力清除教皇派,拥护国会之特权及国民之自由,并以最亲密之盟约联络两王国"焉。

第七节　克林威尔与查理之被囚

国会与查理之战争,始于一六四二年八月。初时查理颇获胜利,盖圆颅党军队为无纪律之群众,而一般人又虽有憎恶专制君主之心理,然仍无推翻君主之决心也。下院议员克林威尔(Olivier Cromwell),知宗教信仰能发生力量，并足以规定缺乏教育之军士，乃征募独立派中之农民成立骑兵一队。此辈纪律甚严，信仰极坚，其视英吉利教徒与骑士党人无异上帝之劲敌，是战争对于此辈不啻为一种神圣战争焉。至于克林威尔本人，则以为既与查理作战，即无调和之余地，只须力所能及，必战胜之而后已也。

一六四四年七月，克林威尔军在麦司登（Marston Moor）一役大显身手，人竟奉以铁肋军之徽号。国会鉴于此役之胜利，遂令改组全军，而以克林威尔军为模范。麦司登战役后不及一年，克林威尔率新军以与查理战，卒大败之于那司比（Naseby，一六五四年六月），并于查理遗落文件中发见其与爱尔兰人之证据焉。

查理力求挣扎，奈军队无法恢复，不得已亲诣苏格兰军中，冀与苏格兰人归于好（一六四六年五月）。苏格兰人请其加入《国民公约》，查理拒之，苏格兰人遂将其引渡于英人（一六四七年一月）。

第八节　查理之被杀

查理虽被囚，但所居地位反为举足轻重之势。时军队与国会因内讧宣告中止。乃再提起宗教上之意见，盖国会多数为清教徒，军队纯为独立派也。清教徒最憎恶独立派，极欲摧毁军队，并积极预备解散军队之计划。至于独立派，则主张宽容政策，在某种限度内，虽与教皇派发生关系亦无不可。但两派均欲联络查理以为之助，国会要求查理承认长老会制，军队则请求查理保证宽容政策，至于克林威尔则调和于军队、国会与国王之间。

在查理方面，彼则与各方虚与周旋，盖其目的固在利用各方而欲乘机尽毁之也。在实际方面，查理一方怂恿各大城市起而骚乱，一方嗾使苏格兰人进犯英境。第二次内讧大有再行爆发之势，乃克林威尔定乱有方，卒于短期内平定一切，并占领爱丁堡。当各地叛乱正炽时，查理曾自威克堤（Wight）岛逃出，不幸立为当地总督所捕，所有秘密文件亦为人获得而确实证明其阴谋。军队闻讯大愤，决加以制裁，乃要国会付诸法庭处以乱国之罪。

乃国会一方答复军队，一方又与查理签定和约。军队闻此消息，遂从事肃清国会而逐去拥护查理之议员百四十人（一六四八年十二月）。其余之议员，旋通过审判国王案，并成立一非常委员会以担任裁判国王之职。诉讼共历九日（一六四九年一月三十日—二月八日），卒判处国王以死刑。二月九日，戮其首于威提哈尔（Whitehall）宫门之外，然王临死犹神色不变，亦云壮哉。

第九节　共和时代

查理既被杀，残缺国会（Rump Parliament）遂宣布废弃王权而建设共和。上院亦被取消，政府由下院及一国家会议组成之，国家会议议员定为四十一人，由下院选出，其职为总理行政事务。此制计历四年，在此期中之重要事迹，为出征爱尔兰与苏格兰，通过《航业议案》（Navigation Act）及与荷兰冲突等。

爱尔兰在一六四一年曾发生一度之叛变与屠杀。此时爱尔兰之贵族与旧教徒又宣布查理之子查理第二为王，同时爱尔兰之旧教徒及英国党于王室之新教徒，亦组织军队以谋颠覆共和政府。克林威尔率兵入爱尔兰，既隐度克达（Drogheda），杀戮极众，妇孺亦多被卖入美洲为奴，地主悉被逐入山，土地即被籍没以予英国人。计爱尔兰人在爱尔兰所领之土地尚不及六分之一，昔为地主，今为佃户，主客易位，能不感伤，此近代史中之爱尔兰问题之所由起也。

苏格兰之出征，紧接于征服爱尔兰之后，克林威尔之出征苏格兰，其目的盖在驱逐查理第二，及强迫苏格兰人组织共和以与英国共和成立联邦也。克林威尔既败查理之军，旋迫苏格兰人承认与英国联和（一六五一）。

克林威尔既征服苏格兰，残缺国会旋通过《航业议案》（一六五一年十月），规定亚、非、美三洲之物产品，只能由英国船只输入英国，至欧洲各国之船只，只能载运其本国之物产品以入英国。《航业议案》直实行至一八五〇年，在此两世纪中，英人所有之必需生活品，均须自行向外采运，因此英人不断扩充海军以适应其需要。故谓英国之强大海军完全脱胎于《航业议案》，亦无不可。

《航业议案》宣布之后，荷兰人惴惴不安，盖此案对于荷人操纵之海运不啻为一种严重威胁也。英、荷交战历两年（一六五二——一六五四），荷人卒以力不敌英而乞和，并允驱走留于荷境之斯都亚德党人焉（一六五四年四月）。

第十节　克林威尔之独裁及其死

残缺国会在苏格兰战争之后，又与军队发生冲突，克林威尔决解散之，盖一则因其人数不足，不能为人民之代表，同时又因其屡遭挫折，完全失去国会之威信也。乃下院仍欲保存其权力，并谓战事告终，军队已属无用，亦正计划解散军队之办法。克林威尔经过两年之迟回，旋与一般军官协谋，决出之以"令饶舌者闭口"之手段。当下院讨论解散军队议案之日，克林威尔亦以议员资格出席议场。克氏痛责一般议员之后，旋挥军士入议场驱之，并锁闭议院之大门。有好事者，戏书数字于其门上曰"出租房舍圣院"，亦可谓谑而虐矣。国家会议同时亦被解散（一六五三年四月三十日）。

经过此次政变之后，英国政权遂完全入于军队之手，军队奉国家大权于克林威尔，克氏受之（一六五三年十二月）。

克氏有军队为之基础，其行动俨然为一种狄克推多，比之查理第一之专制尤有过之。克氏对于任何之反抗皆不能忍受，而英人亦毫未骚动，盖克氏纯以军法统治英人也。至一六五七年,国会且欲为克氏加冕,克氏辞焉,仅允指定承继人而已。至于克氏对外之行动,颇能满足英人之自尊心,故虽承受狄克推多制亦毫无异议也。克氏对外政策之最重要者,为与法国缔结同盟以攻西班牙,结果英人获得丹格尔克(Dunkerque)与牙买加岛(Jamaique)。英国海军亦横行于海上,各国军舰对之莫不表示敬礼,亦足见克氏当日之声威也。克氏死于一六五八年九月,欧洲多数君主皆于其宫庭中举行追悼,俨然待之以一国元首焉。

克氏死前,曾指定其子理查(Richard)为承继人。理查执政,并无人起而反对,惜理查庸碌无能,统治无方,卒以力不胜任,于八个月后宣布退位(一六五九年五月)。

第十一节 复辟

理查逊位后之一年中,英国政局极其混沌,而在此时期中之主角,仍为国会与军队。时军队计分两部,一为孟克(George Monk)所率之苏格兰军,一为兰伯尔(Lambert)所统之英吉利军。英吉利军驻于伦敦附近,兰伯尔即于理查逊位后重行召集残缺国会,时国会议员不过七十人,而此辈颇欲操持政柄而以军队为附属,兰伯尔遂禁其开会(一六五九年十月),而令军官组织行政委员会。

孟克率苏格兰军来伦敦,一方拘捕兰伯尔,一方令议员宣布解散残缺国会,而另组织新国会,称国约国会(Parlement Convention),以担任改组政府事宜。新国会议员多王党分子,因英人痛恨军人统治,特选王党分子以谋复辟也。孟克亦与勾留于荷兰之查理第二进行协议,结果查理由伯达(Breda)发出宣言,允许赦宥及宽容。同时国会亦通过斯都亚德朝复辟案。查理入伦敦,英人大悦(一六六〇年五月二十五日)。

英人待遇查理极优,国会特为通过年金百二十万镑,此案在其在位期中继续有效,此为历来英王从未享受之权利。查理仍保有召集、延期及解散国会之权。如彼能量入为用,不需补助,大有不必召集国会之自由。国会又令人发克林威尔之墓而悬其尸于刑架,并决定惩治曾经参与裁判查理第一者,结果被处决者十三人,其余则永远褫夺其公权。

第十二节　宗教问题与国会

查理在位历史中,充满宗教问题,充满英吉利教会反对清教徒之斗争,尤其是旧教问题。

宗教斗争始于查理即位之年。忆国约国会停顿后(一六六一),另一国会成立,称骑士国会(Parlement Cavalier),议员皆极端王党,查理极爱之,竟维持之至十八年之久。骑士国会议员在宗教方面为纯粹英吉利教徒,极欲使全英英吉利教化,因此常与清教徒发生冲突。国会并决定凡不遵行英吉利教仪式者,则不许其担任公职,又凡有反抗国王之企图,无论其理由如何,皆为违法。既而国会又通过《一致议案》(Act of Uniformity),强令全国遵行英吉利教祈祷书,凡不承认主教之权力者,则不许担任职务。两千牧师拒绝服从,因而被逐,此即世称之清教徒之圣巴德米(Saint Barthélemy)节日(一六六二年八月)。

《一致议案》自颁布后,不仅清教徒大遭虐待,同时旧教徒亦在被斥之列。但查理颇欲对旧教徒实施宽容政策,盖一方因其自然之倾向——查理为法国亨利延梯(Henriette de France)之子,其妻又为葡萄牙之加他林,皆为旧教徒——他方又基于经济与外交也。查理酷爱娱乐,耗费甚巨,每到年金不敷用时,常不惜割地联盟以求获得金钱。一六六二年,彼曾将克林威尔获来之丹格尔克售与法王路易十四,此举颇激起英人之愤怒。查理为回复其信用,遂借故与荷兰人开战(一六六四)。乃战争迭次失利,荷人竟溯泰晤士河而上直迫伦敦(一六六七年六月),结果缔结《伯达条约》,尤对荷人停止《航业议案》之执行(七月)。英人对此大怒,查理卸其责于内阁克拉伦登(Carendon),卒罢免之(八月)。一六六八年,查理虽结三国同盟(英、荷、瑞典),以抗法王路易十四,但两年之后,彼又愿受法王之款以反攻荷兰,查理并明言待时改宗旧教,法王亦常以金钱勖勉之。一六七二年,查理颁布《宽容宣言》,停止执行反对异端之法令,不久且与荷兰宣战(一六七二年三月)。

英人对于查理之弟约克公之新近改宗旧教(一六七一),已深致不满,今复见查理颁布《宽容宣言》,尤怀疑惧,盖虑其复兴旧教也。清教徒不愿《宽容宣言》推及于旧教徒，因与英吉利教徒联合以抗查理，查理不得已取消《宽容宣言》（一六七三）。即由此宣言之颁布与取消，英人对查理顿萌轻蔑之心，同时对旧教徒之仇视亦倍觉加甚，因有《标准议案》（Test Act）之通过。所谓《标准议案》，即职官须宣誓否认圣餐礼中之耶稣降临，并须呈递其本区牧师签字之证书，证明所举行之坚信礼并未违反英吉利教仪（一六七三）。至一六七八年九月，一卸任牧师俄阿提斯（Titus Oates）捏控耶稣社社员拟焚毁伦敦，推翻查理，拥戴约克公以恢复旧教，由是英人之仇视旧教徒愈益剧烈，竟因此而兴大狱。

查理极恶国会之举动，卒于一六七九年二月解散下院。但新国会尤激烈，更准备提出《排斥议案》（Bill of Exclusion）以杜绝约克公之入继王位。不久，国会又通过《出庭状议案》（Habeas Corpus Act），即人民之被逮者，须于二十四小时内送法庭审判。查理对《出庭状议案》立予批准，但对《排斥议案》问题，则竟宣布解散下院（一六七九年五月）。

第十三节 《排斥议案》与占士第二

《排斥议案》问题，竟分英人为两派：否认《排斥议案》者，为旧日之骑士党人，即英吉利教徒与宫中贵人；赞成《排斥议案》者，为旧日之圆颅党人，即清教徒与异派、少数贵族与多数富有之中产阶级。骑士党人拥护国王之权力,人称之为保守党(Torys),圆颅党人主张国会超于国王,人称之为维新党(Whigs)。

一六八〇年选出之下院议员,多数为维新党人,因此通过《排斥议案》(一六八〇年十月),但上院议员对此《排斥议案》则否决之。然维新党人意颇坚决,大有非达到《排斥议案》之通过不可之势。乃维新党人中分子,密计谋弑查理,拟以其私生子芒茅司(Monmouth)公代之。事发,舆论大变,查理乘机组织常备军(一六八三),外与路易十四相勾结,内则解散国会,从此实行独裁直至其死时(一六八五年二月)。

约克公入继查理为王,称占士第二。占士极信旧教,其行动曾激起推护芒茅司公之西南部之叛变。占士既杀芒茅司公(一六八五年七月),旋停止《标准议案》之执行,委任旧教徒为各教区之教士,并允耶稣社社员遄反英国。此外又与教皇交换公使,且颁布《宽容宣言》(一六八七——一六八八)。

第十四节　名誉革命与《权利宣言》

英人对于占士之一意恢复旧教虽不满意,然未遽起反抗者,盖因占士年事已高,其前后所生之女名玛利者,又嫁荷兰鄂伦吉(Orange)公威廉,一旦占士去世,必归玛利入继,玛利固新教徒也。乃占士之新后玛利(Marie d'Este)忽举一子(一六八八年六月二十一日),国人大恐,盖新后为意大利之旧教徒也。计威尔斯亲王(Prince of

Wales)出世不过十日,新教徒遂遣人赴荷兰迎威廉。

一六八八年十一月,威廉率军入英国,向伦敦而进,全国新教徒,一致赞助之,占士不得已遁入法国。国会宣言占士出走已逊位,而其子威尔斯亲王又为不可确信之小儿,故英国王位现已虚缺云。同时国会即推举威廉与玛利共治英国。国会又鉴于无条件迎入查理第二之失策,乃向新君提出《权利宣言》(The Declaration of Rights),宣言开端首述占士第二之违法行为,次乃揭出各项要点:如国王非经国会允诺,不得停止法律之执行,征收任何税课,及在平时设置常备军队;国会之选举与讨论须绝对自由;国会须时常召集;国王不得恐吓人民之呈递请愿书者;司法须精密而宽大;凡属新教信仰须有绝对自由。国会在威廉玛利之前盛大宣读《权利宣言》后(一六八九年二月),威廉旋用其名义及其妻之名义接受《权利宣言》,并愿维持宣言中所列之各要点。

英国此次发生之和平革命,为结束国王与人民百年来之冲突,同时残缺国会在一六四九年所宣布之民权原理,亦在革命声中宣告胜利。政治冲突,固在此次革命中告一结束,而宗教冲突,亦同在此次革命中获得解决,盖新教之自由信仰原理从兹确定也。英国之内部既臻和平,于是英人得翘首外瞻,竟于十七世纪末恢复其十六世纪末之优越地位。威廉第三曾领导联军以抗路易十四,至安那时英国俨然欧洲之仲裁人,而于一七二二年主持幼立希(Utrecht)和会,以处理西班牙承继问题矣。

第十五节　威廉第三与英国国会

威廉在荷兰虽未膺国王之名,其实无异荷兰之元首,其在英国虽名为国王,而其权力反不若联省省长。盖英人自提出《权利宣言》后不久,即将宣言制成法典(The Bill of Rights);并规定补充办法,实际限制国王之权力,如年金案与军费案之通过,其有效期间仅为一年,因此国王不能不每年召集国会一次,故人称威廉为荷兰之国王而为英国之联省省长。

关于承继问题,国会旋决定,如威廉死后无嗣,则王位当属于占士第二之次女安那。不久,国会又通过《解决议案》(Act of Settlement),规定安那死后,则以占士第一之外孙女苏非(Sophia)或其嗣子继承之(一七〇一)。一七一四年,安那死,苏非子乔治(George)入承英国王位,为哈诺威朝开国之君主,其祚至今未绝。

哈诺威家承继斯都亚德朝之系统表

占士第一（1603—1625）
　　查理第一（1625—1649）　　伊利沙白（巴拉丁女侯）
占士第二（1685—1688）　查理第二（1660—1685）苏非（哈诺威女选侯）
占士第三　玛利　安那（1702—1714）乔治第一（1714—1727）
　　　　　嫁
威廉第三（1688—1702）

第八章　十七世纪之法国

　　法国自宗教战争终了后,法王亨利第四治国英明,故王权复固。其子路易十三即位,政府大权握诸黎塞留(Richelieu)之手,一方压制新教徒,一面摧毁国内之贵族,王权遂为之大振。路易十三卒,其子路易十四冲龄践位,时马撒林(Mazarin)当国,尽力荡平跋扈之诸侯,至是王权益臻巩固。法国新教徒之人数,已因虐待而大减,且因干涉三十年战争之故,领土亦较昔加增,故法国国势,比较昔日尤为隆盛。

　　路易十四实能赓续先人之事业而益光大之,如所组织之中央集权政府,直至大革命时方废。凡尔赛之宫殿,华丽宏壮,为欧洲之冠,见者无不惊叹。王好大喜功,扰乱欧洲和平之局者,先后几五十年。内有良臣,外有名将,欧洲诸国,莫不敬而畏之。

　　路易十四初年之改革事业,多系财政家哥尔伯特(Colbert)之功,法人至今受其赐。然路易十四之所以著名,实在于文学与美术之提倡,其时法王对于文人,多所资助,如年金即其一端。唯关于政治上与宗教上问题之讨论,则绝无自由之可言。

路易十四以前之君主,每无暇思及国土之扩充。盖其时国内诸侯,颇形跋扈,中央权力,巩固需时。加以英人遥领法国之地,实偪处此,恢复为难。矧新教纷起,内乱频仍,平靖摧毁,尤费心力。至路易十四时代,国内升平,既无内顾之忧,遂萌远略之志。适路易十四之后,为西班牙王查理第二之姊,法王遂借此要求尼柔兰为其领土,西班牙王位承继问题,至一七〇〇年查理第二去世时,益臻严重。此次战争范围,比之三十年战争尤为广阔,然法王卒以军队屡次失败,不得已于一七一三年媾和。

路易十四之处置新教徒,极其不当,正与其国外战争同。盖新教徒自丧失军政诸权后,多从事于工商业,为国中最勤俭之民。路易十四日以虐待新教徒为事,新教教堂之无端被毁者,时有所闻,政府并分遣军队驻于新教徒之家以恫吓之。不久,路易十四更下令废止《南第敕令》(Ldit do Nantes),因此新教徒不断遁入英国、普鲁士与美洲,于是法国勤俭之民为之逃亡殆尽。

路易十四死(一七一五),传其位于其曾孙路易十五。路易十五即位时,年仅五龄,国库空虚,人民困苦,英国某旅行家曾言曰:"吾知法国之贫民有集其床而卧于槁上者,有集其壶罐及家具以满足国税征收入者。"故福禄特尔(Voltaire)谓当路易十四出殡之日,沿途人民匪特不哀,反面现愉快之色云。

第一节 路易十三与黎塞留

路易十三承位时尚不及九龄,其母玛利(Marie de Medicis)乃商之巴力门组织摄政事宜,巴力门旋宣布母后垂帘听政。母后能力薄弱,大权悉委诸龚西立(Concini)之手,一般贵族颇不以为然,竟于一六一四年举兵,要求召集三级会议(Etats généraux)。三级会议开会于一六一四年十月,历时百有十余日,卒因贵族与第三级争执不决而无丝毫结果。然此次三级会议历史上颇有名,盖此为大革命以前最后一度之三级会议也。

在三级会议召集以前,路易十三已宣布成年,然政柄仍操于龚西立之手。路易十三达十六岁,颇以此种保护生活为苦,一般贵族又阴怂恿之,路易十三乃决意排除龚西立。不久,龚西立被杀,巴黎人大悦,路易十三遂任吕伦(Albert de Luynes)为相而亲理国政。一六二一年吕伦死,此后三年中之政治则完全陷于诡谲阴谋之中,龚德(Conde)亲王与母后玛利实为其中之主要人物。一六二四年四月,玛利居然促成教皇阁员黎塞留入宫参与御前会议,三月后,且任首相之职。

黎塞留鉴于新教徒之势力坐大,贵族之跋扈骄横,各省省长之尾大不掉,国际地位之被人轻侮,及国人之营谋私利,乃径向路易十三提出治国纲要,即(一)扑灭新教徒;(二)摧折一般强大之骄矜;(三)强迫一般人民克尽其天职,并恢复法国元首在国际上应有之地位。

第二节　黎塞留之政治措施

黎塞留认定新教徒之势力极有害于王权,首先即围攻新教徒之中心城市罗舍勒(La Rochelle)。嗣因英舰、荷舰之不可靠,及宫庭中之阴谋中伤,黎塞留乃暂搁置其计划而与新教徒言和(一六二五年十一月)。一六二七年,黎塞留再围罗舍勒(一六二七年十一月——六二八年十月),新教徒卒因饥馑而降。不久,色维伦(Cevennes)之新教徒亦被征服,黎塞留遂宣布《亚来特典》(Grâce d'Alais,一六二九年七月),殆所以安一般新教徒之心也。

黎塞留第二步即着手清除权贵,此举历时甚长,直至其死之前夕(一六四二)。黎塞留之敌人甚多,即母后与王后安那(Anne d'Autriche)亦以其严正不阿而恨之。一六三〇年八月,路易十三病于里昂,母后曾乘其病笃之际要求取消黎塞留,路易十三诺之。迨路易十三病愈返巴黎,母后即促其实行(十一月十日),王后且于王前辱骂黎塞留,黎塞留已自分被斥矣。及晚,路易十三召见黎塞留于凡尔赛,旋示以绝对信任之决心,于是黎塞留之命运乃定,此即史称之谤日(Journee des Dupes)也。翌日,凡与母后同党之人皆被捕入狱或被流放，数月后，母后自身且被放于康边尼（Compiegne），终困死于哥罗尼亚（Cologne）。此外如沙来伯（Comte de Chalais）、孟慕杭西公（duc de Montmorency）、爱非亚侯（Marquis）、孟慕杭西布提维尔伯（Comte de Montmorency Bouteville）、沙比尔伯（Comte de Chapel）及马雅里克将军（Marechal de Marillac），或因阴谋暴乱，或因违犯命令，皆被斩首。故人谓"可畏之黎塞留，并非统治人民，乃威吓人民也"。

黎塞留为扑击新教徒与对外战争，曾大整饬陆军与海军。当路易十三登极时，法国陆军仅一万人，至一六四〇年，步骑两军竟达十六万四千人。至于海军，黎塞留实为哥尔伯特（Colbert）之先驱；黎塞留劫东西两大舰队，一时都伦（Toulon）与布拉斯的（Brest），顿成为东西舰队之重要中心。忆一六二六年，黎塞留围攻罗舍勒时，尚须借用英、荷之船只，乃十六年后（一六四二），法国竟有战舰八十余艘，且常击败西班牙之海军云。

黎塞留多致力于战争与海陆军之训练，因此彼竟无暇整理行政组织。世谓黎塞留为法国政治制度之创造人，此殆无稽之谈。盖彼仍袭已存之制度，并未丝毫创设，即修改变更之处亦属甚微。譬如代表省分（Pays d'Etats）与直隶省分（Fays d'Election）之税收本不一致，黎塞留曾一度取消代表省分之特权，夷之为直隶省分，但不久仍又回复其原状。盖黎塞留之此种措施，纯以收入为标准,初非具有划一财政制度之整个计划也(参看第十三节《路易十四时代之法国社会及财政情形》)。

当时中央政府之主要机关,为御前会议(Conseil du Roi),黎塞留曾于一六三〇年分期规定会议之任务,如星期二为公文会议(Conseil des depeches),星期三、星期四为财政会议(Conseil des Finances),星期六为司法会议(Conseil des parties)。至对于各省省长,黎塞留则尽量摧残其独立坐大之势力,而可以撤调自如。黎塞留最倚重之行政人员,为各省巡按使(Intendants),巡按使权力极大,此辈对于各省不仅为监督人或察访人,并为执行人,凡认为可行者,即可决定、命令并执行之,尤其是关于警察、司法与财政等事务。如巡按使认定某人为犯罪者,即可不受司法机关之干涉而自行裁判惩办之,其权力之大可以概见,故人呼之为巡行之狄克推多。但此种狄克推多权力,常引起巴力门之激烈反抗,竟以逮捕巡按使为反抗表示,亦足见人之恶之之甚也。

黎塞留初颇不受路易十三之信任,继因其处理政务之奏议,必详细指陈得失,胪列利害,所论又常为事实所证明,路易十三遂终不能不信任之。黎塞留死(一六四二年十二月),路易十三仍墨守其政策而不稍变,并令黎塞留所荐之马撒林(Mazarin)参与御前会议。

第三节　路易十三死后之法国情形

路易十三死后（一六四三年五月），路易十四尚不及五龄。根据路易十三之遗嘱，应由王后安那摄政，但须设一会议以佐之。讵忆路易十三死后才两日，安那即与巴力门协谋废弃遗嘱，而自宣布为全权之摄政。安那本为黎塞留之敌人，乃自宣布摄政后，竟令黎塞留之心腹马撒林主持御前会议，一般人颇异之。

路易十三死后之法国情形，异常困难。各省省长虽曾为黎塞留所控扼不敢稍动，但独立之念仍未泯除，此时咸欲互相结纳以推翻马撒林，且声言将暗杀之者。农民因历年税课之繁重，已濒于破产，巴黎巴力门律师长（Avocat Genera）达隆氏（Omer Talon）向摄政王后报告农民困苦，曾作以下之警惕辞句云："此辈不幸之人，除仅保有灵魂外，别无长物，盖灵魂无法拍卖也。"农民不胜苛税，已非一日，忆当黎塞留秉政时，一六三四年有寠人之叛（Croquants），一六三九年有赤足之乱（Va-nu-pieds），两次叛乱虽为黎塞留所扑灭，然农民之苦况已与日俱增，至此时而尤极矣。

在中央政府方面直接感觉之痛苦，厥维财政。马撒林为急于筹款以应需用，乃任意大利人巴底司里（Particklli d'Emeci）为财政总监督（Controleur general）。巴底司里之财政政策，第一即鬻卖官职，其次其实行便易税(Taxes des Aises),即强迫借贷也。一六四四年,又厉行筑室法令(Edit du Toise),即在城边建屋者,必量其所占地面而处以罚金也。此种政策,前后计施行六年,至一六四八年,巴黎人卒起而反抗马撒林与摄政王后。

第四节 巴力门之投石戏

一六四八年四月,马撒林因财政困难,宣布所得税(Paulette)及世袭制仍继续实行九年,惟对于中央机关(Cours Souveraines),如审计院(Cour des Comptes)、国税院(Cour des Aides)及最高会议(Grand Conseil)等之职官俸给,则停发四年,但停薪规定不通用于巴力门。乃巴力门自称与中央机关为连带关系,旋发出联合宣言(Arret d' Union),请各中央机关之职官莅临讨论国家之改革(五月)。

摄政王后闻巴力门此种举动,即下令禁止开会。巴力门仍坚持开会(六月),并制定宣言要求取消巡按使及具有特殊权力之职官。凡未经巴力门允诺之课税不得成立;凡彼拘捕之人民,不得超过二十四小时而不审讯。摄政王后因见巴黎民气激昂,而左右又无兵力,遂允接受宣言,且开始撤回巡按使焉。嗣闻郎司(Lens)之胜利消息,安那竟大率巴力门人员,最激烈而最享盛名布塞氏(Broussel)亦遭逮捕。巴黎人起而骚乱(八月二十六日),形势异常险恶,安那恐酿巨变,不得已释去布塞氏(八月二十八日）。

迨《委斯法利亚和约》签定后（一六四八年十月），摄政王后遂立召还龚德亲王（Prince de Conde）所统之军队。军队将抵巴黎时，安那竟偕幼主及马撒林避居圣日耳曼（Saint Germain），而令龚德围巴黎。巴力门起而抵抗历三月（一六四九年一月—三月），卒以势力不敌而乞和。史称此次内讧为巴力门之投石戏（Fronde），盖喻巴力门此举类似小孩试作极危险之投石戏也。

巴力门之投石戏刚终而亲王之投石戏又起。龚德亲王自视功高，常怨王室奖赐之不相称，并摄取马撒林之位置而代之。安那恶其贪得无厌，下令捕之入狱（一六五〇年一月）。龚德之妻妹等旋在省外组织叛变，此即史称之亲王投石戏（Fronde des Princes）或新投石戏（Nouvelle Fronde）也。乃省外之叛变将就平定，而贡地之保罗（Paul de Gondi）因不慊于马撒林，又在巴黎挑起巴力门之暴动，巴黎巴力门且要求放逐马撒林（一六五一年二月）。马撒林对此两重投石戏之威胁，不得已释出龚德，而自身则避居于德国。

此时法国政情异常混沌，巴黎人一方反对龚德，同时因恨马撒林，又闭门不纳路易十四。直至龚德逃走，巴黎巴力门乃迎还路易十四（一六五二年十月）。至于马撒林之返巴黎，则在数月以后（一六五三年二月）。

第五节　马撒林末年与投石戏之影响

在马撒林主持政务之最后八年中,其生活极其劳顿,盖外有战争而内有叛变也。马撒林之主要努力,为结束西班牙战争与预备《比里牛斯之和约》(参看第五章第十一节)。其对内之重要设施,为恢复巡按使制,并且规定巡按使为正式而常设之职官。此外,马撒林亦常盗窃国币以经营其私产,并极注意其侄女辈之婚姻。忆其死时(一六六一年三月),国库已空无所有,而其家产奚止五千万佛郎焉。

投石戏之影响于物质方面与政治方面,非常之大,尤以亲王投石戏为甚。当投石戏之初起也,适当三十年战争未了之际,法国处此时期,无业游民皆乘机起而作乱,结果酿成劫掠、屠杀与饥馑,此种物质方面之苦痛,又直接影响于政治,卒使法国成为绝对专制之君主国家。

盖法人饱受内讧之苦,极感疲乏,无论僧侣、贵族、农民与中产阶级,"皆不愿闻任何之暴动声"。因此反抗国王之观念,竟无形抛置于脑后,所希冀者,惟休息与安宁耳。在路易十四方面,亦曾观尝扰乱之痛苦;忆安那挈其避居日耳曼时,彼刚十岁,适值冬夜,备极辛劳,及抵圣日耳曼,宫室则破碎不堪,睡眠亦仅以草荐代替床褥,而以后数年,路易几常追随军队奔驰于各省间,其生活之不安,当十倍于圣日耳曼之避居,自是以后,路易极恶扰乱,凡抗命者,决不宽恕,即由此一念之确定,与夫国人之属望,于是路易十四之君权神授说,竟能行之而成功。

第六节　路易十四

路易十四亲政时,年已二十二岁(一六六一)。当彼十六岁时,彼即常特参与特开之会议,或每晨专与马撒林及一国家秘书漫作长时间之谈话。马撒林尝教以用人行政之秘诀,如待部臣如顾问,取决于自己,皆秘诀中之要领。忆马撒林逝世后之次日,路易十四即召集国家秘书而谕之曰:"直至现在,予甚愿任人治理政务,但自以今后,予即予之内阁总理也。如予向尔等询问时,尔等可贡献计划以助予,切勿在予之命令及许诺以外擅自盖印或签字也。"

路易十四虽喜独裁,但每在决事以前,必详加考虑或征询熟悉其事者之意见。王性坚决,虽极大祸变亦不足以动其心;惜当彼暮年时,彼眼见军队被击败,法国被侵陷,国都被威胁,此外如太子死,其孙不良地公(Duc de Borugengo)死,其孙女死,天灾人祸,相继逼来,而彼则依然照常督理政务,固未丝毫被其摇荡也。

路易十四颇能尽国王之天职,其治事也,毕生如一日。彼治事决不假手于人,"彼明察一切,熟谙一切,决定一切,命令一切,彼每日治事八小时,毫无间断。"彼治事时间,规定极其详细,按时治事,毫不紊乱,圣西门(Saint-

Simon)谓之曰:"彼用一日历及一时计,虽千里以外之事,亦了如指掌,判之而弗谬也。"其致太子手谕云:"须治事以御世,御世盖所以治事,对于上帝,常不免负恩与妄为,对于人民,亦难避冤屈与专制,其努力识之。"观此,可知路易十四对于其职责之认识矣。

路易十四自视为替天行道者(Lieutenant de Dieu),因此举动骄溢,俨若神圣。凡经过其空室者,皆须脱帽,行至其床前或其用具之柜前者,亦须致敬,举凡其日常生活之一举一动,如晨兴、午餐、散步、围猎、晚餐、夜寝,皆相习成为信仰之对象。大宴之日,尤为有趣,民众且获参观其用食焉。

路易十四之左右侍者,皆为贵族,地位虽高,其实仅为宫中之装饰品。路易十四极奴隶贵族,每日必在凡尔赛宫中检阅一次,凡列名宫庭而缺席不至者,则终身永无获宠希望。举国贵族为就近争承恩泽,遂相率而来凡尔赛,竟于宫之周围筑室居焉,于是凡尔赛竟因此一变而为繁荣之城市。

第七节　路易十四时代之法国政治组织

路易十四对于政府中之人员,不多用贵族,而喜用中产阶级。但所用之人,类皆轶出之士,如虎格(Hugues de Lionne)、亚尔洛(Arnauld de pomponne)、卢屋瓦(Louvois)及哥尔伯特(Colbert)等。卢屋瓦与哥尔伯特两族，尤为路易十四所器重，父子相承，俨同世袭。卢屋瓦曾继其父入陆军秘书处，以后其子又起而代之。至于哥尔伯特之子侄兄弟，则皆入阁任职，大有"姊妹弟兄皆列土，可怜光彩生门户"之概焉。

中央政府之主要人员为内阁总裁（Chancelier）、财政总监（Controleur general des Finances）、国家秘书（Secretaires d'Etat）、部务大臣（Ministres d'Etat）及机要大臣（Conseilers d'Etat）等。今日之所谓国务会议（Conseil des ministres），当时即由内阁总裁、财政总监及国家秘书组织之。内阁总裁为司法最高长官，如国王缺席时，内阁总裁又为各种会议之主席。财政总监即等于今日之财政部长（Ministre des Finances）。国家秘书四人，即王室秘书（de la Maison du roi）、外交秘书（des Affaires Etrangeres）、陆军秘书（de la Guerre）、海军秘书（de la Marine），每人除担任其本身之职务外，并能管理法国一部分之一般行政。时中央政府共有四种会议，即最高会议（Conseil d'Etat）、财政会议（Conseil des Finances）、公文会议（Conseil des Depeches）与司法会议（Conseil des Parties），此等会议，即由部务大臣与机要大臣组织之，通常皆由国王躬亲主席。

国王派赴各省之人员，为省长（Gouverneurs）与巡按使（Intendants）。省长之简定与昔日同，亦征之于高级贵族之中，但一般贵族常为路易十四羁縻之于凡尔赛，因此省长二字仅为名誉虚衔而已。各省实权操于巡按使手中,盖巡按使可以指挥军队、主持司法及干涉财政也。法国历史家拉维司(Ernest Lavisse,一八四二——一九二二)谓"巡按使为亲临各省之国王",此实非过甚之辞。

第八节　哥尔伯特

哥尔伯特为马撒林料理私产有功,马撒林遂荐举之于路易十四。哥尔伯特喜工作,平均每日工作约十六小时,其有功于法国殊大,路易十四颇倚重之,故米塞(Michelet,一七九八——一八七四)呼之为路易十四之"耕牛"。哥尔伯特之理想,在使法国充满黄金,其着手之处,为整理财政及发展工业与商业。

关于财政之整理,哥尔伯特首先即追究盗窃国币者,彼付犯者于特设之激烈裁判所(Chambre ardente),结果犯者缴出大批现金,国库之困难遂为之顿解。时财政、行政异常混乱,所见者惟亏挪、借款与公债。哥尔伯特为使出入平衡,乃于每年制定预计表(Etat de Prevoyance),此即今之预算表也。此制实施约历十余年,不幸自一六七二年以后,因不断之战争,与奢侈之建筑,卒使哥尔伯特苦心成立之良法废于一旦,惜哉!

关于工业方面,哥尔伯特之成功较大。凡法国已有之工艺,如织呢、彩绣、制丝等,彼则就其基础而益发展之;此外如法国需要而尚阙如之工艺,如玻璃、磁器、挑纱、炼钢等，彼则特设工厂提倡之。哥尔伯特不惜重金延聘外国之技师，而路易十四又常预垫资本以建筑工厂及购置原料。经此努力提倡结果，工人之数大增加，而家庭工业之前又突发现大规模之工厂。哥尔伯特为欲推销法国货品于国外，因此极注意货品之制造，如织料之宽长尺度及染色等，均以命令规定之。货品之上，须签定制造者之姓名，如货品不良，则将货品榜之于市前没毁之；如发现重犯者，则将制造者与商人缚于柱上示众以警惕之。自是以后，法国货品遂风行于国外，而外国银货亦源源流入国内矣。

哥尔伯特对于工业出品之向外推销，亦不遗余力。彼极注意海运，常悬重金以奖励制造船只及购买船只者。彼在推销本国货品之外，同时亦极努力外货之输入，如亚、美两洲之产品。特别为荷兰人所把持之香料。彼又模仿荷兰人之经商办法，陆续成立五大公司，如东印度公司（Compagnies des Indes Orientales）、西印度公司（des Indes Occidentales）、东方公司（du Levant）、北方公司（du Nord）、塞内加尔公司（du Senegal）等。为保证海上商业之安全计，彼又竭力振兴已濒于残破之海军。忆一六六〇年时，法国仅有坏舰十八只，迨哥尔伯特死时，新式战舰竟增为二百七十六艘。

惟发展国内商业，比较困难。盖当时法国各省，无异敌邦，各有关税与度量衡，同时道路甚少而且失修，运输极感不便。当时有所谓五大特区（Cinq grosses fermes）者，即法国岛（Ile de France）、诺曼底（Normandie）、毕加底（Picardie）、香宾（Champagne）与不艮地（Bourgogne），彼此曾成立一种关税联合，商品运输，尚称自由。此外则各省关税林立，直至一七八九年，始为大革命所扫除。哥尔伯特对此商业障碍之度量衡与关税，虽未能一举而统一之，然对于关系商品运输之水陆两道，已努力培修及增筑之矣。

以上所举财政、商业、海军等，仅为哥尔伯特事业中之一部分。关于农业方面，彼曾奖励牧畜、种桑及葡萄等。对于水利与森林，亦有详细之规定。关于立法方面，彼曾颁布民事命令、刑事命令及商事命令，其目的不外在促进立法之统一。关于文学、科学与艺术，彼曾创设碑铭学院（Academie des Inscriptions）、科学学院（Academie des Sciences）、音乐学院（Academie do Musiques）、图画雕刻学院（Academie de Peinture et de Sculpture）、建筑学院（Academie d'Architecture）及罗马学校（Ecole de Rome）等。彼又创办《哲人报》（Journal des Savants），增集王家图书馆之藏品，并成立一徽章馆（Cabinet des Medailles）。

哥尔伯特尤为路易十四之光荣之匠师。但当彼暮年时，已失其支配路易十四之势力，盖此时路易十四已为胜利与光荣所陶醉，而不愿听信任何诤言也。哥尔伯特以憔悴之身，目睹财政之日形混乱，国王之浪费无度，卢屋瓦之势力崛起，遂不觉悲从中来,卒死于失望之中(一六八三年九月)。

第九节　卢屋瓦与阜邦

路易十四之部臣,在文事方面,允推哥尔伯特固矣,而在军事方面,则有待于卢屋瓦也。卢屋瓦比之哥尔伯特,亦有相似之处,亦具有冷静之性质,亦极不厌倦工作,亦酷爱规律,惟对于公共福利,卢屋瓦则毫不加以顾虑。忆路易十四正沉迷于败亡之光荣时,哥尔伯特曾不恤自身成败,苦口劝谏,至于卢屋瓦则常迎合路易十四之嗜好,而助其穷兵黩武;如虐杀新教徒,如蹂躏巴拉丁,皆卢屋瓦从中怂恿有以致之。卢屋瓦之为人如何,不难加以判识,然卢屋瓦固一善承颜色而精明干练之臣也。

在卢屋瓦之前,其父米塞(Michel le Tellier)对于军事组织已曾加以改革,如创设战地医院及选派专员司理军实等。卢屋瓦继承其父之事业,又编常设军(Armee permanente)为常备军(Armee Reguliere)。并整齐步伐,划一军械。为使军官具有军事知识,彼有征集青年贵族创办武备营(Compagnie de Cadets)。时兵士皆为志愿军,卢屋瓦以不敷需要,乃组织团练(Milice),以后竟驱此种团练于前线。在卢屋瓦各种措施之中,其最重要者,仍为炮队与工程队。盖当时仅有炮队,仅有军官而无兵士,直至在战地运用时,始向邻近步军中借用兵士以助理之,卢屋瓦以炮队等于虚设,乃成立王家炮队(Royal

Artillerie）。至于工程方面，尤无基础，卢屋瓦遂集合工程军官特创一工程总指挥部（Direction generale du Genie），其中最重要之工程军官，厥维阜邦（Vauban）。

阜邦富于创造精神，对于坚垒之围攻，彼曾发明跳跃射击法（Tirà reochet）及平行壁垒（Paralleles），故人谓："坚垒为阜邦围攻，坚垒必陷。"阜邦指挥之围攻战，奚止五十次，每次必克，如操左券。彼计划之防御工事，则不下三百处，其最著者，允推佛兰德（Flandre）之堡垒，人竟呼之为"金城"。阜邦建筑堡垒，喜用几何形式，凹凸之处，可以互相防卫，其全景无异一颗星光。阜邦之堡垒图案，全欧皆争起模仿之，计风行时期约历两百年。关于枪头之刺刀安置，彼亦改用圆管，以免防碍射击，盖当时所用之枪刺皆直接安置于枪口也。

第十节　宗教事件

在路易十四君临法国历史中，宗教事件实占一重要篇幅。盖路易十四性情骄慢，思想专制，决不愿其权力受人限制，因此竭力扶助法国教会（Eglise gallicane）之自主理论以抗罗马教皇。同时，彼又自命为"上帝之代表"，决不愿其人民保持与彼相反之信仰，因此肆意虐待让桑派（Jansenistes）与新教徒。

路易十四与教皇冲突，先后历时约十一年（一六八二——六九三）。先是路易十四拟统一其对于全国教区之特权（Regale），教皇伊洛森十一（Innocent XI）责其不当（一六七八），路易十四遂令法国僧侣确定"法国教会之自由"。一六八二年三月，法国僧侣大会撰一《四条宣言》（Declaration des quatre Articles），以限制教皇，路易十四旋令公布之，迨伊洛森第十一死后（一六八九），路易十四乃与新教皇言和（一六九三），即教皇承认路易十四统一其特权，而对于法国主教之请求叙爵者，须令其具一否认《四条宣言》之书面也。

让桑派之主张，与甲尔文派同，故耶稣社社员讥之为"回炉甲尔文派"。然让桑派为法国教派，最仇视拥护教皇之耶稣社。正让桑派与耶稣社社员冲突时，乃让桑派忽与旧日之投石戏分子相勾结，路易十四疑之，遂常加以虐待，直至其死时（一七一五），犹未宽弛之也。然让桑派始终存在，至十八世纪时竟成为一反抗王权之有力党派，并将法国之耶稣社完全扑灭（参看《路易十五时代之法国》章中《宗教问题》节）。

关于旧教徒与新教徒之仇视，《南第敕令》（Edit de Nantes）早已消弭之于无形。自路易十四即位后，彼则欲驱国中之新教徒改宗旧教。但初时所用方法，尚属温和：如禁止新教徒埋葬时间，自早六点钟至晚六点钟，送葬者不得逾三十人；新教徒举行受洗礼或结婚礼，与会之人不得超过十二人以上；在新教徒所办之学校中，只许教授读书与写字。既而所用方法，比较严重：如新教徒之小孩达七岁时，得许其脱离新教，并可向其父母要求年费，离开家庭（一六八一）；以后竟明白禁止新教徒担任王室之职务、公职及自由职业。在种种严厉禁令之外，同时又实行腐化政策，即凡改宗旧教者，每人皆给以六佛郎，并豁免税课（一六七六）。腐化政策虽收相当成效，但大多数新教徒仍旧保持其信仰不肯变易。路易十四为速达其目的，竟分遣军队驻于新教徒之家，此辈对待新教徒如敌人，手段极其残虐，新教徒畏之，纷纷承诺改宗旧教。一六八五年八九月间，改宗之表册不断运达凡尔赛，路易十四遂下令取消《南第敕令》（十月）。初新教徒之改宗也，实为军队所迫而然，而其对新教前途之希望固未泯也，迨《南第敕令》被明令取消，是新教徒前途永绝光明，多数新教徒乃起而否认前此之改宗。此后军队之虐待新教徒，尤为加甚，新教徒遂弃其财产冒险出亡，于是英国、荷兰与白郎丁堡（Brandebourg），竟成为此辈之逋逃薮。路易十四此举，顿使法国减少数十万勤劳之民，工商业尤遭受一大打击也。

法国新教徒虽屡遭虐待，但新教徒并未绝迹，盖此辈之未离国者，皆藏匿于阿尔卑斯及色维伦（Cevennes）山间也。一七〇三年，正西班牙王位承继战争开始时，色维伦之新教农民（Camisards）曾在加哇里耶（Jean Cavalies）领导之下起而叛变，叛乱历时两年，路易十四之对外战争颇受其牵掣云。

第十一节　路易十四之对外行动

在路易十四全部统治期中，其对外作战时间，约占三分之二，即以其亲政期间言之，战争亦历三十年。在此三十年中，以一六八八年为划界线，以前为对荷兰战争之时期，此为路易十四控制欧洲时期；自一六八八年至一七一四年，此为奥格斯堡同盟（Ligue d'Augsbourg）战争及西班牙王位承继战争之时期，此为欧洲联军扑击路易十四之优势时期，结果路易十四大遭失败。在前后两期中，战争之主要目标并未移易，所争者仍为惟一之西班牙王位承继问题，所谓当时之"大事"也。然路易十四之穷兵黩武，不顾一切，亦自有其一贯之意志，此即黎塞留所谓欲"使法国恢复其古高卢之疆域"也。

恢复"天然界域"，必须合并尼柔兰、佛郎公德（Franche Comte）、洛林（Lorraine）与萨瓦（Savoie）。然尼柔兰与佛郎公德皆隶于西班牙，路易十四遂欲以女婿资格，由承继形式直接取得之，至于洛林与萨瓦，彼则欲以西班牙领土一部分，由交换形式取得之。路易十四此种计划，行之殊难，盖一方有德皇里泊德（Leopold）与之对抗，而他方又有近邻英人与荷兰人从中阻挠也。

路易十四与里泊德皆同为西班牙王室之外甥而兼女婿，皆抱有觊觎西班牙广大领土之野心。路易十四借词不承认腓力布第四之子查理第二，自称具有移转之权

(Droit de Devolution)，径于一六六七年六月遣兵六万侵入佛兰德，并请西班牙摄政母后承认其行动，母后不答，路易十四又与里泊德签定瓜分西班牙领土条约于维也纳（一六六八年一月）。

荷兰人与英人以路易十四行动颠顸，遂起而联合瑞典成立三国同盟于海牙（一六六八年一月）。就表面言之，三国同盟之目的，似在调解法、西纠纷，其实三国之意，盖在阻止路易十四占领尼柔兰也。乃西班牙摄政母后以荷兰人未立刻抵抗法军，遂不愿与之联合，旋即与路易十四直接交涉，而以佛兰德割予之（一六六八年四月）。在路易十四方面，以荷兰人从中干涉，颇为震怒，加以荷兰人增高关税壁垒以障碍法国商品，哥尔伯特亦思"以大炮破坏其关禁也"久矣。

但路易十四在预备对荷兰战争以前，首先即实行孤立荷兰之外交，如与英王查理第二订立《度维（Douvres）条约》，与瑞典及莱因河畔诸德国亲王缔结同盟，即里泊德亦因收受补助费而承诺中立。一六七二年五月，路易十四突遣兵十二万入荷兰，荷兰对此"晴天霹雳"之侵略，无以为计，乃尽撤堤闸，使荷境陷于浪涛之中。法军既不能北进，鄂伦吉威廉又起而担任荷兰之国防指挥，于是所有路易十四之同盟皆纷纷离叛，并在海牙组织大规模之联合军以对法（一六七三），从此荷兰战役一变而为欧洲战役。

路易十四处此进退维谷敌军威胁之际，乃毅然舍荷兰而以全力攻击西班牙。一六七四年，再据佛郎公德；自一六七四年至一六七八年，又令阜邦步步侵略尼柔兰；一六七五年一月，法军又占领亚尔萨斯，至一六七八年，联军以对路易十四未获丝毫胜利，而自身又陷于困境，荷兰人遂首先起而与路易十四缔结和约于内弥根（Nimegue，一六七八年八月）。不久，其他联军亦纷来议和。根据《内弥根和约》，法国占有佛郎公德及佛兰德之堡垒，此不啻路易十四之势力达于极峰之表示。计自一六七八年至一六八八年，路易十四俨然欧洲之盟主，而其骄气盈溢，行动狂悖，在此期中尤极惹人注意，日中将昃，路易十四或犹未之察也。

战事虽因《内弥根和约》而结束，而路易十四仍日从事侵略占领区域之邻近地带，其最著者，厥维斯德那斯不尔厄（Strasbourg）。但列强均不敢起而干涉。至于德皇则因困于对付土耳基人（一六八三），不得已与之订立《哈底斯波伦（Ratisbonne）和约》，暂时承认其侵略地占有权（一六八四）。然凡感觉路易十四之威胁者，皆暗地互相接近或缔同盟以待时机而有以报之矣。

第十二节　反法联军与《幼立希条约》

一六八五年，路易十四取消《南第敕令》，新教诸国大为不悦，盖政治之仇视未终，而宗教之怨愤又起也。酝酿甚久之同盟军,鄂伦吉威廉从中主持甚力,至一六八八年,西班牙、瑞典、德皇、各选侯与萨瓦公,竟成立所谓奥格斯堡同盟(Ligue d'Augsbourg),不久,教皇亦加入之,正风云紧急之秋,乃路易十四又复陆续挑衅。时哥罗尼亚选区(Electorat de Cologne)缺出,被选之合法承继人为巴威略克利芒(Clement de Baviere),乃路易十四径以武力拥护飞斯敦伯尔教皇阁员(Cardinal de Fustemberg)入哥罗尼亚,同时彼又借词拥护其弟媳阿尔良女公(Duchesse d'Orlians)在巴拉丁(Palatinat)之承继权利,出兵占领巴拉丁。此际突发生一重要事迹足致路易十四之死命,此即英国之名誉革命也。盖直至当时,英国对于法国,或守中立,或为同盟,即偶有抗法之举动,亦不重要。自鄂伦吉威廉入主英国,彼则鼓其全力以对法,联军之所以敢与路易十四为敌者,实赖鄂伦吉威廉之后盾也。

路易十四以孤立之身抗御全欧,战争历九年。路易十四除遣军队拥护占士第二入爱尔兰(一六八九)。此外则与西班牙人战于比里牛斯(Pyrenees),与萨瓦公战于阿尔卑斯(Alpes),与德人、英人、荷人,战于莱因地带及尼柔兰。一六九七年,各国财用枯竭,精力疲惫,乃相与议和于海牙附近之里斯维克(Ryswick,十月)。根据此次和约,路易十四承认鄂伦吉威廉为英王,交还内弥根和让以后之侵地,惟斯德那斯不尔厄则仍由法国保有之。

此时各国之目光,皆集注于西班牙承继问题。一六九八年十月,路易十四与英王威廉及荷兰最高国家秘书汉芮可(Heinsius),成立条约于海牙,承认西班牙领土之大部分,由里泊德之外孙若瑟斐迪南(Joseph Ferdinand)承继之。不久,若瑟斐迪南暴卒,三人复在伦敦缔结条约(一七〇〇年三月),承认里泊德之次子查理为西班牙承继人,但须将那不勒、西西里及米兰除外,此等地方,殆为路易十四保留者。《伦敦条约》既成立,旋请里泊德副署,里泊德拒之。在西班牙王查理第二方面,深恐死后西班牙之领土被分割,踌躇结果,决以西班牙领土之完整保证权付诸路易十四,遗嘱以路易十四之孙安如公腓力布(Philippe, duc d'Anjou)为其承继人。一月后,查理第二死(一七〇〇年十一月)。

西班牙王位承继关系系统表

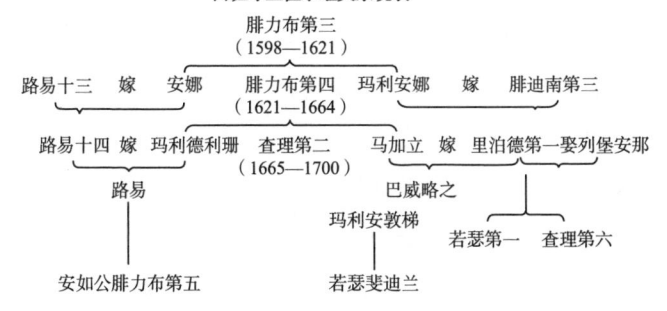

```
                        腓力布第三
                       (1598—1621)
路易十三  嫁  安娜     腓力布第四   玛利安娜  嫁  腓迪南第三
                      (1621—1664)
路易十四  嫁  玛利德利珊    查理第二    马加立  嫁  里泊德第一娶列堡安那
                           (1665—1700)
      路易                                巴威略之
                                          玛利安敦梯
                                                      若瑟第一  查理第六
   安如公腓力布第五                    若瑟斐迪兰
```

安如公腓力布既即西班牙王位,路易十四竟发布盛大宣言,保证腓力布之法国王位权利(一七〇一年一月)。不久,路易十四又遣军占据西班牙尼柔兰之堡垒(二月)。一七〇一年九月,英国、荷兰、德皇及德国亲王,成立大同盟于海牙,申明共同维持对腓力布第五之战争。是月,适前英王占士第二死于圣日耳曼,路易十四竟不顾《里斯维克条约》,而上英王尊号于占士之子,称之为占士第三,此实对抗大同盟之一种激刺举动也。

西班牙王位承继战争,为路易十四时代最长久而最激烈之战争。此次战争历时约十三年(一七〇一年七月——七一四年三月),战争亦困难异常。盖法国不仅须防护边境,并须捍卫西班牙之广大领土,矧色维伦之新教农民又在国中骚乱耶!战争舞台为西班牙、意大利、德国、尼柔兰及法国之东北部。联军中之大将,有英国马耳薄如(Marlborough)公及奥大利之犹仍亲王(Prince Eugene de Savoie),均能勇猛从事。此次战争范围,较三十年战争尤广,即北美洲之英法殖民地,亦有互动干戈之举。

法国军队到处失败,路易十四屡次乞和,终以不得要领而战争无法结束。至一七一一年四月,里泊德之子查理因其兄若瑟第一去世,继起为皇帝,称查理第六。英人不愿西班牙合并于奥大利,遂退出联军团体,《伦敦草约》即由此而产生,旋即开始幼立希(Utrecht)之和议。不久,荷兰人亦退出联军(一七一三)。查理第六孤立无助,不得已亦签定《哈斯塔德(Rastadt)和约》(一七一四)。《幼立希》与《哈斯塔德》两条约所规定者,大要如次:(一)腓力布第五保有西班牙及其殖民地,但须盛大声明拒受法国之王冠；（二）查理第六保有尼柔兰、米兰、萨丁及那不勒；（三）萨瓦公维多亚麦德第二（Victor Amedee Ⅱ）保有西西里，并称西西里王；（四）英国自西班牙方面获得殖民地商业特权，如贩卖黑奴专有权，及特许船只航运权，此外则占有米诺加（Minorque）及直布罗陀（Gibraltar）；自法国方面则获得纽芬兰（Terre Neuve）与亚德科斯佛那（Acadie），此外法国并允封锁丹格尔克（Dunkerque）。

西班牙王位承继问题，虽经以上条约明白规定，但并未正式确定。查理第六与腓力布第五对于以上条件皆拒绝签字，盖查理不愿承认腓力布为西班牙王，而腓力布又不允割让尼柔兰与意大利方面之领土也。至于战争结果，徒使英人成为西欧之盟主，此实鄂伦吉威廉之功。法国因路易十四之野心，耗尽丁壮与金钱，卒仍割地求和，所获得者仅一西班牙王位之空名耳，所谓保证西班牙之领土完整，亦徒托空言而已。

第十三节　路易十四时代之法国社会及财政情形

十七世纪之法国社会，实有研究之必要，盖当时法国社会组织已达成熟时期，而其形式直继续延至大革命爆发之日。但十七世纪之法国社会，仍与中古无异，仍以不平等三字为其基础。社会上共分三级，即僧侣、贵族与非贵族，非贵族即所谓第三阶级也。在担负方面，则分特权者与非特权者两种：前者担负极少，后者则一切课税均须承受，即国家与社会之需要，均由此辈供应之也。然就全部观之，因历代变迁结果，大多数法人已成为自由之人，在少数教会之领地中虽尚存农奴之制，但其待遇已不如前此之酷厉矣。在国王专制统治之下，高级僧侣与高级贵族已失其政治上之势力与独立，皆须拱手听令，在此点上，是国中无贵无贱皆立于平等之线上也。据阜邦之调查，当时全国居民总为一千九百万人：两特权阶级约为五十万人，在第三阶级之一千八百五十万人中，工人与农民约占一千七百万人。

僧侣分合法僧（Clerge regulier）与世俗僧（Clerge seculier）两种：合法僧亦称隐修僧侣（Monastique），此辈多常住于修道院中；世俗僧即担任大主教或主教等之僧侣，此辈常与人民接近，如今日市政府所管理之事，如生、死、婚、葬、救济、病院等，皆操之于此辈手中。僧侣保有之财产甚多，为国中之最大地主，每年所有之出息不下一万万佛郎；此外如什一税（Dime），如封建权利，又约二万万佛郎，总计僧侣每年之收入，约自二万万五千万至三万万佛郎。

贵族分带剑贵族（Nobles d'épée）与袍服贵族（Nobles de robe）两种：带剑贵族为根底贵族（Nobles d'Origine），普通皆有公、侯、伯、男爵位，惟此辈乃称贵人（Gentilshommes）；袍服贵族为新起贵族，此辈多出身于司法界或财政界，因国王宠爱而赐以贵族之号者。带剑贵族又分大贵族或宫庭贵族，及小贵族或省外贵族；大贵族皆生活于国王之左右，为数不多；小贵族人数极众，皆住于乡间，普通处境甚困难，然骄慢之态固不让于大贵族也。袍服贵族皆出身于富有之中产阶级，在政治上颇有势力，国王亦极信任之。

第三阶级，人统称之为平民（Roturiers），贱民（Vilains）一语，则仅指工人与农民而言。盖中产阶级皆为不作手工者，一部分且有相当之特权，至于工人与农民，则全凭胼手胝足以谋生，农民生活尤苦。在农民中，固有一部分购买耕地直接成为地主者，亦有永租耕地间接成为地主者；但大多数农民仍为零工工人，工资低少，生活不定，朝不保夕，毫无生趣。国家赋税、贵族征课及教会权利，咸集于农民之肩上，农民工作所得，仅能实受四分之一，此外尤须在无形中完纳间接之税课也。

哥尔伯特之根本思想，本在发展工商业使法国臻于富强，本在使一般法国人之财富皆有增进，故彼对于纳税者之担负极其注意，如加重全国通行之间接国税（Aides），减轻乡民担负独多之户口税（Taille），皆彼苦心孤诣之措施也。乃路易十四努力不断之战争，醉心华美之宫室，课税屡增，人民益苦，浪费愈甚，亏耗尤多，卒使财政经济濒于破产，哥尔伯特之计划归于破坏。至路易十四末年，因西班牙王位承继战争之影响，困苦现象尤普遍。圣西门谓政府罗掘金钱"深入人民之骨髓",此实非过甚之词。一七〇九年,即凡尔赛亦发见饥荒现象,即国王之侍役亦行乞于宫门之前,巴黎亦发生骚乱,市场妇女且结队向凡尔赛前进要求面包。一千九百万居民顿减为一千七百万,大部分耕种之地悉变为荒芜之区,幸而未转于沟壑之农民,所衣者惟破碎之衣,所履者惟赤足之木屐,所卧者惟干草一束,所食者惟黑色面包,或草根树皮。白吕耶尔(La Bruyere)谓此辈在田间工作时,恍若一群不驯之兽,迨其挺身直立,始知亦为人。即此数语,已足描尽当时农民之困苦生活矣。

关于税收方面,言之亦甚悲观。当路易十四最初三十五年间,即直至一六九五年,国库所赖以充实者,仅有直接税一种,即户口税;间接税两种,即盐税(Gabelle)与间接国税。户口税极不平均,仅征自第三阶级,税额亦非全国一致,如代表省分(Pays d'Etats)纳款较少,而直隶省分(Pays d'Election)则输款独多(参看第二节《黎塞留之政治措施》)。间接税征收法尤为病民,盖政府并不直接征收,皆付有包办者(Traitants),包办者只须一次将定额款项缴纳后,即可向纳税之人直接压榨之也。哥尔伯特死后,适奥格斯堡同盟之战争方殷,路易十四需款孔亟,乃新创一丁口税(Capitation),无贵无贱,咸须缴纳(一六九五)。《里斯维克和约》成立后,此税曾被取消,迨西班牙王位承继之战作,此税又再恢复(一七〇一),并追随旧制直至其崩溃之时。在西班牙王位承继战争声中，路易十四又另创一第三直接税，称什一税（Dixieme），无论产业、薪俸、工资及任何赢益（Profits），均须按数抽收（一七一〇）。

新创之税收虽能使入款倍增，但耗费之数往往三倍之而有余。为弥缝此种亏欠，政府遂不择取手段，任意罗掘：如借款也，名虽暂贷，其实永无付还希望；或发行纸券也，名为短期，并以国税收入作担保，其实永无收回之期。其罗掘方法之最可厌者，厥维改铸货币，变更银质；此外则鬻卖官爵，新增职业官衔。其最可嗤者，为量炭邑吏（Jure mesureurs de Charbon）、报告葬事邑吏（Jures crieurs d'Enterrements）等。罗掘之术，诚不可谓不周至矣，然所有收入仍不敷用，每年亏欠之额仍不下七八千万。

法国已濒于破产，人民已陷于穷途，路易十四对之亦深觉自身为负责者，心中亦颇忐忑不安。一七一五年八月末，路易十四自知死神将至，曾恳求宫中左右宽恕"其所示之不良模范"，并告谕其曾孙路易十五曰："汝其为伟大之国王，如予之嗜好战争与宫室，切勿以予为师法，速拯救尔之人民，此点为予所未能为，予实不幸之至也。"九月一日晨，路易十四死，年七十七岁，计君临法国者七十二年。

第九章　十七世纪之东欧

十七世纪之东欧方面,计有三独立国家,即波兰、俄国与土耳基。土耳基领地极广,除全部巴尔干半岛外,尚有北部之匈牙利大部分,及东北部之黑海沿岸一带地。波兰王国之领土亦不小,计北抵波罗的海,东界得尼热普耳河(Dniepr)与都讷(Duna),南则紧接喀尔巴千山(Karpates)与得尼斯特尔河(Dniester),而与匈牙利及土耳基为比邻。至于俄国,时欧人仅呼之为莫斯科维(Moscovie),盖犹未以一欧洲国家视之也。此外奥地利与瑞典,虽一则属于中欧,一则立于北欧,但此二国因领土之关系,或因政治上之利益与目的,亦可列入东欧国家之中。

在东欧方面,政治活动力异常强大,其间所发生之事件,每影响及于西欧。譬如一六八三年土耳基人进迫维也纳,及奥格斯堡同盟战争时土耳基人作战于匈牙利,此两次事件皆于法王路易十四极有裨益,实不啻为彼特施之一种挠敌行动。但在十七世纪之东欧本身历史中,其重要事迹可得而言者二事:一为瑞典由《阿里维(Oliva)和约》(一六六〇)承认其统治波罗的海之东岸,一为哈蒲斯堡族经过三十七年之战争(一六六二——六九九)而由《加尔老基(Carloutsi)条约》(一六九九)取得匈牙利。后者比较前者尤为重要,盖瑞典对波罗的海东岸仅属暂时统治;至于哈蒲斯堡族,则摈土耳基人于巴尔干半岛之后,竟展其统治权于撒维(Save),从此土耳基人亦永无再向欧陆进展之希望矣。

第一节 匈牙利历史概观

匈牙利人正式定居于匈牙利平原,约在十世纪中叶,即在日耳曼王亨利第一(Henri l'Oiseleur)及鄂多第一(Otton le Grand)败之于麦尔斯堡(Mersebourg)与奥格斯堡(Augsbourg)两地之后(九三三——九五五)。纪元一千年时,其族之有名领袖名瓦以克(Waic)者,曾博得全部匈牙利之拥护,并改宗耶教,教皇西尔维特第二(Sylvestre Ⅱ)且赐以国王称号,瓦以克亦改其名为爱底引(Etienne)。瓦以克允为匈牙利王朝之建设者,不幸此朝直系绝嗣于十四世纪初年(一三〇八),匈人遂选举法王路易第九(Saint Louis)之弟沙洛伯尔(Charobert)为之王。沙洛伯尔朝历时虽不及百年,但西欧文化曾因之输入匈牙利。在十五世纪中及十六世纪初,匈人对土耳基人竭力撑拒，俨若欧洲之守护者，欧人之安宁秩序，颇利赖之。一五二六年，匈王路易（Louis Jagellon）不幸死于摩哈斯（Mohacz）之役（一五二六年八月），于是匈牙利王冠遂入于查理第五（Charles quint）之弟斐迪南第一之手。

匈牙利人极富独立精神，曾于一二二二年强迫王安得烈第二（Andre Ⅱ）颁布《金玺宪法》（Golden bull），此次宪法之价值实等于一二一五年英国之《大宪章》（Magna Charta）。至于宪法条文之明白敢言，比之《大宪章》或犹有过之。宪法条文首先即规定王冠为选举式，国会每年自由集会一次，以讨论关于国家及行政之一切问题，国王如缺席时，由一巴拉丁代表之，巴拉丁须为匈牙利人；此外一切官职，均须由匈牙利人充任之。以上条文之目的，纯在保持匈牙利之国性与独立，及阻止匈牙利在外国君主统治之下变成一附属之省分。此次宪法之最有名一项，为国王违犯宪法，匈人有起而诘责与抵抗之自由权，并不得视为大逆不道之举动。此种规定，无异承认匈人有叛变之权，并且此种叛变之权俨然匈人之自由之一种合法保障权矣。

第二节　哈蒲斯堡族统治下之匈牙利

哈蒲斯堡族之统治匈牙利，本在一五二六年八月以后，此时匈牙利已破碎不堪，然匈人之独立精神固仍丝毫未减也。忆在十七世纪上半期中，前后不及四十年，哈蒲斯堡族竟被迫而对倔强之匈牙利人让步三次。一五六七年，匈人为表示其独立精神，曾毅然奉行甲尔文教，笃信旧教之哈蒲斯堡族固无如之何也。迨一六〇六年，匈人起而强迫鲁多夫(Rodolphe)订立保障宗教自由与政治自由之条约，此实捷克人《尊严手札》之先声(参看第五章第三节)。一六二〇年，匈人又仿捷克人之举动，推翻斐迪南第二，而拥护达郎西里瓦尼亚(Transylvania)亲王加波(Bethlem Gabor)为之王，哈蒲斯堡族亦不得已承认之(一六二一)。一六四四年，加波之承继人哈哥夷(Georges Hakoczy)又起而作乱，结果缔结《林嗣和约》(Pacification de Linz)，再度承认保障匈人之信仰与政治自由及匈牙利之自主(一六四五)。

迨《委斯法利亚(Westphalie)条约》成立以后，哈蒲斯堡族即拟控制匈牙利人，并推翻《金玺宪法》，亦犹白山战役之后，其从事摧毁捷克人之宪法也。但达郎西里瓦尼亚人与匈牙利人皆有同病相怜之感，而土耳基人与匈牙利人又似有弃嫌修好之可能性，若欲帖服奥大利统治下之匈牙利，必先征服达郎西里瓦尼亚与土耳基统治下之匈牙利。征服后者比较前者尤重要，直至十年以后始完成之。

第三节　里泊德与匈牙利人

里泊德第一(Leoopoldl)性迟缓，人比之为"应常修理之钟表"。彼笃信旧教,兼好音乐,人尝于其左右书讽词以刺之云:"里泊德,善为凯撒,勿为音乐家,善为凯撒,勿为耶教徒。"(Sis C Hsar et non musicus, Sis C Hsar et non jesuita.)里泊德本人虽如此,虽似不能担当征服匈牙利之大任,然彼之时会极佳:在敌人方面,土耳基已因军人内争而转入衰微之途;在里泊德方面,左右又不乏良将,其最著者有蒙德居居里(Montecuculli)、巴敦之路易(Louis de Baden)与萨瓦之犹仍亲王(Prince Eugene de Savoie)。

一六六二年,土耳基首相库蒲里格利(Kuprigli)率军十万攻入奥大利统治下之匈牙利,全欧大震,教皇且拟组织十字军。一六六四年八月,蒙德居居里遇土军于圣哥达尔(Saint-Gothard),土军大败。乃数日之后,里泊德反与土耳基人和于瓦司萨尔(Vassar)。

《瓦司萨尔和约》刚成立,里泊德旋在维也纳召集匈牙利重要贵族开会,盖意在取消普勒斯波格(Presbourg)之国会(Diete),借以废止匈牙利之自主也。但匈牙利贵族不惟拒不赴召,且积极运动预备叛乱,不幸匈牙利人缺乏指挥,卒受极残酷之惩创(一六七〇——一六七八)。

第四节 加尔老基和约

一六七八年,匈牙利人又起而暴动,此殆法王路易十四从中怂恿有以致之。至一六八三年,乱事尚未平息,土耳基首相加拉（Kara Mustapha）又率二十万人围攻维也纳,此次围攻约历两月（七月—九月）。土军直逼城下,维也纳大有陷落之势,乃波兰王沙伯斯基（Jean Sobieski）突率援军至（九月十一日）,卒大破土人于加郎伯尔（Kahlenberg）。

里泊德赖波兰人、俄人与威尼斯人之助,卒恢复布达佩斯（Buda-Pest,一六八六）,且进陷塞尔维亚（一六八八—一六八九）。时当奥格斯堡战争开展之际,里泊德又不得不分兵于西部以应付路易十四,因是匈牙利方面进行颇感迟缓。至一六九七年九月,犹仍亲王遇土军于士额丁（Szegedin）之南,土军大败,首相加拉亦死焉。

然土人并不因士额丁之败而遽然释手也。荷兰人与威廉第三以西班牙王位承继问题将发生,急欲自东方事件中解出,里泊德乃以金钱贿赂土皇之左右促其议和。和约缔于加尔老基（Carloutsi）,土人乃将匈牙利之地除特默斯发巴拉得（Banat de Temesvar）外,一概让与里泊德,并承认里泊德在达郎西里瓦尼亚之主权,此外更申明决不扶助匈牙利之叛者。此次条约在欧洲历史中为一分划时期之表示,此为耶教徒报复回教徒之第一声,又为土耳基人在欧陆却步之开端。

第五节　征服匈牙利之重要性

里泊德一方以武力征服匈牙利之土地,同时又从政治上征服匈牙利人，其所采之手段，不外恐怖方法，所谓"伊伯利(Eperies)之屠杀"，即匈牙利历史中血迹模糊之一页也（一六八七）。里泊德既认匈牙利人已为残酷手段所帖服，乃向匈牙利国会提出主张，其最要者为宣布匈牙利王位为世袭制，其次为废止《金玺宪法》所载匈人有抵抗国王之自由之条文。

匈牙利人立于里泊德淫威之下，表面诚似帖服矣，但不如里泊德想像中之甚也。《加尔老基条约》刚成立，里泊德又欲实施一六六四年之故技，而在维也纳召集匈牙利贵族会议，乃一般贵族仍不应召。一七〇四年初，正西班牙王位承继战争时，匈人又起而叛乱，至一七一〇年犹未止息。一七〇五年，里泊德死，继之者为若瑟第一(Jaseph I)，结果仍向匈牙利人宣言尊重其信仰自由及匈牙利之自主（一七一一）。以后查理第六(Charles VI)仍采温和手段以对匈牙利人，从此匈牙利与哈蒲斯堡族始获共全。

哈蒲斯堡族征服匈牙利，非仅为奥、土历史中之重要事实，实为欧洲全部历史中之一大关键。在土耳基方面，此为土耳基衰微之开端，此后土国国势愈趋愈下无所底止者历二百余年。在奥大利方面，此为梦想控制东欧之起点，结果奥大利成为俄国之劲敌。在当时一般人之心目中，实未尝虑及俄国将来之发展，及土耳基国中所包容之离心分子之重要，所知者仅土国国境已退缩，奥大利在中欧与西欧之政治条件大为变迁而已。最后一点应注意者,即奥大利在匈牙利之成功,实不啻形成法国之失败,盖维也纳从此立于危险界外,土人殊无法从事扰乱以为法国之声援也。

第六节　瑞典历史概观

论到瑞典、波兰与俄国,瑞典在当时实应首屈一指。盖瑞典人勇敢沉毅,常喜活动于国外,其本国土地之硗瘠,亦一促其向外活动之原因也。瑞典当巨斯达夫(Gustave-Adolphe,一六一一——一六三二)、克利斯丁(Christine,一六三二——一六五四)、查理第十(Charles Ⅹ Gustave,一六五四——一六六〇)及查理十一(Charles Ⅺ,一六六〇——一六九七)时,皆视战争为国家工业,俨然十七世纪中之普鲁士焉。

瑞典人作战之目的,不外在征服波罗的海沿岸之地,使波罗的海成为瑞典人之湖泽。此种理想发端于巨斯达夫(参看第五章第七节),以后瑞典人即循此以与俄人、波兰人、德人及丹麦人相周旋。但在波兰方面,战争性质同时又有王朝问题夹杂其间。盖瓦沙巨斯达夫(Gustave Vasa)之二子,一为约翰第三(Jean Ⅲ),一为查理(Charles),约翰因娶波兰公主之故,曾仍改宗旧教,至于查理,则固路德派之信徒也。约翰第三之子西旗门(Sigismond)于一五八七年被选为波兰王;一五九二年约翰第三死,西旗门竟兼有波兰、瑞典两国之王冠,但西旗门则常住于波兰。西旗门之叔查理以摄政名义坐镇瑞典,遂日向路德教之瑞典人挑起反抗旧教君主之运动,结果瑞典人宣言废置西旗门而拥护查理为王,称查理第九(一六〇四——六一一)。自是以后,瓦沙族之两系日处于互相仇视之中者历六十年。

瑞典王朝与波兰之关系表

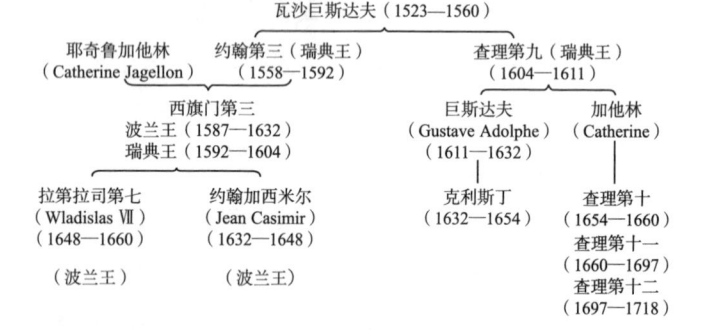

瓦沙巨斯达夫(1523—1560)

耶奇鲁加他林　　约翰第三(瑞典王)　　　　　　查理第九(瑞典王)
(Catherine Jagellon)　(1558—1592)　　　　　　 (1604—1611)

　　　　　　　西旗门第三　　　　　　巨斯达夫　　　加他林
　　　　　　　波兰王(1587—1632)　　(Gustave Adolphe)　(Catherine)
　　　　　　　瑞典王1592—1604　　　 (1611—1632)

拉第拉司第七　　约翰加西米尔　　克利斯丁　　查理第十
(Wladislas Ⅶ)　(Jean Casimir)　(1632—1654)　(1654—1660)
(1648—1660)　 (1632—1648)　　　　　　　　　查理第十一
　　　　　　　　　　　　　　　　　　　　　　　(1660—1697)
(波兰王)　　　　(波兰王)　　　　　　　　　　 查理第十二
　　　　　　　　　　　　　　　　　　　　　　　(1697—1718)

第七节　瑞典之对外战争

瑞典在十七世纪上半期之战争历史,异常混沌,此殆由于敌人之叠增,及战地之散乱,此外又加以法国、荷兰及奥大利之诡谲外交从中缭绕之也。然其中之主要线索,固甚分明,殊不难一举而捉其要领。

一六一七年,巨斯达夫曾自俄人方面夺其英格里(Ingrie)一带地方(即以后圣彼得堡建筑之地);一六二五年,彼又自波兰方面掠其里窝尼亚(Livonie);一六二五年,与丹麦战,又获得疴得兰岛(Gottland)、达哥岛(Dago)与阿塞尔岛(Ocsel);一六四八年,瑞典因参加三十年战争之故，《俄斯纳布鲁克(Osnabruck)条约》曾承认其占有阿得河(Oder)出口与西波美拉尼亚(Pomeranie Occidentale)及鲁根岛(Rugen)，威悉河(Weser)出口与不来梅(Breme)及维尔登(Verden)。此后瑞典得获休息者约六年；至一六五四年，王朝问题发生，战争复起。先是，巨斯达夫之女克利斯丁逊让瑞典王位于其表兄查理，波兰王约翰加西米尔起而抗议，查理第十遂向之宣战，约翰加西米尔大败于瓦萨附近(一六五四年七月)，旋遁入奥境西勒西亚(Silesie)。俄人与白郎丁堡侯见查理之势日益发展，旋抛弃其同盟关系而与约翰加西米尔合，不久丹麦王亦来加入。查理以一人抗此联军，仍屡战屡胜，卒进迫丹京哥卑哈根(Copenhague)城下(一六五八年二月)。

其他国家如法国、荷兰、奥大利，对此"北方之战"，异常注意。盖法国与瑞典为三十年战争中之同盟，瑞典强大，则足以控制奥大利，于法国极有益；荷兰对于瑞典胜利，极其惊惧，盖恐波罗的海之商业为瑞典人所封锁也；至于奥大利之忌瑞典强大也，其所持理由，适与法国方面之想像正同，惴惴惟恐法国人之希望入于实验也。因此荷兰人极力向被围之丹京输送饷械，奥大利亦准备加入联军。讵查理暴卒，而瑞典王冠又落于一年仅五龄之查理十一之头上(一六六〇年二月)，适法国刚与西班牙成立《比里牛斯和约》(一六五九年十一月，参看第五章第十一节)，得有余暇，遂起而调解战争。结果波兰王抛弃觊觊瑞典王冠之企图，丹麦王则割让斯加里（Scanie，即瑞典半岛南部尽头处）于瑞典。自此以后，瑞典在波罗的海之领地仿佛带形，是巨斯达夫之梦想将近实现矣。

第八节 瑞典之弱点

瑞典与波兰、丹麦等所成立之和约，亦等于法、西所缔结之《比里牛斯条约》，盖一则确定法国在西欧之霸权，一则承认瑞典在北欧之优势也。但瑞典之基础比较柔脆，其原因殆由于所有统治下之人民，如芬兰人、俄人、立陶宛人、波兰人、德人，皆为战胜结果所造成，各民族彼此之间既无天然关系，亦无公共利益维系之也。在另一方面，瑞典所有辖地皆为海岸地带，瑞典每能控制各河流之出口，此实为波罗的海沿岸各民族所不能甘心，而必思有以推翻瑞典之势力也。瑞典之势力，仅为武力所支持，而其中之离心力又异常强烈，以此而欲维系久远，其可得乎。

瑞典内部组织亦乏力量。直至当时，国王之左右有一元老院（Senat）及一国会（Diète）：元老院由最高职官——陆军、海军、外交、司法等长官组织之；国会由贵族、僧侣、中产阶级及农民之代表组织之。国王如未商之元老院与国会而获得其许诺时，无论何种事件，决不能任意执行。贵族在国中之势力极大，此辈为特权阶级，照例不纳税课，因国中土地之大部分皆属于此辈也。

查理十一一生努力之处，即在改变组织以增厚其自身之实力，即欲以专制君主制代替限制君主制。彼凭倚仇视贵族之各非特权阶级，首先即剥夺元老院之监督权，而抑之为一种咨询机关（一六八〇）；不久，彼又取消国会之立法权（一六八二）。彼既获得独裁之权力，旋即从事整理财政、国库、海军与陆军。迨其死后，其子查理十二颇利赖其整理之成绩，以应付波兰人、俄人、普鲁士人与丹麦人。然瑞典国本究不坚实，故自查理十二死后，所有在十七世纪中获得之土地竟陆续丧失而无余。

第九节　波兰

十七世纪中之波兰与俄国，一则渐入衰落之境，一则跻身强国之列，一伏一起，政局为之变色，吾人读史至此，靡不顿兴沧桑之感而急欲探究其盛衰之源也。

波兰之衰落，一言蔽之，为其政治制度之结果。盖波兰王位直至十六世纪中叶原为世袭制，至一五七二年耶奇鲁（Jagellous）朝最后一王死后，波兰王位遂一变而为选举制。最奇者，第一被选之王为一法人，为法王查理第九之弟，即安如公亨利。矧每届选举之前，选举人与候选者必先讨论条件，最后则将条件笔之于书，称选举契约（Pacta Conventa），王权即由此种契约渐次剥削殆尽。自一五八七年至一六六八年，瓦沙族（Vasa）继续相承，世袭制虽暂告恢复，但同时（一六五二）波兰贵族又实行一种自杀性质之自由否决权(Liberum veto),从此政治上之措施完全陷于不可能之绝境(参看《十八世纪东欧政治状况》章中之《波兰》)。

波兰之被瓜分虽在十八世纪下半期,但在十七世纪中为人蚕食已数见不鲜矣。一六二五年,瑞典人曾掠其里窝尼亚。一六四八年,俄人援乌克兰(Ukraine)之哥萨克人(Cosaques)而占领斯摩棱斯科(Smolensk),侵入立陶宛而夺据维里纳(Vilina)。迨俄、波冲突终了(一六六七),波兰竟不得已抛弃斯摩棱斯科,并割让基辅(Kiev)及得尼热普尔河(Dniepr)附近之乌克兰地带。同时白郎丁堡选侯佛勒德勒威廉(Frederic-Guillainne)又乘瑞典与波兰之争,而左右逢迎,卒获承认为普鲁士独立之公(一六五七),从此北方臣属之地又宣告脱离矣。一六七一年,土耳其人援波兰统治下之哥萨克人,竟长驱直抵林伯尔(Lemberg,一六七二)。沙伯斯基(Jean Sobieski)虽能战胜土军(一六七三),但结果仍不能不割让乌克兰一部分与土耳其人(一六七六)。沙伯斯基虽被波兰人举为国王(一六七四),而彼在国中之权仍未丝毫增进,混乱之政治制度固依然存在也。沙伯斯基死(一六九四),贵族排斥其子而迎立俄、奥拥护之萨克逊选侯奥古斯都(Auguste,一六九六年九月)。

第十节 俄国

俄国在十七世纪初与其他欧洲各国交通甚鲜,此殆由于地理之限制,盖波罗的海方面有瑞典阻其出路,黑海方面,又有波兰与土耳基横梗其间,此外则仅有不便利之白海而已。伊桓第四(Lvan IV,一五三三——一五八五)曾拟本其拓殖西比利亚(Sibérie)之精神开通波罗的海,然终为瑞典人与波兰人所制而未能达其目的。迨罗曼诺夫(Romanov)朝兴,俄国始由半亚洲式之国家一变而为欧洲化之国家。

俄国社会为两阶级所组成,一为贵族(Boiards),一为农民(Maujiks)。僧侣不另成一阶级,亦无所谓中产阶级,商业完全操于犹太人手中。贵族皆为地主,纯赖农民之生产以为生活,农民之被夷为农奴(Serfs),实十六世纪末季之事。此为波里司(Boris Godonnov)所规定,盖所以防止农民逃赴西比利亚也。

罗曼诺夫朝诸帝,如米塞(Michel Romanov)、亚立西第一(Alexis I)及体何德第三(Fedor III),皆极注意欧洲方面,并常欢迎其他欧洲人赴莫斯科。在外交方面虽无若何成功,但诸帝亦积极参与东欧之事,如向波兰掠去斯摩棱斯科、基辅及得尼热普尔河左岸之地,皆其行动之最著者。迨彼得第一出,于是古旧之俄国遂为之焕然一新(参看《十八世纪之俄国》)。

第九章 十七世纪之东欧

第二编 十八世纪之欧洲

第一章 十八世纪之英国

十八世纪为英国史中之重要时期,盖在此时期中,英人有三件重要事实足资记录:(一)英人在国外获得最有价值之殖民地,即印度与加拿大;(二)建立巴力门制,此种建立为一六八八年革命及哈诺威新朝登极之逻辑的结果,盖革命完成为民权原理之获得胜利;至于新朝之前二国王,其对于英国国事无异路人,迨乔治第三(George Ⅲ)试拟推崇王权,乃竟引起宪政之困难者垂二十余年(一七六〇——一七八三),结果徒使巴力门制益臻巩固;(三)开始工业运动,因此英国得在十九世纪中成为世界之第一等强国。此外如苏格兰之正式合并于英国(一七〇七),亦当时英国历史中重要史实之一。

第一节 大不列颠联合王国

苏格兰与英吉利两王国之合并问题,酝酿虽久,直到安那在位时代,始正式成为事实。十七世纪初(一六〇三),苏格兰王占士入继英吉利王位,已可谓之合并矣;但此种合并纯为私人关系,仅为两地公戴一共同之君主耳,比较此种合并尤为切实者,则为一六四三年两地人民之自动联合。自查理第一被杀后(一六四九),此种自动联合又无形消失;迨一六五一年,苏格兰人为克林威尔(Cromwell)之武力所压服,乃勉强承认两地之联合。一六六〇年,查理第二入即英国王位,苏格兰又隐似脱离英国而各自为政。直至安那入继,英人乃有正式合并苏格兰之提议;此种主张,不外基于两种心理:(一)恐安那死后,苏格兰人不承认《解决议案》而迎立占士第三;(二)恐迎立占士而引起战争。一七〇六年,两方派遣代表讨论联合事项,结果决定,两王国合并称大不列颠(Great Britain);苏格兰选出下院议员四十五人及上院议员十六人出席英吉利国会,所谓联合王国之国会;以后承继联合王国之王位者,确定为哈诺威族;两地实行一律之税收与税关;苏格兰仍保存其裁判所。此次议定之联合条文,经过英、苏两国会通过之后,旋由王后安那予以盛大之批准,并公布之于爱丁堡焉(一七〇七年三月)。

第二节 巴力门制溯源

一六八八年之革命为"主权在民"之一种确定,盖英人曾实行选举玛利与荷兰鄂伦吉公威廉为其国王也。忆在举行选举之前,英人曾令威廉等宣誓尊重其权利,即不得国会之允诺，国王不能搁置法律而不实行，及任意征收税课与设置常备军；议会对于选举与讨论有绝对自由之权；如审查冤抑与改善法律，须随时召集国会。

巴力门制虽赖此次《权利宣言》(The Declaration of Rights)而成熟，而宣言中所录列之自由，早已载在《大宪章》(Magna Carta)及《权利请愿书》(The Petition of Right)之中，不过经过此番重行申明之后，民权益获较确定之保障耳。十八世纪诸王之所以不能不尊重此次之《权利宣言》，盖因诸王在国中毫无根底，而同时斯都亚德(Stuart)党人尚潜伏于各地也。新朝诸王既不欲或不敢违反人民之意志而曲从之，于是巴力门制之基础赖以巩固。

第三节　哈诺威新朝诸王

安那死后，哈诺威女选侯苏非之子即根据《解决议案》(Act of Settlement)入继英国王位，是为乔治第一。

乔治第一(一七一四——一七二七)性鄙俗，嗜酒，左右多年老嬖妇，卒因食西瓜不消化而死。乔治不谙英语，偶与部臣接谈，仅以拉丁文达意而已。其子乔治第二(一七二七——一七六〇)，略识英文，但不能谈，乔治父子多重视其选侯区而不甚注意英国之王位，故比特(Pett)谓英国之于哈诺威，不过"乞丐选区之附属"耳。乔治父子既对英文不感兴会，复不关心英国国事，因此不愿参与部臣之会议，一任彼辈自由讨论办理而已。然英国即因乔治父子之长期不干预国政，于是虚君之制竟以养成。

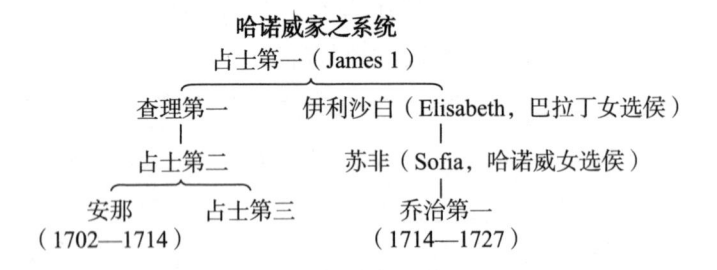

哈诺威家之系统

占士第一（James 1）
├ 查理第一 ── 占士第二 ── 安那（1702—1714）、占士第三
└ 伊利沙白（Elisabeth，巴拉丁女选侯）── 苏非（Sofia，哈诺威女选侯）── 乔治第一（1714—1727）

第四节　占士党人之反动

安那时保守党异常激烈，曾通过《分离议案》（Schismaet），仅允许英吉利教派主持学校。波林洛克（Bolingbroke）当权，联络保守党拥戴占士第三；乃安那暴卒，波氏无法实现其计划，不得已联络维新党而迎立乔治第一。波氏谓：如安那迟死六周，则占士之事成矣。至于复辟后果能维持与否，是又另一问题耳。总之，安那暴卒，则保守党、高教会派（High Church Party）与占士党人之计划颇受打击，而革命所成之事业赖以不至堕于一旦；同时乔治入继，于是英国在十八世纪上半期中所有内政外交之方略遂以确定。

占士党人（Jacobites）之阴谋既无法实现，乃在英国北部明白实行其反叛运动，同时苏格兰高地之农民六千人且向爱丁堡进发。惜占士党人缺乏勇气，而占士不惟迟迟乃抵苏格兰，且到后即命令退却，转瞬之间，彼竟抛弃一般拥戴者而远去大陆矣（一七一五——一七一六）。

然苏格兰人终忠于斯都亚德。一七四五年，正英国参与奥大利承继战争时，苏格兰人又拥戴占士之子查理爱德华（Charles-Edward）而作一度极郑重之叛乱，此次不惟占领爱丁堡，并进至距伦敦一百二十基罗米达之地。惜乱民缺乏纪律，且不愿再向前进，卒在居洛登（Culloden）交战之后，竟至一蹶不振（一七四六）。此战异常激烈，乔治第二之次子凯伯伦德（Cumberland）公竟膺苏格兰屠户之徽号，而斯都亚德之反动势力亦从兹正式衰息。

占士党人之叛变虽无结果，而所生之影响确甚重要。新朝诸王鉴于迭次叛变之激烈，遂不敢拂逆人民之情意，必依据人民之愿望而规定其政策，因此巴力门制于以养成。

第五节　政党

英王地位既处于虚君制之下，所有一切政权遂实际操于各政党领袖之手，惟某党须在会议中占领多数议席始能操持政柄耳。英国二大政党，即维新党与保守党。

维新党源于旧日之圆颅党，分子有少数高级贵族，各城市与各商埠之居民，及工商业家与银行家，此外则为一般新教之异派（Dissenters），如清教徒（Puritans）、独立派

(Independents)及甲尔文派(Calvinistes),此辈皆因仇视旧教与英吉利教而联合一致者,因一般分子之环境与利益,此党极愿维持可能之自由与安宁,故其主张为拥护人民之权利及限制国王之权力。

保守党源于旧日之骑士党,分子多为大地主、大贵族及乡间贵绅,其次为英吉利教徒,此党拥护王家特权,务使王权臻于巩固,此党在国中之势力极大。

就理论言,国王似应求助于保守党。但保守党中分子,多数皆有与斯都亚德私通款曲之嫌疑,盖此辈认定斯都亚德为合法承继人。因此新朝诸乔治宁愿倚仗维新党,虽丧失王家权力亦所不惜,但求在安静中保持王冠而已。

第六节 维新党内阁与斯丹浩

维新党继续当政约历半世纪。自乔治第一入承英国王位起(一七一四),直到乔治第三登极时止(一七六〇),维新党内阁最著名者有斯丹浩(Stanhope)、瓦尔波耳(Robert Walpole)及比特(William Pitt)。

斯丹浩本西班牙王位承继战争中之名将,自被乔治第一任为内阁之后,其对外政策,极力主张和平,同时又为推翻一切联盟及英法同盟之一人(一七一七)。其对内事迹之最重要者,为国会通过《七年议案》(Bill of Septaunilite),即改下院议员三年之任期为七年也。此次议案为延长下院多数党议员之任期,换言之,即延长维新党议员之任期也。下院议员之任期经过此番改变之后,从此内阁之更迭亦不至于频繁。斯丹浩之继任人瓦耳波耳之所以能维持其长期之内阁,此次议案之作用,盖可以解释过半矣。

第七节　瓦尔波耳

瓦氏本为保守党,嗣改隶维新党。氏本人为地主,其目的在使英人努力致富,故人称彼之政策为地主政策。氏对外主张和平,对内竭力发展新兴之工业。对于经济方面,氏之思想在当时一般人视之颇奇突;盖当时各国皆利用关税壁垒以谋闭关自守,并厉禁殖民地与他国通商,而瓦氏所行之政策,在其条件下,居然为一种自由贸易之政策。氏允许殖民地自由通商,并便利工业原料品之输入英国,同时又积极奖励制造品之输出,但此种独树一帜之政策,居然获得最大之效益。当时英国如蒲利司脱（Bristol）、利物浦（Liverpool）、曼彻司脱（Manchester）及毕明罕（Birmingham）等地之工商业,一时皆有长足之进步。计自瓦氏入阁时起至坍台之日止,英国出口货品之价额,竟自六百万增为一千二百万金镑,地产之价格亦三倍于往昔。

久之,瓦氏之政策即在英人之心目中产生一种恐怖之现象。盖瓦氏主张和平,英人受赐固多,而英国之敌人如法国,如西班牙,亦因长期和平而经济顿呈活跃之象。法国实行洛夫(Law)之计划,于时工商业似有复兴之概。至于西班牙因亚伯罗利(Alberoni)及巴底洛(Jose Pation)之努力,经济亦自黯淡境地中转入坦途,竟拟修改英国获利独多之《幼立希(Utrecht)条约》,尤其是关于特许船一项,而欲令其停止航行。英国经济之活泼,美洲西班牙殖民地之商业实一重要来源,因此维新党中有所谓爱国派者,竟以拥护英国之商业利益为名,促政府先与西班牙宣战(一七三九),次向法国进攻(一七四二)。

此外瓦氏之腐化政策,亦在社会上发生甚大之影响。瓦氏公然以金钱贿买议员,议员在被选之先自亦不能不用金钱从事议席之运动,故人谓瓦氏之腐化政策为系统的,而瓦氏且自诩明了国会中各个良心之价格。其实议会腐化,并不自此时起,不过瓦氏之行动较为彰著耳。

氏当政约二十一年(一七二一——一七四二);《七年议案》则为延长其内阁寿命之一原因,而彼能在两乔治之下继续主持中枢,亦自有其长处。彼善察人意而适应之,故能在议会、人民与国王之间立于枢纽之地位。马可勒(Macaulay,一八○○——一八五九)谓:"其深识人类,熟悉英国民族性,及英国宫庭与下院等。……彼为最优之议会辩论家,为最优之议会策略家,为最优之事务人材。"嗣因爱国派联合保守党及一般青年政治家,起而攻击其腐化政策,瓦氏之内阁遂不得不宣告终止。在此次倒阁运动中，比特实为鼓动之一人。

第八节　魏司礼与博爱主义

瓦尔波耳坍台时，英人之道德几堕丧殆尽，文学家斯威发（Swift，一六六七——一七四五）所著之《居理维（Culliver）之冒险》，及画家荷加尔兹（Hogarth，一六九七——一七六四）所绘之《时髦结婚》，皆为当时社会堕落之写照。时孟德斯鸠（Montesquieu）正勾留于伦敦（一七二九——一七三一），亦谓："如有人议及宗教，众人则环而笑之。"又谓："一般人非仅谈不上荣誉与品德，即领悟之能力亦甚缺乏。"全国上下，日惟沉湎于杯中物，此外非所问也。政治家佘司德非尔（Chesterfield，一六九四——一七七三）亦喟然叹曰："从此休矣，国已不国矣！"

乃有牛津大学学生遵循青年牧师魏司礼（Wesley，一七〇三——一七九一）之领导，力以挽救颓风为职志。此辈态度严峻，生活刻苦，人诮之为整饬派（Methodistes，即监理会派），后彼辈即沿用此名而不疑。

魏司礼有中坚信徒二人，一即其弟查理（Charles），为牛津团圣歌诗人；一即怀德非尔（George Whitefield），为团中之大讲演家，人称彼三人为三位一体。此辈虽专努力于实践《新约》，而其事业之影响竟溢于宗教范围以外，不仅当时之颓风立即获得挽救，且竟因此诱起博爱主义（Philan thropinism）之运动。莱克（Robert Raike，一七三五——一八一一)于一七八一年创星期学校,是为英国贫民教育之发端。荷华(Howard,为Bedfordshire行政公署随员)于一七七四年参观监狱,起而大肆攻击监狱中之弊窦,并试置身于监狱之中以尝其中况味。荷氏此举,竟诱起下议院之调查。最有力者为卫尔白福(Wilberforce,一七五九——一八三三)之攻击奴隶制;利物浦之商人虽抵抗甚烈,英国国会卒于一八〇七年禁止贩卖黑奴,此不啻废止奴隶制之先声。此外如注意农业工人之地位,及建设甚多之医院,皆魏司礼运动所生之影响。魏司礼运动约发端于一七三〇年,至十九世纪世人遂获享受其努力之赐焉。

第九节 比特

唤起宗教情感者为魏司礼,而唤起爱国情感者则为比特(一七〇八——一七七八)。氏痛当时社会之堕落,竭力抨击瓦尔波耳之腐化政策,俨然青年政治家之领袖。氏为激烈而狭义之爱国派,并不以英国繁荣胜利为满足,更愿敌国之完全消灭,尤其是法国。其对英人之言曰:"善为一国之国民,除公共利益之外,须忘却一切。"氏之骄傲态度,亦不让于其爱国之情愫,尝谓:"予自知予能挽救国家,予并知此种责任为任何人所不能为。"其性情之倔强,世罕其匹。氏于一七六八年正式脱离政治生涯;十年后,上议院讨论承认北美合众国独立案,氏认此案颇不利于英国,竟令人昇往抗辩,词毕而人已昏绝,数日后即死(一七七八年五月)。氏在内阁仅四年(一七五七——一七六一),而对于英国之贡献实非常之大。盖氏对内曾回复堕落之道德,在外则自法国方面夺来最有价值之殖民地,即印度与加拿大。

第十节　哈诺威王朝政府

一二一五年有《大宪章》,一六二八年有《权利请愿书》,一六八八年有《权利宣言》,合此三种条文,遂成为英国之宪法。自哈诺威王朝入继以来,以上三种条文之外即无新增之条文。但基于前两乔治之习惯,英国政权遂分掌于国王、阁臣与议会之手。

法律经国会通过,须由国王批准之后始发生合法之效力,但国王之批准法律几成定例。盖国王对于法律决无错误之理,即使偶有错误,其罪亦由部臣担负,故英国之国王为不负责之国王。

部臣由国王自下院议员中选出,然后组成所谓之内阁。因哈诺威朝前两乔治之不参与阁议,部臣遂基此习惯,离开国王而独立集会,仅由内阁总理以全体阁员名义向国王报告其所决定之事件而已。部臣有解散下院及重新召集选举之权,但下院可以控诉部臣,上院且得而裁判之。如当选议员为部臣之敌人,全体部臣则除辞职之外无他法。由议会议员起而组织之政府,此即所谓巴力门制。

议会为上院与下院之合称。上院议员由国王选任，国王得自由增减其人数，一七一四年，上院议员为二〇八人，哈诺威朝前两乔治又新增一五〇人。上院议员为世袭制。下院议员分两种：一为各省议员，一为城镇议员，总数为五五八人，任期七年。议会讨论初为秘密式，直到十八世纪中叶始行公开，但表决议案时，旁听人仍须退出；直到一七七一年，且禁止报纸披露议场中之论辩。

第十一节 选举制

选举者，乡间只有地主，城镇只有行业工会会员，所谓中产阶级。凡富有之工业家，在城市中均无选举权，此辈遂以大价收买土地而兼为大地主，因此乡间之地主日形减少。至于城镇之选举表册，约制于《大宪章》时代，即最后增补者，亦仅止于一六七三年。所有十八世纪新兴之大工业城市，如利物浦，如曼彻司脱，皆无选举议员之权。其他在中古为繁富之区，而在十八世纪减为数家烟火者，仍得继续选出议员二人，此即如仅有五户之阿耳萨洪(Old Sarum)，及巴成钓鱼之地之丹维(Dunwich)。

此种名不副实之选区，人呼之为腐烂城市(Rotten Borough)。但此种城市大都属于大领主，仅新加司脱(New Castle)公一人在议会中所占各镇之议席，其数竟达三分之一。各大领主既保有过多之选举权，彼辈常以余者公开出售，凡得付高价者则取得之。总计不下八百万居民，而有选举权者不过十六万人。当时凡知此种弊制者，咸同意于改革。一七八五年，第二比特虽提议修改，仍延至一八三二年始获实行。

第十二节　乔治第三及其独裁政治之结果

乔治第三与前两乔治完全不同；盖彼生长于英国，俨然如一英国人，且其生活极简单，行为习惯几毫无可訾之处。彼之教育完全有赖于其母奥古司达（Augusta of Saxe-Gotha）；其母尝诲之曰："善为国王，毋负此名。"

乔治第三积极参与政务，拟高居于各政党及各阁员之上，但彼所倚畀之政党，则非历任之维新党而为保守党。在保守党方面，因一七四五年失败后，其希望似已正式断绝，加以久未秉政，技痒难遏，不得已起而拥护新朝。乔治第三一方借助保守党，一方又实行瓦尔波耳之政策，以金钱收买维新党人，以完成所谓"王友"组成之下院。凡遇讨论重要事件时，乔治第三每于事前以现金贿赂表决人，此项费用有时竟达二万五千金镑之多。

一七六一年，比特辞职，代之者为标底（Bute）。为时不过九年（一七七〇），内阁竟完全成为国王御用之工具。标底之后为罗耳兹（North），罗氏内阁竟历十二年（一七七〇——一七八二）。

乔治第三所持之专擅政策，其目的固已达矣，而此专擅所产之结果,无论内外,均于王朝不利。顾自他方面观之,其专擅政策实有莫大之裨益,即谓内外事变全赖其专擅政策而获完成亦无不可。此种专擅政策,对外酿成北美洲殖民地之叛变,卒因此脱离英国而宣告独立(一七七四——一七八三);对内引起国王与人民间之冲突,其最著者则为维尔克(Wilkes)事件。但此事件所生之影响,一方促进言论之进步,他方则觉醒必须改革选举制之决心。

第十三节 维尔克事件与言论界

维尔克为下院议员,因向标底要求位置,不遂,竟特创报纸以攻击之。一七六三年四月,维氏又批评乔治第三之演说,内阁遂命人逮捕之;但此次逮捕手续殊不合法,裁判官除释放维氏外,并苛阁员及执行者以最重之罚金。伦敦市民对此极其欢忭;此种同情之表示,盖为维氏者较少,实深感人民之批评权与言论之自由发生动摇也。

一七六八年,维氏当选为下院议员,下院竟循国王之要求拒绝维氏,维氏卒被监禁;但选举人极抱不平,咸起而与下院为难。一七六九年,维氏又三次当选而三次皆被下院屏除。英人对此亦愤激,各处均组织露天大会宣言拥护维氏。但前后拥护维氏之意迥然不同,盖前日所争者为言论自由,此次则为选举权也。适比特刚被任为上院议员,称沙桑贵族(Lord Chatham),氏谓下院越权,不能代表人民,并主革新选举。至于伦敦市民,卒选维氏为市区顾问，一七七四年，竟举之为市长。次年，维氏入下院为议员。此事争执，前后迁延约七年（一七六三——一七六九），结果人民终战胜国王。

一七七一年，下院因报纸披露议案而逮捕一印刷工人，司法官起而干涉，卒令释放工人而反惩治执行下院命令之人。伦敦市民对此，咸表示热烈欢忭之情，下院以民意不可侮，竟于无形之间搁置登载议案之禁令而不谈。从此英人对于政务即放言批评以发挥其意见，于是报纸之刊行亦层见叠出，举凡今日销行甚广之数种报纸，如《时报》(Times)、《晨邮》(Morning Post)、《纪录晨报》(Morning Chronicle)、《先驱晨报》(Morning Herald)等，皆创刊于此时。

第十四节　第二比特与英人之自由

因美洲之战争（一七七四——一七八三）及国王之专擅，一时各政党分子竟发生一种移转运动，即维新党分子转入保守党，或保守党分子改入维新党。有时一部分维新党人及保守党人或起而联合从事一致之行动，罗耳兹之被推翻（一七八二），即此种联合之结果。最后，国王召沙桑比特之子第二比特组织内阁，英人大悦。

第二比特为下院议员，年仅二十四岁，善雄辩，为人刚正而有毅力。下院对之颇不满，计投票十六次，延时三阅月，拥护之者终占少数。比特自以为人民所欢迎，竟违反惯例而不提出辞职。同时彼并用渐进手腕以软化反对党;迨彼感觉自身可操胜算时,彼则毅然解散下院。在新选举中,彼居然获得多数拥护者,而敌派竟失去一六〇议席(一七八四)。从此比特一方博得国王之倚畀,他方又极受人民之信任,其地位俨然国中之惟一领袖,因此任职竟达二十年之久。

比特极力引用新起之富室,务使上院德谟克拉西化,结果自一七六〇年因乔治第三引起之宪法困难,经过二十四年之后,竟达到巴力门制之胜利。即在困难期中,国王之意志仍不能代替法律,公共费用仍由国人规定之。国人皆为公民,皆能参与政务,其财产与自由皆为法律所保护,维尔克事件其例证也。当时凡侨居英国之外人,无不艳羡其制度,盖英人皆有言论、著作、印刷、集会、结社等自由;孟德斯鸠因慕此种自由,至谓英人"各个俨然自视如君主"。反观法国,福禄特尔且为某贵族之仆役所杖责;至于结社、集会之自由,直延至十九世纪之末始行取得。英人愈进于自由,愈使法人不能忍受凡尔赛之专制,亚任松侯爵(D Argenson)之著作中有云:"英人自由政府之和风,已向吾人吹来也。"

第十五节　工业之发展

英国本为农业国家,因享受充分自由之故,遂促进社会一般之发展而渐转变成为大工业之国家。此种促进力之第一要素,则为人口之倍增(一七〇〇—一七八〇)。

英国富于煤铁,自用煤炭代替木块以作镕铁之工具后,英国遂能产生大量之镕铁,此英国之冶金术久为世界所不能匹敌之原因。自一七六七年起,英国极努力整理河流及开凿运河,卒完成便利而有力之路网,原料品之运输,实受益不浅焉。纺棉机之发明,已可代替多数之人工;同时瓦特(Watt)又改善汽机以增大纺机之动力(一七六九——一七七九),从此英人陡添若干手臂而成为世界之第一等工业民族。

第二章　路易十五时代之法国

路易十四之后,路易十五在位之时期最为长久,前后计历五十九年,即自一七一五年九月至一七七四年五月。其在位时期可分为两部言之,即一七一五年至一七二三年为阿尔良公(Duc d'Orleans)摄政时代;自一七二三年起,以后为路易十五亲政时代。然在事实方面,即亲政期中,政权初则操之于教皇阁员佛雷里(Cardinal de Fleury),继乃落于嬖人之手,朋巴度夫人(Madame de Pampadour),其最著者。自其对内方面言之,路易十五承袭路易十四所实行之绝对专制,及浪费库款所酿成之财政困难,竟屡次激起各地巴力门(Parlements)之反对,此实无异明白以绝对专制之弊害昭示于国人。至于对外方面,法国所受之损失尤大;美洲之加拿大及亚洲之印度,皆同时断送于英国。此外,如法国之王权,亦已由路易十五启其倾覆之机,而革命爆发之势,亦早已潜伏于斯时矣。

第一节 摄政

路易十五为路易十四之曾孙,其承继王位时,年仅五龄。根据路易十四存于巴黎巴力门之遗嘱,摄政之权应由一会议(Conseil)执行之;组织此种会议之人物,均经路易十四一一派定,并指定其侄阿尔良公腓力布(Philippe d'Orleans)为主席。其实当时之所谓主席,仅为一种名誉职,而实权完全属于会议;并且路易十四又将路易十五之教育监督权,及军事间(Maison militaire)之司令权,畀与梅因公爵(Duc du Maine),是梅因公爵俨然会议中之主要人物矣。

但事实并不如此,路易十四刚死后,摄政历史开端之第一幕即为古迭达(Coup d'Etat)。盖巴黎巴力门因循阿尔良公之请求,竟废弃路易十四之遗嘱,而允阿尔良公自行组织摄政会议,因此梅因公爵之军事间司令权遂被剥夺。然此次巴力门干预幼主政府之组织,确为一重要事实。忆七十年前,当路易十四未成年时,巴力门为争政治上之权力,曾经掀起最激烈之内讧。路易十四亲政后,其对待巴力门尤苛,即谏奏之权亦剥夺无遗(一六七三年),从此巴力门销声匿迹者四十余年。今巴力门既与阿尔良公同谋实行古迭达,阿尔良公遂仍将谏奏之权付还巴力门,于是巴力门乃起而再作政治上之活动焉。

第二节　摄政时代之风俗与政情

阿尔良公,勇武而有才智,惟不检细行。摄政身居高位,既日惟酒色是务,一时宫庭中人遂奉摄政为表率而一反过去之习俗。盖路易十四末期之三十五年,因曼德隆夫人(Madame de Maintenon)之提倡,凡尔赛生活已渐趋于郑重,宫庭人中至少在表面上已革去轻佻之习。今摄政本人之行动既如此,一般人亦步亦趋,放纵尤甚,即摄政亦常呼之为廉耻堕丧者(Roues)。此种反动之风俗,本发端于宫庭,后竟普及于所谓"开明"社会之全部;此风终十八世纪犹未稍杀,实为摄政期中重要事实之一。

此外尚有二事,亦摄政期中设施之重要者:第一为贵族反动运动,即反对路易十四所建之政府制,而代以多数会议制(Polysynodie)是也(一七一五——一七一八);其次为实行洛夫(Law)制度以救济困难之财政也(一七一六——一七二〇)。

第三节　多数会议制

路易十四曾竭力排除贵族而擢用中产阶级,所有政府中之高级位置悉由中产阶级肩任之,所谓"法国之五国王",即财政总监督(Controleur General des Finances)与四国家秘书(Secretaires d'Etat),皆由中产阶级充任。此"五国王"在路易十四眼中固为普通之职官,而在人民方面，因国王意志悉为彼辈所传达，咸视之若天神。在路易十四时代后半期，内而专制过度，外而成绩毫无，一时批评精神突然紧张，金以专制不可终日，非实行改革不可。非列隆（Feneion，法国著作家，一六五一——一七一五）之《德列马克》（Telemaque），即此种精神之代表也。同时路易十四之孙不艮地公（Duc de Bourgogne）及非列隆等，又组有一改革党（Partireformateur），乃不艮地公忽然物化（一七一二年二月），于是非列隆之计划顿归消灭。

阿尔良公深知此种计划：彼既摄政，旋用路易十五之名义向巴力门宣言，取消财政总监督及国家秘书，而代以六种会议，并谓"此皆先父规定之计划也"。六种会议为信仰（司理宗教事件）、外务、陆军、海军、财政、内务；既而又增设一第七会议，即商事会议。每种会议由十人组成，此十人完全由高级贵族中选出。据时人亚尔让松侯（Marquis d'Argenson）之言，以上诸种会议，徒为杂乱无章之会议，喧嚣混乱，毫无结果。但此种试验竟亦历时三年，直到一七一八年九月始取消此种多数会议制，而仍恢复"五国王"。

第四节　财政情形与洛夫制度

在各种会议中，最困难者莫若财政会议，盖财政承袭路易十四数十年奢费及战争之后，此时库款仅存三百余万佛郎，而债额竟达三百六十万万佛郎之多。国家岁入净款为七千五百万（其实税收不下一万万六千六百万，但大部分皆入于税收包办者私囊之中），而全部用费及债款利息则达一万万四千万，每年不足之数本为六千五百万，但一七一六年因预征之故，不敷之数竟达一万万四千万。

欲解除以上所述之财政困难，有主张直捷倒帐者，但卒无人敢冒此种大不韪之举。最后诺亚伊公（Duc de Noailles）所主持之财政会议，乃循巴里司（Paris）弟兄之意见，仍适用通常所行之救济方法，即（一）审定证券；（二）改铸货币；（三）审定财产。所谓审定证券，实无异部分倒帐，即凡持有国家证券者，须呈请核验；总计呈请核验证券，其数不下六万万，而政府仅另给以二万万之新证券，是证券所有者明白亏折原值三分之二。为补偿此种损失，政府则许于付款时给以百分之四之年息。但此种部分倒帐，仅能使债额减少，而库空如洗，仍须另设方法以实之，此所以有第二第三两项之实行也。改铸货币，事简而易行，惟饮鸩止渴，徒滋商业之混乱而已。第三种办法，即惩治因损害国家而致富之一般人，即承办军粮者与税收包办人。凡欲避免此种财产之审定者，皆自动纳款以求赎罪，如况沙（Crozat）献款七百万，沙绵伯讷（Samuel Bernard）输款九百万。此外被控舞弊者约千五百人，其应归还之款额为二万万；但此辈仅缴纳七千万，而收入国库者不过千五百万而已。

以上所行各种救济方法，仍无多大结果。苏格兰人洛夫向摄政提议彼之财政救济计划；彼曾游历安姆斯特登（Amsterdam）、热那（Genes）、佛洛伦斯（Florence）及威尼斯（Venise）等地，彼之计划约成立于一七〇〇年。彼着手之第一步，即欲化商人私人间之期票为通行票；凡私人期票未到期者，可向彼创设之银行中请求贴现而取得该银行之通行票，此种通行票与期票不同之点，即通行票可随时在银行中支取现金也。在合法运用期中，此种通行票与英伦银行（创于一六九四年）所行之制度相同。

银行创于一七一六年五月，资本总计六百万佛郎。此项资本由集股而成，计分一万二千股，每股五百佛郎；凡入股者，只缴现金四分之一，其余四分之三可用国家证券作抵。银行初为私人性质，仅政府予以一种特权，即二十年之专利特权。一七一六年十月，摄政且允该银行所发之通行票可作缴纳库款之用；一七一七年四月，摄政并允各收纳库款者，兼负以现金兑换通行票之责任，是国库无异该银行之友行也。一般人皆乐用该行之通行票，一时该行之事业为之大盛，一七一八年末，该行改为国家银行，一七一九年一月，洛夫且被任为财政总监督。

银行仅为洛夫制度基础之一。为复兴工商业及消灭债款，洛夫曾计划设立公司，政府并许以各种专利特权，特别为殖民地开采权。一七一七年，彼组织西印度公司（Compagnie des Indes occidentales）以开采北美之路易雅伦（Louisiane）及密士失必河（Mississipi）一带地方。既而彼又收回东印度公司之商业垄断权（一七一九）；最后彼又获得货币铸造权，菸、盐专卖权，及间接税征收权。洛夫对于以上诸种公司，完全适用银行之集股办法；惟欲投资于东印度公司者，必须保有西印度公司之四股，乃能投资一股，此当时一般人所谓须有"四母亲乃有一女"也。一七一九年九月，洛夫又开始一种大规模之举动，即以各公司之名义举行十六万万之借款，盖即以此借款偿付国债也。从此国家之债权人，由私人一转而为各公司；从前国家所付借款利息为百分之五或六，今对公司仅付百分之三，结果国家在过去应付之年息为八千六百万，今则减为四千八百万矣。

第五节　洛夫制度之失败及其影响

洛夫发行之各公司股票，原值仅五百，以后竟涨至两万，比之原价，奚啻四十倍。但股价既增高，利息因之减少，至一七一九年终，利息仅摊得百分之一。一般人对此既不感兴会，遂纷纷转售股票，股价因之顿然降落；同时一般人渐对公司发生疑问，因此对于银行之信任亦连带表示动摇。一七二〇年二月，突传布尔奔公（Duc de Bourbon）自银行运走现金六千万，一般人益形恐慌，咸纷赴银行兑现，一时竟酿成挤兑之风潮。

银行与政府虽竭力设法制止，终无效果。迨一七二〇年十二月，纸币之价竟跌去百分之九十，股票亦自原价之五百减为二百；结果银行倒闭，洛夫潜逃。忆洛夫到法国时，所带现金不下数百万；及逃走时，产业几完全毁尽，卒困死于威尼斯。

洛夫制度已完全失败，但其制度对于各方确有甚大之影响。洛夫发行多量之股票与纸币，私人财产遂大为之颠倒；圣西门公(Duc de Saint-Simon)谓其制度最大结果之一，即移转"伯多禄(Pierre)之财产于约翰(Jean)之钱袋中"也。盖股票与纸币，时涨时跌，无异赌博，或大家富室，一旦即荡尽财产，或贩夫走卒，明朝便成为富翁。同时，一般人因瞀于不费劳力，短期即可获得多金，遂毅然抛弃其生产之职业，而浮沉于股票与纸币之中。凡获利者，皆以所得甚易，遂专力设法于享受，以满足平日莫达之欲望，因此抽象之道德竟无法以绳其放肆之行为，社会道德于是苦矣。

在他一方面，洛夫制度亦曾产生良好之结果。国债一部分已被偿清；国债利息亦减去大半；路易十四最后所颁行之什一税，亦于一七一七年废止。最重要之结果，厥维工商业因各种公司之创设而勃兴。路易雅伦亦经开始拓殖，所有大西洋方面之各埠，如波尔多(Bordeanx)，如南第(Nantes)，如勒哈佛尔(Le Havre)，皆繁盛极于一时，比之哥尔伯特(Colbert)时代犹有进步焉。

第六节　佛雷里内阁

路易十五达十三岁时宣布成年（一七二三年二月），十五岁与历山斯加玛利(Marie Leczinska)结婚。历山斯加玛利为波兰王历山斯基斯达里司拉司（Stanislas Leczinski）之女；此次结婚，实为法国合并洛林（Lorraine）之间接原因。

路易十五虽宣布成年亲政，而从中操持实权者仍为阿尔良公。阿尔良公死后（一七二三年十二月），名虽有布尔奔公，而领导路易十五之精神者，则为大傅佛雷里，路易十五极敬爱之，因此彼获保持内阁直至其死时（一七二六——一七四三）。佛雷里自谓不愿"其内阁为一历史上之内阁"，因此彼极注意整理经济，必要时虽抵触路易十五亦所不顾。彼赖财政家阿里（Orry）之辅助，卒于一七三八年达到预算之平衡。此自哥尔伯特之后所仅见之事，亦直至十九世纪所不能再见之事也。当佛雷里内阁时，法国虽曾参与波兰王位承继之战，但疲敝之余究赖彼之经营而获从容于喘息也。

第七节　路易十五

路易十五美丰姿，亚尔让松侯谓"当其行圣礼时，严若爱神"，法人爱之特甚。忆一七四四年当彼病于蛮次（Metz）时，全国男妇咸奔赴礼拜堂为之祈祷，仅巴黎圣母礼拜堂（Notre-Dame）一处，前往为之请求举行弥撒者亦不下六千起，故人常呼之为最可爱之路易（Louis le Bien-Aime）。

但路易本人实不称此种热烈之爱戴，盖王幼孤，左右皆谄谀之臣，所有侍臣之举动言词，适足发展其骄傲性及其自私之本能。王十二岁时，曾戏刺一驯鹿以为快，鹿舐其手，王卒杀之。王生性残酷，其部臣爽锐（Choiseul）之言，恰如其分："王为一无灵魂无思想之人，其乐于作恶，直与孩童故意使禽兽昆虫受苦而引以为乐无殊，凡最卑贱而欠明悟之缺点，王悉具之。"

王本聪慧，但甚疏懒，因此最可爱之路易之徽号一转而为最懒之路易（Louis le Faineant）矣。时欧洲各国皆各有其励精图治之君主，如普鲁士之弗勒得勒第二，奥大利之玛利德利珊及若瑟第二，俄罗斯之加他林第二，皆兢兢努力于本国之幸福，独法国戴此懒惰卑劣之元首，实一极不幸之事。王非不知当时法国之杌陧情势及将至之灾祸，彼曾自欺曰："大好机器将与吾人同归于尽！"然王又以自身无所恐惧而色然自喜，所有政府大权，仍然付诸部臣及嬖人之手。王既不常出席国家会议，而部臣有事晋谒，谈话时间，每周不过半点钟耳，王偶主席会议，但对于讨论之事，意殊漠然，唐散夫人（Madame de Tencin）谓其"如学生作试题，急图缴卷以了事耳"。

王每日注意之事，不外游猎，与宠妇周旋，赏玩织绣品，及披览秘密报告及袭取私人之函件等。自一七五〇年起，王之行动，尤为悖谬，从此人民对之，非憎恶即鄙视。一七五〇年五月，巴黎人起而作乱，且宣言赴凡尔赛焚毁王宫，自兹人民之愤怒有加无已，而王愈不敢到巴黎矣。一七七四年王死，丧车于夜间绕巴黎附郭时，路旁观者皆仿猎人嗾犬之声而大呼曰："打哟！打哟！"(Taiaut! Taiaut!)

第八节 嬖妇与政治

佛雷里死后三十一年间（一七四三——一七七四），政权完全操于嬖妇之手，在此期间中之内阁人物，大都为嬖妇之私人或工具耳。

沙多湖公爵夫人(du hesse de Chateauroux)在政治上之势力极大，但彼甚愿使路易十五尽其为国王之责任。当奥大利王位承继战争时，路易十五能毅然抛弃其漠然之态度而躬亲率军入尼柔兰，此皆公爵夫人从中怂恿之力。

继沙多湖公爵夫人之后者，为历史上最有名之朋巴度侯爵夫人。朋巴度操持政权最久，计自一七四五年至一七六四年，二十年间，俨然法国之王后。彼不仅随意进退阁员，即军队司令之黜陟权，亦操于彼之手中。举凡法国一切重要之事件，未有不经朋巴度之决定者：对内如取消耶稣会(Compagnie de Jesus)；对外如与奥大利同盟而加入七年战役。夫人善文艺，精雕刻，极优礼艺术家、文学家及学术辞典家(Encyclopeqistes)，福禄特尔(Voltaire)尤邀殊宠。凡蒙彼之青睐者，咸津津盛称其思想与雅趣，然而一般人民，因受对外政策之恶影响，固早已举首蹙额而恨之刺骨矣。

最后之嬖妇为巴尔利伯爵夫人(Comtessc du Barry)。伯爵夫人不似朋巴度，不甚积极干涉法国之政治。但彼亦尝因喜怒而从中提议大臣之进退，所谓疏己者去之，谀己者擢之；彼曾去爽锐之职，因爽氏为朋巴度所扶植而不接近己身也；彼又擢任戴聚雍(d' Aiguillon)、莫布(Maupeou)、戴海(Terray)等，因此辈工于逢迎而附和排斥爽锐也。法国革命时，伯爵夫人被捕，卒死于断头机上(一七九三年)。

第九节　宗教问题

终路易十五之世，法国内部历史充满两大问题，第一为宗教问题，其次为财政问题。此两问题皆为反动运动之机会，并且皆以巴黎及各省之巴力门为中心。

宗教问题为继续自十七世纪中叶开始之争执，即耶稣会派(Jesuites)攻击让桑派(Jansenistes)及其定命(Predestination)之异说也。摄政时让桑派复活跃，并否认一七一三年教皇所颁布之《惩戒法》(Bulle Unigenitus)，主张向将来之宗教大会请愿，因组织请愿团(Appelants)，反对之者称承认派(Acceptants)。各巴力门皆起而援助让桑派，盖其意在拥护法国教会之独立，以抵抗教皇之势力，并仇视拥护教皇之耶稣会派也。一般人民因恶政府之举动，亦起而附和巴力门。

宗教问题本无关于巴力门。巴力门既屡与政府冲突，结果愈恨耶稣会派，盖认此辈为攻击让桑派之主动分子也。耶稣会派之敌人非常之多，除让桑派外，尚有法国教会派（Gallicans）。最重要者，厥维高级社会中之一般无信仰者，所谓哲学家或学术辞典家。此辈组成一种学会，以福禄特尔为领袖，并特刊一种小册，专以攻击耶稣会派为目的。适耶稣会派某，因安地群岛（Antilles）中之商店受英法战祸而遭损失，不得已宣告倒闭（一七五五年），马赛商人因此次倒闭而受害，遂群起攻击耶稣会，并主张该会对于分子之债务须负责任（一七五六年）。耶稣会控诉于巴黎巴力门，但巴力门仍责令赔偿；几经争持，最后巴力门竟命令禁止一般法人加入耶稣会，及耶稣会中人在法国从事教育（一七六一年）。大部分巴力门皆宣布命令取消耶稣会；继因朋巴度及爽锐之怂恿，路易十五经过两年之迟回，卒尊重各巴力门之意见，明令取消耶稣会（一七六三年）。

第十节　财政困难

法国当宗教问题发生冲突之时，亦正财政困难达于极点之秋。盖除三大战争——波兰王位承继战争、奥大利王位承继战争及七年战争——之外，宫庭中之耗费，如建筑、宴会、膳养等，其数几至无从核算，结果竟使财政达于完全解纽之境地。

"宫庭不啻国家之坟墓！"仅一七四五年，耗费竟达二万万一千万。国家收入每年不过一万万四千七百万，而宫廷每年平均须挥霍六千八百万乃至七千万。路易十五最喜移动，有时在凡尔赛住居之时间每年尚不及两月。但每一移动所费辄不赀，即自凡尔赛移于园囿他端之脱里阿农(Trianon)，亦须费去十万佛郎。朋巴度在十九年中用去三千六百万，巴尔利在三年中即耗去千八百万。其他亲王之膳养费，或则五十万，或则九十万，有时或且一次赐予百数十万以作偿债之资。一七五一年，某次朋巴度家举行游乐会，仅粉饰费即耗去二十万，烟火竟达两百万。

但海陆军费则无款支付。一七五三年，据阿尔让松云："海军军官士兵及水手，已八阅月未领薪饷。但宫庭中，则搁存两百万以为枫丹白露(Fontainebleau)遨游中之娱乐费。"即在宫庭之中，亦有仆役未领工资至三年者；王家马夫之家人，常行乞于凡尔赛市街中，俨如一七〇九年大饥之时（一七五三年十二月）。总之，国家出纳尽可不敷，而宫庭中仍须照常生活，因此一七五五年之税课，已于一七五三年预征之矣。财政情形之困难虽如此，而路易十五则始终置之不理，"凡向彼提议节省宫庭耗费者，彼则掉背以向之"。

第十一节　整理财政与破产

奥大利王位承继战争结束之后（一七四九年），财政总监督马哥耳(Machault)即拟设法阻遏债款之迭增，及减轻年息之负担。彼主张征课收入税二十分之一，无论僧侣、贵族或平民，均须缴纳，毫无例外。乃特权者反抗甚烈，巴黎巴力门亦拒绝注册，不列颠（Bretagne）且发生骚扰，僧侣亦开会抗议。路易十五不得已自动让步，并免除僧侣之负担。此外，凡欲免税者，须预为缴纳一种比课额较低之款项，结果二十分之一之收入税完全集中于平民肩上。

此种税收不久增为两倍，至一七五九年且增为三倍，并且此种税收并未专用于偿债，以后竟混合于一般收入中矣。但不敷之数仍达二万万一千八百万，迨路易十五末季，担任财政者为戴海（一七七〇年），人呼之为空囊袋（Vide-Cousset），盖彼之理财方法，除挪用国库中之私人存款外，即实行部分倒帐法。即对国王谈及财政情形，彼亦公然谓曰："清偿债款之惟一方法，惟破产耳。"

第十二节　巴力门之废止

巴力门积极从事干涉政府行动，最后径要求国王将国家之收入及债款列表通知以便设法补救（一七六三年）。至于抵抗国王之方法，各巴力门则实行拒绝各种法令之注册。但国王每不顾一切，常亲赴巴力门令人登记法令。依照习惯，国王本有此种特权，然各巴力门究认此种举动有损其权利，因另创新式抵抗法，所谓罢工，即拒绝裁判或大批辞职也。国王始初对于凡辞职者，尽放逐之，嗣因民意不以为然，久之又将被放逐者重行召回。

一七七〇年十二月，路易十五明令禁止各巴力门彼此通讯，并禁止中途停止裁判，巴力门遂再实行罢工运动。一七七一年一月，经过最后询问之后，所有坚决抗命者均被一律放逐。巴力门既解散，莫布即特设最高会议（Conseils Superieurs）以代之（一七七一年二月）。各地巴力门，除鲁昂（Rouen）及度爱（Douai）两处完全取消外，皆改设最高会议。

但一般人皆右巴力门而不直国王，且有血族亲王激烈攻击莫布呼之为公敌者。然莫布毫不动容，并且至一七七一年年终，一切抗力悉归平静，而新式司法组织居然运行无阻焉。就表面观之，似已毫无问题，其实一般人之"偕亡"心理已与日俱进矣。忆爽锐被黜之次日（一七七〇年巴力门罢工，爽锐拟从中调解，卒被免职），巴黎已发见恐吓之标语，如"面包价减为两苏，绞杀总裁（即莫布），或在巴黎暴动"等。此种乱机，明眼人早已见及，亚尔让松在一七五二年九月即将其悲愤之情笔之于书云："此种绝对专制政府所产之不幸的结果，不啻向全国及全欧宣言，此为各种政府中之最坏者……一切皆积极趋于败亡，一切皆堕为支离破碎……然民意仍前进奋发，此或者将掀起一度革命也。"

第十三节 对外政策

当路易十五之世，法国曾参与三大战争，即波兰与奥大利之王位承继战争及七年战争。最后之战，战地不仅限于欧洲，并及于美洲与亚洲，法国卒因此次战争失去已得之殖民地。

但路易十五末世，当爽锐任内阁时，法国领土曾扩张洛林与哥西嘉岛（Corse）两地。洛林合并于一七六六年，此系根据一七三五年维也纳议和条件之结果。至于哥西嘉岛，中间经过较曲折，且与法国历史，甚至欧洲历史，皆有重大之关系。哥西嘉岛本隶于热伦（Genes），但该岛居民性颇不驯，极不服从热伦人之统治。该岛所据地势亦重要，若创之为海军根据地，颇能扼制法国之海岸。法国颇以英人之垂涎该岛为忧，乃于一七三七年托词协助平定该岛而与热伦人订立合约，因此法军得插足于该岛。七年战争开始之初，法国与热伦复缔第二次合约，此约竟允法国派遣戍军驻于沿岸各要塞。一七六八年五月之最后条约，热伦人则完全让渡各要塞于路易十五以作偿还恢复秩序所耗军费之保证。即由此种迂回之方式，哥西嘉岛遂一变而为法国领地矣。但法国征服该岛，约费一年之久，盖英人援助保里（Pascal Paoli）所领导之独立派以与法人对抗也。哥西嘉岛之征服刚告完成，震撼世界之拿破仑（Napoleon Bonaparte）便诞生于亚加锡（Ajaccio）。

第三章 十八世纪之俄国

十八世纪欧洲东北之政治地图与列强均势，均大为之颠倒，一方有俄国与普鲁士之勃起，他方为瑞典与土耳基之衰微。瑞典自十七世纪所获得之优势，兢兢保持，不过五十年，卒乃丧之于一旦；土耳基在十五世纪末所发展之力量，自欧人视之，不啻为一种威吓，且其力量竟能维持至两百年之久，然结果仍旧归于消失。此外之变迁，则为俄、普、奥三国共同分割波兰，此实十八世纪各大事业中最重要而最不幸之一事迹也。

十七世纪之俄国，尚为亚洲式之国家；迨十八世纪，俄国竟一跃而跻入欧洲列强之林。俄国所以能获达到此种地位者，第一即赖大彼得（Pierre le Grand）之努力，俄人卒将波罗的海之瑞典势力摧毁殆尽；其次则为加他林第二（Cathrine Ⅱ）之继续发展，结果打破横梗当前之波兰墙壁。同时大彼得复竭力使俄国受欧洲政治化，并变易俄国民族之风俗，而注入欧洲之文明。至于克承大彼得之遗志而完成其事业者，实惟加他林第二一人而已。

第一节　大彼得之幼年生活

俄皇体何德（Teodor）死于一六八二年，无子，仅有一胞弟伊桓（Ivan）年仅十五龄，但身体孱弱，几类白痴；一异母兄弟彼得（Pierre），年虽不过九岁，而性颇聪颖；此外有姊妹数人，最野心者为苏斐亚（Sophie）。一般贵族（Boiards）咸愿拥护彼得为俄皇，因此摄政大权当操之于其生母之手，苏斐亚见己身之失势，乃嗾驱逐队（Streltsi）起而叛变，结果令伊桓与彼得共同承继，摄政之权则属于苏斐亚。

此次苏斐亚实行之古迭达（Coup d'Etat）对于彼得之将来，实有重要之影响。盖历来俄皇皆生活于内城（Kremlin）中，所受教育，亦极愚妄，或诮内城为监狱，良非虚语。苏斐亚因忌彼得之故，遂放之于莫斯科城外斐阿巴城关（Preobrajenskois）地方；此处距外国侨民聚居之地甚近，侨民中以苏格兰人、德人及荷兰人为多，此辈多为商业家或技艺家，或为候差之军官等。彼得先识两荷兰人，一为建筑家第麦芒（Timmerman），一为木工白郎德（Brandt），此两人或教以科学之基本知识，或代筑帆船游戏于湖中。但彼得最癖好者仍为陆军：彼自一六八二年起，即合皇家马夫、厨役、同年之儿童及相识之外国人等，组成陆军一队，称游戏队（Bataillon des Amuseurs）。游戏队日有扩张,仍分步、骑、炮等军,七年后居然成为极其完备之近代俄国之基本军队焉。彼得且在斐阿巴城关筑一炮垒,常令游戏队演习攻防之术;每次演习,结果必有伤亡,而苏斐亚闻之,仅淡然曰:"小孩游戏尔。"

第二节 彼得亲政以后

彼得年十七时(一七八九年),闻苏斐亚拟自称俄国皇后(Tsarine),永握政权,乃集合游戏队以与其姊抗。苏斐亚惟一所恃之驱逐队,至是忽然离异,彼得遂将其姊囚于修道院中而自为俄皇。在西欧方面,此时正荷兰公威廉完成英国革命之日,亦即法王路易十四开始奥格斯堡同盟战争(La guerre de La ligue d' Augsbourg)之时也。

彼得自幼即与西欧人士相往还,其惟一目的,端在输入西欧文化于俄国,欲达此种目的,必使俄人常与西欧人士相接近;但俄国北部,有瑞典人阻其波罗的海之入海孔道;黑海方面,则土耳基人正控制地尼伯河(Dniepr)与顿河(Don)之出口;中欧方面,波兰又横梗其间,俨如他人鼾睡于卧榻之侧。苟欲放眼一望西欧,势须在瑞典、波兰或土耳基墙壁之上"凿一窗孔",始克如愿以偿也。

彼得之计划已定,则内须实行改革,外须变更局面。在彼得之亲政三十六年中(一六八九——一七二五),彼得曾倾其全力,从正面进行以完成其内外之两重责任。彼得实变更世界局面之一人也;欲明俄国之进步,则彼得之性质良不可不加以研究。

彼得具有超人之膂力：当彼在波兰王奥格斯脱第二（Auguste de Saxe）家午餐时，彼曾戏将银质菜碟捲于手指之上。其抵抗疲劳之能力，亦殊令人可惊；彼能昼夜酣于酒食之中，有时且能继续不辍达四十八小时，但仅需要三四小时之睡眠，其身体即可恢复常态。彼无时不在动作之中，彼需要动作不啻需要呼吸，其动作之前并不加以思索，亦如呼吸之无待加以思想也。彼之行动极粗暴，每因事不如意，辄举手乱击；彼曾击伤荷兰公使，甚至以杖击毙其仆从。当彼游历西欧时，彼常毁坏所住之房舍，或折毁窗棂，或破碎用具，或挈取所爱之物品，苟人表示拒绝时，彼亦必加以损坏之而后快。彼得此种习惯，欧洲各国君主莫不知之，凡欲招待之者，必先令人将招待地所有贵价物品搬运一空。一七一八年，普鲁士王弗勒德勒威廉第一即以此种招待方法对付之也。

彼得性敏捷，每见一事物，即能认识其实用之价值，惟不知融会贯通，俾某种事物恰得适应某地之特别条件，故彼得所成之事业，直可谓之抄袭模仿而已。试观彼得从事之改革，如德国式之陆军也，荷兰式之海军也，瑞典式之行政也，无一而非囫囵吞枣；至若强迫服短衣，薙长须，在在皆以冲动为标准，初未丝毫顾及俄国之国情也。然彼得究为一伟大人物，顾其伟大处，不在机智之运用，而在坚忍之持续；败北不足使其灰心也，阴谋不足使其恐惧也。至于一般人之弛缓颓靡，更不足使其意志动摇而趋于厌倦也；新兴努力常承接于失败之后，因此彼卒克胜一切之障碍。某次，俄军为瑞典人大败，彼得旋与人曰："瑞军已屡战败吾人，但吾人为勉力作战，彼辈将教吾人以胜之之法也。"观此寥寥数语，则彼得所具之坚忍不拔之意志不难了然矣。

第三节　阿速要塞之占领

彼得即位后，即拟亲赴欧洲西部从事考察之游历。但游历之前，必须获得直接通海之孔道，此则不外自瑞典夺来通波罗的海之口岸，或从土耳基人手中取得入黑海之门户。

彼得决意先攻土耳基人，盖以土耳基人之势力较衰弱，并且土耳基人正应付奥大利与威尼斯之不暇；其次土耳基人为回教徒。自土耳基人占领希腊正教之圣城君士坦丁堡以后，信奉希腊正教之俄人，对于回教徒大有不共戴天之概。今向土耳基人宣战，一般俄人必极端赞成，盖将视此次之出师为十字军也。

一六九五年，彼得拟先占领顿河河口之阿速要塞（Azof），惟此次纯从陆上进芳，结果为土耳基人所败；次年增用海军，土耳基人乃降（一六九六年七月）。自阿速要塞占领之消息传出后，全欧为之大震。此次作战之指挥者，皆为彼得之至友，一为苏格兰人戈尔登（Gordon），一为日内瓦人李福(Lefort)。时彼得已二十三岁,但在军中所任职务,仅为普通之炮手而已。

第四节　波罗的海方面之进展

阿速要塞之占领虽属重要,但就通西欧之海道言之,仍甚平庸,盖阿速海之地位无异瓶底,黑海之出口仍扼于君士坦丁堡之土耳基人也。至于波罗的海则属国际的,只须打破瑞典之墙则目的达矣;因此彼得占领阿速要塞之后四年,遂积极从事波罗的海方面之进展。惟此方进行大不易,战争竟历二十一年(一七〇〇——一七二一)。

瑞典在波罗的海沿岸所领之地,本十七世纪中巨斯达夫(Gustave-Adolphe)自俄国、波兰、丹麦夺来者。此等国家对于瑞典皆具有同样之憎恶心理,只以报复之机会未熟,暂时隐忍未发耳。十七世纪末(一六九九),瑞典王查理十二(Charles Ⅻ)年仅十七岁,同病相怜之三国君主(俄皇彼得一世、波兰王兼萨克逊〔Saxe〕选侯奥格斯脱第二,及丹麦王弗勒德勒第四),便拟乘其幼稚无能起而恢复失地,乃缔结同盟于一七〇〇年开始进攻。在彼得方面,彼则直捣里维里(Livonie)而进攻那华(Narva),不幸俄军四万竟为九千瑞典兵所败,向使查理不转身以向波兰,则彼得所蒙之危险将至不可究诘矣。

然彼得并不因此次大败而消极,彼仍继续接济奥格斯脱之军实,而自身则积极致力改善俄国之军队。当查理尚在波兰进行变更王位时,彼得径起而占据英格里(Lngrie)、里维里及爱沙尼亚(Esthonie)三地(一七〇一——一七〇四)。一七〇三年五月,彼得已在勒华(Neva)岸上确定新京圣彼得堡(Saint-Petersbourg)及坚堡孔斯达德(Kronstadt)之基础。

第五节　波塔华之役

一七〇八年,查理十二率军三万八千人侵入俄国,彼得乞和,愿归所有占领之地,惟求留一波罗的海之海口。查理答书但曰:"俟到莫斯科后再议和。"彼得不获已,乃用清野法,避不与战。查理大窘,旋率军南向,拟从事挑动乌克兰(Ukraine)一带人民之叛变,卒无多大结果。是年冬,俄国天气奇寒,瑞军死者累累,战马亦冻死无算,查理无法,尽弃所有大炮,随军仅留四尊而已。

瑞军进退维谷,旋从事围攻波塔华(Poltava),此时瑞军已成强弩之末,人数不过一万九千而已(一七〇九年五月)。彼得闻讯,立率俄军六万人,战炮七十二门,前往赴援,两方接触之后,瑞军大溃(七月)。查理奔入土耳基境,至一七一四年始返国。

此役所产生之影响极大,一方瑞典之优势竟一蹶而不复再兴;他方新起之俄国居然一跃而为北欧之第一等强国,转瞬之间,全欧且不敢轻视之矣。法国历史家抗波(Alfred Kambaud,一八四二——一九〇五)谓:"波塔华之役在世纪历史中曾开一新纪元。"此语实非过甚之词。

第六节　里斯达德之和

俄国在波塔华所获之胜利,两年之后几乎废于一旦。盖土耳基人因查理十二及法人之怂恿,旋于一七一〇年十一月向俄国宣战。彼得急起应付,并拟激动土耳基境内之耶教徒,乃一往直前,径抵普鲁斯(Pruth)河岸。俄军因饥馑已死亡一部分,同时前来应战之土耳基人,不下五倍之众,俄军卒被包围,彼得已自分必全军覆没矣。俄后加他林乃收集贵价物品,命人送与土军司令麦黑麦巴达基(Mehemet Baltadji),麦氏既收纳此种贿赂,遂主张议和。根据此次所订之《普鲁斯和约》,彼得须将阿速要塞归还土皇,彼得得率军安全退出该地(一七一一年七月)。

彼得既脱险,乃注其全力于波罗的海方面。先是波塔华战役之后,一七〇〇年之联军已恢复其结合,而共同努力其一致之目的。彼得曾夺取阿兰群岛(Aland),完成里维里之占领,并开始进攻芬兰(Finlande)。同时,奥格斯脱亦转入波兰而从事驱逐查理十二所立之历山斯基斯达里司拉司(一七〇九年)。丹麦王亦准备入瑞典,普鲁士王则占据西波美尼亚(Pomeranie occidentale)。

一七一四年十一月,查理以土耳基无再与俄国宣战之希望,乃离土境。但彼并不入瑞典而住于斯塔宣德(Stralsund);普鲁士王围攻之,斯塔宣德遂降(一七一五年十二月)。但查理并不设法恢复失地,而与西班牙合一同取步骤以攻哈诺威,并拟自丹麦手中掠得那威。不幸刚与敌人接触即中弹死(一七一八年十二月)。其妹乌尔黎伊利诺(Ulrique-Eleonre)继之,旋与波兰、普鲁士及丹麦议和。至于俄国,则因俄军侵入斯德哥尔摩(Stokholm)附近,及法国之调停,乃订《里斯达德(Nystadt)和约》,承认彼得占有里维里、爱沙尼亚、英格里、喀里利亚(Carelie)及一部分芬兰之地(一七二一年八月)。

此次长期战争,至是始告完结,但彼得所获有之胜利,实彼初意所未料及者。当彼方向波罗的海方面发展时,彼所希望者仅一窗户;迨此次《里斯达德和约》成立后,俄国所得临海之地,奚止数百基罗米达,岂惟窗户,直门面耳。

第七节 彼得之改革

彼得一方积极向外发展,同时彼仍锐意改革俄国之内部。彼一意欲以西欧文明作模范,曾于占领阿速要塞之后,微服游历德国、荷兰及英国(一六九七年)。二十年后(一七一六年),彼再作第二度之游历,经德国、丹麦、荷兰而至巴黎。此行为公开性质,且拟与法国缔结攻守同盟,结果仅成立一商业条约,一七一七年八月始签字。

彼得之改革,可类为三种:第一种为风俗。一六九九年,明令禁止蓄长须与长发,及着长袍,限定五年为预备之期。一七〇五年,各城门则设置发匠与裁缝工人,凡遇着长衣及蓄长须发者,悉强制执行之。又禁止妇女戴面网(一七〇二年),并强迫使之参与男女杂沓之大会(一七一八年)。凡违反禁令者,如彼得见之,必当面斥责,甚或以杖击之,有时且令一气吸尽烧酒一盅,竟有因此而醉死者。

其次为经济。彼得极奖励农业、开矿、建工场及凿运河等。因此不毛之地悉变为富裕之区,商业亦随之而兴盛。彼又创设实习学校、海军学院、外科医校、工程学校等(一七一三年)。

最重要者为行政与宗教方面之改革。彼得改组中央政府与各省政府:中央政府中设一元老院以讨论庶政及贡献计划,并得于俄皇出巡时代行其职务;元老院之下为十委员会,即等于各国之各部。全国分为十二政府区,以下再分为省,但一切职官皆隶于中央政府。此外又创一有力之秘密侦察机关(Chancellerie Secrete),此种机关立于法律之上,直到二十世纪初皆为独裁政治之重要机关。

俄国教会,原以僧侣选出之教长(Patriarche)为领袖,彼得废除教长而代之以一主教团(Collège d'Eveques),称圣公会(Saint-Synode),元首得派代表(Procureur Général)参与之。彼得此种改革,僧侣遂无形入其掌握之中,而彼对于人民之权威亦于无形中加多一重。但此种举动,并非宗教革命,并非如英国亨利第八之所行者;彼得并未掌握精神权力,即其后继者亦并未自居"俄国宗教之领袖"之名。

此外，关于军队组织，则完全以德国为模范。当彼得末世，俄国除哥萨克军外，居然有正式军队十万人。彼得亦尝耗费巨款以兴设海军，大小船只悉具，波罗的海方面计有巨舰十一艘，小船百余艘。

在彼得之改革声中，其改革事业颇足以概括一切者，厥维新京圣彼得堡之建设工程，开始于一七〇三年，继续不辍，直至其死时，前后约历二十余年。初时之建筑皆用木料，多仿荷兰式；以后彼得即禁用木料，并且只许在圣彼得堡使用石料建筑房舍。凡自外来之船舶，非运若干石块于该地，则不许停舶，彼得意志坚强，常躬亲监督工程，卒打破一切障碍而底于成。

第八节　改革中之阻力

彼得从事大刀阔斧之改革，俄国社会几全部为之震动。一般老俄国人对于彼得之违反旧习，深致不满，尤痛恨其左右之外国人，所谓反基督之人（Antichrist）。当彼得游历西欧时（一六九七），常备军因恶彼得之另练欧式新军，并因苏斐亚之从中怂恿，竟起而哗变。迨彼得返国时，乱事虽早已平定，而彼得仍然加以再度之惩创。彼得躬亲执行死刑，并缢杀二百人于苏斐亚住所之窗前，彼得不仅惩治犯者，并及于犯者之妻孥；所有犯者之家庭中人，悉迫令离去莫斯科。

反抗改革之运动，此后仍暗中继续进行，一般人所隐奉为领袖而属望至殷者,厥维彼得之长子亚立西(Alexis)。亚立西愚钝而懒,极恶其父之思想,常放言诋毁之。一七一六年,彼得闭之于一修道院中;不久,亚立西逃至那不勒,卒被擒回(一七一八年),彼得付之最高法院审理,箠楚经历五阅月,结果宣告死刑。数日后,彼得参与海船下水典礼,其兴致之蓬勃,并不减于平日焉。

彼得推进俄国甚速,而其所用之推进工具,不外鞭、箠、刀、斧,故弗勒德勒第二谓彼得对于其人民之举动,"无异镪水之于生铁"也。然从政治方面观之,彼得对于俄国之努力至深且巨,俄国之获跻于列强之林,实彼努力之结果也。有诮之者,谓长袍须换为短衣,而俄人之思想性质并未稍变,所谓文化,特表面耳。此种责难,非无理由,毋乃过于苛刻耳。

第九节　彼得之承继者

彼得操劳过甚,死时年仅五十三岁(一七二五年一月二十八日)。彼得不愿亚立西之子承继其位,曾于一七二一年宣言废除旧日之承继法,而主张自行指定承继人,但人未拟定而彼已先为肺疾所戕矣。皇后加他林赖彼得宠臣门西哥夫(Menchikof)之助,以金钱贿买禁卫军,遂宣布即位。自此以至一七六二年,每遇帝位变更,惟挟有武力及金钱者则入继之,并无所谓承继权。

加他林嗜酒,政权悉操于门西哥夫之子。一七二七年五月，加他林死，帝位传于亚立西之子彼得第二，彼得在位不过三年（一七二七——一七三〇）而已。彼得死时年仅十五龄，贵族以其无后嗣，并拟限制俄皇之权力，乃将帝位献于伊桓第五之后。安那（Anna de Courlande）之世，俄国文学已渐脱离教会之势力，惟安那喜用德人，并常屠杀俄人，即拥之者亦尝不免，因此人称之为血腥安那（Anna la Sanglante），并呼此为德人专横之时期。

安那死前，已预指定其侄孙伊桓为承继人。迨一七四一年末，俄人因痛恨德人之余，旋拥大彼得之次女伊利沙白（Elisabeth）即俄帝位。伊利沙白性温和，俄人极敬爱之，彼最倾向法国，终彼之世，法国势力大张，法文居然盛行于莫斯科及圣彼得堡两地之中级以上之社会中。至于对外方面，俄国当时曾积极参加欧洲之事，并与奥国联合，而在七年战争中大露其头角。

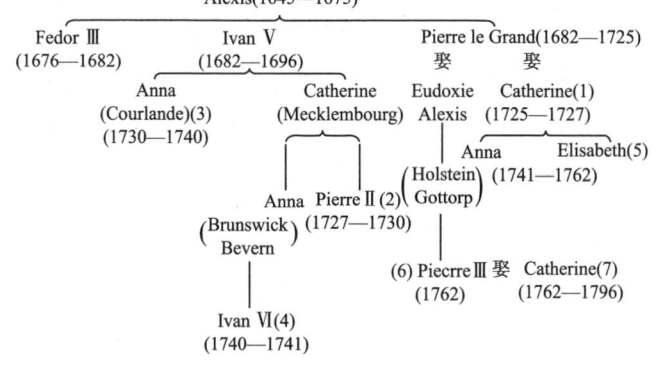

十八世纪俄皇统系表

Alexis(1645—1675)

Fedor Ⅲ (1676—1682)　　Ivan Ⅴ (1682—1696)　　Pierre le Grand(1682—1725) 娶　娶

Anna (Courlande)(3) (1730—1740)　　Catherine (Mecklembourg)　　Eudoxie Alexis　Catherine(1) (1725—1727)

Anna　Elisabeth(5) (1741—1762)

Anna (Brunswick Bevern)　Pierre Ⅱ (2) (1727—1730)　(Holstein Gottorp)

Ivan Ⅵ(4) (1740—1741)

(6) Pierre Ⅲ 娶 Catherine(7) (1762)　(1762—1796)

第三章　十八世纪之俄国 ·205·

第十节　加他林第二

伊利沙白死前即指定其侄彼得为承继人。彼得为德国好斯登哥多（Holstein Gottorp）亲王之子，嗜酒而骄傲，极轻视俄人。彼最崇拜弗勒德勒第二，常公开祷祝其胜利，并与之暗通声息。时七年战役将终，彼得第一关心之事，即与弗勒德勒签订和约，并遣军以助之。

彼得在位仅六阅月。盖彼得之后加他林亦为德人，彼得以彼此性情之不相投，且忌妒加他林之智识过高，常表出憎恶心理，并拟与之离婚而图聚"一旅店中之贱价婢女"。加他林不能耐，径与一部分军官密谋。一七六二年七月九日，适彼得离圣彼得堡他往，加他林遂宣布即位。彼得闻讯，拟绕海道赴圣彼得堡，乃哨兵询以"谁何？"彼得自称"皇帝"，哨兵呵之曰："此刻已无皇帝；速退去！"彼得拟与加他林共治，加他林不答，彼得不得已逊位。弗勒德勒第二闻之曰："此不啻常人之令小孩去睡眠耳。"四日后，传出彼得死耗，咸谓为加他林之同谋者缢毙之云。

加他林虽为德人，但习惯性情极端俄国化，一般俄人颇敬爱之。彼居恒生活甚简单，甚至晨间自燃炉火，盖恐惊觉仆妇过早也。后极勤奋，颇不让当时其他君主，如弗勒德勒第二、玛利德利珊（Marie-Therese）及若瑟第二（Joseph Ⅱ）等。后每日治事时间达十五小时，毕生如一日，故人称之为"从不更调之哨兵"。后聪慧，最喜读法国大著作家之作品。彼与福禄特尔(Veltaire)通讯继续不断者约十五年(一七六三——一七七八),并常出重金倩其著作;如狄德罗(Diderot)艰窘,亦不时接济之;又拟聘达郎贝尔(d'Alembert)为太子保罗(Paul)之师,达氏虽未应聘,而加他林之竭力周旋法国哲学家以餍其倾向,已可以概见矣。法人谓后之此种举动,盖在令人广为自身宣传,其信然欤。

后即位初年之惊人举动,要为六百议员委员会之召集(一七六七)。此辈议员为各阶级各团体之代表,其职责在预备基于平等自由思想之法律。后本人且采取孟德斯鸠及白加利亚(Beccaria)之片段文字草一计划初稿,命名曰《导言》(Instruction),《导言》中有云:"国家之组成,非所以为君主,乃君主所以为国家也。所谓自由者,即全国公民惟一服从法律之谓也。"各议员既读《导言》之后,无不为之感激涕零,咸以当时为新纪元之期,一般人之生活将自此而更新也。委员会成立之后,开会不下二百次,历时约两年,但讨论自讨论,结果并无丝毫之决案,英、法大使诮之为"滑稽剧";但福禄特尔及一般学术辞典家竟谓"光明将至北方射来",而誉加他林为北方之色米拉米斯(Semiramis)。

第十一节　农民生活与蒲加捷夫之叛

在加他林之措施中,农民之疾苦转而加甚,几等于奴隶。盖地主之过度行动,农民不得直接诉之于元首,而地主对于农民则可以要求无限制之徭役；并且地主得单独出售农民如牲畜，殊不必附诸土地连带出售。一七九八年，圣彼得堡新闻（Gazette de Saint-Petersbourg）公然登载如下之广告："出售一理发匠及一牝牛。"农民之生活如何，于此可见一斑矣。

自一七七一至一七七五年，俄国东部发生农民暴动，声势浩大，一部分官军且被战败。此事起因，为一哥萨克逃兵蒲加捷夫（Pougatchef）自称彼得第三，农民和之，莫斯科之农民十万亦有待发之势；乱民经过地方，必缢杀所有地主而建设平民政府。结果蒲加捷夫被卖，刑于圣彼得堡，乱事始平。此次乱民之举动固甚激烈，实则农民不胜地主之虐待，铤而走险，聊作一度之大宣泄耳。

第十二节　内政

加他林对于内政，极注意行政与司法之组织；盖直至当时，行政与司法混而为一，颇兼杂沓，自一七七五年起，始明白划分之，而各任以专责职官。关于司法，纯按阶级成立裁判所，如贵族、自由农民，各有其特别之裁判所；至于农奴，则毫不提及，前此加他林所倡导之自由平等，早已置诸脑后不复记忆之也。

加他林在内政中之重要措施，为依普鲁士殖民地方法经营南俄。乌克兰及窝瓦河一带地方，土质异常肥沃，但皆完全荒芜，几无居民。加他林特派人前赴德国招募侨工，路费由俄政府供给，并给以房舍园地、牲畜及工具。侨工第一年之生活费，亦由俄政府补助，十年后，侨工即得为所居地段之地主。即赖此种经营方法，南俄一带竟陡然成立城市二百处。此次殖民事业中之负责指挥人为波敦金（Potemkin）。波氏当一七六二年革命时，仅为禁卫军之下级军官，嗣为加他林擢为伯爵，而亲王，居然加他林之合作人矣。波氏亦颇精干而有才具，曾在第尼伯（Dniepr）河上创建给尔孙（Kherson）兵工厂，并在克里米开始建筑塞佛斯托波尔（Sebastopol）城。按经营南俄初期，所有居民尚不及二十万，迨后死时（一七九一），居民竟达八十万人。

第十三节　加他林之对外

加他林在位期中之重要而光荣之事业，完全系于对外方面。后极忠于大彼得之计划，一意欲打破土耳基之墙及波兰之墙。既与奥、普共分波兰之后（一七七二——七九五），俄国西境居然直接与德、奥为邻，是大彼得曾在波罗的海方面立一基础，而加他林则在中欧建一门户。

至于南部方面，后殊未能竟其全功。后本欲袭其瓜分波兰之故智以分割土耳基，乃列强惧其过度膨胀，遂起而阻其计划之实施，结果仅获得克里米及黑海北岸一带地方，自高加索至得尼斯特尔河（Dniestr）。后梦寐不忘之地中海出口终不可得，迨其死时，或犹有余憾也！

第四章　十八世纪之普鲁士

普鲁士跻于列强之林,与俄国同时,皆为十八世纪历史中之重要事迹。但普鲁士之成为普鲁士,并非根据整个地理以从事发皇光大之工作,乃由一家族及其军队所实现之一种理想。普鲁士之成功,完全为霍亨索伦族(Hohenzollern)之事业;盖此族曾本其继续不断之精神,努力追求其所定之目的,即将散漫于各处之辖地——莱因河上之 Cleves 公国,易北河及阿得河间之 Brandeourg 选区,维斯杜拉河右岸之普鲁士公国,阿得河右岸之东 Pomeranie 及 Camin 主教区,易北河上之 Magdebourg 大主教区与 Halberstadt 主教区,及威悉河上之 Minden 主教区——联合成一整个之领土也。实行此种统一理想者,始于大选侯弗勒德勒威廉(Fredcric-Guillaume,一六四〇——一六八八),继之者为弗勒德勒第一(一六八八——一七一三),弗勒德勒威廉第一(一七一三——一七四〇)及弗勒德勒第一(一七四〇——一七八六)。德人称弗勒德勒第二为统一之弗勒德勒（Frederic l'Unique），盖全赖其占据西勒西亚（Silesie）及分割波兰，而后普鲁士之命运始获确定也。

第一节　普鲁士统一之第一步

普鲁士所辖之地，在地理上固不相联属，即在政治方面亦各不相谋，譬如白郎丁堡（Brandebourg）与克乃维（Cleves），则为德帝国之一部分，而普鲁士又隶于波兰王国也。彼此间所恃以为联属之关系者，仅一共戴之元首耳。霍亨索伦族自十七世纪中叶以来即决定一种主张：（一）欲避免侵略及扩大领土，必先振兴军备；（二）欲创大量之军队，必先奖励殖民；（三）欲使此种军队统一，必先使各辖地统一；在各辖地尚未统一之前，统一行政实为必要之举。

大选侯与法王路易十四同时，独立之念綦切，然处于列强环伺之中。彼在位约四十八年（一六四〇——一六八八），终日勤劳将事，惟恐疏失；其事业中之最要者，厥维统一问题与殖民问题。

为实行行政统一，大选侯曾不惜以强力与各辖地相周旋，此种冲突前后计历二十年（一六六〇——一六八三）。彼之言曰："必使咸知皆为同一身体之四肢。"彼在各辖地中曾创两种税课，一为间接税，即啤酒税；一为直接税，即土地税。此种征课，初时仅为暂时性质，继竟定为永久税收，以作常备军之费用；各辖地颇不以此举为然，盖视此种常备军纯为专制之工具也。但就普鲁士之实力观之，大选侯之父仅辖军队二百三十名，而现有之兵额，比之奚啻百倍，此实当时德国中之任何亲王所不能望其项背者。

关于殖民问题，大选侯亦不遗余力积极奖励移民以实荒废之区。彼开放白郎丁堡以作当时其他各国逃亡者之逋逃薮，有名之《波兹达门敕令》(Edit de Potsdam)，即专为此事而颁布者（一六八四年）。逾年，路易十四取消《南第敕令》，法国之一部分勤俭居民（约二万人），不得已转徙而来白郎丁堡，于是柏林为之改观，军额为之增加，工业之基础亦同时宣告确定。大选侯不仅兢兢于领土内之整理，彼犹梦想从事欧洲以外之发展：彼曾在北海试办海军，并创一商业殖民公司以开拓基内亚(Guinee)之沿岸。

第二节 大选侯之对外

大选侯对外手腕亦极精明敏活。彼乘瑞典与波兰构兵，便依违于两方之间而从中取利（一六五六——一六五七），结果普鲁士脱离波兰之羁绊而被承认为独立公国。

当一六七二年荷兰之战时，荷人刚决堤岸，大选侯即首先宣言维护荷人，并积极组织联军以抗法王；一六七四年彼且参与入侵亚尔萨斯(Alsace)之战役。一六七五年与瑞典人战，彼竟在距柏林五十基罗米达之非不兰

(Fehrbellin)地方获一惊人之胜利。两年后(一六七六——一六七八),复占据瑞典之波美尼亚(Pomeranie)。法、荷既和于内弥根(Nimegue)之后(一六七八),路易十四曾迫大选侯将所有占领之地交还瑞典,然大选侯之声威并不因此而堕丧,盖一般普鲁士人因其历次胜利之故,早已归心臣服之若神明矣。

第三节　普鲁士王国

弗勒德勒第一之性质,恰与其父相反,既不武勇,虚荣心尤重,彼刚即位,即从事运动德皇里泊德(Leopold),以冀获得国王之头衔。但此种目的直至一七〇〇年犹未达到,适西班牙王位承继问题将发生,德皇需要金钱与军队异于寻常,盖欲一与法王路易十四决曲直于武力中也。弗勒德勒即以其父所遗之军队与金钱尽量资助里泊德,里泊德乃与之订立所谓《王冠条约》(Traite dit de la Couronne),许其改称国王(一七〇〇年十一月)。

一七〇一年一月十八日,弗勒德勒在普鲁士之克里伯尔(Kenigsberg)举行加冕礼;一七一三年《幼立希(Utreht)条约》正式承认之。霍亨索伦本以白郎丁堡之柏林为京都,但自是以后,一般人惟知普鲁士王国,其他非所计也。

第四节 队长国王

弗勒德勒威廉第一颇能继其祖父之遗志；忆彼登极之日，彼立取消内臣百名之九十六，并拍卖宫中之车马宝物，又镕其父所遗之一部分银器以铸货币。两月之后，新增之军队又宣告组织完成，其励精图治有如此者。

彼自称"专制者"（Herr Despotique）；每有令命，决不许人思索（Nicht Raisonnireu）；常谓其权力如铜岩（Wie einen Rocher von Bronce）；彼之专制精神，实可谓为霍亨索伦族之结晶体。彼极注重实际，专务进取，常谓最好多进一步（Einc Plus Mahen）。王勤于治事，律人亦严；所有部臣顾问，必完结每日职务，始能退席；每晨服务时间自七时开始，迟到者罚金，未列席会议者罚薪六月，再犯者撤职。

王行动嗜好皆鄙俗，其惟一之娱乐品，即赴菸斗纵横之淡芭菇休息室（Tabaks Collegiun），烟云缭绕，酒气蒸腾，闻之真令人作三日呕。然王对于其责任之理想甚高，尝谓："上帝之生国王，非为其享乐，乃欲其能统治其国也。国王贵在治事，如欲尊荣高拱于上，必须躬亲督理万机。"王之理想既如此，故事无巨细，必躬亲之，其子弗勒德勒第二亦尝语人曰："此人作事甚多。"王为其子及普鲁士所预备之光大工具，与大选侯为其子及普鲁士之所预备者相等；弗勒德勒第一之获称国王，及弗勒德勒第二之号为大王,此二人皆享受其父励精图治之果实也;岂偶然哉。

第五节 队长国王之事业

王之事业,可括为四部言之。彼与其先辈同,凡足以增加普鲁士之力量者,靡不尽力为之。彼曾积极改组行政,无论财政、陆军及土地之最高指挥权,莫不集中于其手。关于殖民事业,亦适用其先人之优遇侨民办法,尽量招纳各地之逃亡者,因此所有荒废之地悉变为种植之区。单就普鲁士本部而言,所创村镇不下三百余处,城市十余处,居民亦由四十四万增为六十万。同时彼又竭力发展制造工厂,特别为织呢工厂,此不仅使普鲁士之军队咸得服用呢衣,且使普鲁士增加一种出口商品。

王寤寐不忘之事业,仍为军队之扩张,一般人奉以队长王(Roi Sergent)之徽号,即可想见其素志之所在矣。盖王欲以军力保证普鲁士之安全,同时又欲扩张普鲁士之领土,王尝谓曰:"胜利非笔头所能达到,乃利剑也。"王扩张军备结果,不过费时二十余年(一七一三——一七四〇),在二百五十万居民之领土中,居然练兵至八万三千人。反观当时之奥大利,所辖居民何止二千四百万,乃兵额仅达十万人,于此可见队长国王练兵之能力及其趋重之事业矣。

但当时各地军队,皆为雇佣性质,多募之于国外,法国东部一带省分尤为此种军队之策源地。惟此种军队之身价甚高,且常引起外交上之纠纷,结果仍不易募足所定之兵额。队长国王为避免种种困难,乃实行就地征兵法,并规定原则云:"所有居民皆为从军生。"此种言论,实为十八世纪之新理论,以后居然铸成近代一般国军之原则。但在实施方面,军士仍惟一征于农民之中,凡城市居民及有职业者则免除之。新军服役之期本定为二十年,但一年之后每可请假休息。至于前此所招募之军队,仍留作常备军之中心,故在弗勒德勒第二时代,普鲁士军中犹不少年届五十之老兵也。

队长国王虽创征兵制,但军队仍属贵族性质,盖所有军官皆为贵族也。王欲军官皆有知识,特组织军官学校以预备之。王训练军队,不厌令其反复千百回,军队动作如机械,虽师旅全部无异一人。在十八世纪之战争中,普鲁士军队常占优势,此皆王之力也,一时全欧皆起而效之,咸视此种普鲁士式之军事训练为当时之一种发明,疆场胜算,实非此莫属也。

弗勒德勒威廉第一专意于军事之预备者将近三十年,但王并不以之作冒险尝试。王曾与瑞典战,此乃波塔华战役以后之事,时瑞军精锐已丧于俄国,查理十二已奔赴土耳基。王作战极慎重,非有十分把握决不轻易,故人谓"王爱战争之演习而惮于实行"也。总之"此人作事甚多",弗勒德勒第二之事业基础,可以完全为"此人"所筑成。

第六节　弗勒德勒第二

王与法王路易十五及路易十六同时，计在位四十六年（一七四〇——一七八六）。王为变更欧洲局面之一人，曾使普鲁士小王国一跃而为强国之一。

王少时之生活最曲折；盖王之性质、嗜好、行动、思想，极为其父所不喜；王适与其父相反，尝不爱其所爱而爱其所不爱者。队长国王务实际，最恨文雅柔靡之气习，以及精神方面之学问，如科学、文学等；尤轻蔑哲学，竟嗤之为"风"。乃弗勒德勒酷嗜诗歌，虽其父防禁甚严，王常于夜间以外衣掩灯光而窃读之，尤喜读法国著作品。王深恶烟酒及围猎，军事更无从使之兴奋。队长国王视此种种习气无异犯罪，至诮之为"小侯爵"，此语出诸队长国王之口，实无上之侮辱也。队长国王谓其必"摧毁所造成之一切事业"；为欲使其抛弃"法国派头"，常当众以杖击之，甚至投之于地，令其吻足，王所受痛苦亦可谓至矣。

一七三〇年八月，王偕卫军中尉加特（Katt）逃，拟赴英国，不幸皆被逮。队长国王认作军中逃犯，付军法会议审之。最后仍由队长国王宣判，囚王于居司德林（Custrin）炮垒中。至于加特，则处以大辟，并于王之眼前执行之（一七三〇年十一月）。王大感动。嗣后其父又令其学习财务、行政之后，始遣入军中服务，从此王之倾向渐偏于实际问题矣。以后王在汉司伯尔（Heinsbrg）之生活虽较自由,或练习诗歌、音乐,或与福禄特尔通讯,但王已同时关心于政治而思有以建树之矣。

弗勒德勒之注意节俭亦如其父,匪特国款不许他人随意染指,即其私蓄之财产,彼亦"视作保卫人民及减轻人民痛苦之费用"。王较其父尤勤奋,冬季晨四时离床,夏日三时即起,事无巨细,必躬亲之,故彼自称为"人民之第一仆役",此实名副其实之语也。王终年作事如一日,直至其死并未须臾松懈。惟此种过度集权制,万机悉萃于一人,结果发生不良之影响;盖大好之普鲁士机器,非王亲手司理之,他人几莫能动也。果也王刚物化,机关竟顿然松弛,二十年后,耶拿(Jena)一役(一八〇六年十月),普鲁士迎头遭一痛击,几因此而濒于崩溃。

第七节　外战与内政

弗勒德勒在位之时期,可分为两段言之:前期完全注意于对外作战,后期则积极致力于整理内部。在前期对外作战中,曾占领奥大利之西勒西亚,并自波兰掠来波兰普鲁士。在后半期中,王努力恢复过去战争所遭之损失,并积极促进普鲁士之隆盛。王在位四十六年,卒光大其先人之事业,是自大选侯以来,王实为集大成之人也,号曰大王,谁云不宜。

西勒西亚问题,计费时二十三年(一七四〇——一七六三),始获解决,并经过三次战争。在此三次战争中,前两战争适与奥大利王位承继之战相应和，第三度即世人所称之七年战役。普鲁士在此役中曾与奥、法、俄同盟相对抗，战后普鲁士诚已精疲力竭，但终获得最后之胜利。至于波兰普鲁士之占领（一七七二），比较耗费甚少，盖所用之工具为谈判非武力也。此举关系普鲁士王国本身甚重要，因普鲁士本部完全赖此乃获与白郎丁堡联为一气，而历时诸王所欲达之土地统一之目的，亦完全赖此乃获实现也。

军事告终，弗勒德勒第二即努力整理财政、军队及兵工厂等。其次则仍袭其先人之故技从事殖民，并于汉堡（Hamburg）及佛兰克福绥勒曼（Francfort-Surle Main）两地设置永久办事处以招募侨民。征募结果，侨民来者不下三十万人，成立村镇约计九百余处。西勒西亚因七年战争而衰废，只此一处即安置侨民六万人。惟王之殖民方法有时颇类于盗匪：一七七一年初，普军适占据波兰之一部，王欲使驻于波美尼亚（Pomeranie）之掷弹兵安居该地，特下令征发波兰女子七千名，并强迫其父母赠送猪、牛、床及金钱以作妆奁。此外弗勒德勒复奖励改善种植及工业。王于内政中最引人注意之事，厥维实行强迫教育，此殆当时极罕见之举动也。时西欧方面正驱逐耶稣会员（Jesuites），弗勒德勒收容之，因此突然获得多量之学校教师。关于统一问题，王又颁布通行全国之法律以消灭各地之私有立法。

至于社会问题，弗勒德勒则无深切之改革；彼仍维持阶级制，即任何人皆不能离开其固有之地位，农民不得跻入中产阶级，亦犹中产阶级之不能升为贵族也。普鲁士之地主皆为乡绅（Junkers），惟此种阶级中人乃能担任军官及行政人员之职务；乡绅之下为农民，此辈世袭附属于土地，须服徭役，地主有自由处理之权。普鲁士之中产阶级甚少，几皆以务农为业，且仅存于东部各省，但在政治上并无力量，在社会上亦无价值。

第八节　弗勒德勒之成绩

弗勒德勒努力不到半世纪，而其成绩实有令人可惊之处。当彼即位时（一七四〇），普领不过十二万方基罗米达；迨其死时（一七八六年八月），全领合计竟不下二十万方基罗米达。初普领居民仅二百五十万，以后竟增为六百万，前后比较，几达三倍。军队亦由八万人扩为十六万，且其作战能力无不承认其为欧洲之最优者。此外如战费之预储，库中所有奚止一万六千五百万马克。普鲁士仅一散漫之蕞尔小邦耳；自经大王戮力以后，从此关于欧洲国际大问题之讨论，普鲁士王亦起而与英、法、奥、俄比肩周旋于樽俎之间矣。

第五章　十八世纪之奥大利

奥大利一名词,十八世纪始通行用之于哈蒲斯堡(Habsbourg)家所统治各邦之全部。奥大利在十八世纪中,因王位承继问题关系,其地位无异处于十七世纪上半期,皆为欧洲政治之中心。一七四一年,普鲁士、法兰西、西班牙及德国诸亲王联合进攻,奥大利所辖领土几有全部崩溃之虞,幸赖玛利德利珊(Marie-Therese)之积极努力,始获幸免。然西勒西亚终不见复,七年战役亦徒然耳。惟以复获得波兰土地一部分(一七七二),殆亦聊补东隅之失于桑榆欤。

战事既毕,玛利德利珊(一七四〇—一七八〇)及其子若瑟第二(Joseph Ⅱ,一七八〇—一七九〇)旋从事各种进行,俨如霍亨索伦族之于普鲁士。其首先注意者,即统一所辖各邦之行政,盖欲化分裂之各邦为一整个之国家也。百五十年前斐迪南第二(Ferdinand Ⅱ)梦想而不可能者,玛利德利珊母子居然欲努力实现之矣。

第一节　奥大利统治下各邦之性质

奥大利统治之下，第一为世袭之邦（Etats Héréditaires），即奥大利亲王领（Archiduché d'Autriche）、士的里亚（Styrie）、克仑地亚（Carinthie）、喀尼鄂拉（Carniole）等公领，及的罗尔（Tyrol）伯领；其次为两王国，即波西米（Boheme）与匈牙利。此外在意大利方面有米兰、那不勒王国及撒丁岛；在法国北部有尼柔兰；此等土地皆《幼立希》及《哈司塔德》（Rastadt）两条约（一七一三——一七一四）付与之权利，此为自西班牙承继问题中所分得者。

但以上土地在查理第六（Charles Ⅵ）时代颇有变更；在意大利方面，因与西班牙冲突（一七一七——一七二〇）结《马德里（Madrid）条约》（一七二〇），曾以撒丁岛交换西西里（Sicile）。既而因参与波兰王位承继之战，随结《维也纳条约》（一七三五）而割西西里与那不勒；但同时亦在米兰附近获得巴尔门（Parme）公领。在匈牙利方面，因犹仍亲王（Prince Eugene）战胜土耳基人（一七一七），旋结《波雅里瓦慈（Pojarevats）条约》（一七一八）而获得德麦斯发（Banat de Temesvar）。此次条约曾摈拒土耳基人于多恼河以南，因此奥大利又获占领瓦拉几亚（Valachie）之一部分（直至 Aluta），及多恼河右岸一带地（自 Una 至 Timok），即一部分波斯尼亚（Bosnie）、伯尔格来得

(Belgrade)与塞尔维亚(Servie)等地。但此等地方不久旋失去,盖转瞬又为土耳基人所败(一七三七——一七三九)而结不幸之《伯尔格来得条约》也(一七三九)。

奥大利土地经过屡次变动之后,其面积合计不下六十万方基罗米达,而居民则共有二千四百万人。但在此庞然大物之帝国中,却缺乏一种要素,即统一。帝国土地散漫于各处,自巴的加雷(Pas de Calais)入口直达俄国平原,又自德国北部平原直至意大利平原之波河(Po)流域;但尼柔兰及米兰等地皆孤立于外国领土包围之中,若那不勒。欲与帝国其他各地直接往还,除利用海洋别无他法。至于帝国之民族亦极复杂,有法兰西人、佛兰德人(Flamands)、意大利人、德意志人、捷克人、匈牙利人、塞尔维亚人、罗马尼亚人;语言习惯,各不相同,俨然一小规模之欧洲。并且各邦各有京都、政府及国会(Diete);关于军队之征调,金钱之募集,以及法律之制定,皆须经过此种国会。在波西米与匈牙利两王国中,皆各有本国之宪法。匈牙利之国会为两院,一为上院(Table des Magnats),一为下院(Table des Nonces),与英国相同;国会每年须召集一次,且可随时自动集会;试观其《金玺宪章》(Bulle d'Or)第三十一条之规定(即国王如违反法律,匈牙利人有举兵反抗之权),即可知国王在匈牙利人心目中之地位矣。

奥大利既为若干国家所组成,彼此之间自无若何深切之关系。所谓关系,仅一王冠累累于头上之共同元首耳。但奥大利虽未组成整个统一之国家,而组织奥大利之各个国家,却有明白之形式及独立之精神,故奥大利帝国,实可谓之为王国与亲王国之大会也。

奥大利边境所接之地,为土耳基、波兰、普鲁士、萨克逊、巴威略、瑞士、法兰西、荷兰、萨瓦及威尼斯;邻邦既多,冲突在所不免,邻邦之垂涎亦日甚。哈蒲斯堡家欲谋帝国之安全,曾积极注意两事:(一)组织强有力之军队;(二)尽力使散漫之领土联为一气。关于军队之组织,里泊德(Leopold)及若瑟第一(Joseph Ⅰ)曾赖犹仍亲王之辅助开始进行,计一七一五年时已有军队十二万人。同时并在维也纳建一各邦共同之中央政府,如军事而有陆军最高会议(Conseil Superieur de la Guerre),财政而有御前会议(Conseil de Cour),外交而有国家参赞处(Chancellerie d'Etat)。但以上种种进行,仅开其端,尚有待于继续努力以发展之也。

第二节 查理第六与《相续令》

查理为人庸弱而固执,因溺爱其女玛利德利珊之故,尝搁置公文至数月之久而不置可否。彼视一切政事皆无足重轻,其惟一之意向,即在欲使其女得承继其位。奥大利对于承继问题本无确定之基本法,每由元首认为有益于王朝者自由加以处理之。里泊德兢兢欲保证男系相承之法，曾于一七〇三年规定条件，即若瑟死后无子，须由查理承继之；如查理无子，则由若瑟之女承继之，此亦重视嫡系之意也。倘若瑟名下无人为继，乃得由查理之女承继之。当时里泊德曾令若瑟与查理两人宣誓遵守；迨一七一一年，上项规定且获实行。

一七一三年，查理不顾里泊德之规定及其誓词，竟在维也纳召集秘密会议宣读有名之《相续令》(Pragmatique Sanction)，其条文可括之如次：(一)奥大利统治下之领土不能分裂；(二)奥大利家由男系承继之；(三)如男系绝时，可由女子承继，其次序须先由查理第六之女承继之，其次为若瑟之女，再次乃为里泊德第一之女。

哈蒲斯堡家自里泊德第一至玛利德利珊之系统表

里泊德第一(1658—1705)

Marie-Antonie (+1692)	若瑟第一 (1705—1711)	查理第六 (1711—1740)
(嫁巴威略选侯 Max-Emmanuel) Charles(Ⅶ) Albért 巴威略侯 (+1745)聚子 Maximilien-Joseph (1745—1777)	Marie-Amelie (+1756)	Marie-Josephe (+1757) 嫁 AugusteⅢ de Saxe, roi de Pologne	里泊德 (+1716)	玛利德利珊 (1740—1780) (生于1717年) 嫁 Francais de Lorraine (FrancaisⅠ)

第五章 十八世纪之奥大利 ·225·

查理既确定《相续令》之后，旋令两侄女宣誓承认此为"一成不变之法律"。既而两侄女皆出嫁，查理又令其婿（Auguste de Saxe 及 Charles-Albért de Baviere）宣誓遵守《相续令》。查理既将《相续令》造成家庭契约，彼复兢兢致力使之成为统辖各邦中之《纲纪法》（Loi Organique）。各邦既陆续承认之后（一七二〇——一七二二）。查理又欲列强保证之，因此《相续令》遂由家庭契约一变而为《纲纪法》，且进而为国际契约（Pacte Intenrnational）矣。查理运动十年（一七二五——一七三五）始获得全欧之承认，但波兰与俄国方面则有特别之契约，观其参与波兰王位承继之战（一七三三——一七三八）及与土耳基人之战（一七三七——一七三九），不难明了其底蕴矣。惟第一次战争曾损失那不勒与西西里，前已言之；第二次战争又将二十年前所占领之瓦拉几亚与塞尔维亚一带割还土耳基人。经过以上两次战争之后，查理所赢得者，惟混乱之财政与残余之军队耳。

第三节　玛利德利珊及其改革

玛利德利珊即位时，开始即遭遇极大之厄运。时普鲁士、巴威略、萨克逊、法兰西与西班牙，皆群起而攻之，奥大利帝国大有立即崩溃之势。经过八年战争（一七四〇——一七四八），幸赖玛利德利珊之奋斗及各邦对于帝后之爱戴，奥大利始获转危为安，所损失者仅一西勒西亚而已。

玛利德利姗自幼即树立一种最高之理想,即位后勤奋备至,无时或懈。忆其临死前夕,尚刺刺向其子谈国务,若瑟劝其稍事休息,彼瞠目答曰:"数小时后,予即赴上帝裁判所去矣,尔以予能安息耶!"后意志极强,虽环境危如累卵,仍不失望。后外表严肃,私德亦佳,人多尊之。即弗勒德勒第二,与之为仇者不下二十余年,亦称后为"能使女性及帝位尊荣之一伟大妇人",并谓:"彼所有策划,实克尽大人物之能事。"一般历史家佥以弗勒德勒之评语为至当。

承继战争既终了(一七四八),西勒西亚既无恢复之望,玛利德利姗乃积极努力以预备报复之工作。此种预备期间不过十年,军事财政均大有起色,军队且增为二十万人。惟后在七年战争中(一七五六——一七六三)虽尚得意,然西勒西亚终无法恢复。

自后玛利德利姗即将西勒西亚问题搁而不谈,而专从内部进行温和之改革,结果中央权力大增,而行政趋于统一。其改革之进行,如世袭各邦应担负之军备税收,从此由各邦国会一次通过以十年为期,而不似从前每年须经过一度之表决也。同时又取消贵族土地之免税特权,因此贫民之担负减轻,而税额为之加增。经过以上改革之后,税收竟由二千万佛洛林(Florins)增为八千万(一七八〇)。

第五章 十八世纪之奥大利

关于统一问题，玛利德利珊曾在维也纳创设三种公共机关：（一）审计院（Cour des Comptes），以审查各邦之预算；（二）司法院（Chambre de Justice），此为帝国中之最高裁判所；（三）内政指挥处（Directoire de l' Interieur），以监督各邦之行政。此外复在各邦国会之侧设一委员（Lieutenant）以代表内政指挥处。最末，又于一七七六年公布一种经过二十年预备之法律，令各邦通行以保证司法之统一。

在玛利德利珊之改革中，吾人应注意者，即所有改革，并非实施之前预有系统之计划，乃多为环境要求临时迫之使然者；并且所有改革皆渐进行之，既非同时并举，更非各邦一律。如意大利、尼柔兰与匈牙利等地，皆爱护其独立与自由及其习惯之组织，对于后之改革皆不遵行，后亦任之，故人谓后之改革为应时而温和者。

第四节 若瑟第二及其改革

若瑟重实际，自承为"理性"之信徒，凡属有利益之事，虽犯罪亦必为之。一七七二年，玛利德利珊之参与分割波兰，皆若瑟从中怂恿成之也。若瑟最崇拜弗勒德勒第二之为人。彼之生活极简单，作事亦极勤奋；彼改其母所居之华美宫庭为总司令部，取消里泊德所设之一千二百名内臣而代以侍从武官数人。彼随时皆着军服，常不间断巡阅所辖之地。彼乘马出巡，随行仅带侍从武官一人,并且每至一地即寄宿于普通旅馆中。某公使描写其生活云:"装束,一军人也;衣橱,少尉之用具也;消遣,即工作也;生活,即不断之运动也。"

若瑟力谋奥大利之幸福,极努力从事于改革,常谓彼之改革动机完全为"理性"所命令。彼受当时法国作家之理论影响甚深,常欲以哲学为其帝国之立法基础。彼实行之原理政策,俨如十年后法国革命初立宪会议所进行者。彼欲按照理论而合理之计划于短期中以命令实施之;至于实际情形如何,各民族之习惯情感如何,彼皆不之顾也。其改革共分三方面,即社会、政治与宗教。

若瑟着手之第一步,即从事社会改革。盖当时奥大利之封建制度尚存在;农民尚为农奴,农奴至少每星期须服徭役三日,须受地主裁判,即结婚亦须事先取得地主之允诺。时谚有云:"农人哭,皆曰善;农人笑,最可厌!"(Bustica gens, Optima flens, Pessima ridens)观此则可想见当时农民之命运矣。若瑟亲政后一月余,开始即用"理性及人道名义"宣布废除农奴制,认为"违反人类之地位与自由"(一七八一年一月)。同时彼又将农民历来所居之地划归农民所有,惟须付给旧日地主以租金。既而若瑟又宣布一般人民在法律与税课前一律平等。弗勒德勒讥之曰:"如此则哲学与金库皆协调矣。"

关于政治改革,其目的则在求帝国之统一与帝权之保证。若瑟尝曰:"予所辖之各邦仅为省分,完全与帝国合为一体，予即其首也。"彼不愿帝国中有多数王冠存在，尤不愿维也纳以外更有京都。彼曾令人将巴拉加（Prague）之王宫改为骑兵驻区，又将匈牙利之王冠自布达佩斯（Buda-pest）移至维也纳以作陈列品。此外彼又规定德文为公用文字，盖彼自身为德皇，而世袭各邦之居民又大多数为德人也。匈牙利人起而反对，若瑟答曰："凡用以作代表者，必取诸根于理性之无可驳诘之论据……如匈牙利王国在吾统治领土中居于重要之地位，予亦决令其他各地公用匈牙利语言。"至于行政区域，彼则划为十三政府，以下再划为若干分区；从此旧日之地方权力完全废除，而管辖之权则移归元首所任命之甲必丹（Capitaines）。

若瑟本人为旧教信徒。彼亲政不及一年（一七八一年十月），曾颁布一《宽容敕令》（Tolerany Patent），规定旧教为国教，同时又保证信仰之自由。但此种宽容并不普遍，且常加以根于"理性"之限制，如波西米农民中有有神教派（Deistes），若瑟曾遣人谕之云："无论男女，凡来分区秘书处注册为有神教派者，应立加以鞭挞，此非因其为有神教派，乃因其自视与人不同而又莫名其妙也。"一七八二年，彼一次即封闭凝神教派（Ordres Contemplatifs）之修道院六百余所，盖以此派修道者徒知消费而不事生产也；彼之言曰："此辈既无益于他人，复不见爱于上帝。"

在若瑟之宗教改革中，其最重要者厥维奥大利教会之组织。此种教会在教义方面仍然服从于教皇，至于教会中人则完全隶属于皇帝。此即人称之若瑟主义（Josephisme）。此种新式教会既成立，若瑟遂命令各主教须在向皇帝宣誓之前向其宣誓。此外，关于教皇之任何命令，如事前未得彼之许可，则禁止在其帝国中公布之。无论何种教派之修道院，皆不得与驻在外国之上级教士直接通讯。关于修道院之限制，除从事教育与料理病人者，悉不许其存在。凡不合此种条件之修道院共约二千所，修道悉被解散，财产概被没收，若瑟即以此种没收之款定为"宗教基金"，即以之建设修道养成所（Sominaires），并在乡间各处成立区教会一千五百余所。若瑟所进行之以上改革，颇使教皇庇雅第六（Pie Ⅵ）惴惴不安。庇雅第六特来维也纳与若瑟周旋（一七八二年二月），冀其部分取消所布之命令，乃若瑟遇之甚优，惟关于任何要求均不让步。

第五节　改革中之阻力

若瑟实行之急遽而普遍的改革，不仅令教皇不安，各种民族之习惯尤大感抵触；因此匈牙利人起而反抗，尼柔兰人更大肆叛变而要求独立。

匈牙利人拒绝使用德文，更不愿丧失其王国之独立而为帝国之行省，并为维也纳之德人所统治。若瑟适向土耳基人宣战，匈牙利人竟拒绝供给军队与军实。一七九〇年一月，若瑟无法应付匈牙利人，乃宣布收回在匈牙利实施改革之命令，并将匈牙利王冠送还布达佩斯。

在尼柔兰方面，因宗教法令及行政与财政有伤居民之自由，尼柔兰人遂起而叛变（一七八九年一月）。若瑟宣言必竭全力以对付之，乃奥军反为乱民所败（一七八九年十月）。尼柔兰人已宣言独立，并决定组织比利时联合国（Etats Belgiques Unis，一七九〇年一月），若瑟不久旋死（一七九〇年二月）。若瑟之承继人为其弟里泊德（Leopold），既将尼柔兰人之传统自由付还之后，乱事乃终。

第六节　结果

或谓若瑟死前曾嘱人于其墓碑上镌数字云："此地长眠者为一亲王，其旨趣非常纯洁，但所有计划不幸均遭失败。"若瑟此语，未免过甚其词。彼在匈牙利及尼柔兰两地之计划诚然失败，但在世袭各邦及波西米（即直至一九一八年组成奥帝国者），彼之计划确曾实现而成功。并且玛利德利珊与若瑟曾将以上各地造成一整个之德国国家；捷克人（Tcheques）虽努力百余年，向使联军对日耳曼帝国（Empires Germaniques）无一九一八年之胜利，捷克人欲决然脱离羁绊而独立，尚戛戛乎其难哉。就经济及税收方面言之，因改革结果，帝国收入曾增加四倍。至于军队，兵额、兵实皆充足，训练亦纯熟，此皆若瑟之力也。两年后，全欧起而进攻法兰西及其革命，若瑟之承继者居然位列主要之地位，此非赖有若瑟所储备之金钱与军队欤？

第六章 十八世纪之欧洲大陆政治状况

十八世纪为充满战争之世纪。最主要之战争，除本世纪开端之西班牙承继战争（一七〇一——一七一四）及最终之法兰西革命战争（一七九二——一八〇二）之外，则有波兰承继战争（一七三三——一七三八）、奥大利承继战争（一七四一——一七四八）、七年战争（一七五六——一七六三）、美国独立战争（一七七六——一七八三），及波兰战争（一七六八——一七七二）与土耳其战争（一七八七——一七九二）。

以上战争之历史，比之十七世纪之战争历史较为复杂。其复杂原因，第一即十八世纪无一较优之强国：在十七世纪中，路易十四颇能控制欧洲之政局，法国几成为欧洲政治之中心；迨十八世纪，英、法、奥、俄之势力彼此相等，各行其是，政治中心遂由单位而进为多数。

其次为好战国家之加多。在十七世纪中，战争舞台上之主要国家为法、奥、西、英、荷；而在十八世纪，则以上诸国之外，更增加两新兴之俄与普。同时战争舞台亦为之加广：在十七世纪中，重要冲突之地为中欧与西欧；迨十八世纪，竟由中欧、西欧而延于东欧，既而且及于世界，特别为美洲之北部与亚洲之南部。

第三为十七世纪之英法冲突与奥法冲突仍在十八世纪中继续未息。英法冲突继续于欧洲以外，卒成为殖民地之斗争。旧怨之外，复有新怨，如普奥之冲突；旧问题之外，更发生新问题，如俄、普、奥，主张并进之波兰问题与土耳其问题。

十八世纪之战争所以复杂之故，盖由于英法，虽因殖民地问题冲突于欧洲以外，而同时对于欧洲事件并未置之不顾也。并且英法对于欧洲大陆之冲突常加以积极之干涉，尤其是奥普之冲突。因此，殖民地事件与欧洲大陆事件交互错综而不易分离，而奥大利承继战争与七年战争遂同时为英法冲突、奥法冲突及奥普冲突之枝节。此外如西班牙、俄国及德国亲王、荷兰、萨瓦家等，又各以联盟之名义起而援助某方，于是复杂现象益加甚矣。

第一节 英法之接近及其原因

路易十四死后之十年间（一七一五——一七二五），诚西欧历史中最混乱之时期。但在此时期中曾有两事足资纪述：一为英法之缔结同盟，一为正式确定西班牙之承继问题。此两事件之关系极密切，彼此亦曾互相发生直接之影响。盖英法同盟之第一原因，为欲正式确定西班牙之承继问题,而确定此项承继问题,确为同盟之结果。

《幼立希条约》成立之后,有西班牙承继战争中之主要国家之英法,皆需一种长期之休息,盖彼此之经济皆因频年战争而陷于困境也。同时主要关系人之皇帝查理第六,与西班牙王腓力布第五皆不满意条约之规定:一则不愿萨丁岛而欲得西西里,且不忘情西班牙而仍于左右设一西班牙会议(Conseil d'Espagne)以谋徐图之计划;一则不愿割让意大利方面之辖地,更不愿诚意尊重抛弃法国王位之条件。阿尔良公熟知腓力布第五之野心,曾极力与之周旋以冀维持法西间之和平。乃腓力布第五,或则在比利牛斯山一带布置防务,或则取消法商以前在西班牙所享之商业利益。此外,西班牙更与英人签定商业条约,且欲另缔同盟条约以补充之(一七一五年)。

法人心目中之西班牙举动既如此可虑,故阿尔良公之惟一目的,即在与英人缔结同盟。英王乔治第一之环境亦甚恶劣,尤以占士党人与苏格兰人之叛变为可虑。英法两方既有同病相怜之感,于是交相接近以谋互助之势成矣。

一七一六年十月十日,法使杜巴(Dubois)谒英王乔治于哈诺威选区,即于该地缔结《英法协商条约》;三月之后,加入荷兰,旋在海牙改英法协商为三国同盟。约中之主要条件为:(一)法国摄政承认强迫占士第三退休于意大利;(二)英、法、荷三国保证哈诺威族为英国王位之承

第六章 十八世纪之欧洲大陆政治状况 ·235·

继者,并保证《幼立希条约》所决定之法国王位承继权。仅就以上条文观之,此次同盟纯为王朝之利益,但其结果确曾发生一种甚大之影响。

时意大利方面之巴耳门(Parme)公领将发生承继问题,而西班牙王腓力布第五之后妻伊丽沙白(Elisabeth Farnése)确有不可移易之权利,但觊觎公领者甚多,皇帝查理第六即思染指之一人。

巴耳门公领承继系统表

鄂多阿耳第二(OdoardⅡ)
|
伊丽沙白(嫁)腓力布第五

西班牙与奥大利大有因此公领之承继而启战机之势,三国同盟签字者乃起而从中调停,即对西班牙方面,保证其有承继巴耳门之权利,但须正式抛弃意大利方面之旧有辖地;至于皇帝方面,则将西西里划予之,但须永远放弃西班牙王位之希望,并须正式承认腓力布第五。此次调停,颇于萨瓦公不利,即夺其膏腴之西西里而易以瘦削之萨丁岛耳。

第二节 西班牙之行动与《维也纳条约》

时西班牙之首相为亚伯罗利(Alberoni),亚氏为巴耳门地方一园丁之子,嗣以汪度门公(Duc de Vondome)之故,遂一跃而为法王路易十四之食客。当西班牙王腓力布第五之前妻死后，亚氏即竭力从中撮成巴耳门之伊丽沙白与之续弦。亚氏既为西班牙首相，彼第一注意之事，即欲起西班牙于麻木之境而恢复其过去之国际地位。亚氏又为一爱国者，彼意即不能使意大利成为统一之国家，至少亦须使意大利脱离外人之束缚，彼甚愿以西班牙之军力驱走奥大利人以利伊丽沙白之子孙。

一七一七年四月，亚氏乘皇帝正与土耳基人作战，又因奥大利人无端逮捕一西班牙之高僧，遂立派军队九千人占据萨丁岛。英法起而抗议此种颠顸之行动，但终为亚氏所制而不能动弹。盖亚氏对于英国，一方援助占士第三以发动其内讧之机，同时又嗾使瑞典王查理十二以攻哈诺威；至对于法国方面，亚氏则与梅因公爵之夫人相勾结，同时更遣人前赴不列颠（Bretagne）、博都（Poiton）及那瓦（Navarre）等地煽动骚乱。迨一七一八年七月，亚氏再派西班牙军三万人入西西里夺据巴勒摩（Palerme），并围攻美西纳（Messine）。

皇帝大恐，不得已加入三国同盟（一七一八年八月）。数日后，英国海军提督冰格（Bing）大败西班牙军于巴萨洛海角（Cap Passaro）。此时土耳基人亦因战争失败而与皇帝签定和约于波雅里瓦慈（Pojarevats，一七一八年七月）。北欧方面之查理十二亦于同年十二月死于那威（Narvege）。同时，西班牙人在不列颠等地之煽乱阴谋亦在巴黎发觉（一七一八年七月），因此阿尔良公向腓力布

第六章　十八世纪之欧洲大陆政治状况　·237·

宣战（一七一九年一月），此外向苏格兰进发之西班牙海军，亦与从前之无敌舰队（Armada）遭受同等之运命。法军积极进犯西班牙边境，腓力布不得已请求议和。四国同盟认定亚伯罗利为和平之障碍，腓力布遂不得不牺牲之，从此亚氏之希望宣告永绝。一七二〇年一月，腓力布并承认三国同盟对于意大利划分之规定。关于法兰西与西班牙之协调，则决定腓力布之女安那玛利（Anne Marie）与路易十五缔结婚约。一七二五年，布尔奔公为提早完成路易十五之婚事，遂将安那玛利送返西班牙。腓力布对此大震怒，竟与法兰西断绝国交。同时腓力布遂与皇帝直接在维也纳签定条约，于是争执二十五年之西班牙承继问题乃正式宣告结束。

第三节　波兰承继问题

波兰王奥古斯都第二（Auguste Ⅱ）死（一七三三年二月），选举式之王位遂发生承继问题。时有被选之资格者二人：一为奥古斯都第二之子奥古斯都第三，为萨克逊（Saxe）选侯，为皇帝查理第六之侄婿（参看《十八世纪之奥大利》章中《查理第六与〈相续令〉》节中之附表）；一为法王路易十五之岳丈，即三十年前（一七〇四）瑞典王查理十二所立之历山斯基斯达里司拉司（Stanislas Leczinski）。一七三三年九月，瓦萨（Varsovio）举行选举，计前者获票四千，后者得票六万。但俄人与皇帝查理第六,则竭力扶助奥古斯都第三,盖俄人注意波兰已久,决不容波兰新王之后而有法国之势力。至于查理第六则欲使奥古斯都第三放弃奥大利王位之承继权而遵守《相续令》,势非代为保证波兰之王位不可。俄、奥为欲贯彻其目的,卒遣军队入波兰,历山斯基遂逃(一七三四年六月)。

在路易十五方面,其扶助历山斯基,自是基于戚谊之关系,但此外尚有极重要之政治理由。盖法国自十六世纪以来,即需在东欧方面结纳一同盟国家以期牵制奥大利,其与土耳基人、与瑞典人相周旋,即此意也。自土耳基人之势力因先后缔结《加尔老基》(Carloutsi,一六九九年)及《波雅里瓦慈》(一七一八年)两条约而消退,瑞典人之优势因订定《里司塔德(Nystadt,一七二一年)和约》而丧失,同时奥大利家之势力日益膨胀,新兴俄国之头角已具规模,于是法国之处境日艰,实非急起直追以谋应付,殊不足以挽危殆之局势,培植势力于波兰,此其时也。

第四节　波兰承继问题中之法王与皇帝

一七三三年十月,法国已向皇帝宣战。但法国与奥大利辖地间之直接边境惟有尼柔兰。若法国进犯尼柔兰,则与法国一致行动之英国必不袖手坐视,因此比较不生问题之战地,惟有求之于意大利。法王为求进展之顺利,曾于战前进行双重之盟约,即同时与萨瓦公及西班牙王相周旋。盖萨瓦公久拟报复西西里之损失,并欲获得米兰之地,法王遂与之缔结《都灵(Turin)条约》,申明援助其获得米兰,但须将萨瓦让归法国(一七三三年九月);至于西班牙方面,腓力布之子查理(Don Charles)虽于一七三一年获得巴耳门与拜让司(Plaisance),但腓力布并不以此为满足,法王乃与之缔结《家庭契约》(Pacte de Famille),保证查理获有那不勒与西西里(一七三三年十一月)。

此次战争以意大利为主要地点,即波河(Po)平原与半岛南部。法军攻其北,大胜奥人于瓜司达拉(Guastalla,一七三四年九月)。西班牙人攻其南,卒获占领那不勒与西西里(一七三四年九月)。在莱因方面,法人亦曾屡获胜利而占据克尔(Kehl)与腓力司堡(Philipsbourg,一七三四年七月)。查理第六虽有俄人之援助,终亦无法继续撑持,不得已请求议和。

第五节 《维也纳和约》及此次战争之结果

一七三五年十月,两方在维也纳订立草约。嗣因西班牙及萨丁两国王之嫉妒与垂涎,正式和约竟延至一七三八年十一月始获成立。约中条文,归纳之不外三点:(一)关于波兰废王历山斯基者:历山斯基放弃波兰王位,但仍戴国王之头衔;为补偿其王国之损失,则将查理第六之女婿洛林公佛兰西斯(Duc Francais de Lorraine)所辖之洛林公领与巴尔伯领（Comte de Bar）给予之。俟历山斯基死后，以上公领与伯领则划归法国。（二）关于西班牙者：查理第六割让那不勒与西西里于腓力布之子查理，称两西西里国王；两西西里国王则让巴耳门、拜让司与脱司加那大公领（Grand Duche de Toscane）于洛林公佛兰西斯。（三）关于萨丁者：皇帝割让洛瓦尔（Novare）与萨丁国王。此外，法国正式承认查理第六之《相续令》，并保证其实行。

就和约之全部观之，此次战争所有耗费完全由皇帝一人赔偿。但此次战争亦曾产生不期然而然之结果：（一）成立一第三布尔奔王室，即那不勒之布尔奔家；（二）法国因洛林之合并而完成东部边境之延伸。皇帝在意大利方面损失甚大，所获得者，即卒贯彻其扶植奥古斯都第三之目的，然而亦云仅矣。

第六节　皇帝与土耳基之战

当俄人援助奥军抵抗法军时，皇帝曾允于有事土耳基人时尽力援助俄军。一七三六年，俄、土开衅，皇帝起而援俄，在皇帝之意，一方固为实践前日之预约，他方则希冀于巴尔干半岛上获得足以弥缝《维也纳和约》中所受损失之相当补偿。乃奥军屡次失败，转瞬之间，土耳基人且进逼于伯尔格来得（Belgrnde）城下。皇帝以匈牙利濒于危境，不得已向土人请和。一七三九年九月，两方订约于伯尔格来得，即除德麦斯发（Temesvar）而外，凡以前犹仍亲王（Prince Eugene）在《波雅里瓦慈（Pojarevats）条约》中所获得之地，如瓦拉几亚（Valacie）、伯尔格来得及塞尔维亚，均归还于土耳基人。皇帝此次所蒙损失，比诸割让土地尤为重要者，厥惟军队之残毁与财力之殚竭。

第七节　奥大利承继问题

查理第六叠次所受之损失虽大，但自订立《维也纳条约》以来，法国亦已承认其《相续令》。是列强对于其爱女之承继问题可不发生枝节，斯亦查理第六私心所引为自慰者。乃《维也纳条约》成立后不及两年，查理暴卒（一七四〇年十月），于是不成问题之奥大利承继问题，竟为八年战争（一七四〇——一七四八）之机会，而玛利德利珊亦遂不得不鼓其毫无经验之勇气以与进攻之联军相周旋矣。

考奥大利王位承继发生问题之原因，不外三端：（一）奥大利无王位承继之基本法，同时在查理第六所颁布之《相续令》以前尚有数种临时之特别规定；（二）法国乘机运用其习传之政策；（三）普鲁士王弗勒德勒第二借题发展其久蕴待泄之野心。

关于承继之特别规定共计三种：一为《遗嘱》，一为《合约》，一为《临时规定》。除里泊德之《临时规定》（参见《十八世纪之奥大利》章中之《查理第六与〈相续令〉》）不发生问题外,其余两种均为此次争执之焦点。第一种为十六世纪皇帝斐迪南第一所规定,即男系绝时,由女系承继之。第二种为十七世纪皇帝斐迪南第二以奥大利哈浦斯堡族名义,与西班牙王腓力布第三,以西班牙哈蒲斯堡族名义,共同所规定,即两族某之一方男系终绝时,则承继权当由有男系之他方享受之。一七四〇年,巴威略选侯查理亚尔伯尔(Charles Albert)遂根据斐迪南第一之《遗嘱》要求承继,同时西班牙王腓力布第五(为腓力布第三之后及查理第二之承继者)与萨丁王查理伊马弩(Charles Emmanuel,为腓力布第二之后),则根据斐迪南第二与腓力布第三之合约要求承继。

西班牙奥大利族与布尔奔族之系统表

奥大利族

查理第一(即皇帝查理第五)	1516—1556
腓力布第二	1598
腓力布第三	1621
腓力布第四	1665
查理第二	1700

布尔奔族

腓力布第五	1700—1746

西班牙与奥大利承继问题之关系系统表

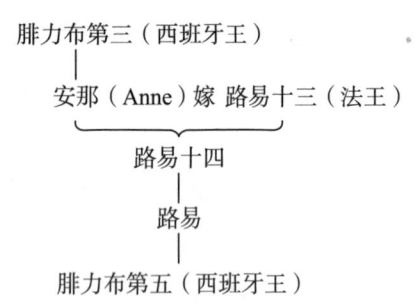

腓力布第三（西班牙王）
｜
安那（Anne）嫁 路易十三（法王）
｜
路易十四
｜
路易
｜
腓力布第五（西班牙王）

萨丁王与奥大利承继问题之关系系统表

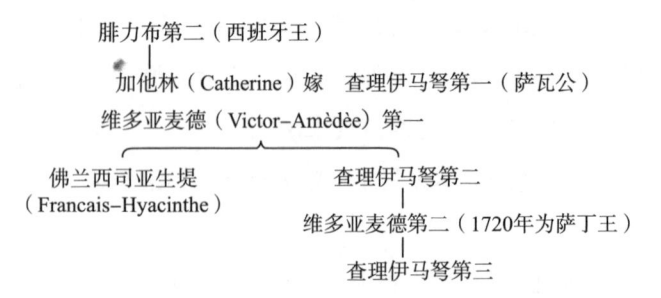

腓力布第二（西班牙王）
｜
加他林（Catherine）嫁　查理伊马弩第一（萨瓦公）
｜
维多亚麦德（Victor-Amèdèe）第一
｜
佛兰西司亚生堤　　　查理伊马弩第二
（Francais-Hyacinthe）
　　　　　　　　　　维多亚麦德第二（1720年为萨丁王）
　　　　　　　　　　查理伊马弩第三

　　至于法国之起而参与奥大利之承继问题，则纯在利用机会以运用其习传政策，所谓"抑制奥大利家"之政策也。此外如弗勒德勒第二，彼则欲肆其"努力称于其血族"之野心；当其起而干涉奥大利之承继问题也，一则曰："军队已整装待发，军粮已预备充实。"再则曰："青年公主，既无经验，又须防护争端甚多之承继问题。……彼所有者，惟紊乱之财政与残破之军队耳。"以上数语，此即弗勒德勒干涉奥大利承继问题之理由也。

第八节 奥大利之敌人与友军

玛利德利珊对面之敌人,除两觊觎王位者——巴威略侯与西班牙外,则为法国、普鲁士、萨克逊选侯兼波兰王及德国亲王等。在玛利德利珊方面,除萨丁王因受贿而放弃承继要求,并有俄国、英国与荷兰。俄国之所以加入此次战争,纯欲借此参与欧洲事件以图跻入欧洲之政治舞台;英国之援助玛利德利珊,则因法国助西班牙人攻英之故;荷兰之被卷入漩涡,一方固因英国之怂恿,同时亦甚惧法国之侵略。

此次战争为历史中最复杂之战争,盖加入战争者,表面名为联军,而其实则各经营其心目中之私利也。弗勒德勒第二所欲得者,西勒西亚(Silesie)也;腓力布第五所希冀者,意大利方面之新利益也;路易十五之进攻奥国兼及于英吉利也,一方固在乘机弱奥,而他方仍思染指于尼柔兰也。就此种情形观之,所谓奥大利承继战争,实可明白分为三部战争,即普奥之战、奥西之战及英粤法之战。在此三部战争中,最重要者仍为奥普之战,盖其结果为普鲁士占领西勒西亚,普鲁士卒因此成为欧洲强国而变易德国各邦间之均衡势力,并且酿成七年大战之恶因。

第九节 弗勒德勒入西勒西亚

霍亨索伦族(Hohenzollern)在西勒西亚地方本有一

部分权利，但订《王冠条约》(Traite de la Couronne)时(一七〇〇年十一月十六日)，弗勒德勒第一曾经正式宣布放弃。惟此种放弃之宣布，并不足以拘束弗勒德勒第二。忆弗勒德勒第二之致函外务部长也："法权之题目，为部臣所有事，从事进行，此其时也，速预备词藻以掩人之耳目，因动员之令已颁布也。"弗勒德勒第二之欲得西勒西亚，除增加土地与人口外，该地对于普鲁士确有军略上之重要价值。盖普鲁士领有阿得河(Oder)中部流域及居司特林(Custrin)，若上游(即西勒西亚)为一强国如奥大利者所占据，弗勒德勒殊未能高枕而卧也。故弗勒德勒一闻查理第六之死耗，一方彼即承认玛利德利珊，同时彼又颁布占据西勒西亚之动员令。

一七四〇年末，弗勒德勒猝然攻入西勒西亚(十二月)，既而彼又致函玛利德利珊而愿与之同盟云："予窃引为自慰者，即殿下必将赞许予之行动也，并且予极欣慰与殿下采取一致行动，殿下转瞬即知之。"至于玛利德利珊之答词则谓："如令一人留守于西勒西亚，吾人宁以死抗之，较愈于议和。"三月后，玛利德利珊与弗勒德勒战于摩尔维慈(Molwitz)，奥军大败(一七四一年四月)。

第十节　法国之干涉

此时奥大利对于法国已失去危险性质，故路易十五与佛雷里对于此次奥大利问题决拟不加以干涉，仅作壁上观而已。但反奥主战派人数甚多，而其领袖又为白里尔(Belle-Isle)将军，白里尔主张至少须将帝冠加于巴威略侯之头上，并为成功计，必须联合弗勒德勒第二。佛雷里从其说，白里尔遂赴德国与一般选侯相周旋，以预备查理亚尔伯尔(Charles Albert)之选举。

一七四一年五月，西班牙王与巴威略侯在法国监护之下缔结条约于里门芳堡(Nymphenbourg)。不久，法国与弗勒德勒第二亦成立一种条约(一七四一年六月)，并且萨克逊选侯且加入联盟。以上条约，不外保证巴威略侯之帝冠及波西米王国；保证西班牙王腓力布在意大利方面之土地，及弗勒德勒之西勒西亚。九月，法军占据林嗣(Linz)及上奥大利(Haute-Autriche)，并依从查理亚尔伯尔之请求，抛弃维也纳而进犯波西米。十一月末，萨克逊将军摩里司(Maurice de Saxe)及法将佘卫尔(Chevert)联军占领巴拉加(Prague)，并宣布查理亚尔伯尔为波西米王(十二月)。数星期后，查理亚尔伯尔被选为皇帝，称查理第七(一七四二年一月)。

第十一节　玛利德利珊应付危局之手腕

敌人既已占领上奥大利、波西米及西勒西亚，帝冠又为查理亚尔伯尔所掠夺，玛利德利珊处此岌岌不可终日之环境中，帝国大有摧于一旦之势。帝后不得已走匈牙利，匈人激于义愤，竟起而宣誓愿"以死报王后"，并通过十万人之征发以听女王之调遣（一七四一年九月）。三月以前，匈牙利国会曾向帝后要求，匈牙利在世袭各邦之前应为独立王国，帝后感于此次匈人热心勤王，遂允予保证其独立。

在他一方面，玛利德利珊又与敌人之一部进行妥协，以灭杀全部敌人之势焰。对于萨丁王，帝后径许以米兰地带一部分，令其反攻西班牙人（一七四二年二月）；对于弗勒德勒第二，帝后则与之缔结《北勒斯劳（Broslau）条约》（一七四二年七月），而承认割让西勒西亚，因此弗勒德勒竟停止对奥之仇视而毁弃对法之条约。

第十二节 法国之宣战

敌人之阵线既已摇动，于是战争之责任遂完全集中于法人之一身，法军不得已退出上奥大利与波西米，白里尔且被困于巴拉加（一七四二年十二月）。奥人继续前进，陷巴威略，据慕尼克（Munich，一七四三年六月），长驱直抵莱因，大有进犯亚尔萨斯之势。弗勒德勒第二大惊，乃复与法国重修旧好而在巴黎缔结同盟（一七四四年六月）。在路易十五方面，己曾于一七四三年十月与西班牙成立枫丹白露之《家庭契约》，以巩固两方之敌忾。既而法王与英国正式断绝国交（一七四四年三月），并放弃暧昧之举动而向"匈牙利女王"宣战。

普法重新缔结同盟后不过数月，查理亚尔伯尔死（一七四五年一月）。查理亚尔伯尔之子出而与玛利德利珊议和，愿放弃查理第六之承继权，并愿推举洛林之佛兰西斯为皇帝。从此与奥大利承继之战宣告结束，以后所争者，则为西勒西亚、奥大利、尼柔兰与意大利也。

第十三节 第二度西勒西亚战役

一七四四年，当法王路易十五正援救亚尔萨斯时，弗勒德勒第二即长驱直入波西米而径抵巴拉加（九月）。翌年，弗勒德勒复进攻玛利德利珊之同盟萨克逊，既在德勒斯登（Dresde）获得胜利后（一七四五年十二月），弗勒德勒遂再抛弃法国而强迫帝后缔结《德勒斯登条约》，以确定《北勒斯劳条约》之效力（一七四五年十二月）。

第十四节 尼柔兰战役

法王路易十五之进攻尼柔兰，并非与奥人交绥，乃与奥人之同盟军英人及荷人接触也。此次战争约历四年，计经三次大战，即枫滴庐（Fontenoy）战役（一七四五年五月）、荷鼓（Rocoux）战役（一七四六年十月），与蓼飞耳（Lawfeld）战役（一七四七年七月）。经过前两战役之后，所有比利时东西南之要塞悉入于摩里司将军之手；迨第三战役结果，荷兰之门户遂为之洞开，即全赖此第三战之胜利，敌方始有速行媾和之提议。

第十五节　亚亨和议

各交战国家彼此甚久,即已疲于战争。在英国方面,占士之子查理爱德华且进犯英境(参看本卷一章第四节),至于殖民地方面,英人亦毫无进展之可言。玛利德利珊虽屡战胜西班牙人于意大利,然终未能获得足以把注尼柔兰损失之相当补偿。法国处境比较优越,一方占有尼柔兰各要地,他方法国之敌人已露松弛之象,咸汲汲争先与法国议和;乃法国代表圣色维兰(Saint-Severin)伯爵既不知利用机会以争取优惠条件,复因路易十五从中掣肘,结果只图"从速完事"而已。

和约缔结于一七四八年十月。根据此次和约,法国应将所有占据之地,如尼柔兰、萨瓦及尼斯(Nice)一律交还,即占领地所获之军用品亦须退出。法国尊重英人之请求,须驱逐查理爱德华离开法境,并申明不在丹格尔克(Dunkerque)建创军港;在殖民地方面,仍恢复战前原状。在玛利德利珊方面,则让渡巴耳门与拜让司于西班牙伊丽沙白之次子腓力布(Don Philippe),法军之退让尼柔兰,即为此也。此外则保证弗勒德勒第二之占有西勒西亚。

第十六节　武装和平

列强借奥大利承继问题而交哄,此次虽经亚亨

（Achen）和议宣告结束，其实列强之彼此敌视并不因此而终止。英法在殖民地之冲突，固依然继续如故也。玛利德利珊寝食不忘其权利与荣誉，因此奥普间之西勒西亚冲突仅能谓为暂时停搁而已。帝后对于西勒西亚，虽曾经过三次条约——《北勒斯劳》《德勒斯登》与《亚亨》——正式让与普王，而帝后之视种种条约固一文不值也。帝后每见一西勒西亚人，必悲伤一次，故帝后在签定《亚亨条约》时，即思有以报复之矣。所谓亚亨和议后之和平者，即强强彼此互相监视军备之谓也；但彼此又在互相监视之下，秣马厉兵以待下次之一逞，故称此种和平为武装和平，亦无不可。

和平对于普王弗勒德勒第二纯为扩充军额及改善军械之时期。忆彼即位时，普军仅八万三千人，在此和平期中，军额竟增为十四万七千人，前后比较，奚啻倍蓰。在军械方面，弗勒德勒又特创一种较炮，因此炮队可与骑兵协作一种最速捷之运动，时人异之，竟呼之为飞炮。要之，普军随时皆处于动员状况之中，故弗勒德勒亦自鸣得意曰："动员令下，军队可立赴前敌也。"

法国颇努力于海军，计新筑战舰约五十艘。关于陆军方面，曾于麦西延（Mezieros）地方创一工程学校（Ecole de Genie）以训练军事工程师（一七四九）。此外朋巴度夫人又私创一巴黎军事学校（Ecole Militaire de Paris），但此校非军事专门学校，特为一种军事预备学校而已。总之，法国在军事预备方面，不及普鲁士远甚，矧路易十五、朋巴度夫人及其左右,日惟沉湎于逸乐之中,绝无继续努力之精神,故阁员庐乙(Noailles)曾于七年战争揭幕时喟然叹曰:"一般人曾不作丝毫之计虑,即有人偶事计虑者,人亦必非笑之。"

奥大利最痛心西勒西亚之损失,其积极于军事之准备以冀恢复失地,固意中事也。奥大利内部虽甚复杂,卒赖玛利德利珊之刚毅有为,竟能集中兵力十三万人于普鲁士边境,且附以当时莫与比伦之炮队。帝后并创一军事学院(Acadenne do guerre)以陶冶军官。此外帝后又模仿弗勒德勒之和平营舍(Camps de paix)成立一教育营舍(Camps d' instruction),此中主要课目,在使官兵实地练习地形以臻于至善,弗勒德勒颇赞异之。

至于英国,颇不注意于陆军。其惟一致力之处,厥为战舰,计时不及四年,战舰竟增加一百五十余艘。

第十七节　同盟之颠倒

《亚亨条约》缔结之后,各国军事家固努力从事积极之进行,同时各外交家亦不遗余力大展其手腕,因此在七年战争揭幕之前,各国间之同盟关系遂大为之颠倒。忆一七四八年时,列强之集合,一方为法国与普鲁士,他方为奥大利;迨一七五六年,法国竟一变而为奥大利之同盟,而普鲁士又转而与英吉利相结合。在此种同盟颠倒之间,最使人惊异者,厥为法奥之联合,盖法奥两家之屡世仇视,至此已二百年,一旦翻然携手,实外交变幻中为人所不易觉察者。

法奥同盟虽于数月之间(一七五六年一月—五月)猝然宣告成立,而其实实数年渐进酝酿之结果。盖法国当时有一部分人士认定殖民政策可以保证法国之光荣,因此希望大陆和平而避免英国之阻挠,但欲实现此种希望,则离间英奥实为刻不容缓之事也。此外,一部分人颇以弗勒德勒之势力猛进为忧,竟呼之为"可疑而令人不安之同盟";此辈欲摧毁弗勒德勒之新事业久矣,然欲达到此种目的,则进行联奥之工作尚焉。

法国为求殖民政策之成功,自不能不离奥以孤英;而玛利德利珊为欲恢复西勒西亚,势必出于亲法以间普。同时玛利德利珊亦颇不满于英人,盖英人当承继战争时,即常催促帝后承认普王之要求,而事后又扬言其经济援助之重要也。此外在信仰方面,玛利德利珊亦势非亲法以拒英不可,盖玛利德利珊极富于宗教热诚,殊不愿长为新教英国之同盟以攻旧教之法人也。忆一七四九年,玛利德利珊对法国代表之言曰:"此时已非两百年前之情形",并谓:"两国之势力已极平衡,两国联合一致,实和平之保障也。"在法人方面,亦有极谅解之答询,亦谓:"过去之疑忌已全消释",并"相信在恳挚之同盟中必获得交互之安全与礼貌"(一七五〇年)。观此法奥两方之表示,已有接近之可能,然在一七五六年以前,仍无正式接近之希望,盖玛利德利珊必欲法王抛弃弗勒德勒,而路易十五则殊无此种决心也。迨《威堤哈尔(Whitehall)条约》宣告成立(一七五六年一月十六日),法国乃不得不与奥大利缔结同盟,故法奥同盟实受英普同盟之影响,即谓法奥同盟为弗勒德勒所促成,亦无不可。

在英人方面,因欲摧毁法人在美洲之殖民事业,遂不惜以袭击手段进攻法国之驻军与侨商(一七五五年六月)。但英人仍恐法人进犯哈诺威以事报复,或法人直接侵犯之,或嗾使选区近邻普鲁士进陷之。英人有见于此,乃请玛利德利珊遣兵入驻尼柔兰以防止法国之行动,同时又向俄国要求同盟以挟制弗勒德勒之野心。俄人因贪取大宗补助费,曾允出兵五万五千人(一七五五年九月);至于尼柔兰驻军问题,玛利德利珊则拒而不报。

在弗勒德勒方面,突闻英俄联合,深恐英俄与奥一致来攻,则自身将陷于孤立;欲御此强大之联军,颓靡之路易十五实不足以语此;两方形势既殊,将来胜负已明,弗勒德勒遂不游移而力图接近英吉利。一七五六年初,英普签定《威堤哈尔条约》,两方交互保证其领土,弗勒德勒且申明保护哈诺威以御一切之攻击。

第十八节　凡尔赛条约

玛利德利珊虽曾向路易十五报告弗勒德勒在伦敦之进行,法人尚不以为意,迨《威堤哈尔条约》成立之消息传出，法人乃大为惊慌。此时法人深虑英、奥、俄、普一致结合，则自身将陷于绝对之孤立，不得已始起而与奥大利作积极之周旋，结果于五月一日签定《凡尔赛条约》。法国原立于受人请求之地位，今则不能不事事求人，因此《凡尔赛条约》对于法国遂无利益之可言，玛利德利珊仅申明在英法战争中，奥国决严守中立。两方仍交互保证其领土，倘以后某方遭遇敌人侵略时，他方则派遣军队二万四千人以援助之。就以上条文观之，法国受益殊少而奥国获利独多。盖法国当时之严重问题为英法战争，而根据条约之规定，法国殊不能享受积极之利益。至于将来，法国在大陆方面亦几无被侵之顾虑；若玛利德利珊一旦与弗勒德勒相冲突，则法国势必履行条约以保卫奥大利，是《凡尔赛条约》所载一切，不啻纯为奥大利之利益而设也。

果也，《凡尔赛条约》签定后不及三月，而奥普以冲突闻矣（一七五六年八月）。弗勒德勒开战即攻入萨克逊而占据德勒斯登。适萨克逊选侯奥古斯都之女玛利若瑟（Marie Josephe）为路易十五之子妇，法人闻讯大愤，旋再与奥国缔结第二次《凡尔赛条约》以巩固上次所订之同盟（一七五七年五月）。法王决以十四万人及三千万佛郎以供德国作战之用，于是努力保留以为殖民战争之实力，从此完全为之牺牲矣。

第十九节 七年之战

玛利德利珊不仅与法国缔结同盟,此外尚有萨克逊选侯兼波兰王奥古斯都,德国大部分亲王,瑞典国王,及俄帝后伊利沙白。俄国本为英之同盟,伊利沙白因普王常以己身为讥嘲之资,意颇不怿,嗣闻乔治第二与弗勒德勒缔结同盟,遂决然与英断绝关系,伊利沙白且欲立刻开衅,只以奥人尚未准备妥善,乃暂时隐忍以待之。

弗勒德勒既探知俄奥联合之秘密,乃不待敌人之先发,径向玛利德利珊要求解释集中军队于波西米之用意,奥后拒而不答,弗勒德勒竟不宣战而进攻(一七五六年八月)。战争由此发动,此即所谓第三次西勒西亚战役也。此次战争在事实方面为两段并行之战争,即普奥俄之战,与英法之战,时间共历七年。此次战争地带计分三部,即德国西部与莱因、易白(Elbe)间之地;德国中部,如波西米、萨克逊、西勒西亚、白郎丁堡与波美尼亚;德国东部,即普鲁士。

德国西部之战争,为英法战争之段落,此地战争之目的,纯在夺取哈诺威选区。一七五七年八月,法人几占领选区之全部。迨一七五八年三月,法人为英军所逼,不得已而退出该地。此后两方战斗最激烈(一七五八——一七五九、一七六〇——一七六二),但法人终无再入该区之可能矣。其实战争之主要地点,仍为德国中部,即萨克逊与西勒西亚。弗勒德勒本已进入波西米,乃不旋踵而又被迫退出该地(一七五七年六月)。盖萨克逊之德法军及西勒西亚之奥军,均足以威胁普军之两翼,至于东普鲁士之俄军,且有进抵柏林之势(一七五七年八月)。孰料普王之敌军彼此毫不一致,弗勒德勒竟能于一月之间,战败德法军于霍司巴赫(Rossbuch)之后(一七五七年十一月),再转而击破奥军于怒腾(Leuthen,一七五七年十二月)。霍司巴赫之役,仅历一小时有半,此战在十八世纪极有名,世人称之为"曲线战"。怒腾之战,为霍司巴赫之重演,拿破仑誉之为"战争之杰作品",并谓"只此一役,已足使弗勒德勒之名不朽矣"。

弗勒德勒虽连获得霍司巴赫与怒腾之胜利,然俄奥两军仍继续来冲其东南两方,以至弗勒德勒奔走不停,时而自萨克逊而西勒西亚,或则自西勒西亚而白郎丁堡。一七五九年八月,普军大败于居勒度夫(Kunersdorf),弗勒德勒已自分无望矣;乃奥俄两军忽形分裂,前者汲汲于进攻西勒西亚与萨克逊,而后者则出入柏林之后,竟退向维斯杜拉河与波兰去矣。处于绝望境地之弗勒德勒,大异敌人之行动,因仰天叹曰:"此白郎丁堡族之显灵也。"弗勒德勒既将军队重组之后,次年居然能御进攻西勒西亚及萨克逊之奥军(一七六〇年八月—十一月)。

第二十节　呼白脱堡之和约及弗勒德勒战胜之原因

普军屡战之余,已甚疲竭,至一七六一年,普军全数不过六万人而已。弗勒德勒正处于艰窘之际,乃俄帝后伊利沙白死。彼得第三素极崇拜弗勒德勒,既即位,遂遣俄军以助之。俄既脱离奥之同盟,而法又因疲于战争而与英国签订《枫丹白露之预备条约》(一七六二年十一月——一七六三年二月正式签订《巴黎条约》),因此玛利德利珊亦迫而进行和议。和约成立于呼白脱堡(Hubertobourg,一七六三年二月),西勒西亚仍归弗勒德勒所有。

忆七年战争开始不久,弗勒德勒惕于俄、奥、德、法联军之众,意颇危惧,乃联军卒无奈弗勒德勒何,最后胜利仍归于弗勒德勒。推弗勒德勒所以致胜之原因,第一即因其具有天赋军事之资质,军略创造之精神,战争运动之机智,及其恒久不易之毅力与勇气,即拿破仑亦极推重之。一七六〇年,弗勒德勒已处于失望之境地,而彼犹倔强与人书曰:"予决不为环境所强迫而订立有损利益之和约,予手决不签定屈辱之和约。予决终了此次战争,决冒万难以求成功,或以身殉之。"其次则由于其敌人之行动参差,且不彻底。在俄军方面,所有将领,一方须逢迎痛恨弗勒德勒之伊利沙白,同时又极顾忌崇拜弗勒德勒之彼得第三，因此俄军虽两度攻入柏林（一七五九——七六〇），但除勒索居民而外，决无久据之意也。至于奥军将领，其惟一目的即在恢复西勒西亚，及巩固该地之边境，以防止普人将来之入侵，此外则非所计也。此外如法人，除一七五七年霍斯巴赫一役而外，弗勒德勒从未与之接触，盖法人所当者，惟英人而已，距弗勒德勒转战之地尚遥遥也。最后应注意者，即英人不断供给弗勒德勒以补助费也，此亦弗勒德勒最后胜利之一重要原因欤！

七年战争既毕，普鲁士竟正式跻于列强之林，而普鲁士军队居然为人认作欧洲之最优者。在此次战争中，受害最烈者厥维法国，故弗勒德勒呼之为"战争之牺牲者"。法国不仅在欧洲为战败之国，同时在美洲与亚洲两地亦受极重之损失。法国之运命何以不幸一至于此，观其无能力之政府，无纪律之军队，及其无忠诚之将领，明眼人固早知其不能免也。

第七章　海外殖民之战争

正奥普冲突于中欧之时,英法亦同时冲突于欧洲及欧洲以外(一七四二——一七六三)。英法冲突计历二十年,但此仅能谓为英法长期战争之一枝节,故英国历史家希莱(Seeley,一八三四——一八九五)竟称此次冲突为第二次百年战争。其实冲突时期并不止一世纪,盖细绎此次冲突之线索,当以一六八八年为开端,而以一八一五年拿破仑失败于滑铁卢为终结也。

此次英法之冲突,殆源于经济与殖民之敌视,因法人努力于海上商业与海外殖民之发展,大足使英人之海上商业与海外殖民发生恐慌也。此次冲突之舞台计分两部,一在欧洲,一在欧洲以外。在欧洲方面,主要舞台为奥大利、尼柔兰,即奥大利承继战争时也;其次为哈诺威与莱因德意志地带,此即七年战争时之冲突也。在欧洲以外,战地又分两部,一在北美,一即亚洲之印度。冲突结果,英法缔结条约于巴黎(一七六三年二月),从此法国在美洲与印度之殖民事业几完全拱手让于英人。

第一节　英法冲突之原因

英法冲突，完全为英人之意愿，此点似亦值得吾人之注意。盖英为岛国，其致力于国防之处，比诸欧陆其他任何国家似不必费用其全力。其次，英国在十八世纪中，内政方面已无弱损国力之问题；因此得有余力从事向外之发展，殊不似当时之欧陆其他国家尚津津于自卫以御外患也。忆自一六八八年以来，前此人民与国王之长期纠纷已告结束，政府之视线因之由对内而移于对外。但当时之欧洲已无隙地，而非洲又尚处于秘密状态之中，英人跃跃欲试之力量，舍用于美洲与亚洲而外，尚何待乎？矧英国之海外事业，如殖民，如海军，如工商业，在在皆有敌人与之竞争，英人能坐视敌人之发展而不与之计较乎？英人之自力充实既如彼，而当时之环境敌对又如此，彼此冲突之机，何啻箭在弦上，欲求避免，乌乎可能！

法国在十八世纪中极努力殖民事业，计当时所保有之殖民地，有中美之安地群岛，北美及印度；但法国各殖民地皆与英国之殖民地为比邻。至于内政方面，法政府因采行洛夫制度及佛雷里之和平政策，经济顿形活跃，大西洋方面之商埠亦骤然兴盛。同时，法之同盟西班牙，因亚伯罗利之措施，亦有相当之发展，亦觉衬出法国之势力。英人欲摧毁法国之优势久矣；既可铲除竞争之敌手，复可借此而获得土地。此外如操持世界商业之专擅权，及保证关税收入之最大量，皆可于战争幸运中取得之。故曰，英法冲突，完全为英人之意愿。

第二节 葡萄牙人与西班牙人之继起者

英法两国之积极从事扩张其势力于欧洲以外，此乃十六世纪末及十七世纪初之事。先是十五世纪末，两意大利人(Jean 及 Sebastion Cabot)奉英王亨利第七使命从事航行，卒(一四九七)发现布里敦角岛(Cape Breton)，但当时尚误认该地为亚洲之一岛屿。二十余年后(一五二四)，法王佛兰西斯第一曾命一佛洛伦斯人韦拉沙洛(Verazzano)探察美洲，韦氏乃循哈德孙沿岸直抵新苏格兰半岛(此地之发见者仍为 Sebastion Cabot)。但在十六世纪中，海上商业与殖民事业皆为葡萄牙人及西班牙人所垄断，葡人多从事印度及南洋群岛之商业，而西人则常注意征伐以建设美洲之殖民地。

当英之伊利沙白及法之亨利第四时代，英人与法人亦起而模仿葡人与西人而进行印度之商业，并从事美洲之征服。但此两种事业之进行方法绝异，盖商业多为私人所组织之公司所经营，至于殖民事业则常为政府单独进行之也。两种事业之根本进行既不相同，因此两方冲突之性质遂不一致，此殆进行方法之影响也。

英人与法人对于商业之努力，皆于前后数年中同时并起；计英国第一东印度商业公司开创于伊利沙白末年（一五九九），而法国之第一公司亦创于亨利第四时代（一六〇四）。英国公司曾于一六三九年在孟加拉湾之麻特拉斯（Madras）地方建一商店，此地不久遂一变而为重要城市，而为公司在印度进行之中心。至于法国公司，直到一六七六年始于印度获得本地治利（Pondichery），人称此地为法国之麻特拉斯。

第三节　英法在印度之敌对形势

印度以蕴藏天然无限富源之故，欧人早已注目。但印度与其他殖民地不同，非野蛮蒙昧者可比，亦非人烟稀少之地域。印度有独立之文化，有教育、生活之形式，有极大富源与密稠之人口，故印度之殖民，不似其他殖民地之单纯，此实特种之殖民地也。然所谓印度者，非大国家，乃大陆，实抽象之一世界也。某政治史家有言曰："加尔各答人之视德里人，无异在罗马见英国人；苏格兰与希腊之距离，尚较旁遮普州与孟加拉州之距离为近。印度者，无印度之国民（Nation），亦无印度之人民（Folk）之地也。故此大陆在形式上、政治上、社会上及宗教上，均不统一。"盖至言也。其三亿余之住民，由较之条顿人与拉丁人差异更甚之人民而成，流行语言近百种。彼等所信仰之宗教，于大体上可分为印度教与回教，此外尚有佛教等等多种。

印度如此散漫而错杂，因此欧人殖民于此较为容易。英人之经营印度，一面用武力压迫印度人，一面又以巧妙之外交手腕，激成异种人间之争斗，使印度教徒与回教徒争，使藩王与藩王争，鹬蚌相持，渔人获利，英人因得渐次扩张其势力，英人亦狡矣哉。

在印度之法国公司，初时仅为印度亲王之臣属（Vassal），既而公司因见印度内部之分裂，逐渐脱离其臣属关系而自谋独立。公司又常参与本地各亲王之斗争；其参与之方式，即某亲王愿纳巨款或割让土地，公司即以所蓄之军援助之；加利加尔（Karical）与加里科特（Calicut）两地之取得，即此种援助之结果也。即由此种渐进蜕化之形式，公司竟在所辖土地中俨然成为一印度之元首。从此公司之收入，不仅专赖商业之赢利，公司并可正式向当地之居民征收税课。

英人与法人既在印度各有商业地带之基础，而彼此之地带适又相距不远，如麻特拉斯与本地治利，中间仅隔一百五十基罗米达；至于加尔各答（Calcutta）与商德纳加（Chandernagor），其间更不过二十五基罗米达耳。两方距离既近，竞争尤烈，彼此仇视之难免，自为意中之事也；即此一端，已足使两方发生冲突，又况欧洲方面尚有其他之原因哉。

第四节　英法在美洲之殖民状况

英人与法人之从事殖民事业，恰与其从事海外商业同时。当伊利沙白时代（一五八四），英人哈莱格（Walter Raleigh）曾在北美建设第一殖民地维尔基利（Virginie）。一六〇四年（亨利第四时），法人商伯兰（Champlain）亦创殖民地于新苏格兰半岛之亚拉波立司（Annapolis），迨十七世纪时，英国当占士第一及查理第一时代，尤其是一六二七年及一六三七年之间，清教徒（Puritains）因避免英吉利教徒之虐待，曾大批逃入北美，而在法国殖民地之南部成立殖民地五处，统称之曰新英吉利。嗣查理第一失败后，一般英吉利教徒及旧教徒亦络绎逃过美洲，而在维尔基利附近建设殖民地三处。及查理第二时，南部殖民地与新英吉利之间之荷兰殖民地三处，亦因缔结《伯达（Breda）条约》而归于英人（一六六七）。十八世纪时（乔治第二时代），英人又于以上诸殖民地之外另创一新殖民地曰乔治亚。计一七四〇年时，英人在北美之大西洋沿岸共有殖民地十三处，居民总约一百万人以上。诸殖民地虽互相毗连，但各地仍各自独立，各有英王任命之总督及各地议员组成之议会。当时各地之重要商业城市比较可得而言者，则有波士敦、纽约及费拉特费；此外在加拿大东北两部，英人尚有哈德孙湾与纽芬兰及新苏格兰。此皆西班牙承继战后，因缔结《幼立希条约》（一七一三），为法人割与英人之地也。英人既获此等地方,则圣罗连士之人口,所谓加拿大之门户,完全为英人所扼制矣。

初,法人既定居于新苏格兰后,即渐向内地进展,并深入于加拿大之腹地。一六〇八年,商伯兰又于圣罗连士入口之高原上建一商业坚堡称圭倍克(Quebec)。但法人之真正殖民事业,实始于哥尔伯特(Colbort)时代。盖哥氏之经营加拿大,并不以普通殖民地视之,而完全以省分待遇之,所谓加拿大,实法国各省中之一省也。自一六六六年至一六七二年,法国政府曾将诺曼底(Normandie)、不列颠(Bretagne)及安如(Anjou)等地之农民约四千人,陆续运往加拿大,所谓新法兰西(Nouvello-France)也。

第五节　英法在美洲冲突前之形势

法人若里耶(Louis Jolliet)、马尔格特(Le Pere Marquette)及加维勒(Cavelier de la Salle)极努力于探险;若、马两氏曾沿密西西比河(Mississipi)而下直抵阿干萨斯河(Arkansas)之交流处(一六七三年九月)。加维勒则于若、马两氏起程之前探察奥孝(Ohio)一次(一六六九),并于一六八二年径抵密西西比河之出口及墨西哥湾(四月)。加氏为欲光荣路易十四,因命名所经之地为路易安那(Louisiane)。但路易安那之实际占领,则为十二年以后之事。时有狄伯维尔(Pierre le Moyne d'

Iberville)其人者,一战舰之副舰长也;氏以欲保证法人在美洲之安全,占领路易安那实为当务之急,盖不如此,则"英人之势力日增,不及百年,英人必囊括北美全部而有之,而将尽逐其他国家之侨民也"。氏有见于此,乃于密西西比河之出口处建筑炮垒三座(一六九九——一七〇一)。然路易安那之垦殖,新阿尔良(Nouvelle-Orleans)之创建,此又有待于洛夫(Iaw)之擘画也(一七一七)。

法人在美洲经营之殖民地极辽阔,但法国侨民极稀少,计十八世纪中叶(一七四〇),加拿大与路易安那两地之侨民总数不过八万人,而其中大部分皆为农民。法人在加拿大建有坚城二处,一即圭倍克,一为蒙特利尔(Montreal),此外布里敦角岛上,尚建有一极大之海军兵厂,称路易司堡(Louisbourg),此为新世界最有力之坚垒。但法国侨民过少,而且形势又足使英国侨民感受一种威胁,因英侨周围皆为法侨也。法侨散处于亚利俺尼山(Alleghanys)之西部一带,其形势适足以扼制英侨深入内地之机会,英侨深感此种痛苦及危险,两方冲突之机,仅时间迟早问题耳。

第六节 英法冲突

英法冲突系由间接形式而开端,即源于英国与西班牙之冲突也。英西冲突为英国商人强迫瓦尔波耳所发动,特许船问题实为其主因(参看第二卷第一章第七节)。

同时，英国又在大陆方面积极援助玛利德利珊，于是英西以外之关系国家遂不容袖手旁观而被卷入漩涡矣。法国本西班牙之同盟，又为奥帝后之敌人，无论义务或自卫，皆有不能不参加战争之势，此一七四四年路易十五所以向英国正式宣战也。

在北美战争之重要段落，为英人占领路易司堡（一七四五年六月）。但英人之作战，并非伦敦政府之动员，乃为波士敦总督及马萨诸塞（Massachusetts）议员所决定。并且军队四千人皆为侨民所组成，运输船舶亦为侨民所供给；英侨组织能力之伟大，及政治意识之明确，实当时其他各民族所未能几及也。

第七节　亚亨及顾德辉之和

当路易十五与乔治第二宣战时，巴黎东印度公司总理尚以为能在印度保持英法各公司间之和平也。其实在印度之英法各公司已常发生冲突，迨一七四六年九月，麻特拉斯且以陷落闻矣。一七四八年，英海军大将波司喀温（Boscowen）围攻本地治利，无功，旋退去，不久亚亨和议成。麻特拉斯仍归还于英人，法人则收回路易司堡。

亚亨和议成立后不久，法国总督杜佩克司（Dupleix）仍积极继续干涉印度之内争。适加尔拉底克（Carnatic）之省长（Nabab）及特根（Decan）之总督（Soubab），均因缺乏子嗣致发生承继问题，杜佩克司竟以兵力拥出两人。

此二人为应杜氏之报酬,一即承认法国公司之宗主权;一则甘受法国公司之保护,并以西尔加(Circars)之地割予之(一七四九——一七五一)。马拉特(Mahrattes)联邦拟起而干涉特根之事,乃军队为杜氏所击败,该地遂被夷为法国公司之附庸。至一七五四年,法国公司在印度之势力范围,竟自孟加拉湾直达阿剌伯海,总计居民不下三千万人。但法人获此广大之土地,殆全赖其所用之方法,计从中活动之人,欧人不过二千,印度土兵亦仅四千而已。

杜氏所获土地虽广,然所费亦不资,因此一般股东颇不以为然。盖股东所希望者为安宁、商业及利息,而非光荣、战争与土地也。同时,英国政府极努力维持其本国之公司,因常向法国政府痛诋杜氏之失策,并谓如不取消杜氏,则英法间之战争将无法避免。路易十五及其左右皆不愿多生枝节,因决意取消杜氏(一七五四年八月)。

杜氏之继任者为顾德辉(Godeheu)。顾氏刚莅任,即与英政府磋商而成立《麻特拉斯合约》(Convention de Madras),世人多称之为"顾德辉条约"(一七五四年十二月)。约中大意,即英法两公司共同申明一致抛弃对于本地亲王之保护权及宗主权。就此约之表面观之,似甚平允,其实惟法国所受损失独巨,盖所辖三千万人之土地,竟一旦断送于笔尖上也。英国公司本亦申明抛弃一切,但英国公司并不损失丝毫,因英国公司除数处商埠而外毫无所有也。

第八节　印度与加拿大之丧失

《顾德辉条约》虽缔结，但仍不能阻止六月以后之冲突。一七五五年六月，英人突在纽芬兰附近炮击法国运兵船舶，并在英国各埠及大洋中攫夺法国商船。法政府对此曾作甚久之迟疑，最后始遣统领拉里（Lally Tollendal）率军三千人往援印度之法国公司（一七五八）。拉氏进攻初甚顺利，卒因援军不济，竟被困于本地治利，一七六一年一月，降于英。法人闻讯大惊，盖视此次之降，无异宣告法国在印度之统治权从此终止也。

在北美方面，虽赖《亚亨条约》中止仇视，但自一般人观之，此约实一暂时休战之表示，或竟谓双方欲借此暂时养精蓄锐以图再决，亦无不可。盖此次和约对于加拿大与英国殖民地之界域问题，并未明白确定也。界域问题之最关重要处，厥维奥孝地方。奥孝地方本为法人所发见，此地实为通加拿大于路易安那之直接孔道。自一七四八年起，法国总督加里梭里耶（La Calissonniere）为巩固法国之主权起见，曾于奥孝沿途建筑要塞多处。英人亦欲谋得奥孝河之出口，维尔基利（Virginie）之侨民竟于一七五三年末在河流附近从事建筑炮垒。法人卒迫令英人停工，并就其地址完成其建筑，称杜克伦炮台（Fort Duquerne），但距此五十基罗米达之地，维尔基利人已早建有一新要塞，称急需炮台（Fort Necessite）。一七五四年六月，法军官如孟维尔（Jumonville）赴急需炮台威胁英人撤兵，炮台司令华盛顿（Washington）即命人开枪杀之，七月初，法人围攻炮台，华盛顿遂降。两方仇视即由此开端，而英法两政府固贸贸然以为双方侨民尚安居乐业也。

战衅既开，英国本部与殖民地即遣六万人进攻加拿大。在法人方面，边境不下一千五百基罗米达，而前线兵与志愿军统计不过一万零三百人。迨英军占领杜克伦炮台，因此加拿人与路易安那遂被横截成为两部。同时路易司堡亦被英人攻下，于是加拿大与大西洋之交通复被中阻（一七五八年七月）。一七五九年九月，英军司令维尔夫（Wolfe）直捣圭倍克下之。数月后，蒙特利尔又降（一七六〇），从此加拿大遂完全入于英人之手（一七六〇年九月）。

第九节　巴黎条约

英法在印度及加拿大冲突，同时亦在欧洲方面冲突。惟法国海军在地中海中初时小有胜利（一七五六年六月），嗣因海军将领之无能，卒仍屈服于英国海军势力之下。一七五九年，法人拟渡海攻英，乃军舰尚未集中，竟一败于拉各斯（Lagos，一七五九年八月），再败于贝列利岛（Belle lle，一七五九年十一月），两次损失之军舰竟达六十四艘。

法国军舰虽被摧毁，加拿大与印度虽相继丧失，而两方之冲突并不因此而终止。时法国外长爽锐曾斡旋于布尔奔族间,卒使西班牙、那不勒与路易十五成立一种新《家庭契约》(一七六一年八月),因此法国大有卷土重来之概。惟此次条约结果,不但于战争方面毫无补益,且适以促成美洲殖民地之完全丧失。盖法王以西班牙之弗罗里达(Floride)为英人所占领,为补偿西班牙之损失,遂不惜以美洲最后一块土——路易安那割予之。

法国已无恢复失地之望;一七六二年十一月,英法成立预备和约于枫丹白露,旋正式改为《巴黎条约》(一七六三年二月)。按照此次条约,法国放弃加拿大及密西西比河左岸一带地方于英人。在印度方面,法国须放弃一切政治上之计划。所有法国在印度之城市五处——本地治利、商德纳加、加利加尔、牙那(Yanaon)及马黑(Mahe)——均一律归还法国公司。惟须削去城垣,且永远不得驻兵。

第十节 英法胜负之原因

法国当一七五三年时,大有成为世界殖民大帝国之形势,乃不及十年,竟被摈于殖民帝国之外,而不得不缩处于欧洲。一七六三年之《巴黎条约》,实世界史中重要时期之划界标志,亦即英国势力向世界膨胀之诞生证也。

法国因《巴黎条约》所受之损失极巨,其所以致此之由,不外政府庸弱,误信和平而力避战争。因此造兵厂失修,驯至战舰将装炮时,尚须征发印度公司之枪炮。海军人物如加里梭里耶,不幸一战即死;海军部长马哥耳(Machoult)被黜之后(一七五七),政府竟代之以警察总监白里耶(Berryer);白氏认殖民地与海战均无关重要,居然令人售去兵厂之器械一部分。就中原因之最重要者仍为宣战以前,英人捕去之法舰三百余艘及水兵数万人,盖从此运输极感困难,而新招水手之训练尚需时日也。此外一般人之不负责任,亦如政府,一般人之目光,仅专注意于欧洲之战争,其于殖民地事件,意殊漠然。爽锐与人书曰:"尼柔兰万里之地,实较胜全部殖民地也。"是语也,殆当时一般心理之表现也。当时之人,除一般船主及少数商人外,一般智识愈高之分子,尤深信殖民地之无益。亚尔让松竟向人云,彼宁抛弃各殖民地以易"一针头"。福禄特尔亦以法人向英人争执"数亩雪地",深为诧异。迨蒙特利尔降英之后,爽锐犹致函福禄特尔作戏语云:"知足下欲托吾辈代备今冬之皮裘,则请径向英国求之可也。"总之法人心目中之殖民地,实一无足重轻之事。政府以责任所在,有时亦曾援助在殖民地作战之将领,如杜佩克司、拉里及孟加门(Montcalm)等,但每人所收之援军至多曾不过三四百人。忆白里耶答孟加门之书曰:"先生,室中失火,何能顾及马厩。"观此则当时法人注意之点愈益明了矣。所谓室中失火者,即指德国方面之战争也,比殖民地于马厩,其对殖民地之贱视可想而知。然而仅为德国之战,竟耗损无量之金钱与丁壮,而其所得之结果

第七章 海外殖民之战争

· 273 ·

究何如耶！

英人则与法人不同，一般人对于海战及海外之战，均极注意。并且开战之初，政府对于作战将领即不稍假贷，务使将领必获胜利，否则当以身殉。一七五六年时，海军大将宾克（Bing）被法将加里梭里耶战败于米诺加（Minorque）岛前，竟被判处死刑而遭枪决。海军之增援，亦毫未间断，战舰竟由三四五增为四二二艘。英相比特亦常令陆续输送大批军队于美洲，仅一七五七年一次即增加援兵至二万五千人。刬正式军之外，尚有大批之侨民志愿军，此辈比之正式军队尤为奋勇；如路易司堡之进攻，急需炮台之建筑，及杜克伦炮台之兴工，皆此辈志愿军之自由行动也。且英侨不下一百二十万人，而法侨始终不过八万人，两方人数之差异何啻霄壤，而法侨欲操胜算，岂可得哉！佛兰克林（Franklin）于冲突之初曾有言曰："如法人长住美洲，吾辈之十三州侨民实未易高枕而卧也。"是语也，实全体英侨之心声也。英侨之努力作战，盖为生存而竞争，其以必胜之心而对无可无不可之法人，卒获达到尽逐法人之志愿，岂偶然哉！

第十一节　英人在印度之统治

英国公司既由《巴黎条约》推翻法国公司之势力，从此英国公司遂在印度单独实施其宗主之权力。其所用之进行方法，亦不外杜佩克司之方法，如以欧洲练兵法训练土人，或乘各地亲王之内争出赁其军队。英国公司之努力，时间不过半世纪耳，而印度竟完全入于英人之手，此皆以印度人制印度之方法之效力也。英人之所以能在印度获得如此之成就，盖全赖印度公司之两人，即克来武（Clive）与哈斯丁（Worren Hastings）。

克来武本英国印度公司之书记，既而投笔从戎，居然在本地治利之围攻战争中（一七四八）大露其头角。不久，氏又在加尔拉底克屡次战胜杜佩克司之被保护者。然氏之声名突为人所注意者，厥维孟加拉事件给与以机会。盖英国公司曾在恒河河口建有重要商埠曰加尔各答，不图孟加拉总督竟于一七五六年六月侵入该地，并掳去英侨一百四十六人。入夜，总督令人囚俘虏于黑窟中，然并无置之死地之意也。然所谓黑窟者，即一数方尺之地窖也。窟中空气稀少，俘虏竟因闷气死去百二十人。克来武率军三千人往攻总督，遇敌于普拉塞（Plassey），时一七五七年六月二十三日也。英军刚发大炮，被克氏贿赂之印将札飞（Mir Djafer）竟率其军来归。克氏承认札飞为总督，当要求札飞一次付与英国公司六百万镑，并要求以后按年输纳七十五万镑之年金。英政府颇嘉克氏之功，旋封之普拉塞男爵。普拉塞战役之后，克氏继续经营印度约十年；在此十年之中，英国公司又获得财政管理权及税课征收权；至于公司供给印度总督之军队，美其名曰保护，而其实则无异监督其行动也。总之印度之最富庶部分(恒河中部流域与下部流域之地及西尔加地方),经过克氏短期经营之后,皆于不知不觉间而立于英人保护之下矣。一七六七年,克氏挟巨资返英,忌者控之,下院且接受控诉而派人调查焉(一七七三)。克氏之亏蚀情形虽然毕露,国会卒以克氏有功于印度而免予议处。然克氏因讼诉之缠扰及鸦片之过度,理性竟日趋于混乱,氏卒以不胜忧伤而自戕,死时年仅五十岁(一七七四)。

当下院调查克来武之中饱情形时,国会曾决定由立法手续改组印度公司之行政组织。此次改组所宣布之《整理法》(Acte regulateur),即将公司所辖之各地商店管理权完全集中于一人之手,即总督(Gouverneur General),并在总督左右设一评议会(Conseil)。但总督未列席评议会,评议会则丝毫不能决议或发布命令。英国公司经过此次整理之后,从此英人在印度无论政治上或行政上皆获保证相当之廉洁。在整理制度下之第一任总督即哈斯丁(一七三二——一八一八)。哈氏初亦为公司之书记,氏既任总督,首先即将克来武仅为孟加拉总督保留之行政权亦并剥夺之;对此白拉乃司(Benares)亲王及亚乌德(Aoude)女亲王,氏亦压榨之不遗余力。一七八五年,氏被召还英国,一般人皆视之如"近代之危害司"(Verres)。维新党人(Whigs)要求付诸惩戒,讼诉竟迁延至九年之久。适科伦瓦里司贵族(Lord Cornwallis)自印度归,旋将哈氏在印度之治绩作成剀切之报告,上院乃赦免之，仅罚其缴纳讼诉费而已（一七九五）。然讼诉费已属不资，氏竟因此而耗尽所有私蓄，印度公司怀其德而悯其穷，乃奉以当年之补助费焉。

自公司改组以后，国会颇感觉有监督公司之必要，旋根据内阁比特之主张，乃于一七八四年初通过《印度法案》(Bill de l'Inde)。依据《印度法案》，总督由公司任命，但英王有罢黜总督之权。此外特设一监督会议（Conseil de Contole），议员完全由英王选任之。监督会议设于伦敦，公司应将与各地来往之函件通知监督会议。此种组织直继续存在至公司取消之日，即一八五七年印度土兵之乱之时也。此后公司所有在印度之一切事业，则完全献诸英国之中央政府，而英王之头衔中亦益一印度皇帝之徽号焉。

第八章　北美合众国之成立

英人曾与其殖民地之侨民一致起而排斥法人,卒将法人摈于北美之外。不图《巴黎条约》(一七六三)后二十年,殖民地侨民又起而反抗英人,而法人且从中援助侨民以拒英人矣。当七年战争时,北美殖民地侨民对于英人之胜利曾多所贡献,乃此次英人欲其分担战债,致十三州殖民地竟起而联合反抗英人,卒赖法人之援助及八年之血战,终获取得最后之胜利。侨民既在新世界建一独立而自由之合众国家,《凡尔赛条约》(一七八三年九月三日)遂正式承认之。

第一节　北美殖民地之概况

英人自十六世纪末至十八世纪中叶,在北美东岸建设殖民地之情形,上章已详述之矣(参看《海外殖民之斗争》章中《英法在美洲之殖民状况》)。北美北部最早创设之殖民地,皆为英国逃亡之清教徒所经营,此辈多为农人、樵子及渔夫,生活皆极清苦,尤能耐劳,最醉心于平等与自由。此辈之教育极普及，五十户必有一初级学校；亦有高级学校，如哈佛公学(College de Harvart)、耶鲁公学(College de Yale)等。惟北部之公共财富极平庸，最兴繁之城市仅有宾夕法尼亚(Pensylvanie)之费拉特费(Philadelphie)及马萨诸塞之波士敦(Boston)，前者仅有居民两万人，后者竟不过一万五千人。南部情形则大异于北部，南部殖民地之建设者多为缙绅之士，非英吉利教徒，即为旧教教徒。南部土地极肥沃，天气极炎热，最适于种植。所有地主皆不事操劳，工作纯由非洲黑奴担任之，地主仅从旁监督而已。一七七五年时，北美居民总约二百七十万人，而黑奴竟达六十万之多，约占全额四分之一。至于商业较繁盛之殖民地，允推纽约，凡与英国本部往来之交易，几以此城为集中之地。

北美各殖民地各有省长(Gouverneur)、参事会(Conseil)及民选议会(Assemblee)。民选议会由侨民选出之代表组织之，任期一年或两年。关于地方用费应课之捐税，须由民选议会通过之，此亦侨民惟一所有之特权也。各殖民地之司法官，亦由侨民公举之。总之各殖民地在行政方面所享之自由，良不可谓不重要矣。

至于经济方面，侨民则无丝毫之自由。各殖民地之产品，仅能运销于英国本部，而各地之需要用品，亦只能求之于母邦。英相比特有言曰："如美洲拟自制一袜或一马蹄铁，予必使之感觉英国之权力也。"但各殖民地颇不乏原料品。欲侨民永远放弃其固有之权利，势殊未能。故英国本部与侨民之间，彼此在精神方面早已蕴藏一种对抗之原理，至于事实上之冲突，仅时间迟早问题耳。侨民之有此种心理，迨发端于十八世纪中叶：一七五四年，各殖民地代表曾集会于纽约州之亚尔巴尼（Albany），以讨论联邦（Federation）计划，适因法人在边境开衅，以至此次会议草草完结而无结果。

第二节　殖民地叛变之根由

殖民地侨民既战胜法兰西人，已曾感觉其自身之力量，欲其长久屈服于母邦英人支配之下，殊非侨民之所愿也。在英国本部方面，曾因七年战争耗去巨款，为弥缝此种亏欠，税课屡增不已，已有不能再增之势。乔治第三及艾维尔（Grenville）对此困难之财政情形，乃主张英人得在殖民地攫取最大之商业利益；同时又主张殖民地侨民应担负公共费用之一部分，特别为美洲边防驻军之经费。英政府既有此种决定，因公布命令实行保证英国船只在殖民地有海上商业之专利权。既而英国国会亦通过一种决案，即凡关于司法上之公文，殖民地须与英国本部一律，须应用国家颁行之印花纸（一七六五）。

关于商业专利权之决定，殖民地侨民对之殊无足重轻，因沿岸商业正大发展，侨民颇不乏贩运私货之机会也。至对于印花纸税，侨民则丝毫不能忍受，遂各派遣代表集会于费拉特费,而以英人自由(Libertés angiaises)之名义提出抗议(一七六五年十月)。此辈代表之言曰:"侨民当离去英吉利时,并未失去英人之资格,虽身在殖民地,而仍当继续保有一切公民应享之权利。英国公民所享权利之最重要者,即税课未经公民本人或下院之代表承诺者,公民有拒绝缴纳之权,此为英人自由之基础,如否认之,则一切自由皆随之而消失矣。英国国会中既无殖民地侨民之议员,侨民当然不负纳税之义务。"此种理论,即英国国会中之维新党人亦极赞躇之,比特尤深表同情。一七六六年三月,下院通过取消印花税案;但一七六七年六月,国会又主张对英国出口货品,如铁、纸、玻璃、颜料及茶叶等,均加课一种关税,殖民地侨民既闻此种决案,乃一致联合拒购以上标明课税之货品,因此殖民地入口之英国商业骤然为之减少三分之一。至一七七〇年,英政府不获已,始明令改变以前决案,即除茶叶每镑课以三辨士之出口税外,对于其他一切商品之关税均予完全废止。其实此种课税之英国茶叶,比较荷兰贩运之私茶尤贱,但殖民地侨民仍继续反抗英国茶叶之入口。一七七三年十二月,有茶船三艘抵波士敦,当地居民竟侨装红人侵入茶船而将船中之货尽投于海中。英王闻讯大怒,曾语人曰:"侨民应战胜政府,否则须投降也。"英王旋令封锁波士敦,如损失不见赔偿,则此港决不恢复。同时英国国会亦决定变更马萨诸塞之宪章,即剥夺侨民选任司法官及参事会议员之特权。

第三节　大陆会议与《独立宣言》

波士敦与马萨诸塞既遭英国本部之惩处,乃急向其他诸州乞求援助。各州除乔治亚(Georgie)外,咸派代表赴费拉特费集合,此即世称之第一次大陆会议(Congres Continental,一七七四年九月五日)。此次会议曾发布一种《权利宣言》(Declaration des Droits)以确定美洲人之宪法理论,其精要之处有云:"所谓英人自由及自由政府之基础,即人民有参与立法之权。"此外又成立一不入口之同盟(Ligue de non-importation)以检查应行抵制之英国货品。一时各州咸纷纷成立委员会以监督商人及居民,并于各地组织团练兼设置军械储藏所。迨一七七五年四月,突有英军一队抵波士敦不远之利兴登(Lexington)地方,意在抄毁该处之军械储藏所,乃竟与当地团练发生冲突,两方死伤约数百人。忆冲突之前一月,维尔基利之巴特里克亨利(Patrick Henry)曾自其唇间放出预言之颤动声音云:"战衅已开,转瞬北方之风浪必将送战争之消息于吾人耳畔也。吾亲爱之同胞既已前赴战场,何以吾人尚闲逸于斯耶？生命是否如此其亲贴,和平是否如此其温柔,必吾人以桎梏奴隶为代价而换取之耶？上帝有灵,其佑吾人！他人对此之态度,我不敢知;至于我,惟祷祝自由或死亡耳。"

一七七五年五月,第二次大陆会议仍集于费拉特费,各殖民地以局势严重,遂允大陆会议行使正式政府之职权。大陆会议乃以集中波士敦之团练为基础,授最高司令权于乔治华盛顿(George Washington),并发行纸币,颁布商业章程,派遣代表赴欧洲从事运动。七月六日,颁布正式宣战令,谓此为"武装以抗暴力;必侵略者方面停止仇视乃息干戈。吾人之理由,至充足也;吾人之联合,至巩固也"。

一七七六年六月,维尔基利代表团领袖李氏(Riehard Henri Lee)曾致一说明书,主张宣告独立。七月一日,乃由哲斐孙(Jefferson)等五人草创《独立宣言》,旋于四日发出。《独立宣言》首先肯定凡人生即平等,并保有"不能转让之权利",如"生活、自由及幸福之追求";此为任何政府应负责保证其享受者,"如政府有摧残以上权利之形式,则人民有变更之或废止之之权"。宣言既肯定凡人生即平等,于长含有从属性质之社会遂一变而为一种意志之社会矣。宣言性质之最重要处,为确定各殖民地之游移思想:华盛顿部下褴褛队伍亦一变而为国家军队;战争原为殖民地抵抗元首之不规则行动,此后则为外人入侵下之正当防卫。当《独立宣言》未公布以前,一般保守派或守法者尚津津以武装抵抗政府之过度行动为忧;迨独立一旦宣布,所谓对英王之忠诚,则将被人认为有通敌之嫌疑矣。总之,此后之目的较为明白,即一新兴民族奋起作战以图生存也。

第四节　华盛顿与萨拉多加之降

一七七六年三月，华盛顿曾将波士敦之英军驱出而占有其地，此为战争胜利中之第一声。但此后之战争异常困难。第一即美洲人缺乏中央政府，维系各州虽有大会，但大会对于各州之自治政府无发布命令之权。其次，一般美洲人多不赞成独立，特别为中部各州，尤其是纽约，盖一般商人与大地主皆为忠于英王者也。此外如军械、辎重、衣履、金钱，无一不发生困难。纸币虽能救济于一时，然使用之范围仅限于美洲。最后之极大困难，厥维军队；盖团练皆为志愿入伍者，人数既少，而服务时间普通仅六阅月，恰当操练正熟悉时，乃又须退伍也。当时既有如许之困难，而美洲人终能获得最后之胜利者，此则完全有赖于华盛顿。

华盛顿本维尔基利之富有地主，又为大陆会议出席代表之一。氏为人谨饬而淡泊，颇有毅力，尤其沉着，从不知失望为何事。氏并不优于策谋，亦不长于作战，其惟一特异之处，即能于失败之后恢复军队组织，或且巩固之。氏有大将风度，兼具政治眼光，因此每到重要之关头时，大陆会议常遵循其计划焉。

美洲人除仰赖华盛顿之力之外，其获益于地理者亦不少。盖作战地带不下八百基罗米达，且多为荒野之区域，或为丛杂之森林，道路既稀少且艰于行，河流又太多并乏桥梁，敌人前进，已极费力，补充军实，尤其困难。即因此种复杂之地理与天然之障碍，美洲人卒于两年困苦转战之余而获得一七七七年十月之第一次胜利。

一七七七年之战争，自美洲人视之，比诸任何战争尤为恶劣。盖英军共分两队，一队驻于纽约，他队则集中于加拿大，窥此两队英军之用意，大约拟从中横断叛变之区域，即将南北两部截而为二也。并且驻纽约之军队，已有一部绕道莎萨披克（Chesapeake）湾而掉身占据费拉特费，竟使大陆会议抛弃该地之不暇。华盛顿曾拟恢复该城，但两度反攻均被战败（九月十六日—十月四日）。其实向费拉特费进犯之英军，纯为一种声东击西之策略，盖意在诱敌南向以便利主力军之动作，即易使集中加拿大之英军乘机占领哈德孙地带也。乃加拿大英军经商伯兰湖（Champlain）以后，沿途森林绵亘，卒因此耗尽辎重，加以洪水泛滥，艰于前进，抵萨拉多加（Saratogu），仅余三日之粮，既被敌军包围，复受饥馑压迫，竟不得已缴械而降（一七七七年十月十七日）。

第五节　法人参战与约克土恩之降

自英国正式军队降于美洲团练之消息传出后，欧洲人极为动容，法国政府亦一变其过去之暧昧态度，而鲜明决定与美洲缔结正式同盟。忆自英国与美洲冲突之第一日起，法国即非常注意。盖《巴黎条约》以后，法国赖爽锐之努力，尝积极从事改造军队，尤致力于海军，意在乘英美斗争之机会而欲从中报复也。然路易十六性迂缓，未敢遽然援助美人，即美人自动宣布独立以后，法王犹迟回考虑者近三年。时阁臣中意见显分两派：一派颇以财政之紊乱为忧，因竭力抨击战争思想，此派以堵哥（Turgot）为领袖；另一派则急欲扶起为《巴黎条约》降低之法国地位，并欲涤去法国当瓜分波兰时之消极态度，此派则拥戴外交部长维尔然伯爵（Comte de Vergennes）。然法政府自一七七六年以来，即秘密实际援助美洲人，如供给大宗之金钱与军械等。此外尚有青年贵族军官，如拉华叶（Lawayette）、罗旃（Lauzun）、罗海（Noailles）、塞居（Segur）等，早已自动潜赴美洲而投入华盛顿旗帜之下矣。

在凡尔赛方面，自萨拉多加之消息传来后，一般主战派之势焰遂为之大张。时美洲人之代表为佛兰克林，维尔然伯爵乃与之进行磋议，旋即签定《商业条约》及《联盟条约》（一七七八年二月）。自是以后，英美之战线上遂又参入一欧洲大陆之国家矣。时一般海军国家，因英人托词检查战争私货，常借故骚扰中立船舶，颇为不怿，维尔然乃乘机运用之，卒使丹麦、普鲁士、瑞典、荷兰、葡萄牙及奥大利，一致立于俄女帝加他林第二领导之下，而组成武装中立同盟（Ligue de neutralite armee）。西班牙欲恢复直布罗陀(Gibraltar)，亦起而与英国之敌人相联络(一七七九)。从此英人之形势益孤，而英美斗争且更蒙上欧洲之色彩矣。在美洲大陆方面，溯自一百年以来，此又为英法第五次斗争之舞台，英法结怨之难解，亦可谓至矣。

总之法美联盟实一重要事实，美洲人之能获得最后之胜利，实法人有以助成之。忆一七七八年末，英人颇注意于美洲南部，因南部亲英之倾向较浓也；英将克兰登(Sir Henry Cliton)并在当地补充军队，且不费力，是南部一带之战争不啻含有内讧之性质也。塞芬那(Savannah)一役(一七七八年十二月)之后，英军竟在乔治亚成立政府；一七八〇年，英军复又侵入南部之大商埠查理斯登(Charleston)。美军连战皆北，形势已可谓岌岌乎危矣。一七八一年，法将罗商波(Rochambeau)率陆军七千人，海军大将克拉司(Amiral de Grasse)率战舰三十八艘，同时赴美助华盛顿，卒困英国主力军于约克土恩(Yorktown)。经过二十日之围攻，英军八千人不得已降(一七八一年十月)。萨拉多加之降曾变更国际之形势；此次之降遂确定美国之实际独立。

在美洲以外，英法多直接交绥于海上。一七七八年六月，法舰美鸡(Belle-Poule)曾在布拉斯特(Brest)附近驱走英舰亚勒丢斯(Arethuse)，一般法人且视此次胜利为报复七年战役之耻之征兆。一月后，法海军大将阿维里耶(Orvilliers)又战胜英人于维桑(Ouessant)岛前(一七七八年七月)。一七八二年,克里雍公爵(Due de Crillon)复占领米诺加(Minorque)。在中美洲方面,法海军大将艾司坦(Estaing)等亦将一七六三年丧失之安地群岛(Antilles)夺回一大部分。但在各地之海战中,其战绩最著者,尤推在印度沿岸屡战屡捷之苏弗伦(Suffren)。一七八二年,苏氏曾在七月之中战败英海军大将虎克(Hughes)数次,并恢复本地治利于英人之手;即和约缔结之前夕,氏犹予英海军以一大打击焉。

第六节 《凡尔赛和约》与战争之影响

虽英海军大将罗德乃(Rodney)能在圣岛(Saintes)方面战胜法人,虽英军能解去直布罗陀之围(法国与西班牙联军围攻直布罗陀自一七八〇年一月至一七八二年十月),而英人惕于战债之叠增,亦不能不主张议和(一七八二年末)。在法国方面,亦因经济短绌,同时又闻加他林第二及若瑟第二对土耳基有所协谋,乃亦赞成议和。一七八二年十一月,美全权代表佛兰克林等签定草约,九月后,旋在凡尔赛改签正式和约(一七八三年九月)。依据此次和约,英人承认北美合众国之独立,并放弃直达密西西比之地于合众国。对于法国,英人交还一部分安地岛及塞内加尔(Senegal),并承认法国有建设保垒于丹格尔克(Dunkerque)之自由;英人对于西班牙,则交还米诺加与弗罗里达。此次和约对于北美合众国之独立可谓完全确定；而法国所获之利益虽不甚优，然《巴黎条约》所遗之污垢实涤去不少也。

美洲战争虽经《凡尔赛条约》而结束，而战争所遗之影响却非常重要。美洲战争不仅完成合众国之创立，不仅促成英吉利之衰弱，其在法国方面所产生之政治影响尤极郑重，虽谓法国革命为美洲战争所速成，亦无不可。盖赴美洲助战之法人，此辈脑中无人不充满自由与平等之思想；《权利宣言》在一般人之心目中最为普遍，且皆知此项宣言仅为当时法国思潮之一种节略；因此一般中产阶级中人，对于民权与公民权利，尤三致意焉。同时法国因战争而耗费之款甚巨，借债既不足以填亏欠，糜费又不能设法撙节，结果财政濒于解纽，法王乃不能不乞助于国人，此为法国革命导火线之全级会议（Etats generaux）因得以召集也。

第七节　一七八七年之制宪会议与宪法

美洲人之独立虽已正式确定，而美洲人正式组成联邦共和，则在一七八七年宪法成立以后。即为此宪法问题，拖延竟达四年之久（一七八三——一七八七），有时且使此少年国家之存在发生动摇，亦云险矣！盖当时之美洲人约分两派：一派主张各邦各保持一种完全之独立，无论各邦之财富与居民如何差异，而各邦彼此则立于绝对平等之地位，此派即人称为共和派（Republicains）者；另一派主张各邦须有最宽之自治权，同时主张设立一强固之中央政府以联系各邦,俾旧日各殖民地仍得保持一种最重要之地位,人呼此派为联治派(Federalists)。但当战争期间,共和派颇占优势,因此大陆会议之权限仅能及于军事问题与外交问题。自和约签定以后,大陆会议竟无法筹款以补军饷之尾欠及付外债之利息。最可笑者,一部分议员且主张以倒帐了之者。总之此种"可怜之政府",对内既不能使人服从,对外更不足令人尊重,真可谓可怜极矣!法国政府中人居然公开向哲斐孙宣言,决不承认大陆会议为一种政府。此外如英人之伺隙于西北,西班牙人之障碍于南端,非洲海贼之骚扰美国船只,在在皆足以危及合众国之发育,而由一七八一年《邦联约法》(Articles de Confederation)所造成之中央政府,竟衰弱至于自承无能保障其所有公民之生命财产。《邦联约法》之为崇,亦可谓至矣尽矣。

一七八三年,华盛顿通告各邦行政长官,谓"亟宜成立一中央政府以总理联邦共和之全部利益;否则,现有之联合关系必不能持久"。惟当时各邦独立之狂热正高,结果应者甚少。至一七八五年,马萨诸塞之行政长官堡丁(Bowdin)在邦议会中提议修改《邦联约法》,此案虽经该邦议会通过,但并未呈交大陆会议决定。适维尔基利与马里兰(Maryland)正对波多马(Potomac)河流出口问题有所争执,乃宾夕法尼亚与德拉瓦(Delaware)间亦发生问题,维尔基利代表遂提议于明年(一七八六)在亚拉波里(Annapolis)邀请各邦代表讨论合众国全部之商业利益。迨集会之初,哈密尔敦(Alexander Hamilton)即建议于翌年再会于费拉特费,以审查《邦联约法》。一七八七年五月,由五十五代表组成之制宪会议(Convention)正式集于费拉特费,并推出华盛顿为主席。经过五月之讨论,卒成立一种宪法草案(一七八七年九月)。此种草案陆续经过各邦批准之后,遂成为合众国正式之宪法(一七八八年)。

一七八七年之宪法,颇尊重各邦之主权及其独立。举凡未经联邦宪法宣告为公共利益者,各邦得依据其本邦之法律自行处理之。各邦各戴一由选举产出之邦长,各有裁判所与法律;行政之权属邦长,法律表决权属立法部(Legislature)。宪法载明立法、司法、行政三权各自独立。行政权属于总统,立法权属于国会。但总统与国会之权力范围,仅限于外交、海陆军、商业问题及关税。总统选举,由各邦任命选举代表团举行之,总统任期四年,得连任。总统对于政务负完全责任;各部部长仅为总统之秘书,总统得随意任免各部部长,决不受国会之干涉。总统为海陆军领袖,有签定条约权,惟须保留以待上院之批准,并有任命公使及各项职官之权。举行总统选举时,同时选一副总统,副总统主席上院,如总统死亡,即代理之。国会由上下两院组成之,上院议员由各邦立法部选出,不论各邦居民人数之多寡,皆为二人;上院议员任期六年。下院议员依照各邦居民数目比例选出之,约三万人选议员一人,议员任期二年。国会定期开会,总统无召集及延期之权,但总统对于国会通过之法律得不予执行而要求国会复议。司法权属于最高法院,司法官九人为终身制,由总统选任之。最高法院为一种仲裁裁制所,如遇各邦彼此冲突,或国会与总统冲突时,则实行其仲裁之权力。最高法院认某种决议或法律违反宪法时,有废止之之权。

综观合众国一七八七年之宪法规定,此次宪法殆为一种代表制,而非巴力门制。至于总统权力之大,实非欧洲立宪君主所能比拟。此外如最高法院之设置,亦一合众国宪法特异之点。吾人须知当时一般革命诸巨子,对于中央及各邦政府之建设,虽一致赞成采用共和制度,然对于共和政体之运用,则绝无经验者也。盖在一七八七年间,欧洲各邦稍带共和色彩者,只一瑞士,而瑞士当时仅为一种同盟组合,未足以言完备之国家,且组合中各郡尚多非平民政府也。故当时之世界,一君主国家之世界也。而美人既不遵循先例,复不师承成法,决然以自身尝试,出而创建联邦共和,其思想之特异,固不能以一般之见地而批评之也。矧此次宪法竟为现代宪法观念之直接渊源,具有特异思想之美人,亦足以自豪矣。

第九章　东欧政治状况

在十八世纪下半期中,东欧政治状况之变动极大;一方有俄、普、奥联合瓜分波兰,他方俄、奥又秘密协谋土耳基,结果波兰卒被宰割,而土耳基则侥幸不死,此固彼此有幸有不幸,抑亦波、土所处之地位各不相同,而当时之事势亦互异也。

波兰之亡,由于其内部之混乱者半,由于其邻邦君主弗勒德勒第二之野心者亦半。"自由否决权",已足使波兰陷于瘫痪;矧"外国钱"时时流入,而欲一般波兰人不奔走于外敌之门以泄其对于忘恩负义之母国之愤,其可得乎!又况十八世纪为普鲁士升为世界一大强国之时代,而波兰之臂又由但泽(Dontzig)伸入波罗的海,致将普鲁士领土截而为二,此自弗勒德勒第二观之,波兰之存在,实有难于容忍者也。弗勒德勒第二首谋之于加他林第二,再商之于玛利德利珊与若瑟,卒于一七七二年开始第一次波兰之分割。敌心未餍,而波兰之复兴可虑,于是第二度(一七九三)、第三度(一七九五)之分割,竟为不可避免之事实,而波兰遂在法国革命声中宛转呻吟以死。

土耳基自十六世纪中叶以后,即渐渐由盛而衰;但当时之主要敌人,无非威尼斯、奥大利;迨十八世纪,新兴之俄国遂为其制命之一大劲敌。在十八世纪以前,俄、土间本已发生纠纷,但皆不十分重要,未足为土耳基肘腋之患。乃十八世纪,俄人大举南下,然后斯拉夫之声势日张,而土耳基之命运益恶矣。适俄女帝为加他林第二,而西侵波兰,南略土耳基,又为其对外发展之主要方针。一七六四年,俄、普结约互保领土之安全;不久,两国旋有瓜分波兰之协议,并延入奥大利共同行动。当协议消息传出之后,土耳基立即提起抗议;但俄国并不气沮,反而多方向土挑战。土耳基不幸战败,结果成立一最失败之《开拉齐(Kainardji)条约》(一七七四),而承认俄国对于一部分土人之保护权。一七七九年,加他林发布《条约解释书》(Convention Explicative),竟谓土耳基对于克里米仅有宗教上之关系,而将一切政治权力移入俄人手中;至一七八三年,则更进一步实行合并该地矣。一七八七年,土耳基忍无可忍,乃陆续向俄、奥宣战。土耳基在此次战争中已露分崩之象;其所以卒获苟全而避去若瑟与加他林之分割协议(一七八二)者,实法国革命有以阻挠之也。

第一节　波兰共和国及其界域

十八世纪中叶，波兰北抵波罗的海，南届加尔巴特（Karpates）及地尼斯特河（Dniestr），东部越都那河（Duna）及地尼伯河（Dniepr）直达斯摩伦斯克（Smolensk），西部与阿得河（Oder）平行抵西勒西亚、白郎丁堡与波美尼亚。当时之波兰，由地理上观之，固一泱泱大国也。惟北部有普鲁士王国。

波兰计分两部：（一）波兰王国，即维斯杜拉（Vestule）地带，以瓦萨（Varsonie）为京都；（二）立陶宛大公国（Grand-Duche de Lithuanie），即里也曼（Niemen）与浦里伯（Pripet）地带，重要城市有维尔那（Vilna）。大公国之面积比王国较大，人称之为王冠之地（Les Pays de la couronne）。王国与大公国为十四纪（一三八六）耶奇鲁族（Jagellon）联合为一者，此后波兰在波罗的海之势力遂为之大增，然两地之区划至十八世纪犹存。

波兰无天然国界，俨若各种民族之通衢。中部波兰人，西部波兰普鲁士（Prusse polonaise）为德国人，东部为立陶宛人与俄人，遍于各地则有犹太人。各民族各有其宗教。德人为新教徒，俄人为希腊教徒，波兰人与立陶宛人为数较多，多为旧教教徒。国中惟旧教教徒为国民，如希腊教徒与新教徒为异教（Dissidents）。自一七一九年至一七三三年，波兰政府曾屡布命令禁止异教教徒充任一切公职,并剥夺其一切政治上之权利。

第二节　社会组织

波兰社会,仅有贵族与农民两阶级。农民为农奴(Serfs),完全伏处于贵族意愿之下,税收完全由农民缴纳,既无丝毫权利,且又不能逃逸,其生活之苦,实非楮墨所能形容。英国历史家科克司(Coxe)于一七七八年往游波兰,曾喟然叹曰:"波兰农民诚世界上最穷困,最受制,而最可怜之人也";弗勒德勒第二亦谓波兰贵族"并未以人类待之,直以牲畜视之也"。波兰农民之苦,人多借作比喻,如"比诸波兰农民尤为可怜"一语,时人多习用之,其痛苦之著名有如此者。

贵族皆为地主,惟此辈为自由人,人数约百五十万。一般贵族在原则上皆平等,但在事实方面则可分为三等:(一)高级贵族(Magnats),此辈多在立陶宛境内,共约百余户。此辈贵族之家长,俨同君主,有都会,有职官,有军队,辖地有至数省者,军额有达一万人者。如杂尔多里司基族(Czartoryski)、哈吉维尔族(Radziwill)、波多基族(Potocki)、鲁波米尔斯基族(Lubomirski),皆高级贵族中之最著者。(二)中级贵族,约三万户,各有一二村镇。(三)低级贵族(Plebenobiliairo),约百三十万,仅各有一刀,一马,及一方最狭之地,常自耕以为生。"贵族之犬,虽踞于封土之中,而其尾可达邻封之境",此即此辈贵族之笑谈也。

僧侣不成阶级，因主教均出身于大家族也。主教下之教区（Pareisse）僧侣，其生活亦极恶劣，与高级贵族下之低级贵族无殊。商业悉由犹太人经营之，此外无中产阶级。波兰之中产阶级为德国人；盖十二三世纪时，正当波兰内部混乱之秋，德人涎波兰土地肥沃，遂结队潜入西勒西亚；十三世纪下半期，德人又渐次侵入小波兰。但德人所生之影响甚巨；盖德人一仍其风俗、语言及职业，并组织乡间自治区以开垦瘠地，又组织城市自治区以经营工商业。德人在自治区内有市长，有会议，有邑吏，有行业公会，结果居然在此种范围内组成波兰所无之中产阶级。乃波兰人对之漠不关心，卒因种族关系而予其第二祖国以一大打击。

波兰社会组织之完成，不可谓不早，惟惜长期混乱，国力衰弱，致使社会之组成不幸在王权之先，并且在王权之外。迨十四世纪，王权成功，已嫌过迟，盖社会之形式已成为王权上之皱纹矣。贵族与国王既立于对等地位，而贵族且常战胜国王，不图此种影响之毒，直到以后数世纪始一旦尽量发挥而出。

第三节　政治组织

波兰为一种贵族共和国（Republique nobiliaire），但共和国之领袖非总统，乃一国王。国王原始本为世袭，至十六世纪，耶奇鲁朝最后一王西旗门第二（Sigismond Ⅱ）死后（一五七二），贵族遂主张选举国王。第一被选之王为法国安如公（Duc d'Anjou），公为法国王查理第九之弟，被选后一年（一五七四），返法即法王位称亨利第三。

选举由全体贵族举行于瓦萨附近之卧拉（Wola）平原。当安如公被选时，时波兰新教正盛，一般新教徒恐安如公推崇旧教而压抑新教，因于举行选举之前，要求安如公承诺尊重其人民之信仰自由，此即《选举契约》（Pacta conventa）之开端实例。自此以后，选举者即援例向被选人要求条件，其目的则不外限制国王之权柄而伸张贵族之势力，如此经过两世纪之后，王权竟减削达于零点。不但国王无国会之协助，不能制定法律及宣战、议和、征兵、课税，即对于部臣与高级职官，亦无丝毫权力，盖部臣与高级职官一经任命即为终身制也。所谓国王，不过为一排场人物，故人称之为"图画中之国王"。

国会（Diete）分上下两院；上院议员百四十人，由国王自高级贵族及高级职官中选任之；下院议员百七十人，此为中下级贵族之代表，每两年由各省地方议会（Diettines）选出，再由国王加任之。上下两院每两年集会一次以讨论国事，开会期间约六周。国会开会由国王主席，但国王仅有批准决案之权，会议为公开式，旁听人得自由杂于议员之中。迨十七世纪中叶（一六五二）因乌克兰之变，西三司基（Sieinski）竟提议一切决定必须全体表决始生效力，此即自由否决权（Liberum Veto）之滥觞。计自一六五二年至一七六四年，国会开会不下五十五次，而内中仅七次达到全体之通过。每遇议员实行自由否决权致国会不能继续开会时,贵族则起而开联合会(Confederation)以代之,联合会中则取消自由否决权,而适用过半数表决之制。

第四节　俄人入波兰

波兰之社会组织既如彼,而政治组织又如此,至于军队之组织又何如耶？一七一七年,国会规定军额为二万四千人,计波兰王国一万八千人,立陶宛大公国六千人。两军之司令官(Hetmanns)与其他高级职官同,亦为终身制,并且隶属于国会。军官皆出身于贵族；有时一军官之部下仅有下级军官三人,或兵士三人。军官多喜在骑兵队中任职,因此步兵队人数总计不过数百人,炮兵队约计百人,而指挥者(Grand Maitre)仅一十五岁之童子。瓦萨兵厂仅存大炮数尊,但皆为百年前之旧物,既无炮架,锈且弥满于炮身矣。国会减缩军额及把持军权,本在防止国王之利用,不图流弊所及,竟腐败一至于此。

波兰之军队不能用也。向使波兰位于四塞之地,或立于弱小邻族之中,波兰纵无军队,亦无大害。无如环绕于波兰之四周者,非海水也,乃强敌也。自十七世纪至十八世纪初,瑞、普、奥、俄,早拟乘波兰之衰弱而瓜分之；然四国中欲"分此蛋糕"最急者,厥维俄与普,盖俄蓄意欲打破与交通间之障碍,而普则欲"缝维"散漫之领土以完成其统一也。时波兰一般高级贵族鉴于外围形势之威胁,乃循杂尔多里司基族之领导，主张改革宪法以救危亡。加他林及弗勒德勒闻此改革消息，旋于奥古斯都第三死后（一七六三年十月）签订同盟条约，继又于一七六四年四月签一协约，主张维持其现有之宪法；同时并决定选一波兰年少贵族为波兰王，加他林之宠臣波里亚土司基（Stanislas Poniatowski）遂获选焉（一七六四年九月）。

波里亚土司基为杂尔多里司基族之侄。加他林虽以兵力拥护之为王，然波氏仍阴令杂尔多里斯基族继续其改革。当时改革中之最重要者，为废弃自由否决权，并令一般职官对国王负责任。乃当时有所谓爱国派（Partipatriote）者，因反对被俄人保护之波里亚土司基，遂亦连带反对其改革。然以上改革卒为联合会所采行。加他林与弗勒德勒闻之，乃托词保护异教教徒，遣军入波兰，并强迫国会取消反对异教教徒之法令，废止一切宪法之改革，并恢复所谓"宪法精神"之自由否决权。

爱国派对于自由否决权之恢复，极为满意，但对于反异教教徒之法令之取消，及外人以武力干涉内政之行动，则大不谓然。时波兰爱国思潮甚盛，因在巴尔（Bar）地方组织联合会"以争信仰与自由"（一七六八年三月），并主张恢复反异教教徒之法令，及推翻波里亚土斯基。乃乌克兰一带之希腊教农民起而叛变，屠杀甚众；同时加他林亦宣称保护国王与宪法以反抗"暴徒"——所谓联合会分子，而再派军入波兰。

第五节　俄土之战

当俄军正于南部动作时，当地之波兰人即结队窜入土耳基属之巴尔达（Balta）小城中。乃俄军于追逐波兰逃人时，竟屠杀一部分回教之居民（一七六八年九月）。苏丹（Sultan）因法人怂恿，遂借口巴尔达事件而向俄国宣战（一七六八年十月）。

法人之怂恿苏丹以与俄国对抗也，本在借此以援救波兰。无如穆斯塔法第三（Mustapha Ⅲ）虽极精干，而土耳基之海陆军已早陷于解纽之地。土耳基步兵本甚著名，乃此时一般军官多家居，除领薪饷之日期外，几不露面于营舍中；甚至步兵以争求平等待遇为名，竟反对军官乘马。最可笑者，炮兵因发见炮刷为猪鬃所制，居然欲借此纠众造乱。在海军方面，新建战舰仍多循旧式，因水手不愿也。土耳基之军力既如此，欲其战胜俄人，岂可得哉！故法人虽力促土人出兵，然究未敢深信之也。忆法国驻君士坦丁堡公使维尔然伯（Comto de Vergennes）曾致函爽锐曰：“予极爱土耳基人，但土耳基人必败也。”

俄军一方在波兰继续行动，同时则从海陆两面进攻土耳基。在陆地方面，俄军径据阿速要塞及克里米，并于占领伊思马厄耳（Lsmail）之后而横渡多恼河（一七七〇年七月）。在海战方面，波罗的海舰队在英国备足需要之后，则直航抵希腊而围攻其海岸。时半岛之耶教民族大为兴奋,立起响应俄人,结果虽不免多遭残杀,然此实耶教民族觉兴之第一声也。俄舰队旋追逐土耳基海军至小亚细亚之士麦拿(Smyrne)附近,土耳基战舰五十艘即相率逃入齐斯麦(Tcherme)港中,俄人乘夜往攻,并纵火船冲击之,转瞬之间,土舰几尽付之一炬,所余者仅十艘而已。俄舰队本可乘此胜利余威长驱进攻君士坦丁堡,乃俄将奥罗夫(Orloff)不听英人爱芬士吞(Elphinstone)之言,踌躇莫决,卒令土耳基人闻讯准备,而竟失去飞渡达旦尼尔海峡之机会矣。但俄人耀兵于地中海,并且毁去土耳基之舰队,此实足以震惊世人之耳目也。

第六节 波兰之分割

土耳基人十日之间,一败于齐斯麦(一七七〇年七月八日),再败于伊思马厄耳(一七七〇年七月十八日),于是波兰之被分割遂为不可避免之事实。盖俄人入据罗马尼亚省中(Moldavie 与 Valachie),玛利德利珊,尤其是其子若瑟第二,颇露惊疑,因彼母子二人正梦想使多恼河成为完全之奥国河流,而推展奥国疆域直至黑海边也。今俄人占领罗马尼亚,不啻横阻其入黑海之孔道,因此玛利德利珊与若瑟遂积极接近土耳基人,意在缔结同盟以迫俄人退出该地也(一七七一年七月)。

弗勒德勒对此土、奥接近,颇抱不安。盖普自一七六四年以来即为俄之同盟,而弗勒德勒此时又极望和平而不愿战争，如俄不幸而与土、奥冲突，则普势必卷入漩涡也。同时又恐奥俄不出于战争而转而协商以谋土，如此则普之邻邦皆各增大，而三国均势之局破，普之地位不其岌岌乎危哉。欲避去此种危险，则惟有转变奥俄之目光，使其移注于波兰，如此则普亦获分尝一脔而完成多年所定之"缝维"计划也。弗勒德勒之计划既定，遂命其弟亨利（Henri de Prusse）商之于加他林，继乃商之于玛利德利珊。玛利德利珊颇不以为然，嗣经若瑟之再四解说，乃勉强应之。弗勒德勒嘲之曰："如此则希腊教、旧教与甲尔文教，三种合而为一也。盖吾人行将在波兰圣体之上同领圣体也。如以此举对于吾人之精神不安，其实此举对于吾人之国家确有莫大之利益。"

三国成立分割条约于圣彼得堡（一七七二年七月二十五日），约中首述"以神圣三位一体之名义"及"恐波兰之全部崩溃"，以次乃载明应分之地带面积及居民人数。总计波兰此次失去土地约五分之二。八月，三国军队入波兰，并共同发出宣言，说明占领理由，谓波兰混乱，必须令其建立合于列强之制度，并使邻邦免受波兰之恐怖传染也。三国并不虑及他国之干涉，但注意向被剥夺者获得一允诺之形式，因迫波兰国会批准分割条约。国会抵抗约年余，卒批准之，并申明不变更其宪法。不意此次之最后申明，竟于二十年后贻三国以口实，而令三国之分割计划完全成功也。

第七节　开拉齐之和

波兰事件既如上述告一段落,所余之问题惟土耳基战争也。先是俄军长驱直入,大有进陷保加利亚之势,当时不仅土耳基大遭蹂躏,即奥国边境亦颇感受威胁。奥国乃以仲介人自命,向俄、土提议调停。加他林不愿第三者之干涉,立即通知土耳基政府,谓如欲与俄谋和,则须直接谈判。土耳基不得已,乃于一七七一年之末,自动提出对俄停战;但条件迄未议妥。以后三年,俄、土两国关系,遂常在议和与战争之交互起伏之中。直至一七七四年,土耳基以屡败之余,已乏支持能力;而俄国亦因顿河流域哥萨克人之叛乱,势甚猖獗,常苦不能兼顾;于是两方始努力进行和议,结果遂在开拉齐签订和约(一七七四年七月二十一日)。

此次和约之重要条文为:(一)俄人除阿速地带外,交还一切占领之地;(二)克里米脱离土耳基宣告独立;(三)苏丹允为保护耶教及其教堂,如俄国在罗马尼亚省中因便利希腊教会或耶教居民所派出之代表,苏丹须尊重之。最后条文在东欧历史中极重要;因土国之耶教民族自十五世纪以来,即为回教徒之奴隶,最后条文无异使俄国成为耶教民族之保护者及将来之解放者。从此俄国竟有干涉土耳基内政之途径,而俄国在近东之政治、军事、外交、商业、宗教等势力,亦为之确然树立。此后半世纪中俄国陆续所订之对土条约,皆不过此次条约之补充而已。

《开拉齐条约》成立后不久,奥国借口调停,亦向苏丹要求报酬,苏丹卒将邻近加里细亚(Galicie)南部之布哥维亚(Bukovine)让与之。奥国不费一弹,亦向土耳基乘机打劫,土耳基诚可谓不幸之甚矣。

第八节　分割土耳基之计划与战争

《开拉齐条约》对于土耳基固为一种重要损失之纪录,而自加他林与若瑟视之,此不过一休战之表示而已。盖加他林对于此次之议和,仅认为俄人向黑海及波斯福(Bosphcre)前进之暂时中止;至于若瑟,早欲囊括伯尔格来得(Begrade)及波斯尼亚(Bosnie)而有之,对于此次布哥维亚之合并,但视作"小餐"而已。加他林与若瑟对于《开拉齐条约》之态度既大旨相同,因此二人遂互谋接近以求达其久蓄之大欲焉。

加他林与若瑟于圣彼得堡一度晤谈之后(一七八〇),旋于一七八一年五月缔结一种同盟。不久,彼二人又成立一种所谓之"希腊大计划"。所谓"希腊大计划"即分剥土耳基之变相名词,按照此种计划,俄国可以取得特尼斯特尔河左岸一带之地,及爱琴海中大岛屿一二处;在奥国方面,则可以占据瓦特儿亚(Vadachie)一部分,及塞尔维亚与波斯尼亚等地。其余之瓦特儿亚地方及摩鲁达维亚(Moldavie),则成立一达谢王国(Etat Dace),由奥国保护之。此外之土耳基领土,如保加利亚、马其顿、希腊等地,则建一希腊帝国(Emprie Grec),以君士坦丁堡为京都,由俄国保护之。至于土耳基在亚洲及非洲之领地,则由英国、法国与西班牙共分之。

一七八三年,加他林实行合并克里米;一七八七年,加他林又出游南俄各省,直抵塞佛斯托波兰(Sebastopol),并且沿途所建之胜利坊上,皆大书"皮商丁之路"数字。在此次出游之中,加他林又曾与若瑟晤谈一度。土耳基人对此挑战之行动,已觉难堪,乃加他林又作一种无理由之要求,竟迫土耳基放弃乔治亚等地之统治权,并割让比萨拉比亚(Bessarabie)于俄国。土耳基人至是忍无可忍,遂正式对俄宣战(一七八七年八月十六日)。奥以与俄同盟关系,旋于一七八八年二月向土开始战争。俄人摧毁土耳基舰队于黑海,并占据土之重要炮垒鄂插哥夫(Otchakof,十二月)。一七九〇年,俄军占领不加勒斯多(Bucharest)及伊思马厄耳;同时,奥人亦侵入伯尔格来得。

但俄奥联军虽屡获胜利,仍无若何结果,因英国与普鲁士对于俄奥之节节胜利,颇为忧惧,因此互相接近,欲从暗中进行以牵制俄奥。英普于战争之初,即已怂恿瑞典王巨斯达夫第三(Gustave Ⅲ)反俄,巨斯达夫曾一度侵入芬兰,且有进薄圣彼得堡之势(一七八八年七月)。同时普鲁士又暗中奖励波兰人之爱国运动,以冀扰乱俄奥之后力。正列强钩心斗角于东欧政治舞台之际,乃法国革命日亟一日,列强遂不能不急其所急而转注其视线于西方。巨斯达夫为欲全力援助路易十六，遂径与俄国议和（一七九〇年八月）。奥国因普鲁士之压迫，同时又因尼柔兰之叛变（参看《十八世纪之奥大利》章中《改革中之阻力》），乃亦与土耳基议和于西斯陀华（Sistova，一七九一年八月）。一七九二年一月，加他林亦以保持鄂插哥夫为满足，而与土耳基缔结和约于页西（Jassy），盖波兰事件不容忽视，且可于此中获得较有把握之机会也。

第九节 波兰之翘首与第二度分割

波兰自被一七七二年之分割后，一般人咸以亡国迫于眉睫，颇欲避去昨日之恶梦而力争上游，因此社会现象，顿呈活跃，大有再造之势。当时除工、商、农业皆有生气而外，一般人兼注意于开矿与筑路，高级贵族亦多用资本以经营最大之企业。政府亦特设教育委员会，极力使教育世俗化兼国家化，并改组维尔那（Vilne）及克拉科（Cracovie）两城之大学，同时又颁布养成公民精神之教育章程。在此种复兴运动之中，教育之影响极速；狭隘之保守主义已渐逊位于新思想；一般言论家亦多代农民要求公民之地位，且有贵族取消徭役而以佃租代之者；司法审判，亦竟废止刑讯；枯燥而虚伪之文学，亦渐容纳国家之思想。

一七八八年十月，国会开会称立宪会议（Diete Constituante），此即历史中有名之"四年国会"。普鲁士王弗勒德勒威廉第二极赞助此次国会,甚至向波兰人宣言决以武力拥护其所订之宪法(一七九一年三月)。时国会中有两种不一致之力量表现于外;一方为保守党、王党及被贿买者,此辈皆倾向于俄国;他方为爱国派与革新派,皆认俄国为万恶之源,而欲结纳普鲁士。结果后之一派大占优势,卒与普鲁士订立同盟条约(一七九〇年四月)。此次国会因恃普鲁士为之后盾,虽加他林屡次递来威吓之警告,卒于一七九一年五月颁布其所制之宪法。宪法中之重要条文为:(一)改选举君主制为世袭君主制;(二)选举议员适用多数表决制;(三)废除自由否决权;(四)扩张中产阶级之权利;(五)确定信仰自由;(六)农民立于法律保障之下;(七)组织六万人之强固军队;(八)每二十五年开一特别国会以审查宪法。

自新宪法颁布之消息传出后,加他林立刻借口一七七二年之条约表示反对,并积极从事入侵波兰之军备。至于弗勒德勒威廉,一方答复波兰人乞援之要求,一方则与加他林采取一致之抗议态度。盖普鲁士虽为波兰之同盟,而对波兰之改革举动亦大惊异。同时普鲁士王曾于新宪法宣布后三星期(一七九一年五月二十三日),正式要求波兰让渡维斯杜拉河(Vistule)之出口及但泽炮垒;此种要求为波兰国会所拒绝,故普王遽变其昨日之赞助态度也。人谓普王为争"酒资"不得,而改变行动,其信然欤!

俄普联军进陷波兰；同时亲俄派又在达尔哥维兹（Targovitz）组织联合会，主张恢复旧有之宪法（一七九二年五月）。一七九二年秋，普鲁士再与俄国协商，一七九三年一月，俄普协议告成。俄国占领立陶宛之大部分，普鲁士则侵入大波兰及但泽与铎伦（Thorn）。波兰国会被召集于哥罗德诺（Grodno），议员抵抗联军之挟制者约二十日。七月二十三日，国会与俄国签定分割条约。惟对于割让波兰本部之土地于普鲁士，颇难遽决，普鲁士遂派兵入议场。议员对此举动，咸主不噤作声，乃克拉科议员安克维兹（Ankwicz）宣言静默为承诺之表示，于时为俄人贿通之将军毕也林司基（Bielinski）遂签字焉（九月二十三日）。

第十节　波兰国命之告终

波兰尚不甘于死亡也！爱国之士，如教士迈尔（Meyer），银行家嘉波司达司（Kapestas），鞋匠吉林司基（Kilinski），统领加林司基（Dzialynski），总约百余人，旋与一般出亡之波兰人相联合；不久，全部波兰皆有谋叛之痕迹。一七九四年三月，乱事突然爆发，各地皆起而驱逐俄国戍军。曾赴美洲助战之军官哥修士孤（Kosciuszko）率军直赴瓦萨，并在该城抵抗普军至一月半之久。十月十日，哥修士孤大败于马色若维兹（Maciejovitz），于是各地之反抗运动骤然为之衰歇！

一七九五年十一月，波里亚土司基逊位于哥罗德诺。

俄国合并立陶宛其他各地；普鲁士占领瓦萨；奥国分据克拉科。忆自一七七二年第一次开始分割迄今不过二十余年，整个"蛋糕"竟为阴贼险狠之列强蚕食殆尽，读史至此，能不慨然！然波兰究不愿抛弃其精神中之波兰也。

第十一节　波兰分割之影响

不幸之波兰事件，对于法国极重要。盖俄、普、奥三大强国因努力于宰割波兰，遂不暇掉头西顾，因此法国革命得在欧洲保持其最后之胜利。他方俄、普、奥因共同犯此天下之大不韪，不得已乃创一紧贴而长久之关系，称三国同盟（Triple alliance）。三国曾为法国最坚决之敌人，并于一八一五年以后控制全欧，直至一八七八年以后始正式宣告解体。

第十章 近古期之智识运动

在中古期中,各大学极崇拜古人(尤其是亚里士多德——一亚里士多德,不知拉丁文与亚拉伯文曾经译述若干次)与《经院派方法》(Metho de Scolastique),此种习惯,竟将探讨观察及实验之精神消磨殆尽,因此科学之进步为之遏止。迨十五世纪下半期,一般人遂直接研究希腊文,因而明白认识古代精神之本来面目,从此对于古人权威之盲目信心始行消灭,而渐于书本及《三段论法》(Syllogisme)之外,从事科学之探讨。文西(Leonard de Vinci,一四五二——一五一九)有云:"经验为自然之惟一的翻译,因此应常商之于经验而屡次变换之。"同时,哥伯尼(Copernicus,一四七三——一五四三)亦因努力于观察与计算,曾发见与蒲多勒米(Ptolemee)相反之原理,而述之于所著《天体运行》(Revolutions des Corps Celestes)之中(一五四三)。

自十六世纪以来,经验与观察竟被认为研究方法之不可少者，以后居然渐次成为近代科学之两大必要原则。而适用此两大原则，确为十七世纪科学运动之特色，并为科学进步之主因。其次应注意者，即十七世纪之科学运动，并不以各大学为中心。盖各大学极胶守传统之说，而厌闻新奇之事，除少数教师外，一般学者以不渝旧式方法为训则。忆在中古期中，各大学不仅为精神活动陶冶之所，且所常涉足于政治生活之中；而在近古历史中，则竟无各大学容足之余地，结果各大学顿趋于衰落。此外尚有一种特征，即各科学家并非专家，大都一人而致力于数种科学，此亦十七世纪特有之现象。此类非专家之学者，既不必从事于教授，凡有发明及理论，多以本国文字述其意旨，因此读之者众而传播颇易。

当时各地学者为互通声息起见，常努力于接近以资联络，或创报纸，如一六六五年巴黎所刊行之《哲人报》(Journal des Savants)；或组织学会，如一六四九年伦敦成立之皇家学会(Societe royale de Londres)。在法国方面，哥尔伯特(Colbert)又模仿黎塞留(Richelieu)之创法兰西学院(Academie Francaise，一六三五年)，而令创建科学院(Academie des Sciences，一六六〇年)，并延聘外国学者——如荷兰人海亘史(Huygens)加入其中。关于价值太高之科学用具而为私人所不能治备者，多由政府设备之以供学者之研究，如哥尔伯特建设之巴黎观象台(Observatoire de Paris，一六六七——一六七二)，及查理第二（Charles Ⅱ）在伦敦附近所创之安维其观象台（Observatoire de Greenwich）。

十七世纪之科学运动,直继续延至十八世纪。其所具之性质亦大略相同,各学者仍非专家,而各种科学亦未明白分立,盖一般人之视各种科学,仅为主要科学——哲学之枝节而已。但各国政府之关心科学之进步,则日甚一日。如弗勒德勒第二,则令改组一七〇〇年莱布尼兹（Leibniz）所手创之柏林学院（Academie de Berlin）,并供养大批之法国学者于其中,且聘任莫伯堆（Maupartais）为院长。在英国方面,则有库克（James Cook）远征队之组织,库氏曾于三次航行中（一七六八——一七七一）详识纽西兰及一部分澳洲海岸。在法国方面,则由政府资助科学学院所提倡之测量远征队,参加之学者有拉孔达明（La Condamine,一七〇一——一七七四）、莫伯堆（一六九八——一七五九）及盖罗（Clairaut,一七一三——一七六五）,结果于一七三五年竟由实地测验确定地球之形状,从此多年之理论争执乃为之宣告终结。至于私人方面,亦竟视科学为时髦事业,常人恒于家中设一物理试验室,亦犹以前之设备图书室焉。妇女参加此种运动之兴会极浓,故福禄特尔常与吕沙德莱侯爵夫人（La Marquise Du Chatelet）共同研究火之性质也。

近古期上承文艺复兴之绪,下启近代西洋文化之端,实可视作历史上之过度时代。但近代之自然科学与精神科学，无不造端于是时。近古期学术运动之有切于近代，诚非浅尠。关于当时运动中之主要人物，试胪述之如次。

第一节　培根与笛卡尔之方法

哥伯尼死后之数十年中，有大科学家二，即培根（Lord Verulam Francis Bacon，一五六一——一六二六）与笛卡尔（Rene Descartes，一五九六——一六五〇）。盖新科学方法之原则，完全由此二人确定之也。

培根所作《智识分类法》甚精，在科学进步上，有极大之影响。其概念中常持一明白之主旨，即以人力控制自然是已。一六〇三年后，氏发刊其《学术之进步》（Advancement of Learning）一书。一六二三年，氏又综合其计划于《科学增广论》（De Augmentis Scientiarum）一书之中。至于氏之分类法目录，则附属于一六二〇年氏所著《新论理学》（Nouvm Organum）一书之中。氏之伟大势力，多自博学强记中得来，氏固一丰富而锐利之思想家也。

笛卡尔之学说，充满透彻及明晰之思想。此种思想，竟使近代哲学思潮永远脱离一切权力之羁绊，即除明显（Evidence）以外，一概不认为真理之表示。在氏《宇宙观》之哲理下面，可以发见氏之精神论（Theorie de l' esprit），氏自称为思力（Pensse），即解析复杂思潮成为简单元素之一种力量；此种力量曾开洛克（Locke，一六三二——一七

○四）及龚底亚克（Condillac，一七一五——一七八○）探讨之途径。其中最有关系之一点，即思想存在在先，物质加入在后，即物质界之存在，全为精神之代表。近代之惟心派哲学，即胎源于此。德国之惟心派学说，尤近于此种议论。氏之重要著作为《正导理智及探求科学真理方法论》(Discours de la Methode Pour bien conduire sa Raison et Chercher la Verite dans la Science)，其基础规律为"任何事物，倘未明白认识其真象，切勿认为真实"。氏之方法，不仅影响于科学家，且兼及于文学家，十七世纪之作家尤大受其感化也。

第二节　数学

在近古期中，各种科学进步最速者，厥维数学与天文。当时有名之数学家，首推笛卡尔、巴斯加尔（Blaise Pascal，一六二三——一六六二）及莱布尼兹（Leibniz，一六四六——一七二六）。

十六世纪末，海伦（Rennes）巴力门议员维延堤（Viete，一五四○——一六○三）曾将代数（Algebre）试作一度之改善。迨笛卡尔达二十三岁时，即拟应用代数于几何（Geometrie）之中。笛氏初用字母代替几何线及比等线间之关系，卒变几何图式（Figures Geometriques）为代数方程式（Equations Algebriques），并因此成立《解析几何》(Geometrie Analytique)。

巴斯加尔年十二岁即已悟解几何学上之最初三十二论题；十六岁即刊行所著之《圆锥切线专论》(Traite des sections coniques)；十八岁，创制《计算表》(Machine a calculer)。既与大数学家斐马(Fermat，一六〇一—一六六五)通讯，而提论《或然算》(Calcul des Probabilites)之原理。

莱布尼兹之思想，极为广博，无论哲学、历史、法学、外交、政法、物理、数学、语原学，皆极精深。在数学方面，氏二十九岁（一六七五）发明"微积分"(Calcul differentiel)，但数年后始刊行（一六八四）。其实牛顿(Newton)已先莱氏四年（一六七一）即已发明"微积分"，惟不若莱氏之完善，故牛顿仍归功于莱氏。自莱氏发明"微积分"后，从此数学之范围愈益扩张矣。

第三节　天文学

纪元前三世纪，亚利斯他克(Aristarque)即以主张地球环日运行之说而得名。但天文自哥伯尼以后，复赖种种之新发见，乃获改正而成为真正之科学。溯自哥伯尼争辩以来直至牛顿死时，在此二百年间，苦攻数学，实为新科学之最要表现。盖时人对于数学，常合物理及天文为共通之研究，天文尤为当时学者所注意。哥伯尼地动之说既成立，过去之腐说遂完全为之倾覆；哥氏之学说诚重要矣，然此不过天文学成功关键之一节耳。其后丹麦人泰古（Tycho Brahe，一五四六——一六〇一）于一五九七年前完成其《大象限仪》于乌拉尼堡（Uraniborg）观象台，从此天文学上更获得一较大之贡献。嗣经伽利略（Galilee，一五六四——一六四二）、刻卜勒（Keplex，一五七一——一六三〇）、海亘史、牛顿（一六四二——一七二七），诸巨子之努力研究，于是无可驳诘之大例始告成立。以大体而论，此大例之作用，实与哥伯尼之学说相吻合，然所根据者，乃为无所不包之博大原理，而其规模则超过哥伯尼之意想远矣。

一六〇四年，天空发见新星，此即所谓一六〇四年之客星，伽利略曾三次讲演此星之来历，并责听者平时不加研究，不知此星固在空中，徒以流行无定，距地球过远，故不见，今以行近，乃入人目，过此当复远行。氏素好光学，遂制望远镜，其放大力竟由三倍而渐增至三十倍。氏得此镜助，首即发见月之真形，嗣凡天际众星为古人所惑而不解者，氏皆一一得其真象。氏又发见土星之环及太阳之斑点。一六三二年，氏以意大利文著《世界法则对话》（Dialogues sur le système du Monde）以维护哥伯尼之学说，仇者借此中伤之，卒被教会禁锢其身。英革新家诗人弥尔登（John Milton）曾于此时晋谒伽氏；弥氏生平事业与氏绝相类，其革新之志，谓为胚胎于此可也。一六四二年一月，氏以疾卒，氏死后三百五十一日而牛顿生。

刻卜勒幼时佣工于咖啡馆，既乃致力于数学而研究天文。氏应鲁多夫第二(Rodolphe Ⅱ)之召赴波西米,初至时仅为泰古之助理员。不数月,氏受泰古之付托而收受七百七十七星之《观察纪录》,是为其一六二七年所制《鲁多夫星表》之根据。氏受泰古之益不浅,然氏之才适足以补泰氏之不足。氏富于理想,能就其观察而予以解释。其天文之学非徒恃纪录而已,且欲求理论上之解释也。氏又作火星之特殊研究,而发表其结果于所著《新天文学》(Astronomia Nova)一书中(一六〇九)。至一六〇九年,氏复获得一精密之工具,为天文学进步上首要之仪器,此即伽利略之望远镜也。

关于计量权衡之明晰思想,不能专恃吾人内部之感想,必须采用客观标准之时钟,或旋转之地球,或其他可供计时之物,以谋计时之精确。泰古之《大象限仪》,已为此种进步之一大贡献矣。至于以悬钟计算刻时,此则海亘史氏(一六三九——一六九五)之一大发明。自有此种时钟而后,天文学上之计算从此愈臻于精确。海氏复创一比伽利略所制尤有力而完善之望远镜,卒赖此以明白证实土星之环(一六五九)。氏之名大噪一时,路易十四特迎养之于科学学院之中。

拉普拉斯(Laplace)称牛顿之著作为"人类智慧上最特著之产物"。莱布尼兹亦曰:"以算学而论,从草昧时代起以至于牛顿时代止,牛顿之事业,则居其大半。"确乎科学进行,至牛顿乃一日千里;人谓牛顿于科学,非步履,非奔走，直张翼飞行耳。牛顿之智力殆天授，千百年不数觏也。牛氏幼时不甚勤读，惟于游戏，则智、巧、勇，往不让他儿。常于家壁上制二日规，并制一水钟，颇与晷刻无差。既入大学，极喜读笛卡尔之书，潜心贯神，穷其指归，卒得要领。氏于伽利略晚年所成之《动律》，所得绝深，辑其精华，加以诠次，乃成《动律》三章，即近世学者奉为圭臬之《牛顿三律》也。一日，见苹果堕地，顿悟万有引力（Gravitation Universelle）。其实当时一般科学家，莫不有此种引力之假定，惟牛氏能实地证明，并能推广应用之耳。氏年二十四，已尽力其生平发明事业之基础。氏极谦逊退让，有以何以能发明至理询之者，氏答曰："思之，吾思之不辍，以待天曙，渐进乃获光明。"又曰："使吾果有微劳于世，非他物致之，勤耐之思想而已。"呜呼，此其所以为至人欤！

第四节　物理学

物理学之进步，完全与数学之进步并道而行，此中巨子可得而数者，仍为伽利略、笛卡尔、海亘史、巴斯加尔、牛顿诸人。

伽利略幼时即表现发明之天才，某日氏赴比萨城（Pise）教堂中祈祷，见神灯摇荡室中，往来不辍，遂悟钟锤摇摆之理。年二十六，发现堕物定律（Loi de la Chute des corps），并于比萨斜塔上实验之，以证明亚里士多德

(Aristote)速率随重轻而异之谬说。故伽利略者，实发见动力学基本原理，并确立近世物理学基础之人也。

笛卡尔曾发明折光之法则（Lois de la Refraction）。笛氏之后，海亘史对于光学又创设一种假定，谓光之散发与声相同，皆由波动之形式而传播，当时牛顿诸人对于此说颇非难之，孰知今日竟成为定论。牛顿于一六六七年以后，亦努力于光学，卒由三棱镜发见，凡光受折，不仅光线之形状因之偏斜转折，而光之参差铺张亦随之。牛氏更进而见七色光图，乃知白光（或日光）为众光所合成，氏名七色光曰紫、靛、蓝、绿、黄、橙、红，而颜色之真性，至此乃大明。

发明量流质表（Hydrostatique）者，为意大利人度里司里（Torricelli，一六〇八——一六四七）与巴斯加尔，前者仅假定之（一六四三），而后者则实验证明之（一六四八）。自此二人由创意而归于实现以后，风雨表（Barometre）亦因此而发明。一六五〇年，马德不尔厄（Magdebourg）市长鄂多（Otto de Guericke，一六〇二——一六八六）又发明抽气筒（Machine Pneumatique）。即赖上述种种发明之器具，及伽利略之摆钟，与牛顿之寒暑表（Thermometre），于是实验物理学之基础工具遂为之粗备。

以后因研究热力寒暑表遂有屡次之改善；改善之者，英有法郎赫提（Fahrenheit，一七二四），法有侯米

(Reaumur,一七三〇),瑞典则有塞苏司(Celsius,一七四二)。塞氏所制之寒暑表为百度计算式(Graduation Centigrade),一般人极乐于采用之。一七八三年,蒙哥非(Montgolfier)以热气创气球(Aerostat),曾试验之于阿洛来(Annonay)。数月后,毕拉特(Pilatre de Rozier,一七五六——一七八五)第一次乘驾气球(一七八三);再两年,毕氏拟飞渡英伦海峡(Manche),不幸堕而死。

第五节 生物学

从事生物之研究者,古代希腊已有亚里士多德及其弟子德阿佛拉司提(Theophraste,三七一——二八六)。迨至近古,瑞士则有喀司勒(Gesner,一五一六——一五六五),英国则有哈伊(Ray,一六二八——一七〇五),意大利则有玛耳比基(Malpighi,一六八二——一六九四),然此诸人皆未足与言真正之生物学也。直至瑞典人李勒(Linne,一七〇七——一七七八),及法人毕风(Buffon,一七〇九——一七八八)出世,然后有系统之生物学乃告成立。

李勒幼时即喜研究生物,学识极其渊博,人称之为"植物学之改革家及立法者"。氏尝取法人都勒福耳(Tournefort,一六五六——一七〇八)之著作研究而补充之:一七三七年,氏在其所著《植物基础》(Fundamenta Botanica)书中创一《植物分类》(Systeme General de Classification des Plantes)及一《辞汇》(Nomenclature),

世之生物学者多采用之。同时法人伯讷（Bernard de Jussieu，一六九九——一七七七）亦创一《植物分类》（Classification Naturelle），其中理论上之优越处，李勒亦极赞许之。

当时最有名之生物学者，仍为毕凤。毕氏著有《生物学史》（Histoire Naturelle）二十九卷，书中对于动、植、矿、物，道之极详。氏于死前曾刊行一种地球史哲学名目《自然时代》（Les Epoques de La Nature），此书允为氏毕生之杰作品。巴黎植物园（Jardin des Plantes）为世界科学陈列馆之一，氏曾一度任此园之主任；当氏未死之时，人已为之铸像竖于植物园之入口，其学术受人之尊重可概见矣。

第六节 化学

埃及人已知化学。希腊以后，化学之发达，极有赖于亚拉伯人。盖彼辈甚欲求一物质可以发生种种变换，并可供人类医治百病之用，虽衰老亦可治也。观于给柏（Geber，七世纪末之亚拉伯化学家）所作之文，足证亚拉伯之化学，皆由经验而进步者也。亚拉伯人尝制硫酸、硝酸及硫硝混合之酸。彼辈能应用溶液化合法而成金属、盐类，如硝酸银是。试验室中之方法，如蒸溜、清滤、结晶、蒸升等法，皆由亚拉伯人传入欧洲。惟亚拉伯人纯尚经验，不究原理，故终中古之世而不能成立一种系统之化学。

近古期中之化学家,有爱尔兰人波义耳(Robert Boyle,一六二六——一六九一)。氏少时即熟习关于空气之各种试验,著有《关于空气弹性之新力学试验》(New Expertments Phasico Mechanical Touching the Spring of the Air)。旋因有人攻击其说,波氏复刊布其《空气重量弹性之辩护》(Defence of the Doctrine Touching the Spring and Weight of the Air)一文。波氏为证明其理论,曾举行一度新颖之试验。

爱丁堡(Edimburg)人布拉克(Black,一七二八——一七九九),亦化学史中之名人。氏以研究石炭酸潜热、养化镁、石灰水及他种碱性物试验闻名于世。氏之炭酸与潜热现象之发见,颇供后人参考之资。炭酸之发见(一七五四),乃制造医药中所用生石灰水之结果;潜热现象之发见(一七六一),出于融水、沸水及蒸气温度之试验,此乃瓦特(Watt)因欲改良其蒸汽机,而鼓励布氏试之者。

英人恺文迭喜(Henry Cavendish,一七三一——一八一〇),化学界中之勤笃君子也。氏幼好学,不愿仕宦,居伦敦,不与外人往来,亦莫详所为。其居第本广丽,氏乃尽变之为试验室及工厂,楼上即为氏之观象台也。一七六六年,氏发表其第一科学上作品,即为其研究固定气(Fixed air)之作。其次所研究者为轻气,即当时所称为可燃气(Inflammable air)者是也。顾恺氏不朽之业,与空前之大发见,乃在证明水为轻养二气之化合物。此种发见实为化学史开一新纪元。盖水之为物甚常,而为用至广,凡今世所有之化学变化,几无不借水以行者。向非知水之真性,何由明其他变化哉。氏研究有得,尝不肯轻出示人,著述等书,公世者不及百页而已。

柏利斯力(Joseph Priestley,一七三三——一八〇四)知固定气于酿酒发酵时产出尤盛,因取而研究之。由此试验,竟发见二养化炭之酸性,并知此气可以压力溶于水中而成娑达水(Soda Water)。吾人夏时得蓬蓬之凉饮,皆柏氏之赐也。柏氏在化学上贡献甚多,而其最重要之发现则为养气(Oxygene)。至其笃守燃质说(Phlogiston theory),于真理未达一间,识者惜之。

舍勒(Karl Wilhelm Scheeler,一七四二——一七八六),瑞典人,极耽于化学实验。其师尝记之曰:"彼于读书时,口中尝用之语,不云'此或然',即云'此不然',或则云'吾将试之'。盖其忧心动虑,不敢遽信之情,历历如见。"舍氏享年不永,而所成就与发明之多且要,在化学史上几无其匹。属于无机者,有绿素、弗素、养素、阿姆尼亚等;属于有机者,有乳酪酸、柠檬酸、苹果酸、乳糖酸等。又尝测定阿姆尼亚、硼酸等之性质。舍氏一乐师之徒耳,而能发挥其天才为化学开一新纪元,谓非豪杰之士耶。

就上述观之,近古期中之化学发明家,诚不可谓不多矣。然在化学史上曾有一人未尝有特创奇制足以耸动一时，而其有功于化学乃较以上诸发明家为巨，斯何人？斯何人？此即巴黎世家子拉瓦谢（Antoine Laurent Lavoisier，一七四三——一七九四）其人是也。氏尝利用他人之事实造成合理之学说，并因此促成化学上之新进步。其辟物质互变之说也，则有水不能成土之试验，其用法之精密，至今习化学者犹奉为圭臬。氏之此种试验，不但辞辟炼金家物质互变之说而已。其于近世化学根本上之关系，乃以用衡以定物质之变迁，此实现今定量分析所由昉，而物质不变之定律亦以知用衡而始明。微拉氏，化学其犹长夜也乎！氏之第二业则在辟燃质说。为欲研究燃烧现象，氏又发见空气为杂质，其质惟五分之一可以助燃，其余则否。氏既掊燃质说，遂进而订定化合物之名称。此种化学辞汇，居然为世界所采行而视同各国化学家之公共文字，此不仅便于彼此之认识，抑且可以促进相互间之切磋砥砺。氏奉真理以与伪说宣战，其精神殆如日月之光临爝火，氏之功诚伟矣！孰料法国大革命时（一七九四年四月），氏以曾为税官及科学会会员故，竟莫保首领以殁，呜呼惜哉！

第七节　医学

医学切于实用，在人类历史中发达最早。最古之医家，名爱恩赫特普（Iemhetep），约纪元前四千五百年间人。据亚柏斯（Ebers，德国埃及学家，一八三七——一八九八)之纪载，埃及人对于人体各部之脉息，心脏与他器官之关系，及呼吸入肺之管道，皆有研究。其认识之药，不下七百余种。至希腊，则有大医家希波革拉第(Hippocrate，四六〇——三八〇)，世称医学之鼻祖。纪元后，又有一医学名家格林(Garian，一三一——二〇〇)。格氏在哈维(Harvey)以前为惟一之实验生理学者。氏尝研究喉舌之发音器，且明肌肉收缩及弛缓之作用，及心肺等各部之血液流动，所知甚博。格氏亦活体解剖学家，尝分脑筋为类部，以推究其各部之功用，且以相同之见解剖割味觉、视觉及听觉之神经。其人体解剖及生理著作，千三百年来，皆为学者所宗。迨比利时人维萨留斯(Vesalius，一五一四——一五六四)刊行(一五四三)其所著《人体组织》(De Corporis Humani Fabrica Librorum Epitcme)一书，格林之解剖学遂为之动摇。以后根据此种新解剖学以改良希腊医家之实验生理学者，则有英人哈维。

哈维(一五七八——一六五七)为占士第一及查理第一之御医，为近代实验生理学家之第一人，尝从血液循环之研究而求得重要之结果。氏之解剖学讲义，开讲于一六一六年，迄今仍保存之，所著《动物心房血液运动解剖论》(Anatomical Disquisition on the Motion of the Heart and Blood in Animals)一书，至一六二八年始刊布于世。氏自谓其教授解剖学，不用书本，而从实地之解剖，不重哲学家之教义，而重自然之构造。氏证明其见解之证据甚多；其第一章开端之语曰："余始立意作活体解剖以明心之运动与应用。"即此一语，已足于其实地研究之方法上放一大光明矣。

希丹罕(Thomas Sydenham，一六二四——一六八九)，英之世家子，曾肄业于牛津(Oxfard)与伦敦。氏毕生极潜心于所学，从未以所学教人。氏观察敏锐，对传染病尤有研究；喜用鸦片，世因以其名名其所创之鸦片剂。时人极崇奉之，称之为英国之希波革拉第焉。

第八节　电学

电之为物，古人早已识之。至十七世纪初(一六〇〇)，英后伊利沙白之御医吉尔柏特(William Gilbert，一五四〇——一六〇三)，尝于后前表演其电学试验，且发表其十八年来精密研究之磁学著作，世称吉氏为电学之始祖。十七世纪末，鄂多(抽气筒发明者)始创电气机。迨十八世纪，都法(Dufay，一六九八——一七三九)发见磨擦所生之电，有具吸引性者，亦有具排斥性者，遂谓此电非有浓淡之不同，乃有正负之不同，此即正电、负电之观念之滥觞。及十八世纪中叶，挠烈(Nollet，一七〇〇——一七七〇)又创一种对流之理论。此种理论，在当时曾经博得多数人之赞同。未及十年，而佛兰克林之单流学说遂倡于世。

英国皇家学会自牛顿算理刊行而后，顿成一光明之时代。而其学友中最足为此时代之代表者，莫佛兰克林

(Benjamlin Franklin，一七〇六——一七九〇)若矣。佛氏之所以代表十八世纪者，在其猛进之学问、社会及政治解放之事业。佛氏于其长时期之奋斗中，知惟科学足以与愚昧迷执之恶势力相周旋，盖当时此种势力，在英美等国，皆足以妨害青年思想之发达者也。

佛兰克林于一七四三年始出亲政治，所至政绩斐然，措施裕如。氏之多才殆天授，尤以科学闻。未尝一日受科学教育，然遇事喜索理穷源，尤重实验，所得往往为前人所未有。一七四三年，发见暴雨运行常与风向相逆。又发明所谓佛兰克林火炉；化废弃之物为有用，煤因是而省者四之三。至一七四六年，竟成就其科学上之主要贡献。一日，见来顿瓶(Leyden jar)，遂尽求其底蕴而改良之。时一般学者对于磁、电与空中闪电三物，尚以异体视之。氏悟其为一物，因主张单流之说；谓电有阴阳，实由流体增减而生，非有两物也。一七五二年六月，以纸鸢通电，由试验得闪电与寻常电为一之铁证。其事在科学史中盖不朽之业。既明闪电之性，明年遂有避电针之制，即今世所传佛兰克林针也。氏于光闪，力破牛顿质点之说：谓光非物质，其生实由弹性以太之波动，是说也，至今学者无以易之。其医学重要之发明，为其自用之双视眼镜。氏于政治、外交、科学而外，亦擅文事。有所建白，辄为当世嘉纳，盖其文力使然，虽敌者亦未如之何也。

氏以一身而兼长政治、外交、文学、科学，逐类又各有建树,亘古以来,佛氏一人而已。堵哥(Turgot,一七二七——一七八一)亦尝综合氏之一生事迹,而作一绝妙之评语,谓佛氏攫雷电于九天之上,奋威权于残暴之手;盖其政治、科学之事业,同出于其激昂之情感——即痛恨强权,力谋民福是也。呜呼,佛氏真人杰也哉!

第九节　蒸汽

十六世纪人等科学于哲理玄谈之列,以其迂远不中时用,故其研究乃仅限于求真好理之士。自瓦特(Watt)之汽机出,不特学者之观听异,欧洲之社会且为之改组。在瓦氏之前,梦想实验以求达此目的而卒死于穷困失望者,不知凡几,其人皆瓦特之先导也。

法兰西机师德戈(Salomon De Caus,一五七六——一六二六),一六一二年侨寓英地,首明以火热贮水之器。四十年后,沃斯特侯爵(Marquis of Worcester)制水舂。更二十年后,模仑得(Sir Samnel Marland)用汽以代机力,其术似袭德戈之实验。一六九〇年,法机师巴班(Denis Papin,一六四七——一七一〇)客英地,创新术,用活塞入直管,由是而传动至欲用之机械,并用器以得真空。一六九八年,萨物雷(Captain Savery)创吸水筒。至一七一八年,德萨居立博士(Dr Desaguliers)以冷水细流射入器中,以凝密萨物雷吸筒中之汽。同时纽科门(Thomas Newcomen)采取巴班及萨物雷两氏之原理与方法而制成纽科门机。此机颇能汲去深矿之水,惟费煤过多,而用之者实寥寥也。

一七六四年,格拉斯哥(Glasgow)大学得纽科门旧机一具,令瓦特修理,瓦氏之汽机事业乃从此始。瓦氏(一七三六——一八一九)性精密,未治机先考机之性质,潜心研究,卒发见多理。热力施于受压水之作用,亦于是时确定。氏结论谓纽科门机之最大缺点,乃在每动之后须冷圆筒,然后可使汽凝密。因分凝密器与圆筒为两,而此困遂纾。然氏之得名,固不仅以此,其制机之功,亦非寻常发明家所得望其项背。氏修理风琴,于乐声之波动恍然有得,因自制风琴、手筝诸乐器。又尝担任造桥治河,所至有成效。一七七二年,创制压力表。一七八四年,发明汽动锤及火车头。水为轻养原子化合之说,氏亦主之。氏为人谦退含蓄,尝以懒自居,谓宁面炮火不能与世较量锱铢。氏受世敬仰最深,其友鲁滨孙博士论之曰:"吾尝阅世矣,生平所见大度热肠人皆愿为之下者,不得不推斯人。"又曰:"吾初见特,以为艺人无多望,及与之语,则吾师也。"

完成蒸汽之原理,允推瓦氏固矣。而第一次实施于车上以推进者,则有法人居聂(Cugnot,实施于一七六九年);实施于船上以推进者,则有如弗洛瓦侯爵(Marquis de Jouffroy,实施于一七七六年)。惟居氏之蒸汽车,虽为摩托车之第一模型,但每小时仅能行四基罗米达。至一八〇六年，美人富尔敦(Robert Fulton，一七六五——一八一五)购瓦特式机器造一汽船，旋试验于哈得孙江上(一八〇七)，一小时可行五英里，定期航行于纽约及亚尔巴尼之间，是为汽船之第一次大成功。

第十节 哲学

欧洲经过十五六世纪文艺复兴运动之后，一般人之情热倾向，已渐转入整饬之倾向。在此期中之哲学家，对于宇宙间一切现象，虽至秋毫之末，必悉予以理论之说明及系统之研究。故史家对此时代之哲学，名为组织之哲学，或系统之哲学，此时期中之哲学家，英国以培根、霍布士(Hobbes)为代表；法国以笛卡尔为代表；荷兰以斯宾罗沙(Spinoza)为代表；德国以莱布尼兹为代表。意大利仍有一位最有势力之思想家——伽利略。最完全之代表为笛卡尔。氏为理性派之创始者；因氏不但对于数学本身有兴趣，并将数学应用于玄学问题之上。至于培根与霍布士，既不如伽利略影响之大，更不如笛卡尔系统所包之广，但亦甚重要，因彼为英国经验派之前驱。期宾罗沙尤重要，盖为"世界之哲学家"，因氏曾将中古经院哲学，文艺复兴之数学，结连于彼之哲学之中。莱布尼兹则在文艺复兴启明时期之中为承前启后之人物。

伽利略为近代自然科学之祖。氏对哲学虽未建设系统，但彼能与近代思想以研究此自然世界之一切新材料之准确方法。氏之科学方法为：（一）科学除自身外，不依赖一切权威；（二）一切推论，必须从观察与实验得来。盖氏主张科学必须与神学脱离，科学须用数学记号表示出来。所谓"自然"之知识，此为从观察与实验得来之数学知识。关于推论一层，氏主并用归纳法及演绎法。氏以为自然本身之机械观，即可以独自解释自然之事物。原子说似亦为氏一切主张之背景，氏并不在现象之后寻求某种"生力"。氏卒以其所持之宇宙机械观，将神力加于诸行星之神秘击破，而与中古之自然哲学相抗衡，氏诚可谓勇决也哉！

当讨论此新宇宙观所包含之心理学之问题时，遂分成相反之两大派。一方在英国，自罗吉培根（Roger bacon，一二一四——一二九四）到斯宾塞（Spencer，一八二〇——一九〇三），皆为经验派之态度，皆主张以观察与经验归纳以解决各种问题。一方为法国与荷兰之哲学家，却采用伽利略方法中演绎之元素。数学的演绎为法国哲学自笛卡尔以来之方法，此一派名为理性论派。

培根常为人称为近代哲学之鼻祖。此种称道，盖由于狄德洛（Diderot，一七一三——一七八四）之极力推崇，而又为一般法国学者所附和故。但此种遗传之习惯，实由于误解培根之影响，与其谓培根为专门哲学家，不如谓培根为人本主义者。培根不但对于当时之专门哲学家与科学家无何种影响，彼亦未尝迎受此辈之影响，其在文艺复兴时期地位之重要,不在对于哲学内容之贡献,亦不在对于科学方法之成功,其有功于哲学,是最初能在英国收集文艺复兴之结果而使之世界化。培根之主要观念为"知识即能力",氏为功利主义时代之最显著之功利主义者。氏谓改变人类生活者,为新发见,如火药、印刷与指南针,而非魔术。氏谓科学家之方法,不当学蜘蛛与蚂蚁,须学蜜蜂收集、同化及变形之方法。哲学即科学,即是方法。一方以批评眼光考察过去,一方须预述未来之科学。总之,英国经验派哲学,实非起原于培根,实至洛克而始有系统。

自培根发表其《新论理学》(一六二〇)以后,直至洛克发表其《人类知识论》(一六九〇)之七十年间,经验哲学在英国并无进步。在此七十年中,最有影响之一派哲学,应以霍布士为代表,此即以巴黎为中心之数学的理性论。霍布士(一五八八——一六七九)受法国之数学的科学影响极重要,伽利略之著作亦于彼有甚大之影响。氏之哲学假设,即机械的世界观。氏之机械观的原则为:凡存在者皆为体,凡相遇者皆为动。体为自个人至国家之元始条件。宇宙间一切现象,皆为体之运动。体有两种:自然的与人为的。自然的体,属于物质之世界。人为的体,即社会上各种机关,最重要者即国家。一切的体,无论人为的或自然的,皆须以运动来作解释,乃为科学的解释。氏之著作有《自由与必然》(Liberty and Necessity),其全部主张则载于其所著之《政治之组织》(Leviatham)一书中。

洛克(一六三二——一七〇四)为培根、霍布士之继承者。吾人应注意英国此时之经验哲学家,并未与大陆之理性派相隔离。笛卡尔曾影响霍布士,霍布士复影响斯宾罗沙。笛卡尔之影响于洛克者亦不少,莱布尼兹又曾受洛克之影响。洛克除迎受笛卡尔之影响外,其受牛津副校长欧温(John Owen)之自由思想亦正不少。洛克之重要著作有《人类知识论》,此为十八世纪之第一声,此为第一次正式用长文宣布个人在知识上之自由权。此篇论文与以前近代哲学之作品不同,此篇以人为主观而不以宇宙为主观;此篇曾将笛卡尔一派理想论的宇宙论之言词,改为经验的心理学之言词。洛克认定中庸之道为自由之路,其企图在寻求"人类知识之限制与范围"。氏谓人心如白纸,毫无污点,所有记号,皆外来之印象。故氏在消极方面,否认天赋观念之存在;而在积极方面,则确认一切观念皆由经验而发生。氏之意思,即谓个人可以自由为自己判断自己之经验之真伪。笛卡尔在文艺复兴时代曾贡献一种数学之方法,而洛克则在启明时代贡献一种理学之方法,笛卡尔之时代为对于自然有兴趣之时代,而洛克则为对于人有兴趣之时代。洛克之方法,可称为心理的发生法(Psychogenetic),此种方法曾支配启明时期之全部。

洛克之继承者为勃克莱（Berkeley，一六八五——一七五三）。勃克莱之哲学著作《观察理论》（Theory of Vision）及《人类知识原理》（Principles of Human Knowledge），前者谓"凡吾人所看见者皆为感觉"；后者谓"凡存在者皆吾人之知识"。勃克莱之主张始终一致，其哲学所集中之个人为精神的个人。此种个人为超越其环境者，因其不附属于物质世界，而属于一宗教团体，可以与神相晤谈。英国之启明运动，自洛克入于勃克莱，卒发见此种精神的个人。勃克莱与洛克、休谟（Hume）同，皆为心理的事实之经验论者，但因为勃克莱否认物质事实之独立存在，故勃氏亦为惟心论者。

休谟（一七一一——一七七六）与洛克及勃克莱，皆被列入经验学派，但彼常自认为怀疑派。氏欲表现人类知识之限制与其范围，故氏比洛克或其他启明时期之哲学尤为彻底。洛克否认天赋观念后，始进而建设其知识论。勃克莱更进一步而否认一切抽象观念之存在。休谟则又进一步，谓除印象（Impression）所发生之观念外，无其他观念之存在。休谟为惟觉主义的哲学家，因最原始之印象为感觉。

英国启明时期之感觉论的反动为苏格兰学派。此派为在英国回答休谟者，亦犹康德（Kant）为德国的回答。苏格兰学派力谓自省工夫之重要，此派以经验的心理学之观点攻击感觉论。哲学一入此派手里即成为心理学——内省的科学之心理学,故此派虽反对启明时期所产生之感觉论,仍与启明时期之学派相符合。

至于大陆上之理性论派,此辈则以伽利略之方法的一个元素为指导,而发展一种哲学(即数学的演绎法)。此派对于科学极有兴趣,对于因科学而发生之玄学问题尤有兴趣。此派之重要人物有笛卡尔、斯宾罗沙、莱布尼兹等。

笛卡尔亦被称为近代哲学之祖。笛氏曾提出近代哲学前进之原则;氏拟于此简单哲学之下调和经院哲学与新的科学,因此氏在哲学上之地位极重要。氏以为必须有某种单纯之原理,可以将一切知识皆纳入系统。氏深信数学为一柄钥匙,而哲学之惟一目的是在将数学普遍化,从一个中心原理去创造系统。凡非从此中心原理引申出来者,即非真理。真理不能在玄学中去寻求,亦不能在经验科学中去寻求,须在数学里面去寻求。氏绝对主张须先寻出一绝对不可否认之原则,此种主张为笛氏所自创。凡真哲学必须为观念之一种归纳或分析,其次为一种演绎或综合。所以笛氏之大贡献,即于培根之归纳法与伽利略之演绎法中,增加一种绝对的原则,而以之为归纳与演绎之基础。氏对于感官所给予之证据,物质世界之存在,神之存在,等事皆怀疑。但所谓归纳为暂时的。凡平时承认为真理者,皆须取来审查一过。氏于无所不疑之中,而我对于我之疑,又确实明了。所以我与普遍的怀疑论是相冲突的。疑即是思想,于怀疑之中,意识即确定其存在。我思故我在(Je pense, donc je suis),为绝对确实之一根本原理。但"我思我在"非真的直觉之结果,亦非经验的事实,亦非心理的。此为一种理性的真理,与数学相仿——根本的而且为确信的,因为是简单而且分明的。

笛卡尔之哲学,以后竟成为荷兰文化中极有势力之元素,竟于十七世纪后半期成为荷兰与法国知识界之最有势力之哲学。在荷兰方面,斯宾罗沙(一六三二——一六七七)的出发点完全为笛卡尔之哲学。斯氏所有之假设,皆为笛卡尔之基本要义,其哲学系统之结构,亦极类似笛卡尔。斯氏亦极崇拜理性,以为有知道一切真理之能力。亦信数学方法之万能,对于本质之观念亦相同,对于思想世界与物质世界的性质之不同的观念,亦是一样,对于自然世界亦相信为机械的组织。但斯氏却增加一种新原则,即以为本质(即神)不仅知识的一个对象,且为知识惟一之对象。只有神为本质,有限的事物不过为神的变化。有限的事物,根本上是一样的。欲真知道此类有限的事物,须知道神。斯氏所谓变形,即"本质的变化"。吾人所谓男人、女人,以及风景中之一切事物,斯氏统认为变形。运动与止息,为体积的属性之变形;观念与意志,为思想的属性之变形。

文艺复兴时期之理性派的殿后为莱布尼兹。莱布尼兹(一六四六——一七一六)可以代表自然科学时期之精神。莱氏十五岁即研究数学,自谓研究伽利略与笛卡尔时,如置身于另一世界。因此氏十五岁时即趋重以数学为解释世界之方法。然莱氏之科学头脑,不像斯宾罗沙一样贬低经验之价值,此为笛氏特异之点。氏心中虽充满数学的理想,但仍不能脱去人生的实在事情;氏虽为最守旧之一派的理性论者,但在氏之理论上,经验的元素之地位仍异常显著。氏分"原始的真理"为两种:(一)理性的普遍真理;(二)经验的事实。理性的真理为永久真实的;经验的事实对于某一事件有其真理,此两种从直觉看来皆为真确而不可减损的。但莱氏并未建设一种发见此种原始真理之方法,仅指明有此两种而已。

在理性论派发端之法国,迨启明运动时,颇受英国之影响。法国启明时期可分为两期:第一期达于十八世纪中叶,此时以为个人的启明运动须先训练知识;第二期则渐成为社会的实际的。第一期以福禄特尔为代表,继之者为孟德斯鸠与学术辞典家(Encyclopedistes);第二期为卢梭,结果为法国之大革命。两期之手段虽不同而动机则一,皆欲于旧制度之反动中提高个人。代表法国启明时期之最初运动者为福禄特尔与孟德斯鸠,此二人曾于一七二六年及一七二八年先后赴英。福氏于一七三四年发表其《英国研究》(Lettres Philosophiques,或 Lettres sur les Anglais),又于一七三八年发表其《牛顿哲学要义》(Les Elements de Newton),并以自然神教之方式介绍并解释洛克之宗教思想。孟氏则于一七二一年发表一极锐利之文,名《波斯通信》(Lettanes Persanes),以反对法国之政治组织,又于一七三四年发表一种历史哲学之著作名《罗马盛衰论》(Considérations sur les Causes de la Grandeur des Romains et de Leur Decadonce),至一七四八年乃发表其最有名之《法意》(Esprit des Lois),此外则尽量发挥洛克之《政府论》。

福禄特尔(Voltaire,一六九四——一七七八)对于英国哲学家,如霍布士、勃克莱及洛克等之著作,皆研究有得,尤喜读洛克著作。氏为自然神教者,以为吾人虽可知神之存在,但在不能知其性质。氏喜批评一切教义。氏对于"一切皆不否认,然对于一切皆怀疑"。氏自称为"无知的哲学"。

福禄特尔为历史中争取思想自由之模范人物,其影响之大,几不可以道里计。然当时有一物焉,其影响之远大,比福氏本人或犹较胜一筹,此即当时流行之《学术辞典》。《学术辞典》之主编人为狄德洛(Diderot,一七一三——一七八四),其主要助手为达郎贝尔(d'Alembert,一七一七——一七八三)。其内容多隐刺法国当时制度之文字;其中不仅为福禄特尔之自然神教,且有怀疑论者、无神论者及惟物论者之文字。狄氏谓"不信"为哲学之第一步,于是一般附和者竟趋于极端,以为"不信"为哲学之全部。此时之彻底的感觉论者龚底亚克（Condillac），曾于一七五四年发表其《感觉论》（Traite des Sensations），将洛克之心理学的分析改为纯粹的《感觉论》。洛克之心理学即因此而传入法国，再由法国而传入德国。

法国启明运动之第二期，始于卢梭之发表其《民约论》（Contrat Social，一七六一）而终于大革命。卢氏势力之支配第二期，亦与福禄特尔之支配第一期同。卢梭（Jean Jacques Rousseau，一七一二——一七七八）为自笛卡尔以来最有势力于时人思想之一人。但卢氏在第一期中所受福禄特尔之影响甚大。惟福禄特尔无丝毫社会革命之目的，而卢氏所要求者则为个人之具体的权利，并非抽象的知识之自由。卢氏在理论方面本认定人性本善，而在实际方面却不相信任何人。所著《爱米尔》（Emile）一书，其中大部分主张皆自洛克得来。卢氏举起甚高之理想以与当日状况相比较，而于同时之人，则并不讨究其不整饬之处。氏之势力不但影响当时，其影响于十九世纪者尤大。即至现在，吾人之思想中亦有多少卢氏之力量支配其间。

德国当启明运动时，自外输入之哲学，有笛卡尔哲学，斯宾罗沙哲学，有惟物论。德国本国之莱布尼兹曾以单元（Monadolag）之说调和理性的知识与经验的知识。吴尔佛（Christian Wolff，一六七九——一七五四）则详加解释莱氏之哲学，并加以系统，且对民众宣传其思想。但能真正解释莱氏之哲学者仍为勒星(D. E. Lessing,一七二九——七八一)。勒星为德国启明运动之最大哲学家,为德国在莱布尼兹与康德之间之惟一创造的哲学家。勒星之所以重要者,因其能将莱布尼兹之历史上的个人进化观解释得非常清楚。迨康德(Kant,一七二四——一八〇四)于一七八一年发表其《纯粹理性批判》(Critique of Pure Reason),于是启明时期之哲学种子乃如春花怒放。康德的问题为知识论的问题。解决知识论的问题,必用一新方法。康德称其所用之方法为批评的方法(Critical Method)。所谓批评,非普通之批评,必须详细审慎考量知识的条件,将自身限制于一特殊范围之内。《纯粹理性批评》所包含之意义为"吾人之意识力的批评",指明人类知识之限制与范围。一方针对怀疑论,承认知识在其范围内有确实性。同时针对独断论,认定从前认为知识之正当的范围者皆为白费工夫。氏确信普遍性与必然性具于先天,此外知识则由经验得来。康德哲学为启明时期之过渡,同时又为德国惟心论之导言,以后若干哲学莫不以康德哲学为出发点。柏林大学某教授谓"康德的批评有十种解释,即为现代之十种哲学",信哉斯言。

第十一节 政治学

近代政治学,实始于马基雅弗利(Machiavelli,一四六九——一五二七)。马氏为亚里士多德以后真能以纯粹科学眼光研究学问之第一人。政治与伦理之分离原则,世人已久不注意,至马氏始再将二者分开。马氏视道德无关重要。其意,凡为国君的或国家本身应有一定之目的。盖氏以为十六世纪之意大利统治者,应用何种方法实现此种目的,此为纯粹理智问题。政治术随人类自私心之不易原理与动机为转移,故此术之详情应当在历史与经验中求之。马氏凡有所闻,必深思之,而使有一归结。故氏谓:"余已著成一《君道论》(De Principatibus),以余之所能,研究君道之为物,并探讨主权之性质,其种类若干,用何种方法致之而保全之,及其丧失之原因。"马氏自谓其论著为一纯粹自然历史之研究,用以考察专制君主以何种手段可以真能昌盛,或使权力坚固,此即其论著之要旨。马氏对于政治生活问题为一孔亟问题,在此问题未解决以前,遂无暇顾及内部组织之最后问题。所以马氏虽然有丰富之观察,及实际之学识,只能谓之为政治学之初入门者。其学说仅为国保存论,而非国家论。

在法人波丹(Jean Bodia,一五三〇——一五九六)所著之《国家论》(Traite de la Republique)书中,吾人对于政治原理,至少可得一重要原则之精确说明。霍布士号为国家学说近代论之创始者,其实波丹并不让于霍氏,且能于最早时悟解其要点。氏以为凡法治的独立社会,无论其权力属一人,或少数人,要不能不有权力,有此权力方能有法律而发生法的作用。而国家之能否享有独立,亦即视有无此权力为定。此皆波丹主权论之梗概,百年后霍布士更益而广之,即近代政论家亦以此为准则,不过对于叙述方法略有变更而已。波丹为一大学问家,其对于政治理论应以充分之历史观察为基础一事,不但尽力使之施于实际,而且将其定为原则。波丹平时与马基雅弗利同,亦尝以公民资格在行动中作爱护自由与正义的坚决表示。氏对于细微事件所发表之意见,亦可视为重要原理之解释。其对于蓄奴制度,斥之不遗余力,对于宗教信仰极主张扩大之宽容政策。其所用之方法,不仅为霍布士分析方法之先导;同时亦为孟德斯鸠历史方法之先导,此二人皆曾读波氏著作而受其益者。

论到英国之政治学发达概况,早在十五世纪之时。其时有人研究英国之宪法及法律,因而发生理论政治之研究。福忒斯丘(Sir John Fortascus,一三九四——一四七六)谓国君虽为政治团体之元首,但其行事,须遵守宪法;至于庶政,应付诸适当之机关担任之。惟政治之最高权究应属于何处,则毫未论及。对于政府之起源,亦未有明晰之解说。至于谟尔(Thomas More,一四七八——一五三五)之《乌托邦》(Utopia),其著名乃在其文学价值。其中对于十六世纪初年之英国社会情形,偶尔固不乏明讥暗刺之批评,但终不能视为政治上之一种贡献。斯密司(Thomas Smith,一五一三——一五七七)之《英国政府论》(De Republica Anglorum),其中多霍布士之语,或者斯氏亦尝读波丹之著作。无论斯氏之原理来自何处,但迄于当时,英国之作家能将政治原理解释最明切者,斯氏实当首屈一指。

但近代政治思想之肇生,实始于霍布士。霍氏所著《政治之组织》一书,其中对于后世政治思想有大影响之理论,可以类别为二:一为主权论;一为社会起于契约之来源论。氏主张人类性恶说,以为人类天性中绝无社会性与亲爱性。人类因苦彼此残杀之不息,乃不得不互相定约,将各人所有之个人权利让与第三者(个人或团体),以冀获得公共之利益。第三者即为主权者。主权既为主权者所有,如不得其许可,即夺回其主权,或将主权转让于另一第三者。主权者一身而兼立法、司法与行政,并为军队之司令。霍氏既主张将大权委托于一人,遂不能不听其专制自为。故霍氏之理想国,实为一种主权者万能之国家。

洛克与霍布士虽同属契约说派,然洛克却以为人类皆有社会性及协同性。洛氏之理想政体,为立宪君主体,君主须受以保护人民生命财产自由为目的之宪法之限制。君主并非神圣不可侵犯,惟宪法乃为神圣不可侵犯。君主之权力为委托性质,如其反乎契约,或超出契约范围以外,可由委托人收回。氏之《政府论》(Essay on Civil Gevernment),即在阐明以上之理由。霍布士与洛克对于可以成形的原约假定,各有不同之用法,前者用以产生政治之组织之绝对权力,而后者则用以辩护立宪之政府。迨卢梭出,同一之假定,而所用之意义又迥不相同。

洛克之政治思想,为英国革命之哲学;卢梭之政治思想,则为法国革命之哲学。洛氏主张之民权尚有限制,而卢梭则推到极端。洛氏所代表者,为英人对于立宪政治代议制度之心理;卢梭所代表者,则为法人爱自由不信代议制度之心理。此两人之学说,皆为当时政治情形及人民心理之结晶。卢梭之《民约论》,与其他理论家不同之点,在以创造一公共而有主权之权力,而同时又使各订约者未与订约以前享受同样之自由,即自己服从自己。每人将其自身及所有个人之权利,皆尽量舍弃,此与霍布士之契约正相同。但此种权利并不交付与君主,而置于最高之国民总意(Volonte Genenale)指挥之下,"即每人将其所有者交于众人,实际等于未交于任何人"(Chacun se donnant a tous ne se donne a personne)。卢氏之说,虽与霍布士及洛克之说相等,皆不合历史之事实,但卢说发生之影响极大。凡近代国家之组织及法律之观念,几无国不受其学说之影响。美国之《独立宣言》,及法国之《人权宣言》,即其显著之例也。

霍、洛、卢三氏曾以玄想世界为实在世界辟一新纪元;而孟德斯鸠则搜求法律政治上之事实,归纳起来,求出原理原则,排除空想空论,崇尚实证实验,实可称为近代政治法律界之历史派首创者。孟氏最有价值之发明,即观许多不同之地方,及各时代之实际的制度,由此寻出政治法律之比较的理论。其方法,则搜集无数关于政法习惯之零碎事实,再将此类事实安排整理之后归纳成为原则。氏又将政体分为共和、君主立宪及专制三种,共和又分平民政治及贵族政治两种。氏对此三种政体,并不主张某种绝对完善,惟最适应自然环境及国民性情者即为完善,孟氏之最重要学说为三权分立。此种三权分立论,虽常引起理论上之批评,但各国宪法至今仍视之为基本观念,此实孟氏理论之影响。

第十二节 国际法学

将国际法定为一分明而独立之研究部分,而为有条理之说述,实始于十六世纪宗教改革之后。荷兰人格罗特(Hugo Grotins,一五八三——一六四五)之所以称为国际法学(Science of International law)之元祖,盖因氏曾于一六二五年刊行其有名之《战时及平时法》(De Jure Belli Acpacis),而树欧洲国际法之始基,溯自宗教改革教皇失权以后,全欧骤现一种无法之局面。此种国际无政府状态之新情势,颇促人研究国际行为,一时著书立说者蜂起,国际法学于此开始。初期著作家,多为西班牙之神学家,总称西班牙神学派。而在他方面,则意大利人詹邈利(Gentilis,一五五二——一六〇八)对于国际法之贡献特大。其所著《战争法》(De Jure Belli,一五九八),据云此无异为格罗特之著作示一模范,因此一部分学者主张詹氏应得国际法元祖之称号。但初期著作家卒未发生多大之效果。十六世纪中之国际法,只存在于纸上,而未成为活势力。至所谓近世国际法元祖之格罗特,其主要贡献则有两大著作。所著《海洋自由》(Mare Liberum),盖所以否认葡萄牙对于外国商业封锁海洋之权利。其《战时及平时法》一书,允称杰作,直可谓在氏以前,实未有人作此更包罗而系统之论述。氏著此书之主要动机,盖在防止国际无秩序状态及战争之暴乱行为。惟此书之内容,适与近世一般国际法著作之编制相反。近世一般国际法著作,皆以实体法为开首,即先述国家之权利,所谓平时法;实体法之后乃为战时法。至格氏书中,战争则为其最初而最重要之部分,实体法乃反在战争法之后。此书对于欧洲国际关系之观念为革命;对于马基雅弗利一派专重权术之政治主义,加一致命之打击;至于《委斯法利亚和约》(Peace of Westphalia,一六四八)之成立,则颇有赖于格罗特之主义,如承认领土主权及国家独立之观念。在氏之生前,此书已重版加注,刊行于世,有同经典。而战争行为,亦即时因之有改良之象。在十八世纪之初,西班牙王位继承战争中之行为,较之三十年战争时已大有改善。观于如此之大效果,格氏之称为国际法元祖,亦不为过誉。且十七、十八世纪之国际法学者,大多皆承受格氏之学说,通称为格罗特派(Grotians)。直至十九世纪之末,始有全然打破格罗特传习之事;格氏之有功于国际法亦可谓伟矣。

第十三节 经济学

中古后之两三世纪，乃近世经济思想及产业制度之萌芽时代也。经济学之进为科学，原始于重农学派。有重农学派而后始有斯密亚丹（Adam Smith）之学说，有斯密亚丹之学说而后始有今日英语民族之经济思想及政策焉。中古而后，重商制度（Mercantile System）、哥尔伯特主义（Colbertism）、限制制度（Restrictive System）、商业制度（Commercial System）及重商主义（Mercantilism）诸端纷然兴起；所谓政出多方，学无系统者，正此时也。虽然，时人之所特重者，惟为重商主义。由十六世纪以至十八世纪，欧洲各国政治家之经济观测未有不趋于重商主义者。盖中古惟习俗及法制是尚，及至重商时代法制不足以维系工商，独占亦为时人所反对，形势所趋，不得不重视自由竞争之制，此其工商业之所以兴也。自自足经济以达于交易经济，实为重商主义兴起之重要原因。试举重商学派各著作家之言以观之，则重商主义之为何物不难了然矣。

在重商主义盛行中间，最有名者为伦敦商人太摩士猛（Thomas Mun，一五七一——一六四一）。氏著有《英国对外贸易致富记》（England's Treasure by Foreign Trade）。据氏之说，国家之经济政策，即在处理制造品之输出、直接贸易、中间贸易、关税等事，将外国之货币吸入本国。氏又谓，如流通于国内之货币太多，则使物价腾高，所以防止外国品之输入，实于国家有利之事。

在重商学派中之学说，比较稳健而合乎中庸之道者，当推蔡尔德（Sir Josiah Child，一六三〇——一六九九）。忆十七世纪中，英国方面将荷兰认作富强国家之楷模之议论，实风靡一时。蔡氏亦为崇拜荷兰之一人，氏曾将荷兰富强之原因，皆归于金利之低廉。氏以为金利之高低，不由自然外界之事情以定之，可由公家力量自由处理之。故氏谓，如政府欲国家富强，人民乐业，首先即须用权力以限制金利。氏又力主人口增殖之必要。关于殖民地及本国间之贸易，主张本国政府应当握得贸易之全权，在一定限制之下，主张设立有特权之商会等。氏与一般重商学派，虽无不同；但论究《航海条例》时，却一反平素之议论，而与后世斯密亚丹所取之态度相同，故后世学者有视氏为自由贸易论之先驱者。氏之著作有《贸易论》（Discourse of Trade）。

英国重商主义者之注意点，特在金钱之积聚，务使贸易关系顺适于本国，及提高关税，以促进产业之发达。此外如保护国内农业，抑制殖民地之工业发达，亦皆英国重商主义之特征。至于法国代表重商主义之哥尔伯特主义，则始于哥尔伯特。哥氏努力撤除国内之关税而移之于国界上，以促交通机关之进步；规定商货之品质，使其改良。哥氏力图工业之进步，但不保护农业，为求农产品低廉，卒令农业陷于苦况。

德国之重商主义者，称计臣学派（Kameralists）。德国计臣学初起之时，为政治、法律、技术、经济诸观念之总称。至中古末叶，乃渐与法律分离。然除原所含有管理官产（Domains）及王室私产（Regalia）之意义外，更推广其意义兼含有经济政策。德国计臣学者之名望甚高而影响最大者，为翟肯多福（Seckendorf，一六二六——一六九二），尝被称为计臣学派之始祖。氏之名著为《德意志王国论》（Der Teutsche Frrstenstaat），亦祖于增加人口及限制输出品之二说。其所言经济理论宜与政治或单纯财政及行政之理论有别之说，亦颇著闻。德国计臣学派受中古学说及《罗马法》之影响甚深，而近世德国之经济学，则多受计臣学派之所赐。计臣学派除少数特例外，大都对于外国关系、商业及贸易差额之观念，实不若英法学者讲求之甚。计臣学派所特重者为国内工业，故其著书多详于农业、牧畜、采矿、殖林等技术，以及其他各种之工业。凡此诸端，皆不为英国重商学者所注重。

重商主义含有经济与政治两科之理论。十六、十七两世纪之政治家及政治学之著作者，多潜化于此主义之中，势力之盛，直达于十八世纪。然当十七世纪末叶，虽在重商主义最盛之英国，学者已多倡反对之论。以最易骚动之法国论之，既承哥尔伯特干涉之弊，已可无怪其经济学奏演剧烈之消极变化。重农主义（Physiocracy）之起因虽多，确可定为法国反抗重商主义之革命。重农学派（Physiocrats）起于十八世纪中叶，为法国学者所倡导。当时法国学者之经济思想极有系统，故大有关于近世经济学之进化。考重农学派之名，乃由希腊语自然（Phisis）与力（Kratos）二字所合成，重农学派以自然法（Natural laws）为根据，盖以为果欲求达最高之乐利，非服从自然法不为功。重农学派喜自命为经济学家（Les Economistes），更标其派别为重农制度（Agricultural System），斯密亚丹即以此呼之。

结晶经济学，始于重农主义。而提倡重农主义之最力者，为法国之规士里（Quesnay，一六九四——一七七四）。规氏以为人事皆天定，有不可易之轨。氏之著作有《农民论》（Fermiers）、《谷物论》（Grains）、《关于一国之经济的政治一般定理》（Maximes generales du gouvernement economique dans un royaume agricole）及《经济表》（Tableau economique)等。重农学派之最著名者，除规氏外，尚有堵哥（Jacques Turgot，一七九七——一七八一）、哥匿（Gournay，一七一二——一七五九）、美拉波（Victor Mirabeau，一七一五——一七八九）、麦歇（Mercier de la Rivilre，一七二〇——一七九三）及都波（Dupont de Nemours，一七三九——一八一七）等。

重农学派对于经济学，虽多所发明，然以较后贤，特其先导耳。皎然如日之在天，为后来经济学者之所共同宗仰，其为斯密亚丹乎？斯密亚丹（一七二三——一七九〇）为苏格兰人。一七七六年，氏刊行其所著《原富》(The Wealth of Nations)一书，声名大噪，竟超过以前经济学界之一切著作家。《原富》所受之批评虽多，究为经济思想进化中创始之杰作，故斯氏被呼为政治经济学之始祖。斯氏学说，多得于重农学派，故其政治经济学有相同之三要义，其源盖为希腊、罗马之精神，如自然权利；基督之神学，如仁慈天命；及反抗政府之干涉，如放任主义。氏之《原富》，在于"研究国家财富之性质及其致富之原因"，故氏即以此为政治经济学范围之定义。《原富》起于劳力之重要，视劳力为国家岁殖(Annual Wealth)之本源；分工为增加生产之方法，生产增加，国家自富。《原富》次言交易、货币、物值、物价；物价之后，更分论工资、赢益与地租三者。再次为对于重商及重农两主义得失之批评，最后则论究国家之财政。《原富》未出以前，经济学绝未有完全著述。旧制度虽已处处动摇，新学说虽已处处兴起，独无处能收成熟之结果。且工业革命、哲学革命、政治革命，亦皆蜂起于此时。一旦有如《原富》者出，以极完备之学理为新秩序之解析及说明，得不受当时非常之赞颂乎！

第十四节　史学

近古期中之史学名家，首推意大利人维哥(Giovanni Battista Vico，一六六八——一七四四)。维氏之所以有名，全赖其所著《新科学》(Science nouvelle)一书,此为一种历史哲学。氏在此书中极力以历史解释人类社会之进步。氏分各民族之历史为三种时期,即神化时期(Age divin)、英雄时期(Age heroique)与人类时期(Age humain),惟人类时期为文化时代(Periode de civilisation)。在文化时代中,人类之权力与理智,情感与理想,悉臻于协调。

英人齐朋(Edouard Gibbon,一七三七——一七九四)少时肄业于牛津大学。氏初颇致力于文学。一七六三年及一七六五年之间,氏曾游历巴黎、瑞士及意大利。当氏凭吊罗马之公共场(Forum)遗迹时(一七六四年十月),不禁感慨系之,其有名之巨著殆即发胎于此时。一七七六年,氏刊行《罗马帝国衰亡史》(Decline and Fall of the Roman Empire)之第一册,至一七八八年始完成之。此书极脍炙人口,实为十八世纪最重要之历史著作。

罗伯村(William Robertson,一七二一——一七九三)为苏格兰人,曾任爱丁堡大学校长。关于历史作品,氏著有《斯都亚德玛利及占士第六时代之苏格兰史》《查理第五时代史》《美洲史》及《对于印度之历史搜求》等。

保克(Edmund Burk,一七三〇——一七九七)生于都伯林(Dublin),为十八世纪末叶之历史家。所著《对于法国革命之回想》(Reflection on the French Revolution),堪称杰构,各国人士多争译之。

法人波雪(Bossuet,一六二七——一七〇四)研究历史极湛深,并有高妙之议论。所著《世界史论》(Discours sur L'histoire universelle)最有名,虽仍持神学以解释历史,然与中古之作家已大异其趣。

福禄特尔为史学启蒙时代之开山祖,氏受政治、宗教上束缚之刺激,发奋以改革自任,所著《查理第十二传》(Histoire de Charles XII),极受世人之欢迎。所刊历史著作甚多,风气所播,学术思想竟为之顿放异彩。史学之解放恢宏,实直接受其影响。

孟德斯鸠亦十八世纪历史学家,氏尝从历史事实中发见科学的原则。其所引证之事实,虽然杂乱,但可因此了解社会制度与国土人情,皆有种种密切之关系。所作《罗马盛衰论》,实为一种历史哲学,其中虽有错谬之处,而所有考证及议论,确有精深之研究及独到之见地。

德人赫尔特(Herder,一七四四——一八〇三)于一七七四年著《人类历史哲学》(Philosophie de L' histoire de L' humanite)批评福禄特尔一班人所作历史之不当。赫氏此书竟为以后黑格尔(Hegel,一七七〇——一八三一)《历史哲学》之张本。

俄人嘉杭新(Nicolas Mikhailouitch Karamsine,一七六五——一八二六)曾游学于德、法、英及瑞士等国。返国后,初创《莫斯科日报》(Journal de Moscou)及刊行文集。人极喜读其作品,竟奉以俄语改革者之头衔。嗣著《俄帝国史》

(Histoire de L'Empire de Russie)一部，于一八一八年进呈于俄皇亚历山大第一，亚历山大任之为史官。氏著作甚多，仍以《俄帝国史》为最有名，故人称之为俄国第一史家。

第十五节　文学

文艺复兴发端于意大利，渐及于法、德、英、西诸国。顾其势力在意最盛，前后历十四五两世纪，各国则略迟百年。十五世纪中，意大利治古学者极盛，彼脱拉克(Petrarca,一三〇四——一三七四)即先觉之一人也。至脱素(Torquato Tasso,一五四四——一五九五)死时，而意大利十六世纪之文学亦与之俱就结束。十六世纪法国文学，亦兴于宫庭。时人之有名者，有哈伯莱（Francais Rabelais,一四九〇——一五五二)与孟德业(Michel de Montaigne,一五三三——一五九二)，两人皆抱乐天思想者也。西班牙文学，至十六世纪始盛，唯多模仿古代及意大利之作。弥格(Michel Cervantes,一五四七——一六一六)所作小说《几克梭提》(Don Quixote),实为世界名著之一。论者谓其书能使幼者笑，使壮者思，使老者哭，外滑稽而内严肃也。英国十四世纪有威克列夫(Wycliff,一三二〇——三八四)开路德(Luther,一四八三——一五四六)之先，有孝素(Chaucer,一三二八——一四〇〇)继彼脱拉克及朴伽邱(Boccaccio,一三一三——一三七五)之绪。唯二人皆先时而生，后无绍述。直至百年后，始有哥乃

(John Colet,十五世纪末)竭力在牛津大学中提倡希腊文之研究。迨伊利沙白时代,文人乘时而生:诗家如爱德曼斯宾塞(Edmund Spenser,一五五二——一五九九);小说家如约翰列利(John Lyly,一五五三——一六〇六),及腓布施德利(Philip Sidney,一五五四——一五八六),散文家如佛兰西斯培根(Francis Bacon,一五六一——一六二六);戏曲家如莎士比亚(Willam Shakespeare,一五六四——一六一六)。皆当时之佼佼者也。惟英国作家多被意大利文学之影响,甚有弃国学而专研意文者。国学销沉,有心人能无慨叹,所以莎士比亚竭力提倡之,视希腊、拉丁之文,若有宿怨焉,其所著诸书,咸循循保守先人矩矱,不敢以他国文字夹杂其思想,以至今日英国文字有取无尽用不竭,历久常新,百变而不穷者,非莎氏之功不及此也。德国受文艺复兴之影响,学者辈出,唯其效果,则在宗教为多。马丁路德(一四三三——一五四六)创立新教,成改革之文字甚多。复以文语译《圣经》,尽删土语之引入文字者。此种文语遂随《圣经》流行全国,而成今日通行之新高德语,德国以后文化之发达,实系于兹,其功足比一八七一年之政治统一。因路德之改革,诽文之风遂盛,首先赞成改革者为何吞(Ulrich von Hutten,一四八八——一五二三),而继之者则有斐侠特(Johann Fischart,一五五〇——一五九〇)。反对改革者,以木讷(Thomas Murner,一四七五——一五三七)为最烈。所著《路德一般蠢人》(Von den grassten Lutherischeu Narren)一书,实为讽刺改革文字中之最著者。

十七世纪为欧洲文学停顿之时,因宗教改革之反动,酿为扰乱,政教两方,唯以压制为事。其后虽渐得和平而民气衰落,文学遂亦不振。又以文艺复兴之影响,一时著作颇盛,及能事既尽,犹欲刻意求工,终至忽其大者远者,反趋于末。法国有布华诺(Nicolas Boileau,一六三六——一七一一)出,力排旧说,使复归真率纯正之境,英国亦兴起从之,文学并称极盛。其余诸国,一时莫能及也。意大利当十六世纪末,有文禁之事,其后解禁,而民气衰苶,直至法国革命时,犹未能振起。马里利(Marini,一六六九——一七二五)首倡之雅体诗,风行于世。所作《夏多丽》(Adone)一诗,专写情景而无事迹,论者比之木偶人,悦目一时而已。西班牙宗教戏曲,盛行于十六世纪,其后转为兼有悲喜性质之戏剧(Comedia),至维加(Lope de Vega,一五六二——一六三六)而集大成。所作可称写实派,而嘉尔得隆(Pedro Calderon,一六〇一——一六八一)则理想派也。嘉氏制作视维氏为备,故称西班牙戏曲之第一人。及其殁后,戏曲亦遂衰落。时西班牙之小说亦盛行,雅体诗亦能与马里利并驾齐驱。德国文学之零落,视意大利尤甚。前后西勒西亚(Silesia)派之诗,实只因袭法、意往事而重演之而已。盖文艺复兴,至此已见流弊,德以丧乱之余,智力薄弱,故受其敝,亦特甚也。法国文学情状,无异于各国,唯以国家强盛,文士得假承平之际,致力于文,故发达亦最盛。当马里利游法时,一时诗人翕然从之,称精美派(Precieux)。迨布华诺出,主张真美一致,一以清真雅正为归,遂成古典主义之最盛世。法国戏曲,宗教剧与古剧分道而驰,郭乃意(Pierre Corneille,一六〇六——一六八四)始合二者之长,构成完善之戏曲。莫利爱(Moliere,一六二二——一六七三)一反模拟意、西作者之所为,而求材料于日常生活之中。此殆昔人所不知者也。拉辛(Jean Racine,一六三九——一六九九)善写人情之微,其最佳之剧,皆取材于希腊,而别具精彩,可与古代名作并驾。拉风登(Jean de la Fontaine,一六二一——一六九五)以寓言闻于世,纪载描写,极其精详,与古之寓言以片言明意为上者异矣。散文著作,有路西富各(Due de la Rochefoucauld,一六一三——一六八〇)之《语录》(Maximes),与白昌耶(Jean de la Bruyere,一六四五——一六九六)之《本世纪之人品与习俗》(Caracteres et Moeurs de ce Siecle)。英国十七世纪文学,初期极于侈丽,物极而反,清教主义(Puritanism)遂渐胜。唯教旨竣厉,悉以《圣经》为准则,文运至此,遽遭顿挫。际兹斯文扫地之时,而挽狂澜于既倒,作文坛之明星者,厥维约翰米而顿(John Milton,一六〇八——一六七四)与约翰邦杨(John Bunyan,一六二八——一六八八)。至约翰德拉丹(John Dryden,一六三一——一七〇〇),乃定古罗马著作为文章轨范,嗣后古典派势极隆盛,以至法国革命时代。

十八世纪为理智主义最盛之时代。自培根创经验说,笛卡尔立唯理论以来,其影响渐及于文学,一准理法,不得意为出入,此风始于十七世纪中,至十八世纪而极盛。十八世纪之文学,以英法为极盛,而二者之中,又以法之影响为最大。法国百年之内,由专制为共和,由罗马旧教为信仰自由,由古典主义为传奇主义,凡此急转,皆大有影响于世界。十七世纪之思想,虽亦力去故旧,倾向自由,然仅以个人为主,而是时则推及于人群。斐列隆(Francoisl Fenelon,一六五一——一七一三)用散文作诗,以小说谈教育,甚有特色。于政治道德,尤多新义。及孟德斯鸠之《波斯尺牍》与福禄特尔之《哲人尺牍》出,而此新思潮,益复完全表见矣。狄德洛主编《学术辞典》以传播思想,为力甚伟。启蒙运动之成功,实基于此。卢梭影响于后世尤大。所作《论美术科学之进步与道德改善之关系》(Le progres des Arts et des Sciences atil contribue a corrompre ou a epurer les mocurs?)一篇,以应地容学院(Academie de Dijon)之征文,竟获特奖。后又作文论《人类不平等之起原》(Discours sur L' origine de L' inegali te parmi les hommes),此文虽未得奖,而卢梭之大事业,实以此篇开端。总之卢梭影响所及,实不止十八世纪之法国文学已也。英国十八世纪之文学,昌盛冠于前代。文体趋重于散文,而韵文则零落不获多觏。究其原因，不外时人皆趋重报纸杂志之文及小说之文。英国最先出版之报纸，为士特耳(Richard Steele，一六七二——一七二九)于一七〇九年所创办之《说言报》(Tattler)。一七一一年爱狄生(Joseph Addison，一六七二——一七一九)再组织《旁观报》(Spectator)，内容渐臻完备，爱氏尝谓，彼自学校书库中取哲学出，而致诸公会茗肆之间。其传布思想于民间者，为力至伟。爱氏之文最为传世者，为《科闹里之罗吉》(Sir Roger de Coverley)，描写性格，能得神似，于小说发达，颇有影响。当时新小说之最风行者，为第福(Ganiel Defoe，一六五九——一七三一)所著之《鲁滨孙飘流记》(Robinson Crusoe)。高得司密司(Oliver Goldsmith，一七二八——一七七四)所作《威克司牧师传》(Vicar of Wakefield)，文情亦极优美，为古今所传诵。诗家享有盛名者，十八世纪初叶为蒲伯(Alexander Pope，一六八八——一七四四)，为约翰德拉丹以后文坛之盟主，人拟之为黄蜂，言善刺也。约翰孙(Samual Johnson，一七〇九——一七八四)继蒲伯而为文人领袖，其为文厚重雅正，足为一世模范。保时(Robert Burns，一七五九——一七九六)为介绍苏格兰生活于世界之惟一诗人。氏爱其故国，于古代光荣，民间传说，皆得感兴。其诗多言情爱，直抒胸臆，不加修饰，为近世所未有。所咏《田鼠》(To a Field Mouse)一章，蔼然仁者之言，与考伯之爱及昆虫，谓亦自有其生存之权者盖相若。考伯(William Cowper，一七三一——

八〇〇)为十八世纪名诗人,曾废对句为无韵诗,又改译《荷马史诗》。氏对于微贱之人生,尤有同情。士威福德(Jonathan Swift,一六六七——一七四六),十八世纪大散文家也。氏之著作,多倾写其平生愤世嫉俗之意,论者谓书叶间有火焰丝丝散射,善能形容其气象者也。瑟姆孙(James Thomson,一七〇〇——一七四八)作《四季》(Seasons)诗集,分咏四时之美,最为首出。二十年后有苟林(William Collins,一七二一——一七五九)与格尼(Thamas Gray,一七一六——一七七一)咏叹自然,而寓以人生,对于人类,极具同情。齐民生活,遂渐代都市之繁华,为文章主旨。意大利十八世纪情状,较前世纪特见进步。其时方脱离西班牙羁勒,民气亦渐苏,文艺学术遂复兴盛。如巴里利(Joseph Parini 一七二九——一七九九)与麦礼(Giovanui Meli,一七四〇——一八一五),皆当时独立之诗人。戏曲自马基雅弗利以后,已渐发达,至十八世纪而极盛。亚尔非里(Vittorio Alfieri,一七四九——一八〇三)曾作完善之悲剧。哥尔度里(Carlo Goldoni,一七〇七——一七九三)仿法国莫利爱为喜剧,亦绝妙滑稽剧之进于文艺,则始于哥希(Carlo Gozzi,一七二〇——一八〇八)。集歌剧之大成者为麦达司达约(Pietro Metastasio,一六九八——一七八二)。西班牙文学,此时亦颇受法国影响。伊仰学(Ignacio de Luzan,一七〇二——一七五四)所作《诗法》一卷,其主旨纯与布华诺一致。此外则无名世之作。十八世纪德国文学，发达至速，且称极盛。葛特歇特(Curistoph Gottsched，一七〇〇——一七六六)著《批评诗法尝试集》(Versuch eines Kritischen Dichtkunst fur die Deuts chen)，乃纯依布华诺之说，其提倡戏剧，亦以法国著作为宗。唯英国文学思想，亦渐流布，当时文人如卜特梅(Jakob Bodmer，一六九八——一七八三)等，均蒙影响，以情思为文学根本，力斥理智主义。前者称来泼齐希(Leipzig)学派，后者称瑞士学派，两方彼此敌视，互不相下。迨六大古典派诗人出，始创国民文学，成德国文学之极盛时代。观其发达之先后，克洛泼司托克(F. G. Klopstock，一七二四——一八〇三)与微朗(Martin Vieland，一七三三——一八一三)当首屈一指，承之者有勒星(G. E. Lessing，一七二九——一七八一)与赫尔特(J. G. Herder，一七四四——一八〇三)，而集其大成者则为哥德(J. W. Goethe，一七四九——一八三二)与希勒(F. Schiller，一七五九——一八〇五)。北欧文学自《伊达》(Edda)发见后，阅时五百余年，传说《萨迦》(Saga)以外，无名世之作。至荷伯尔(Ludvig Holberg，一六八四——一七五四)出，始立丹麦近代文学之基础。伊瓦尔(Johannes Evald，一七四三——一七八〇)取材古代神话，作为诗歌，为传奇派之先驱。古典文学之兴，在宗教改革以后。斯德热伦热尔门(Ceorg Stjernhjelm，一五九八——一六七二)多作诗曲，为十七世纪最大诗人。唯当时文学趋势，渐倾向法国，布华诺之势为之大张。德国传奇思想,亦渐流入。伯尔芒(Karl Mikael Bellman,一七四〇——一七九五)作诗多爱国之音,甚为国人所好。俄国在十八世纪前,舍民谣外,几无所谓文学。直至十八世纪,彼得第一改革国政,西欧文化,始渐渐流入。苏马洛哥夫(Soumarakof,一七一八——一七七七)作诗歌甚多,称俄国之拉辛(Racine)。德沙宛(Derzhavin,一七四三——一八一六)用浅近语写优美情景,为后世所重。冯维散(Fonvizin,一七四五——一七九二)以日常生活作喜剧,俄国戏曲,至是乃始完成。

第十六节 艺术

欧洲艺术,如建筑、雕刻,在文艺复兴时期中,已达极峰,此后殊无若何之进步。意大利在十七世纪中所流行之建筑式,称波罗克式(Style Boroque)。此式为意人波罗米里(Borromini,一五九九——一六六七)所创,徒极尽徒不规则之能事,如用绞形及蜗形之柱,或屋之正面突然耸出凸形之点缀品。在法国方面,则多受意大利势力之支配,或以古代希腊、罗马式为模范。同时一般艺术家又多迎合路易十四之癖好,而惟秩序、端正、宏大、庄严之是务。迨十八世纪,建筑家似仍继续其先辈之遗风,而无创制之作。然十七世纪之建筑,其庄严中不免略含冷酷之象,而至十八世纪,则尊严中兼寓温雅之态。建筑之装饰,亦屏去威严气象,而代以繁褥细致之配景。且喜用波纹之形，以后变本加厉，竟造成所谓罗科科式（Style rococo），或沙砾式（Style rocaille）。所谓罗科科，即点缀物之形为岩穴、岛石及贝壳等形也。德国初采用意大利十五世纪之复兴式（Style de la Renais sance）。至十八世纪，因受法国之影响，亦渐采用罗科科式。英国则盛行秋特勒式（Style Tudor）或伊利沙白式（Style Elisabethain），因此式见重于秋特勒朝，尤其是伊利沙白时代；此式殆为表示垂直线式（Style perpendiculaire）之最后时期。时伦敦最有名之建筑家为若伦司（Inigo Jones，一五七二——一六五二）。

雕刻在意大利方面至十六世纪末叶已露衰歇之象，以后虽似稍有振作，然已失去过去之富丽、华贵与伟大，而趋重于娇美与温雅。波罗米里实为此派之代表。德国十六世纪之雕刻家，除笛来（Albert Durer，一四七一——一五二八）外，尚有二大名家，一为克拉弗提（Adam Krafft，一四五〇——一五〇七），一即维舍（Peter Vischer，一四五五——一五二九）。至十七世纪所盛行者，则为虚伪之古典派（Pseudo classicisme），此后殊无可纪者。法国雕刻自十六世纪初即已感受意大利化，但同时其中古固有之美术精神仍能与之对抗。此后之著名雕刻家，有比热（Pierre Puget，一六二二——一六九四）、惹拉登（Fromesis Girardon，一六二八——一七一五）及哥瓦色浮司（Covsevox，一六四〇——一七二〇）等。

艺术在近古期中最为发达者，厥维绘画。十七世纪之荷兰为最富而自由之地，且为智识运动之中心，艺术尤灿烂一时。当时之亚摩斯德尔登（Amsterdam）与海牙（Haye），俨然过去之佛罗伦斯（Florence），故荷兰人称十七世纪为黄金时代。当时有名画家，不胜屈指，而冠绝一时无与比肩者，允推杭伯郎特（Rembrandt，一六〇七——一六六九），杭氏不似其时人哈尔司（Frany Hals，一五八四——一六七七）与赫尔司特（Van der Helst，一六一三——一六七〇），仅取材于荷兰人生活之中。盖氏之才能变幻而有力，著手成春，点缀即为名著。如《以马忤斯之朝拜者》（Les Pelerins d'Emmaus），至今仍称杰作。氏之擅长处，在掩映与光线，至于神情灵活，犹其余事。佛兰德（Flandres）之艺术运动，亦极隆盛。鲁本司（Rubens，一五七七——一六四〇）之名，即当日隆盛之表示。鲁氏之作品不下二千二百幅，无论画像、风景、神话事迹与历史事实，氏莫不优为之。氏之作品令人见而惊心动魄者，为《自十字架上之下堕》（Descente do Croix）。氏之兴致在作品中表见极浓，尤擅长于鲜明之色彩。其徒王第克（Van Dyck，一五九九——一六四一）亦当时有名画家。王氏之作品虽不如其师之有力，然较为整齐。鲁、王两氏以外之画家，多不求材料于想像之中，而专求之于日常生活之内。此种写实派画师之著名者，为一平庸画家之子大卫德里耶（David Teniers，一六一〇——一六九〇）。其作品为《农人跳舞》与《饮酒吸烟之工人》等。当时法国颇憎恶此类图画,而在西班牙则大受推重。迨至今日,一般人又视之比凡尔赛博物馆所陈列之大部分画幅尤有价值矣。西班牙之维拉司克(Velasques,一五九九——一六六〇),本性即为写实派,颇合于当时西班牙艺术之一般倾向。其作品光耀而朴素,兼富恳挚之情。氏喜作人物画,如《纺织女》(Fileuses),如《伯达之降》(Reddition de Breda)。穆里罗(Murillo,一六一八——一六八二)亦西班牙人。氏与维拉司克常接近丰富之王家图画,因此感受鲁本司及王第克之影响极深。维拉司克影响于氏之精神尤大,故氏之作品虽变幻,终不如维拉司克之特异。其名著有《乞儿》(Jeune Meudiant)与《圣母纯洁而胎》(L'Immaculec Conception)等画。法国绘画,初亦颇受意大利势力之支配。自亨利第四之后,梅谛溪(Marie de Medicis)为粉饰卢森堡(Luxembourg)宫,招聘鲁本司来法,于是法国画界呈活泼之生气。最初之著名画家为蒲桑(Micolas Poussin,一五九四——一六六五)。所作历史风景画,颇见纤丽之情感及独特之才能。蒲桑之友劳朗(Claude Gelee le Lorrin,一六〇〇——一六二八),其画中之天光水色,常显一种诗之情趣,为其他作家所不及。迨十八世纪,画家顿呈解放之气,多重典雅及轻快之色调。此时之特出作家为华图(Antoine Watteau,一六八四——一七二一),其名著有《西西娄之征帆》(Embarquement pour

Cythere)。弗拉哥那(Fragonard,一七三二——一八〇六),亦当时有名画家,氏富创造能力及实在感观,较华图又胜一筹。同时亦有取极端伦理题材之作家,如霞尔丹(Chardin,一六九九——一七七八)与格勒滋(Greuze,一七二五——一八〇五),皆此种倾向之代表。此外肖像画亦多作者。英国因守清净主义,久置美术于不顾。至十七世纪,查理第一从鲁本司之议,大事搜集名画,始见绘画之发端。嗣王第克至英,模仿之者益众,至十八世纪,英国始产出本国特有之画家,如荷加尔滋(Hogarth)。氏为英国画派之创立者,以讽刺作法著称。同时因荷兰、西班牙及法兰西诸国画家之影响,又产生大批之肖像画家。如莱诺支(Joshua Reynolds,一七二三——一七九二)、庚斯保劳(Thomas Gainsborough,一七二七——一七八八)、隆奈(George Romney,一七三四——一八〇二)、奥佩(John Opie,一七六一——一八〇七)、劳伦斯(Thomas Lawrence,一七六九——一八三〇)等,皆重空想与调和,故所作之优美远过于真实。英国风景画,由庚斯保劳、克劳姆(John Crome,一七六九——一八二一)、孔斯坦堡(John Constable,一七七六——一八三七)诸作家底于极盛。孔斯坦堡更为近世写实风景画之始祖。孔氏杰作《干草车》(Charrette a foin)于一八二二年陈列于法国沙隆(Salon),大有影响于当时画界。诸家共同之倾向,在反抗法国风景画之模仿古典,而直接取材于自然,其影响于世界美术,盖甚巨也。

第十七节　音乐

音乐在古代即已盛行,而十八世纪实为音乐之重要时期。但执本期音乐世界之牛耳者,则皆为德人,著名专家可得而敬者有五。杭戴(Haendel,一六八四——一七五九)与巴哈(Bach,一六八五——一七五〇),皆为萨克逊人,两氏皆擅长宗教音乐。格吕克(Gluck,一七一四——一七八七)喜谱歌剧(Operas),其名著如《海夫》(Orphee)、《亚尔塞司梯》(Alceste)等,皆已成为古典。海敦(Hayden,一七三二——一八〇九)为谐奏(Symphonique)之创造者,常借合奏之力以译传人类之情愫,慕沙(Mozart,一七五六——一七九一)在音乐界中为最丰富而完善者。方八岁,即刊行所撰乐谱,世人皆以神童目之。惜氏逝世时仅三十五岁。氏之著作极多,其杰作品有《东爽》(Don Juan)、《灵妙之笛》(Flute enchantee)等。

第三编 法国革命

第一章　大革命前之法国

十八世纪之法国社会与以前无异,仍分三种阶级,即两特权阶级,所谓僧侣与贵族;及一第三非特权阶级(Tiers Etat)。而一切担负,则皆由此种非特权阶级肩任之,终路易十五之世,毫无变更。所应注意者,惟因实行洛夫(Law)之政策,及迎受金钱之影响后,一般财政家、司捐务者及银行家等,皆在巴黎社会中据得一较宽之地位。

社会之组织虽无变更,而思想之态度确大改变;如自由平等之思想,悉赖哲学家、经济学家与学术辞典家,传布于群众之中。此辈学者由理论证明绝对专制与社会组织之弊病,而同时事实又实际证明其理论。即因学者之言论与夫国王所施之秕政,遂酿成一七八九年之革命。

第一节　无统一

法国虽为集权专制,但行政并不统一。盖度、量、衡之名称与价值，不惟此省与彼省异，甚至此区与彼区亦不相同。如量地尺（Perche），在巴黎等于三十四平方公尺，而在他处则等于五十一，或等于四十二。在各自治省（Pays d'Etats）中（面积总约占全国四分之一），税收数目由本省议员确定之；而在各直隶省（Pays d'Election）中，税收则由国王任命之职官直接确定征收之。至于各地之盐税，亦不一致。此外如法律，南北亦互不相同：南部一带，皆适用同样之成文法；而在北部方面，则习用习惯法。此种习惯法，各地不同，约有二百八十五种之多。最可笑者，在阿菲尼（Auvergne）一省中，阿里雅克（Aurillac）地方适用成文法，而格乃蒙（Clermont）地方则又通行习惯法。关于各省间之关税，亦至为奇特：塞伦（Seine）及洛瓦尔（Loire）两河流域之十三省，组成所谓五大租地（Cing grosses fermes），商品可以自由通行；而其他十九省，则称外省（Provincesetrangeres），每省各有税关，对于邻省之入口货品，咸课以税，如外国然。

以上所述种种，皆封建制度之剩余，故当时之法国，虽为集权专制，实不啻一诸侯独立之国家。米拉巴（Mirabeau）之言曰：“一七八九年之法国，不过为分离民族之一种无组织之凑合耳。”就一般人民之思想考之，大都津津以地方之风俗及特权为重，而欲拥护其自为风气之自治。如亚尔都（Artois）居民之向全级会议请求也，谓治理该地者，须为该地之人。蒲洛温司（Provence）则宣言"蒲洛温司只承认法王为蒲洛温司伯爵"。至于度菲勒（Dauphine）居民，竟谓该省"在王国之中，而非为王国之一部"。要之，当时法国，实无所谓统一，而法国之统一卒获完成者，此实不能不归功于革命之力。

第二节 风气

时人极重生命之快乐，最恶一切束缚，尤其是精神上之强制。即基于此种心理，一般人遂以简单而家常之态度代替以前之繁褥而严重之举止。同时，攻击宗教之言论亦甚激烈。福禄特尔反对宗教之态度极鲜明，尤为时代最适当之代表。

十八世纪上半期，因宫庭不道德影响，一般人之生活极其放荡。然自一七六〇年以后，一般人又因卢梭之影响而一反于品德。此种反动空气，继续延于路易十六之世，卒使朴实成为一时之风尚。民众受此种风尚之影响极大，特别为端正而勤劳之中产阶级。有谓十八世纪法国社会之风俗淫靡浮败，须知此为一小部分之情况，并非全部，吾人研究此时之历史，似宜加注意焉。

第三节 沙隆

十八世纪之沙隆（Salons），俨然哲学之中心，对于社会，尤有一种极大之势力。同时各贵族，各著作家，各艺术家，及各财政家之互相接近，亦常以各沙隆为周旋之地。但沙隆为十八世纪特有之风尚，而非创举。十八世纪之沙隆实等于十七世纪之文会（Ruelles），其相异之点，特在谈论之题目不同耳。十七世纪如在杭布耶夫人（Mme de Rambouillet）、斯居德丽小姐（Mlle de Scudery）及拉华叶夫人（Mme de La Fayette）等之文会中，所谈论者不外文学、伦理、人物论文，或格言，或其他著作等。至于十八世纪之沙隆，言论则多涉及于政治，俨然哲学家与学术辞典家之大本营。但在十八世纪前半期中，如朗贝尔夫人（Mme de Lambert）及唐散夫人（Mme de Tencin）之沙隆，往来周旋者虽多名人，然其目的则偏重于形式，故人称之为才智事务所（Bureaux d'esprit）。此期之沙隆，吾人可视之为十七世纪与十八世纪之过渡的产品。一七五〇年以后之沙隆，关系社会较为重要，因不避烦琐，略述于次。

若佛兰夫人（Mme Geoffrin，一六九九——一七七七）为唐散夫人之沙隆之承继者。夫人性聪颖而仁慈，其所守之信条为施舍与宽恕（Donner et pardonner）。来与夫人相周旋者，除法国一般有名之学者及艺术家外，英国历史家齐朋，及波兰王斯达里司拉奥古斯都（Stanislas Auguste Poniatowski）亦皆为夫人座上之客。夫人极拥护哲学运动，《学术辞典》颇赖其大宗款项之资助。夫人之沙隆，在当时，最有名人称之为圣多罗勒街之王国（Royome de la rue Saint Honore）。

德芳夫人(Mme du Deffand,一六九七——一七八〇)善属文,所有尺牍至今犹为人传诵不置。夫人思想敏锐而言辞锋利,人呼之为福禄特尔夫人(Madame Voltaise)。夫人之沙隆中除招待一般著名学者,兼容纳与其时常亲近之人,盖不愿以其沙隆专作哲学家之商店(Boutique de philosophes)也。时达郎贝尔尚属青年,但已为有名之几何学者,夫人极钟爱之,达氏之能在法兰西学院中获得一席,夫人盖与有力焉。

李斯比拉司小姐(Mlle de Lespinasse,一七三二——一七七六)本德芳夫人失明后聘为诵书者(Lectrice)。小姐性聪慧,思想亦自由,人极爱之。德芳夫人之座客,每于应德芳夫人招请之前,先赴小姐私室作长时间之谈话。嗣夫人探知其情,遂驱逐小姐于门外。小姐旋于距离不远之地(rus Saint Dominique),自建沙隆。小姐甚穷,无法招待晚餐,仅于每日五至九时招待谈话(Donnait a causes),但座上客仍常满也。小姐之沙隆与若佛兰夫人之沙隆,同为哲学沙隆中之最重要者,同时其沙隆又在文学世界中产生绝大之影响,故人拟之为学院之前厅(L'antichambre de L' Academie)。

此外如哲学家霍尔巴黑(Holbach,十一七八九)、赫尔维堆司(Helvetius,十一七七一)及尼格夫人(Mme Necker,十一七九四)与伊比勒夫人(Mme d' Epinay,十一七八三)等之沙隆,亦当时沙隆中之最有名者。

第一章 大革命前之法国

第四节　宫庭

巴黎虽为王国之京都,而国王则常生活于凡尔赛(Versailles)宫中。国王左右不下一万七八千人;其中计为国王及王室服务者约一万六千,而无一定职务静候差使或赡养(Pensions)者,其数又不下一二千。

宫中养马一千九百匹,乘车约二百辆,即此项消费,每年已需七百七十万佛郎。国王膳费,经过路易十六裁减之后,每年亦须二百九十万佛郎。仆役之舞弊浪费,其数亦殊可惊:计宫中第一等仆妇,仅售残烛一项,每人每年约可收入五万佛郎,王后玛利安敦(Marie Antoinette)每周必换新履四双。合计国王之军事间与文事间之耗费总额,一七八九年计为三千三百万佛郎。此外如赏赐、赡养等费,据尼格(Necker)之统计,自一七七四年至一七八九年,总为二万万二千八百万佛郎。"宫庭不啻国家之坟墓",岂虚语哉!

第五节　社会情形

一七八九年之社会组织,与十三世纪无异,仍以不平等为原则。僧侣与贵族享受之特权,在荣誉方面有被擢任入宫庭之权;在实际方面,得免纳直接税(Taille),且僧侣仍得继续征收什一税(Dime),贵族仍得享受封建年金(Redevances feodales)。第三阶级,计包括中产阶级、工人与农民,但中产阶级多数皆为特权者。因此,公共负担之大部分,皆累于最穷而勤劳之工农肩上。

当时法国人口,因无统计,知之不详。但就一般之记载观之,居民总额约为二千五百万。僧侣与贵族两级各约十三四万人;担任公职而享受特权之中产阶级,其数约等于僧侣与贵族之总合。总计特权阶级不到六十万人,而非特权阶级则在二千四百万以上。

第六节 僧侣

僧侣在国中为第一阶级,因其负有神圣之职务也。僧侣分合法僧(Clergé regulier)与世俗僧(Clergé seculier)两种:合法僧男女共约六万人;世俗僧亦称教区僧(Clergé des paroisses),数约七万。僧侣单独成一阶级,因彼辈有组织,而彼此间之关系较密切也。僧侣对于教会之利益,及对国王之捐款,常于每五年间开大会以讨论之。而在未开会期间中,得派两人出席国家会议,此亦僧侣在国王左右之一种代表耳。

僧侣辖有广大之财产,据一七九一年财务委员会(Comité de finances)对立宪会议(Assomblee Constituante)之报告,其不动产计值三十万万佛郎,约占法国全部土地五分之一。此项财产每年之收入,据立宪会议之宗教委员会(Comité ecclésiastive de la Constituante)于一七九〇年之报告,其数不下七千万。此外征于一切农产品之什一税,约为八九千万;其次征于教会领地居民之封建权利款项,又约五千万。

僧侣之收入,大部分皆用于建筑寺院、病院、学院、救济院及施舍等。对于国王,亦纳特别税课,如什一税(Décimes),如贡献金(Don gratuit),如废兵养膳费等。

自一七一五年至一七八九年,僧侣纳于国王之款,总约五万万七千五百万。合丁口税(Capitation)与廿一税(le Vingtieme)计之,僧侣输纳之款,平均每年为一千二百万。

教会之收入,大部分皆属于高级僧侣,如大主教、主教、修道院长等;高级僧侣总约五六千人。主教之收入,平均每人每年为十万佛郎,至如斯特拉斯不尔厄(Strasbourg)之主教,生活之富,直拟于王侯;彼每年收入约六十万佛郎,养马百八十匹,其所居之宫室可以容纳宾客二百人。多数大主教与主教皆生活于宫庭中,至于修道院长,亦多为宫中贵族,此殆国王特将修道院给以作为赡养费者。忆革命将发之际,所有高级僧侣几悉征之于贵族之中,而国中之百三十主教区,遂尽变为世袭之私人产业。

下级僧侣,皆为第三阶级中人,薪俸既低,且不能完全支付。每届缴纳什一税及贡献金时,大部款项皆由此辈担负之。此辈出身于平民,备悉平民之痛苦,同病相怜,彼此常交互联络以从事反抗高级僧侣及推翻绝对专制之准备。

第七节 贵族

贵族在国中为第二阶级，分带剑贵族（Noblesse d'epel）与袍服贵族（Noblesse de robe）两种。前者为血族贵族（Noblesse de sang），后者为职务贵族（Noblesse de fonctions）。带剑贵族又分为大贵族（Gran de noblesse）或宫庭贵族（Noblesse de cour），及小贵族（Petite noblesse）或省外贵族（Noblesse de province）。

贵族不纳直接税，并得向农民征收若干封建税课，如收获税（Champart）、通过税（Péages）及器物使用税（Banalités）等。以上为实际特权。此外尚有所谓荣誉特权，如宫庭职务、军队司令、出使国外及政府要职等。实际特权，无论何种贵族，均得享受之；至于荣誉特权，则为少数大贵族所专有。

大贵族不过千余。此辈辖地甚广，表面甚富，其实所有土地多荒芜，所负债务极繁重。如血族亲王阿尔良公（Due d'Orleans）之财产约值一万一千四百万，而所负之债务，则超过七千四百万而有余。此辈之情形，大都如此，同时又须维护其地位，因此不能不向国王苦求赏赐，或赡养费，或厚俸之闲散官职，因此不能不拥护旧制，及旧制之恶政，以遂其舞弊营私之行为。此辈之行动思想既如此，于是环而相向之者，非嫉妒责备，即仇视忿怨，嫉妒责备者，多为省外贵族，因恶彼辈垄断宠赐，而闭塞其进身之阶也。袍服贵族与富有之中产阶级，因憎彼辈之倨骄态度，故仇视之。农民见土地荒芜，虑及饥馑，而封建课税，又急于星火，由是忿怨之情，不可遏抑，竟与痛苦俱深矣。但大贵族中，亦不少明达之人；如拉华叶(Lafayette)侯爵、毕伦(Biron)公爵及塞居尔(Segur)侯爵等，皆曾受哲学家及经济学家之学说影响，并于十年前奋力援助美国之独立，此辈自援美归来，即本其濡染之自由平等思想，力谋改革本国之政府与社会。

省外贵族约十万人，大都不甚富裕，每年收入，决少超过三四千佛郎者。此辈之家庭，大多数食指极繁；其子弟多服务军中，但无出身希望，因高级位置悉为宫庭贵族把持之也。此辈贵族虽仍征收封建赋税与宫庭贵族无异，但普通皆与农民共家常之生活。此辈极忠于王室，惟眼见绝对专制之恶果而身受其苦，虽不愿社会全部改革，亦以政治有革新之必要。

袍服贵族约四万人。此辈出身富有之中产阶级，亦分大小两等：大者如巴力门与最高法院（Coure Souveraines）之贵族；小者如司法与财政之次级机关之贵族。此辈之职务为世袭制，宫中贵人(Gentilshommes)自十七世纪以来即常征之于此辈大贵族之中。此辈在当时极有势力，尝反对借款，否认国王有单独征课新税之权，并要求召集全级会议，俨然专制之敌人。但对于堵哥

（Turgot）之改革，则不赞许，至于在全级会议中，尤为第三阶级之劲敌。小贵族之思想，亦与大贵族无异，彼此常与宫庭贵族中之固执者采取一致之行动。

第八节　第三阶级

第三阶级为非特权阶级，其本身之不平等，亦与僧侣贵族相同。此级可以分为显明之三阶级：（一）中产阶级；（二）工人；（三）农人。

中产阶级包括一般不作手工者，即操自由职业之人，如教师、医生、律师及司法中人（Gens de loi），如状师与承发吏等；其次为财务中人，如银行家、征税吏等；再次为大商业家。中产阶级以商业家为骨干，其中颇多致富者。所有国王借款之大部分，皆由中产阶级供给之；所有国中之大工程用费，如筑道路，亦皆由此辈担任之。中产阶级颇以财政之紊乱为忧，急欲从事政治之改革，以冀监督国家之金库行政，或径参与此种行政。且此等中产阶级，大都具有学识，或竟对于一般哲学家与经济学家之著作略有研究，除孟德斯鸠与福禄特尔外，此辈尤倾倒卢梭之理论。此辈对于财政，主张政治改革；而对于自身地位，则主张社会改革，盖欲求得一般贵族之平等待遇也。西耶士（Abbe Sieyes）之言曰："何谓第三阶级？都是。——直到现在第三阶级在政界中究占何种地位？毫无。——第三阶级所要求者为何？些须。"此即当日中产阶级之情形与愿望,故西氏此书一出,竟风行一时。

中产阶级之下为工人,数约二百余万,大部分皆生活于城市之中。工人之数,占全国居民十分之一,于此可见当时法国工业不甚发展之情况。当时工人仍多以行会(Corporations)为集团,然一般人皆知行会足为发明精神及工业发展之障碍,而思有以改革之也。

农民约二千一百万,其中百万尚为农奴。农民分长工(Colons)、零工(Journaliers)及佃耕者(Metayers)三种。长工以年计算,由主人供给衣、食、住。零工按日计算,每日工资约为十苏(Sous)。以上两种皆为农业工人。至于佃耕者,则与地主平均分配所营之出品,同时田土上之担负,亦由两方共任之。农民亦有变为地主者,但总计全国不到五十万人。

第九节 城市生活

城市居民,总计不过三百万,约占全国居民八分之一。在城市中生活者有贵族,盖此辈已厌城堡中之生活,而以此地较舒适也;其次为中产阶级、司法中人、职官与商人;再次为日常生活之技术工人,如面包工人、屠户、缝工、泥匠、木工、锁匠等。

各城市居民,皆不甚多。即巴黎在一七五〇年时,亦仅有居民六十万,至革命时亦不过六十五万,里昂(Lyon)为当时最大工业城市,居民亦仅十万人。其他大城如马赛(Marseille)、波尔多(Bordeaux)、南第(Nantes)、卢昂(Ronen)、勒哈佛尔(le Havre)，每城居民曾未逾五万人。

巴黎在当时比较繁盛，因此一般有名人物皆荟集于此。当时在巴黎社会中占重要位置者，厥维著作家与财政家。此辈不似十七世纪之学者，专重纯粹艺术，多以当时之政治问题与利益问题为著作之材料。此辈在巴黎极有势力，俨然一特殊阶级。

第十节　乡人生活

当时人民约八分之七皆生活于田间。但田间之生活情形，此省与彼省互异，即在一省之中，而此区又与彼区不同。佛兰德(Flandre)、阿尔多瓦(Artois)、诺曼底(Normandie)、亚尔萨斯(Alsace)、胡司雍(Roussillon)及里马尼(Limagne)等地，比较耕耘适宜，因此农民之生活较为优裕。此外如里穆森(Limousin)、伯里哥尔(Perigord)、加司哥尼(Gascogne)、不列颠(Bretagne)等处，则满目多荒野之区，农民皆食莜麦榛粟，只图裹腹而已。农民多无床褥桌椅，餐具皆以木质为之。房舍以土为壁，咸聚居于礼拜堂之周围，房舍以外，则墓地也。农民除冬日着木屐外，平时皆赤足而行。农服褴褛，形容龌龊，英国旅行家杨格亚忒尔(Arthur Yang)竟形容之为"活动粪土"(一七八八)。

一六三〇年，黎塞留(Rishelieu)称农民为"国家之骡",此语大可借用以形容一七八九年之农民生活。据堵哥云,农民付与国王之直接税,约占其收入百分之五十五强。此外尚应纳什一税于僧侣。此但就为地主或佃耕者之农民而言。若纳税课之农民(Censitaires),则以上两种负担之外,尚须纳封建权利,如收获税与器物使用税。总计农民之收入,其本人仅能获得四分之一。再合间接税,如盐税与印花税计之,结果农民仅实得其劳力之生产品五分之一。

第二章　路易十六与财政情形

路易十六为十五之孙,为旧制(Ancien régime)之最后君王。彼即位之初,尚拟从事革新,乃王室及一般特权者群起反对,彼不得已于两年之后(一七七四——一七七六)抛弃堵哥(Turgot),一反于传统专制者十二年。克鲁泡特金(Kropotkine)谓路易十六为欺骗,为伪善,斯亦未免过于深刻。总之路易十六为一非聪明者,实一"可怜之人"而已。

美洲之战费,过度之消耗,及宫庭之挥霍,竟于路易十五遗传之债务下新增一种债额,而完全财政之大紊乱。结果不能不乞助于国人而召集全级会议(Etats-Généraux,一七八九),于是酝酿甚久之革命乃获脱胎而出。

第一节　路易十六

路易十六好善之心甚切,忆其即位之初,开口即云:

"必要之点为减轻人民痛苦。"惟王喜体育、游猎及练习锁匠或铁匠之工作。王性懦，王后常形容之为"可怜之人"。蒲洛温斯（Provence）伯曾亲见王以两指加额叹曰："责任真重极了！而人又未尝资吾以教诲！"据马勒色卜（Malesherbes）云：王每念及"其行动影响二千五百万人之运命"，常不寒而慄。但王自行决择时甚少；即位初多遵循堵哥之意见，以后则完全立于王后玛利安敦（Marie Antoinette）势力之下。

王后为奥后玛利德利珊之女，喜娱乐，轻躁而不郑重，亦易受所宠者之势力。极端反抗改革，卒使财政陷于不可救药之境，而促进革命之实现。

第二节 财政

自佛兰西斯第一（Francais）以来，除亨利第四外，法国诸王之财政政策，皆为"量出为入"。至全级会议将开之际，法国财政已陷于不可救药之境，此固非路易十六一人之错误，此实历代财政政策之逻辑的结果也。计一七八九年之出款，总为五万万三千万佛郎；而是年之收入仅四万万七千五百万，共计不敷之数为五千五百万。但就多数人之揣想，是年不敷之数，实际当为九千万也。计是年债款之利息，约为二万万〇六百万，单就此数计之，已占去入款之半数。总之，出款常超过收入，亏欠已成为财政计划之结论。当时政府对此亏欠之弥补办法，要不外乎售卖公产及不断之借贷。然而公产有限,而人民亦不愿以有用之金钱供彼无厌之需求也。

第三节　堵哥之改革

堵哥因莫巴(Marepas)之推毂任财政总监督(一七七四),巴黎大税德芳(Deffand)夫人竟称之为"新 Sully"。氏仍本其师规士里与哥匿之原理,拟将里穆森(Limonsin)之小试成绩扩而大之。

堵哥之主张为"不破产,不增税,不借款"。而在积极方面,则一方减少耗费勿使超过收入,同时发展公共财富以增加固有税课之数量。

氏常苦口劝导路易十六,劝其勿滥施赏赐,结果裁减之浮费达二千四百万。此数虽非全部,然已超过常年不敷之款矣。

为便利农业,氏曾明令废除过去之限制规定而宣布商运之自由,因此竟引起"麦粉战争"。先是一般人虑及饥荒,常有"封仓"之举。警察为监督麦商,亦特为之规定售卖地点与日期。产麦之区既不能自由运输,结果此地麦腐,而他处饥荒。一七七五年,因面包加价,人民遂起而作乱;但实际主动之者,实一般贵族失却屯聚机会故意挑拨以泄愤也。其次之改革,则为取消行业公会与王家义务役(一七七六)。

氏任职不到二年,竟为众矢之的,责难者纷至沓来,尤以宫廷与巴力门为甚。一七七六年三月,玛利安敦与蒲洛温斯伯组织大规模之联合攻击堵哥,谓其以国王为木偶将危及帝制。氏被黜前,仍忠告路易十六,甚至痛加责备云:"陛下切勿忘却,此即置查理第一之头于木墩上之弱点。"不图愤激之言,竟成谶语(一七七六年五月)。

第四节　尼格与卡伦

堵哥既去,于是所有氏之设施咸被废止,而财政职务则付托于一银行家尼格(Necker)。此人对于财政非有特异之计划;不过因其为攻击堵哥之一人,而其妻之沙隆又为巴黎之最有声誉者。至于所布财政计划,其中一点,亦与堵哥同,即节流是也。但自一七七八年起,因美洲之战而大亏耗,结果仍不能不求助于借贷。迨一七八一年,债额增为四万万一千万佛郎。

敌人群起攻击,尼格乃刊行一七八一年之收支表,称《财政报告书》(Compte rendu)。就其披露之比较数目核之尚余千万。此种刊物之销行甚畅,不数星期竟达十万。惟宫庭以其揭布王家财政之秘密,大不谓然,于是亚尔让松所称之黄蜂(即宫庭中人)遂赖莫巴之助进行推翻尼格之运动。适尼格正准备一有益之革新计划,讵知恰资以推翻之机会。

堵哥曾有自治区(Municipalites)之计划,尼格亦欲在相当条件中公财政管理权于国人,借以减少监督之职务,及其专擅之威权。此种计划之具体表现，即成立省议会（Assemblees Provinciales）。按此种省议会曾于一七七八年成立于北里（Berry），继之者有蒙多邦（Montauban，一七七九）。乃《财政报告书》刊行之后，尼格复请之于国王，拟扩此种组织于各省。莫巴乘路易十六之怯懦而恐吓之，路易卒拒其请求，尼格遂辞职（一七八一）。卡伦惟求见好于一般人，刚任职，顿增膳养费四百万。三年之中，借款竟达四万万八千七百万。迨一七八六年，库空如洗，罗掘术穷，卡伦乃提出取消义务役，废止内地税，及麦运之自由等主张，并请求扩张省议会于全国。路易闻之大叫曰："此完全尼格之政策也！"

一七八七年二月，召集名人一百余人于凡尔赛，卡伦致开会词，大肆攻击集于生产而勤劳之阶级之弊窦，并谓对国家担负之税课，为众人之公共债款。于时拉华叶等起而请求召集全级会议，王后利用名人之抵抗普遍税课计划，谗卡伦于王前，王遂罢免之（一七八七年四月）。

第五节　巴力门之反抗

继卡伦者为布里耶伦（Lomenie de Brienne）。此时之财政计划，除求助于巴力门外无他法，而巴力门则要求宣布财政统计表。国王不许，巴力门竟宣言国王无单独创设新税之权，并请召集全级会议。布里耶伦驱之于巴黎之外，巴力门乃集于特洛瓦（Troyes），声势大振。巴黎乱民四起，一时诅咒王后之声不绝于耳，人民且呼王后为"亏空太太"，或"奥国妇人"，从此国王之尊严扫地以尽。税收之计划既不行，乃复召回巴力门（一七八七年九月）。

需款孔殷，布里耶伦乃拟实行四万万二千万之大借款，为期五年，最末之年（一七九二）即召集全级会议。乃巴力门要求于一七八九年召集，国王答复强硬，巴力门卒宣言国王之命令不合法，不能生效。

布里耶伦拟取消巴力门，巴力门遂于一七八八年五月三日发出宣言云："法国为国王按照法律治理之国家，法律之基本精神，为人民有自由允诺补助费之权，且须经过按期召集之全级会议。又被逮时，必须立刻送交裁判官。"

此种宣言，不啻向绝对专制宣战，俨然一种人民之权利宣言。巴黎人大喜，竟视巴力门为自由之保卫者，国王遂取消巴力门而代以全权法院（Cour Plénière）。

各省巴力门群起追随巴黎巴力门，宣言国王之强迫法令不合法。一七八八年六月，贵族、僧侣及第三阶级之议员六百人，群集于哥肋诺伯列（Grenoble）附近之维西尔（Vizille），而撰一宣言，劝各省于未召集全级会议以前，联合抵抗专制之淫威，并拒绝缴纳租税。

第六节　尼格之复职

时国库仅存佛郎四十万。布里耶伦以为僧侣有垫款之希望，乃僧侣与名人及巴力门同，亦要求召集全级会议。布里耶伦不得已申明一七八九年五月一日为召集之期，但仍无人借款。国王再召尼格（一七八八年八月）以代布里耶伦，于是银行家与大商立筹佛郎七千五百万。

召集全级会议之期既定，人民遂注意两件问题：（一）第三阶级应有议员若干？（二）在全级会议中如何表决？

巴力门请求组织全级会议，适用一六一四年之组织法，即三级分立讨论，及分立表决。如此则代表国中百分之九十八之第三阶级仅获一票表决权，以对贵族与僧侣之两权，如此则改革之事永久为不可能。欲使全级会议不失其平，必须第三阶级选出二重代表，并且须共同讨论，及按人投票。乃尼格仅允二重代表制，其余则吝不允诺，于是旧制之倾覆无法挽回，而革命从兹开始。

第三章　革命

在革命期中,君主仍存在。君主期历三年三月,计自一七八九年五月四日至一七九二年八月十日。此期又可分为两期:(一)自一七八九年五月四日至一七九一年九月三十日,在此期中全级会议于六月十七日改为国民会议(Assemblee Nationale),于七月九日改称立宪会议(Assemblee Constituante)。计三月之间,全级会议与立宪会议即完成双重革命:政治革命与社会革命。政治革命为推翻绝对专制而建立宪君主制;社会革命则废除阶级与特权而建立平等。(二)自一七九一年九月三十日至一七九二年八月十日,此期为立法会议(Assemblee Législative)试验一七九一年宪法所树之新制。

第一节　全级会议之开幕

全级会议正从事选举时,全国表示感激路易十六之情,至深且切,竟称之为公正之路易(Louis le Juste)而尊之为父。而路易亦承诺全级会议之定期集会,表决支出费用,与一律平等之赋税,革新行政,及保证个人之自由等。无如路易柔懦性成,毫无定见,终日伏处王后及亚多瓦(Artois)伯势力之下,常翻悔其已宣布之承诺。

五月二日,王接见第三级议员,默不作语。五月五日,王赴消闲堂(Hotel des Meuns)致开会词,仅以短促之声说明召集之意,盖欲会议助其整理财政;次谓自"知其权力,必坚持之",并劝议员抵抗新奇嗜好。至关于一般人之希望与夫宪法之制定,则毫未提及。

第三级大失望。他方,宫庭中人常以无礼态度待第三级议员。是夜,巴尔勒都(Rar-Lè-Due)之议员曾笔之于书云:"战斗开始矣,逐处可以发现全级之将来骚乱:或第三级对于其他两级,或对于宫庭。"

第二节　国民会议

翌日,因审查被选资格即发生冲突。盖第三级议员主张共同审查,乃贵族议员不应召。至于僧侣议员,则无明白之答复,而自承为调和人。

就实际言之,共同审查,将涉及表决问题,即以人数计,而不以阶级为标准也。如此则等于其他两级之第三级人数,将于讨论中获得优势。至于贵族之拒绝,并非惧第三级之多数。矧各地《建议书》(Chiers)之陈请,皆主张共同讨论,及以人数为表决标准。贵族所以拒绝共同审查资格者,完全出自骄傲之虚荣心也。

争执直延至六月十日,第三级议员乃单独从事审查,时有僧侣议员数人加入。十七日,遵循西耶士(Sieyes)之主张,第三级议员竟宣告改为国民会议,并宣言允许暂时征收固有之赋税,直到闭会时止;以后一切征收,如未经国民会议表决,则一概禁止。此种宣言,不啻革命行动之第一声及王权崩溃之预告。

第三节 国王与国民会议之冲突

路易十六因宫庭之怂恿,竟于国民会议成立三日后,遣兵封锁消闲堂议场而驻守之。议员乃立聚于球厅(Jeu de Paume),而由巴依(Bailly)主席。西耶士草誓词,全体盛大宣誓:"决不分离,直到宪法成立时为止。"越二日,僧侣议员之大部分咸来列席国民会议。

路易宣言停止会议,并命令议员立刻退出。特雷拜斯(Dreux-Breze)侯谓众议员曰:"诸君未闻王命耶?"巴依答云:"吾以为国人集会,不能接受命令。"米拉巴亦云:"向尔主人云,吾人本人民意志集合于此,惟刺刀之力能驱出吾人耳。"卫兵亦有高声大叫者:"第三级万岁,吾辈乃国家之军队。"路易闻议员不去,喟然曰:"彼辈既不愿去,任其勾留而已。"

第四节　立宪会议

四月后(六月二十七日),贵族与僧侣之议员循国王之坚请,咸来列席国民会议,而国王亦承认代表人民之国民会议有存在之必要。此举甚重要,盖此无异为绝对专制之停止及政治革命之完成之表示。七月八日,国民会议成立一宪法委员会,以担任创制法律。九日,国民会议改称立宪会议。

第五节　路易十六之失策

自六月三十日起,王继续调遣军队,计集中于凡尔赛之军凡二万五千人。七月八日,米拉巴反对此项军队之集中,并主张组织团防以卫立宪会议。议会不采纳此种主张,仅请求国王撤退军队。十日,王严词拒绝;次日,取消尼格,并任命强硬之布罗格利(Broglie)将军为陆军部长。

时巴黎人民因恐惧饥馑,已呈不安之象。陡传尼格被黜,群情顿时愤激,竟拥至各戏院,强令停止志哀。一时谣言繁兴,人心惶惑,王宫附近咖啡馆,竟一变而为俱乐部。一般演说家咸立于椁椅之上大肆鼓吹,或谓"爱国者之圣巴德勒米节"之危险将至,或促听众起而卫护自由,德木兰(Camille Desmoulins)即当时演说之一人。

十二日午后,修列利宫(Tuileries)园中游人正多时,王家之德国骑兵突来驻扎,于时人民大激昂。十三日,巴黎选民聚于市政厅(Hotel de Ville)组织常驻委员会,担任保证城中之给养,并组织团防以维秩序及护卫巴黎。数点钟内,城市公民来充团防者万二千人。

第六节 巴士的狱之陷落

十四日晨,有群众一队侵入废兵院(Hotel des Invalides),掠得步枪二万八千及大炮等。另一队人趋向巴士的狱(Bastille),亦拟掠取枪械。初向管理者罗乃(Launay)交涉,至中午,不识何种原因,突有枪弹自巴士的狱中飞向群众轰击,群众还击之,经过四点钟战斗之后,群众死伤约二百人。但卫兵势弱,不得已降,罗乃亦被杀。

十五日,国王向议员申言已令军队开拔。翌日,召回尼格。十七日,赴巴黎市政厅,革命自治区领袖巴依迎之,王复自拉华叶(国军 Garde Nationale 总司令)手中接受蓝、白、红三色帽章。

第七节 七月十三十四两日之影响

此两日发生之影响甚重要。第一,在国王与立宪会议两合法权力之外,又造成一第三势力,即巴黎市民。先是市民武装以救护立宪会议,自战胜后,遂不卸去武装,此为重要事实。盖数月之后,巴黎竟赖此以控制国王及立宪会议。

其次巴士的狱之陷落,竟使法国全部发生动摇。虽巴士的狱仅为贵族监狱,而人民则视之为专制之象征,因此陷落一事,不啻为专制崩摧之宣告。复次,多数城市皆模拟巴黎建设常驻委员会及自治区,并组织国军。

第八节 大恐惧

大恐惧之由来,至今犹令人莫名其妙。有谓为阿尔良(Orleans)公之诡计;有谓为英人之阴谋,所谓一种反革命运动也。就最新之考证,则谓鉴于革命之动员。总之自七月二十日至八月一日之间,全国确为大恐惧所摇动。咸相惊盗匪之将至,或英军之登陆,于是农民与中产阶级皆急于武装以谋自卫。农民自武装后,旋侵入领主之家以焚毁封建赋税之契约,竟有焚毁房屋者。间尝考察此种恐惧之由来,亦殊难寻获其具体之根据。或者自国家组织顿然消失之后,国民精神骤趋衰弱之一种表现欤?

第九节 八月四日之夜

八月四日之夜,因讨论止乱办法,罗阿意(Noailles)子爵,宣言乱事之惟一原因为封建权利。救药之法必废除某某等权利,及宣告其他权利可以赎取。众赞成之,遂通过取消封建权利,如领主之司法权与游猎权;允赎什一税与器物使用税;废除监护职业公会利益之职(Jurandes

及 Maitrises);废止各省特权、个人特权及买卖官职恶例;建设不取费之司法;允许全国之人有担任公职之权等。不过六点钟时间,竟由社会革命补足政治革命,于是农民被解放,阶级被消除,而平等俨然实现矣。

第十节　困难时期

召回尼格及八月四日之革命两事,似已完全恢复路易十六之众望,立宪会议竟为之上"法兰西自由之革新者"之徽号。惜王不知迎合民意,而于十月初激起最后之变动,竟使剩余之主权完全消没。

八月四日之决案,仍须国王批准后公布之,始能发生合法效力。乃直至九月杪,国王对于所有决案,置之不理。立宪会议与巴黎市民引领为劳,大为愤慨。矧对于立宪会议所制之宪法条款之争执,凡尔赛之增兵,财政之险象,破产之堪虞,以及酿乱分子之鼓动,人民之忿怒,更有增无已。而激乱之最大原因,仍为粮食缺乏。据奥使云:"已立于绝望之境。"另一外交家云:"日所遇者,惟瘦脸菜色耳!人民常斗争于面包店之门首。"

十月四日,相传一日(十月一日)卫军宴新到之军于凡尔赛宫中,并云座客践踏三色帽章,诅咒立宪会议,王后且列席鼓励此等侮辱国家之表示。此种传言,或谓为无稽,或言确有其事,但一般自命忠于王室之武人,在酒醉半酣之际,或亦不免有此种行动。总之传言之因,实由于国王不执行八月四日之决案。

五日晨,有妇女约七八千人荷枪运炮向凡尔赛进发,宣言前往要求面包;追随其后者,有失业之工人数千人;最后为国军。国王闻信,因从尼格之谏,并未命令抵御。六日早,群众毁宫庭铁栏,杀卫军,直陷王后之寝室。路易十六见形势严重,乃决定赴巴黎,群众拥之而行,夜十一时许抵修列利宫。十日后,立宪会议亦移于巴黎,旋以骑练厅(Salle du Manège)为会址。

巴黎市民常直接参与立宪会议之工作。议场中之旁听席,多为妇人所据;游手者数千人则聚集于议场之四周;倚窗而立者,多为群众之指挥人。一般观众之声浪,常波映于议场中。迨立法会议(Assemblee Legislative)及国民公会(Convention)时,人民且托词呈递报告,陷入议场,而向议员发号施令矣。

第十一节 人权宣言

立宪会议中议员,大多数皆富于哲学家与学术辞典家之思想。同时又因美人最近发布《权利宣言》,立宪会议遂决在宪法之开端加一原理之说明,此即所谓《人权宣言》(Déclaration des Droits de l' homme et du Citoyen,一七八九年八月二十七日)。《人权宣言》之作者为拉华叶、达列郎、西耶士等。

《人权宣言》开端为一小引,其词如下:"法国国民代表组成国民会议（Assemblee Nationale），深信不识、疏忽或藐视人类之权利，为国家灾祸及政府腐败之原因，所以决将人类天然的、国有的与神圣的权利，在盛大宣言中逐条列出，意在使此篇宣言常常呈现于社会一般人之眼前，并常常唤起一般人之注意其权利与义务；其次在使立法机关之行为与行政机关之行为，可以与各政治制度之目的随时比较，俾可获得格外之尊重；复次在使一般公民基于简当而不可驳诘之原理之要求，随时顾及宪法之尊严与公共之福利。因此国民会议在最高神灵（Etre Suprême）之前，及其庇荫之下，承认并宣布人类的及公民的权利如次。"以下计分十七款；其中二款之原理在一七九一年之宪法中颇属重要，即第三款之主权在民，与第十六款之三权分立。

第十二节　联合会

联合会（Federation）之成立，为自治区与国军之建设，及大恐惧之流行所促成。一方固为抵抗想象中之盗匪（斯亦可以解释大恐惧之由来），他方则互相联合以护自由。最初成立之联合会为度非勒（Dauphine）及不列颠两地之爱国之士所发动，继而渐遍于全国，卒于一七九〇年七月十四日开全国联合会于巴黎。

全国联合会开幕于马士校场（Chmp de Mars），各地皆由国军选派议员参与之。赴会之联合会议员计万四千人。联合会由达列郎（Talleyrand）主席，拉华叶则代表宣誓永忠于国家法律及国王，并维持国民会议所颁定之宪法。

此次举行之联合会，其表示之意义甚深，颇堪注意。盖以前法国之一部分地方，如蛮次（Metz）、亚尔萨斯（Alsace）、斯特拉斯不尔厄（Strasbourg）及洛林（Lorraine）等，皆为承继或侵略之结果，此后则一变而为自由意志之结果矣。

第十三节　瓦棱之逃

国王虽批准关于僧侣之宪法表决案（一七九〇年七月十二日），但不愿与宪法、教士发生关系。一七九一年四月十八日，拟赴圣克鲁（Saint Cloud）接受神交礼（Communion），乃人民侵入王宫，阻其车驾。

自一七九〇年十一月以来，王即常与其后之兄（里泊德第二）商干涉革命事，同时布耶（Bouille）侯所率之军亦屯于东部孟麦地（Montmedy）及蛮次（Metz），王颇有意就之。今人民又力阻车驾，王尤感觉自身毫无自由，去志遂决。

六月二十一日，王偕其家人逃出巴黎，行至瓦棱（Varennes），被阻。及返巴黎，遂被监视于修列利宫中。立宪会议亦宣布停其职权，并自承担任政务直至宪法完竣之时。

此次逃逸所产生之影响甚大，从此国人不信任其誓词，而认定其有勾结外军之行动。同时，对于王权之信念，根本动摇，如激烈敌视王权之罗伯卑尔(Robespierre)、段敦(Danton)、马拉(Marat)等，在瓦棱逃逸之前，尚为拥护君主制者。此后，虽无国王，而庶政仍照常进行，于是一般人乃知国王并非不可少之物。故瓦棱之逃，适足促成共和之实现。

第十四节　马尔士校场之枪声

一七九一年七月十六日，一政治会社名哥尔得纽俱乐部(Club des Cordeliers)，呈请立宪会议审判罪人——路易十六，并主张组织一种执行机关，计列名呈请书者约六千人。

十七日晨，与会者小有冲突，死二人。巴黎市长巴依偕司令拉华叶率国军一队来以维秩序。示威者不听国军之警告，国军遂开枪轰击，死五十余人。

自此次轰击后，共和派突陷于无组织状况。同时示威者多为工人，颇使立宪会议中之中产阶级发生惊恐，于是大多数议员竟以专制政府为不可少，而坚决其尊崇王室之心。

第十五节　立宪会议之事业

九月三日，宪法完成。十三日，国王承认之，立宪会议遂向国王辞去职权。十四日，国王赴会议厅宣誓"执行及拥护宪法"。据参与此会之某外交家云，是日议员人数颇不齐，所谓贵族议员均未列席，欢呼之中，夹以不愉快之嘈杂，巴黎人之不信任心理，完全暴露于外。

三十日，立宪会议宣告"使命完全，会议终止"。

立宪会议曾完成双重责任，即整理旧制下之财政，与巩固新法兰西之组织。整理财政之方法，为支配僧侣之财产，并以此项财产为发行纸币之保证。巩固新法兰西之组织，则有赖于一七九一年之宪法。

宪法分公民为积极公民（Actifs）与消极公民（Passifs）两种，惟前者有委托国家职权之权，后者即不纳直接税者。前者仍不能全体直接参与选举，盖每区选民，先开初选大会，约百选民中选出一人。此种被选者，须保有不动产（约四万二千九百八十人），集于各省都会，选举议员与裁判官及新行政区域中之各种议会职员。

宪法仅为立宪会议事业中之一部，且为不长久而平庸之一部。并且宪法之缺点甚多，徒酿成国王与国人间之冲突，及以后之灾祸。及行政权与立法权之分立太过，竟禁止国王选任议员为部臣，因此阻遏两权间之直接疏通，而构成相互间之不信任心理。

他方，立法会议不得任人解散，于是国王与议会间之冲突，除用武力以谋解决外，无他法。故宪法实行刚两月，国王、议会与巴黎人民，竟有冲突之机会。未满一年，卒达一七九二年八月十日之叛变,与路易及王权之推翻。

此外尚有两点尤为不合理论,即选举制与行政组织。如分别公民为积极公民与消极公民,实违反《人权宣言》首列之平等原则。旧特权阶级虽废除,而宪法又建一新特权,所谓财产特权。于是嫉妒与分裂,竟种植于中产阶级与平民之间。

其次适用行政官选举制,于是各省无一中央权力之代表者,各省俨然成一小王国。不久财政解纽,遂于两年之后,促成相反之政府组织,所谓革命政府,不仅极端集权,直为狄克推多。

第十六节　僧侣财产与僧侣宪法

整理财政为惟一而重要之责任。一七八九年十月十日,俄丹(Autun)主教达列郎(Talleyrand)等,曾主张售卖僧侣之财产以利国家,但须国家自行担任所有僧侣经营之公共事业,颇获得一部分僧侣议员之同意。嗣经立宪会议之大多数表决,旋于十一月二日宣告云:"教会财产,由国家支配,并由各省监督,相当供给祈祷费、教士费及救济费等。"

售卖教会财产颇费时日。为应付急需计,乃将此项国有财产暂作发行纸币之保证。凡持纸币者,皆可以此项纸币交换财产。为使交换手续有可能性,及急图此项财产之分散,立宪会议乃命令整个售与各城镇之市政府,再由市政府转售于私人（一七九〇年三月二十四日）。

一七九〇年七月十二日，通过僧侣之民事宪法（Constitution Givile du Clerge），遂将罗马帝国时代所规定之教区重新分划；主教区原为一三四，以后则并为八十三。区主教与区教士须由选民之多数选出之，如都会主教（Métropolitain）不承认时，被选者得诉之于民事裁判所。

此种宪法颇产生不良之影响。盖旧教徒不愿新教徒与犹太人参加选举，并不愿受普通裁判官之干涉，因此大多数教士咸变为革命之敌人。自兹反革命势力日益扩张，尤其是国民公会时代。凡赞成革命及售卖教产之地，亦发生激烈之叛变，最可怖之内讧，厥维枉德（Vendée）之战。

第十七节　党派与演说家

会议初开时，议员多依其阶级或省籍而集于一处。不久，旋根据其共同意见而集合，虽不如有组织之政党，但已具党派之雏形。主张革新及国家全能者，列席于议长左侧，人称之为人民之友或爱国派。拥护旧日政治者，列席于议长右侧，人称之为贵族派（Aristocrates）。列席以上二派之间者，人称之为平原派（Plaine）。此派又分为二：右倾者为孟德斯鸠派，主张英国式之君主立宪，及上下两院，人称之为帝制派（Monarchines）；左倾者为宪政派（Constitutionnels），认两院制违反平等原则，此派与爱国派一致行动，曾在宪法制定中获得胜利。

各派均有演说家。右派为摩利（Maury）与嘉萨勒司（Cazales）；前者兴致勃勃，异常激烈，人称之为"侨为修道之掷弹兵"；后者为袍带贵族，为人诚实而勇敢，颇为全议会中人所尊重。帝制派之演说家，最优者为马卢（Malouet），为里雍（Riom）之议员。慕尼（Mounier）为哥肋诺伯勒（Grenoble）巴力门之律师，克勒蒙（Clermont Tonnerrc）伯斯达里斯拉司（Stanisles）为巴黎议员。宪政派中则为西耶士、巴依、达列郎、拉华叶等。

立宪会议中之最大演说家米拉巴，即为宪政派。氏为贵族，因品行不佳，贵族皆不与周旋。氏智力敏活，解决问题，收集材料，皆异常捷速。初为偏于平民反对宫庭之演说家，因此声誉溢于国内。迨一七九○年初，认限制王权过度，不利于国家，遂起而拥护王权，而阴接近路易十六，且接受膳养费。但所有计划，路易皆不遵行，结果巴黎市上送出"米拉巴叛逆"之呼声。然氏死时（一七九一年四月），国人又吊之甚哀，且葬之于国葬院（Panthéon）。

左派中则所谓三雄，即拉麦堤（Alexandre de Lameth），为美国独立之战将。都波（Duport）为巴黎巴力门参议，曾贡献司法新组织之计划。巴尔拉维（Barnave）时年二十八岁，米拉巴之外，惟氏为议员最信仰者。氏初颇仇视宫庭，继见王室于瓦棱逃后被监禁，乃愿救济国王，而于审查宪法时极力拥护王权。

极左派称民主派（Democrates），极轻视国王。中有毕索（Buzot），为巴黎巴力门律师。伯第雍（Petion）为沙尔脱（Chartres）议员。最重要者为亚拉斯（Arras）议员罗伯卑尔（Maxmilien de Robespierre）。此派初在立宪会议中尚无势力，因其思想暴厉，言动强硬，为人所叱弃也。继要求建设普通选举制，遂在会议中赢得势力。

第四章 立法会议与王权倾覆

一七九一年宪法规定之君主立宪,为期不到一年。在他一方面,因此次宪法所成立之立法会议,其合法任期本为两年,而开会亦不到一年(一七九一年十月一日——一七九二年九月二十日)。但在立法会议历史中,确有两件重要事迹:(一)一七九二年四月向奥大利宣战,此为演为十年欧战(一七九二——一八〇二)之战争之起点;(二)一七九二年八月十日之巴黎变乱,竟促成路易十六之废置,而为王权消灭之先导。以上两事之原因,内部为实行僧侣之民事宪法而引起骚乱,外则为逃民之阴谋,与列强之干涉。

路易既废置,立法会议自视权力不足,乃决逊位于国民公会(Convention)以担负另制新宪法之责任。

第一节 各党派一瞥

立法会议成立时,新议员均为王党,然皆不信任路易十六。但对此可疑之国王，意见殊不一致，因此党派产生。

（一）及伦大党（Girondins）。此辈议员列席议长左侧。因其隶属雅各宾（Jacobins）俱乐部，故人称之为雅各宾党。不久，因向奥大利宣战问题，俱乐部中一部分议员遂退出俱乐部，另组及伦大党。其中代表有蒋松（Gensonne）、瓜德（Guadet）、汾约（Vergniaud），最有名者为龚多塞（Gondorcet）侯伊思纳（Isnard），尤其是布里索（Brissot）。此辈离开议会之后，常集于罗兰夫人（Mme Roland）及其丈夫之左右。此派在立法会议中颇占优势。

（二）雅各宾党（Jacobins）。雅各宾俱乐部创于立宪会议成立之时，一七八九年十月以后，改为政友会（Societe des Amis de la Constitution），于是文学家、律师及富有之中产阶级咸来参加，凡待讨论或立宪会议已决之问题悉在政友会中加以研究。

国王逃后，一部分雅各宾党以布里索（Brissot）为领袖，曾要求废置路易十六，大多数议员不以为然，遂退出俱乐部，另组新社，设社址于斐兰（Feuillants）修道院中。

自此次分裂，雅各宾俱乐部仍为帝制派。忆当立法会议开会时，最受人尊重之演说家罗伯卑尔（Robespierre）虽主张普通选举，究不赞成共和政府。当时雅各宾党人，只求监视国王及变更选举制，以与《人权宣言》之原理相协调，然路易十六不赞同新制，而及伦大党又迷于帝制原理，于是雅各宾党中之激烈者，遂欲推翻王权。

当立法会议开幕时，雅各宾党在国中已有相当势力，各地会社已不下二千处。

（三）斐兰党（Feuillants）。此党分子为立宪会议之宪政派及帝制派之承袭者，认为不必严格实行宪法及侵越国王之权限。此党领袖为米拉巴、拉华叶、巴依等。一七九二年八月十日后，此俱乐部遂消灭。

（四）哥尔得纽党（Cordeliers）。此党开始即富于平民性质。此为段敦所创，初名人权社（Societe des Droits de l'homme et du Citoyen），其主旨在反对公民之分别，并本平等原则要求普通选举。社员为小资产阶级、店伙、工人等。领袖除段敦外，尚有德木兰、马拉（Marat）、勒让德（Legendre）、桑德（Santerre）、里伯尔（Hebert）及税麦堤（Chaumette）等。

自国王逃后，此党分子已自居为共和党人。其势力虽仅限于巴黎，而此种势力颇强。故哥尔得纽党虽非重要组织人，而所有革命的日期，凡以武力反对国王或国民公会，此辈皆为主要之推动人。

第二节　皮尔里兹宣言

国王谋摧残宪法，遂实行酿乱策略，即助极端派反抗温和派也。适巴黎市长巴依辞职，王后助雅各宾党伯第雍（Pétion）获选，哥尔得纽党领袖段敦副之，于是国王之敌人竟合法居于巴黎之领袖地位（一七九一年十一月）。

国王急图恢复王权，乃实行召外军干涉之计划。同时贵族又陆续出国，更足引起人民之疑惧，而证实国王之阴谋。且离国者咸集于龚德（Conde）亲王旗帜之下，而在里德佛斯（Treves）附近成立军队。布罗格里（Broglie）公竟谓："予深知赴巴黎之路，予将为外军之向导，在此骄傲之京都中，虽一石块亦不令其存留。"

其实外国君主对于蒲洛温斯伯与亚多瓦伯之请求，甚久皆持拒绝态度，盖普鲁士王佛勒德勒威廉第二与皇帝里泊德第二皆认"法国之衰弱为一大利益也"。迨路易出亡被阻以后（一七九一年八月），佛勒德勒威廉与里泊德乃会于皮尔里兹（Pilnitz）而发布宣言。

九月末，巴黎闻耗，立法会议乃于十月三十一日及十一月二十九日之间发布三项命令：即蒲洛温斯伯如不于两月内返国，则剥夺其承继王位之权利；其次如出亡者不于一七九二年一月一日以前解散，则没收其财产，或处以降敌之刑；复次反动僧侣须于八日内向民事宪法宣誓，否则认为形迹可疑者，而取消其俸金。

国王否决以上三种命令，但又赴立法会议宣言，如德人维护出亡者之集合，必立向德人宣战。然国人对于国王拒绝批准惩治宪法敌人之命令，实不能不怀疑国王之阴谋。

第四章　立法会议与王权倾覆 ·411·

第三节　宣战

宣战已为不能避免之事，而各党派咸一致主张之，盖斐兰党欲以胜利恢复国王之民望，及伦大党则欲借战争对内保证革命之正式胜利，对外拟向绝对专制与封建社会之中，散布自由平等之思想。

一七九二年三月，及伦大党与雅各宾党认斐兰党内阁过于和平，竟强迫路易十六解散之，而代以及伦大党内阁。新内阁径向立法会议提议，请求通过向奥王及匈牙利兼波西米王宣战案。

战争初颇不利（一七九二年四月）。盖军队因出亡者众，及政象不安，而缺乏组织。同时阁议所定之战略，早为国王与王后通知奥军。此外西南部之宗教混乱，又日趋于险恶。立法会议为消此内忧外患，乃取决然方法，立命解散国王之卫军六千人，并令巴黎所有之军，立刻出发（一七九二年五月）。不数日，宣布不宣誓之僧侣，则放逐之于殖民地。六月，令在梭瓦松（Soissons）成立两万志愿国军之兵营。国王拒不批准，且解散及伦大内阁。

祖国濒危与《马赛曲》。六月二十日，雅各宾党拟威吓国王，促其批准决案并抛弃阴谋，遂托词纪念球厅之宣誓周年，怂恿民众作大游行。群众径陷王之寝室，大肆辱骂，狂呼"打倒否决先生"。各省颇不以此举为然，几使雅各宾党之策略归于失败。

七月初，奥普军联合而进，总司令不伦瑞克(Brunswick)公发出布告云："如有敢抗联军者，以叛国王论罪。"继闻普军将抵洛林(Lorraine)边境，立法会议乃宣布祖国濒危(Patrie en danger)，而大征募志愿军，并征发饷械。

同时市政府领袖等早已组织"秘密暴动委员会"，以谋推翻王政。适各地之联合会及国军之代表抵巴黎，内有马赛人一队，到时高唱胡日里尔(Rouget de Lisle)所谱之《莱因军歌》，歌曰："前进！祖国的孙子们！荣誉的日期已到了。强权协迫着我们；你看血染的旗帜已高举！你看血染的旗帜已高举！你听着么？那些残酷的敌兵在四野呼啸，他们将一直跑到我们的怀里，来杀我们的儿女和我们的朋友。公民啊！快执干戈；公民啊！整尔行伍，前进！前进！必使敌人之血浸我田畴。"法军卒因此歌之领导战胜敌人，遂改名为《马赛曲》(La Marseillaise)，今为法国之国歌。

第四节　八月十日与市政府

九日夜，各区委员在市政厅建暴动市政府，居然一种临时政府，其中人物最积极者为段敦。十日晨，市民集于修列利宫，国王避入立法会议场中。市民与卫兵激战约两小时，死伤千人。

市民之胜利既确定，立法会议认其使命已完，乃宣告请求公民选举国民公会。既而宣布废止国王职权,同时成立临时执行会议,以段敦为领袖。

自八月十八日以至国民公会召集时(九月二十一日),事实上惟雅各宾党管理各省,暴动市政府治理巴黎,直到一七九四年七月二十七日,市政府俨然国中重要机关之一。

第五节　九月之屠杀

八月十日,市民侵入王宫,曾发现国王供给出亡者之首领及其军队之金钱证据,遂视拥护路易之人皆为不伦瑞克公之同谋者,并要求加以惩处,市政府立令搜索逮捕,不久监狱充满嫌疑之人。立法会议徇市政府之要求成立刑事裁判所,而人民对之殊不满意,盖因裁判所办事迟缓,杀人甚少而释放太多也。

既闻凡尔登(Verdun)被普军围攻,市政府立于市政厅门前树大旗一面,上书"祖国濒危"四字。而"人民之友"之马拉(Marat)则令人贴出标语,请人民于赴敌之前自行清理内部之敌人,所谓监狱中之王族也。

自九月二日至六日,杀人者数百成群,径赴各监狱大肆屠杀。三日,立法会议责备此种行动,但无力制止。直到狱犯尽时,屠杀乃止,死者约二千二百人。各地闻耗,亦起而依样行动,死者又千余人。

此次屠杀发生之政治影响极为重要。从此及伦大党正式脱离雅各宾党,并反对此种杀戮,要求惩办主动人马拉。九月二十日,立法会议逊位于国民公会。同日,度穆累(Dumouriez)及克勒马伦(Kellermann)之军战胜普鲁士人于瓦尔米(Valmy),于是风雨飘摇之法兰西始获转危为安。

第五章　共和

国民公会(Convention Nationale)历时三年(一七九二年九月二十一日——一七九五年十月二十六日),曾废除王政,建设共和,惩罚路易十六,及成立一七九三之宪法。国民公会因与全欧为敌,而捍卫被侵之桑梓,及救护内乱威吓之共和,遂主张缓期实行宪法,而组织革命政府,其重要机关为公安委员会(Comité de salut public)。曾实行恐怖制(Régime de la Terreur)。此制为罗伯卑尔所主张,历时十月。罗伯卑尔既倒,国民公会渐进推翻革命政府,通过第三宪法(一七九五年八月十七日),而逊位于指挥官政府。

国民公会历史中有若干悲剧段落,此为公会中各党之争斗,及指挥公会者之仇视之结果。先有山狱党(Montagnards)及及伦大党之争。及伦大党败,既而山狱党分裂,于是罗伯卑尔先后推倒黑伯尔派及段敦派。而罗伯卑尔一度施行狄克推多之后,亦于一七九四年七月二十七日被人推翻。在国民公会之最后生命中，或因饥馑，或因预备第三宪法，曾酿起平民或王党之政变。

第一节　国民公会

国民公会之成立，本基于立法会议八月十日之法令，议员共七百四十九人。此次选举，年龄减为二十一，不分积极公民与消极公民，俨然一种普选制。但选举为雅各宾党所操纵。盖当时只此党有严密组织，为争选举常不惜以恫吓手段威吓温和派与敌人，于是所谓积极公民咸退缩而不敢前。因此七百万选民，竟有六百三十万无法参与，结果国民公会仅代表选民十分之一。

及伦大党列席国民公会议长右方，已明白与雅各宾党分道而驰，左方为雅各宾党与哥尔得纽党合成山狱党（Montagnards）。在及伦大党与山狱党之间，为大多数游移思想之议员，人称之为平原党（Plaine），或称污泽党（Marais）。

及伦大党与山狱党之意见迥不相同处，为巴黎在国中之地位，盖及伦大党不信任巴黎，不愿市政府之专制，谓"巴黎仅为八十三省之一"而已。而山狱党纯以市政府及俱乐部为基础，务使巴黎立于国中心脑之地位，全国须随其势力为转移。此外如两方首领之行动亦不相同，及伦大党常津津于合法之形式；而山狱党则注重于公共幸福，认此幸福为国家理性之共和形式，应超过一切，凡足

第五章　共和　·417·

以救护共和者,虽过度手段亦所不惜。

两方之态度如此。及伦大党最反对山狱党之领袖马拉、罗伯卑尔及段敦,竟控彼等欲行狄克推多。而马拉等对于及伦大党之仇恨,亦有不共戴天之势。虽段敦竭力调和以御外侮,惜及伦大党终不容纳。

第二节　共和与路易十六之死

国民公会成立时(九月二十一日),立刻废除王政。翌日,宣布共和,改称元年。

十月初,各省陈请审判卖国者。十一月末,因遵循一锁匠之指示,发现国王与出亡贵族之关系之证据。十二月,开始审判,一月(一七九三年),国民公会宣布国王阴谋侵犯国人自由及危害国家安全,判处死刑。

二十一日,断头机直置于修列利宫前。路易登台,正拟向人民陈述,乃鼓声大作,莫辨其词,于是路易安然就戮。

路易之死耗传出后,列强(奥、普、俄、英、西班牙、荷兰、德国及意大利各邦),立刻组织联军(二月)。在国内方面,枉德农民十万亦起而作乱。度穆累亦宣言反对国民公会,并预备政变,卒因军队不从,致未见实行。

国民公会为应付外患内忧,乃命令征兵三十万人,成立保安委员会(Comité de Sureté Generale)以担任搜捕嫌疑者,并设革命裁判所以审之(一七九三年三月)。四月,公安委员会担任内外防卫，段敦为其领袖。同时国民公会又宣布出亡者及反动僧侣之死刑。

第三节　及伦大党之失败

关于以上法令之宣布，及伦大党与山狱党争执甚烈。市政府复屡出之以不合法行动，及伦大党乃组一十二人委员会以调查市政府之行动，卒令逮捕黑伯尔。国民公会主席伊思拉耳（Isnard）曾以严厉之词驳答市政府以威吓其要求云："如暴乱常时发生，势非侵及国民代表不止。予以全国名义宣言，转瞬之间，人将于塞伦（Seine）河畔寻求巴黎究竟此城尚存在否。"伊氏此语，实无异及伦大党之不伦瑞克公之宣言也。

五月三十一日，市政府任命杭利约（Hauriot）为巴黎军司令，令其率队陷国民公会，要求取消十二人委员会。六月二日，又要求逮捕及伦大党议员二十二人，议员拒之，拟整队突围而出。乃杭利约命令炮手预备，并改应逮捕之二十二人为三十四人。国民公会不得已而让步，卒宣布议员二十九人应受监视，从此山狱党遂为议场之主人。

第四节　元年宪法与革命政府

六月二日之政变，竟激起全国四分之三省分起而武装反抗巴黎。

山狱党为解除各地之武装,及安息各省对巴黎之不信任心理,乃通过另制新宪法。此次宪法之成绩,为建设普通选举制。

当通过新宪法时,各外军纷犯边境,据国民公会巴来尔(Barère)云:"共和国不啻一被围之城市。"及各省委员来巴黎承认宪法,雅各宾党竟商得同意,缓期实行宪法。十日,国民公会宣布"临时政府为革命政府,直到和平之时",并谓国民公会自身即为"政府动作之惟一中心"。

革命政府之重要机关为公安委员会(Comite de Salut Public)及保安委员会(Comite de Surete Goneral)、革命裁判所(Tribunal Revolutionnare)、使命派出员(Representants en Mission)及革命委员会等。此外受雅各宾党指挥之两千会社,亦为政府之有力辅助机关。

公安委员会,由罗伯卑尔指挥。此委员会初时仅担任外务与战争,不久即备具各种权力,俨然多头之狄克推多。一八一一年普鲁士之阁员斯太因(Stein)对于公安委员会所生之感想云:"公安委员会,实可厌之至。但该会能本其坚毅不拔之意志,以组织及扩张国家之力量,确令人敬佩不置。"

保安委员会与革命委员会,专担任监视及逮捕嫌疑之人,革命裁判所则审判之。裁判官由公安委员会荐任,完全为其意志之执行者。

公安委员会之最重要辅助人,为使命派出员,此辈选之于国民公会议员中。逐处皆可派遣，如边防军队及各省，俨然昔日之检察使（Intendants），而权力则超过之。

各地之雅各宾会社，改为平民社（Societes Populaires），使命派出员常倚之为咨询机关。此种会社常越权审查请假回籍之兵士，考核市区中之注册及出纳事项。有时且发布命令，如封闭教堂，或创设市区中之惟一面包店等。即由此种平民社与革命委员会之设置，于是公安委员会之势力，竟达于最小村落之中。

公安委员会与国民公会，为抵御内忧外患，曾下令大征兵，及向富室募集十万万之强迫公债。又制定《嫌疑犯条例》与《最大限法》（Maximum）。

第五节　恐怖

公安委员会与国民公会，欲使其敌人失望，并促全国武装以抗外军，乃竟采用恐怖手段。所布《嫌疑犯条例》云："凡人虽未反对自由，而对自由毫未尽力者"，皆视为大逆。因此被逮之人，络绎不绝，而上断头台者，则无日无之。被刑中之有名者有王后玛利安敦、巴依、阿尔良公（称 Philippe Egalite）及及伦大党之议员（一七九三年十月—十一月）。自一七九三年四月至一七九四年七月，死者二千五百九十六人。全国在同时期内及受同样形式之裁判而死者约万二千人，其中计农民四千，工人三千。但若干地方多用聚歼法，如佛舍（Fouche）与哥罗（Collot），在里昂(Lyon)则聚若干囚犯于一处而枪毙之。加里那(Carrier)在南第(Nantes)竟于七月内淹毙五千人于洛瓦尔(Loire)河中,且未加审讯。

第六节 新党与罗伯卑尔之狄克推多

一七九三年末,内忧外患已渐消除,段敦认恐怖制已无存在之理由。其友德木兰(Camille Desmoulins)亦要求创设宽恕委员会(Comite de Clemence)。一部分山狱党亦赞同此种意见,因共同组织宽厚党或温和党(Parti des Indulgents ou des Modérés)。

另一新党称疯狂党(Enragés),分子为市政府重要职员,及大部分哥尔得纽党人,以黑伯尔为领袖。此党认所杀之人尚嫌不足,要求采取新恐怖手段。此党之思想涉及哲理,拟推倒旧教,并创新历法。屏去神圣(Saints)名词、星期及宗教节期。凡因此种节期而休息者,则监禁之。并要求毁去教堂钟楼。自命于无神教派(Athées),拟建理性(Raison)之信仰。一七九三年十一月十日,竟在圣母(Notre-Dame)教堂开自由与理性之庆祝会,而以歌剧院(Opéra)之一舞女代表新神,位置之于祭台之上。

罗伯卑尔本卢梭之弟子,本自然神教派(Deiste)。认无神教派对于社会殊危险,因奖励宽容派以攻击疯狂派。但罗氏亦恨宽容派,因德木兰(Camille Desmoulins)常讥嘲其理论之腔调;尤嫉妒段敦,因段敦众望素孚,颇妨碍其秘密之野心也。

罗氏决推翻两党，首先借词逮捕疯狂党（三月十四日），于十日中悉送之于断头台上（三月二十四日）。市政府从此破坏，而另代以忠于罗氏之新市政府。

六日后，宽容派又被控有再建帝制之嫌，亦遭逮捕。再六日，被处死刑（一七九四年四月五日）。初，段敦闻逮捕令下，曾叹曰："宁断头较愈于杀人。"有劝其逃者，氏答曰："噫！人岂能于鞋掌间挟祖国以俱去耶！"

段敦既死，遂无人可与罗氏之势力相颉颃，罗氏俨然狄克推多。但罗氏性情直率，态度严峻，生活简单，颇受舆论之尊仰，时人竟称之为清廉（Incorruptible）。氏本王党，直到八月十日，始主张共和。法国革命史家阿拉尔（Aurald，一八四九）谓罗氏为："诈伪神秘及不可测度之政治家，彼之政治理论完全建于虚伪之上。"氏之骄傲心毫无限量，自信心极强，认定一切真理，皆萃于其一身。自视其思想有不可侵犯之价值，凡不赞同其意见者，皆为不良公民，皆足为地方之危险。凡攻击之者，不啻亵渎神圣，惟死亡乃能赎其罪。所谓恐怖制（Regime de la Terreur）之实行，盖所以预备德行；断头机之使用，盖所以改善精神。实则恐怖制对于罗氏，一方可以排除异己，他方又可以获得民心。

第七节　大恐怖与暑月九日

恐怖因庆祝最高信仰(Etre Supreme),及发布《草月法令》(Loi de Prairial,六月十日)而益扩张。庆祝最高信仰,为国民公会根据罗氏之造意而宣布者。罗氏曾躬亲主持新信仰之仪节,乃其同辈数人对于其教皇而狄克推多之态度,竟加以嘲弄(六月八日)。罗氏为报此辱,即于两日后通过"基于正谊与理性"之法律。从此革命裁判所不凭证人与律师,仅据精神证据加以裁判,且只宣布死刑。此外,公安委员会并可不经国民公会之允诺,而直接提审议员于裁判所之前。阿拉尔形容此种法令为"合法暗杀律"。

大恐怖开始以后,计四十七日之间(六月十日至七月二十七日),巴黎死者千三百七十六人,拉瓦谢(Lavoisier)亦死焉。

时法军有佛雷尔司(Fleurus)之胜利(六月二十六日),适足证明外敌已无危险,所谓屠杀手段,已无从借口。因此一般人对于罗氏之报私怨行动,颇致不满,同时一部分议员亦感觉自身之危险,乃从事推翻罗氏之运动,以谋先发制人。参加者有黑伯尔及段敦之旧友,即素来拥护罗氏之污泽党议员,至是亦赞同恐怖制之终止。

暑月九日(Thermidor),罗氏被逮;十日,罗氏及其同党死于人民欢呼鼓掌之中。

第八节　白色恐怖与国民公会之事业

罗氏失败之影响，为恐怖制之告终。其次，国民公会所公布之大部分革命法令，均被取消或变更，故人称之为暑月反动。此外，又将段敦派及及伦大党之存于世者，召回国民公会。

同时王党亦重新组织，党员大征之于"美装青年"(Jeunesse dorée)中。王党势力渐盛，国民公会亦怀戒惧，而旧日各委员会分子则大受恐惧。

国民公会为稳定共和，乃通过另制新宪法，取消普选制，并增高被选者之财产数额。同时宣布以后议员三之二须征之于公会议员中。王党对此"三分二命令"异常恐惧，因密谋暴动。

一七九五年十月，王党暴动军约两万人，径向国民公会前进。拿破仑(Napoleon Bonaparte)以五千人御之，国民公会赖以不动。翌日，拿破仑被任为巴黎军司令，旋从事解除人民之武装。至于国民公会之事业，其最有价值者，允推国防与内部组织二事。

一七九三年，内有六十省分之叛变，外有英、荷、普、奥、西等之外军。国民公会竟仗其坚忍不拔之气，经过两年奋斗，卒获胜利，而与普、西、荷结荣誉之《巴西尔(Bale)条约》(一七九五年七月)。在对内方面，立宪会议曾将旧日一切制度推翻，而从事建设新政治制度。但破坏甚多，而建设实少。国民公会则成立若干委员会以创制一切,今日所有大部分制度,大都皆源于此时。关于财政,有公债表;关于立法,则继续立宪会议开始制定之新律。又规定度、量、衡。致力最大者,厥维一切教育问题。如宣布强迫之初级义务教育原则,开设为中学之基础之"中央学校"。又创设或组织一切重要之科学或艺术高级学校,及大部分大学,如法兰西学院(Collège de France)、工艺科学馆(Conservatoire des Arts et Métiers)、国家图书馆(Bibliothèone et Archives Nationales)、鲁维博物馆(Musél du Louvre),以及法政、医学、矿业、工程、师范、海陆军事学校等。

第六章 指挥官政府

指挥官政府（Gouvernement du Directoire）为一七九五年宪法所规定，历时四年（一七九五年十月——一七九九年十一月）。在此四年之中，混乱似未间断。而暴乱之源，实起于各极端党派，如旧雅各宾党与新王党两派，常欲侵掠政权，或推翻现制。指挥官政府所用之自卫法不外武力，如一七九七年九月之抗拒王党，及一七九八年五月之抵抗雅各宾党。同时拿破仑又获胜于意大利，而结《坎波福米约（Campo Formio）和约》（一七九七年十月）。

内政常混乱，至一七九九年而益盛，盖此时新联军既组成，而共和军又于意大利与德国两地皆失败也。外部危机与政府中人之腐败，遂引起舆论之反抗指挥官政府，结果西耶士与拿破仑共谋出之以政变（一七九九年十一月十日）。

第一节 一七九五年之宪法

国民公会通过之此次宪法，载明付托执行权于一指挥官政府。此种政府以四十岁以上之五人组成之,由立法团选出。立法团由两议会(Conseile)组成,即五百人议会(Conseil des Cinq-Cents)与元老议会(Conseil des Anciens)。前者为造意机关,预备法律;后者为理性机关,决定一切。

第二节　混乱之源

此次宪法所定之选举制,较一七九一年之宪法尤不自由,盖完全建筑于财产上也。而此辈富有之中产阶级,又倾向于王室,因此指挥官政府极力攻击此种复辟思想以卫共和。

其次,旧日之哥尔得纽党与雅各宾党皆主张普通选举,极憎恶此种富豪政治(Ploutocratie),常准备推翻指挥官政府及宪法,而欲代以一七九三年之宪法。

他方,国民公会虽胜利,而遗于指挥官政府之责任尚重要,如继续与英、奥、意战争。而财政又因工商业停滞而解纽。至于税课之收入,则全属纸币。因此一七九八年创窗户新税,但人民因负担繁重而憎恶增加。

此外,人民既疲劳而痛苦,而政治中人又腐化且自私。故时人视指挥官制度为全部解纽之制度,而呼之为"腐烂中之腐烂"。

第三节　雅各宾党与王党之遭攻击

雅各宾党曾恢复其俱乐部，命名平等社（Societe des Egaux），盖欲推翻指挥官政府，而实行一七九三年之宪法。其领袖巴倍夫（Gracchus Babeuf）及一部分社员，竟欲取消私有财产制，其言曰："土地不属于任何人，而产品则属于众人。"一七九六年五月，卒因对指挥官阴谋而巴倍夫被杀（一七九七）。

巴倍夫之失败，颇利于王党会议，因此两院（Conseils）议员取消反对反动僧侣及归国逃亡者之法令。同时又开始攻击指挥官政府。一七九七年九月，政府托词发现王党阴谋，欲拥护路易十八，遂尽捕王党议员。

时旧日山狱党势力大张，因指挥官借助彼辈以抗王党也。雅各宾党重开其俱乐部，且大多数获选为议员，政府忌之，屏去山狱党议员六十余人（一七九八年五月）。

第四节　一七九九年之舆情

政府对于王党与雅各宾党，忽而利用，忽而摧残，此种矛盾行动，颇使国人张皇而厌闻政治。同时，执政者及其左右，又标示作恶之模范。此外，指挥官政府向外之进攻政策，竟引起新联军之成立，匪特战衅重开，而法军且到处失败，令人忆及一七九三年之"祖国濒危"。

内忧外患曾产生双重影响。一七九九年初，有政治家一团，以西耶士为领袖，认定宪法有审定之必要。同时，指挥官举措慌张，竟于七八月之间短期实行革命政府之方法，而再现恐怖制。卒使舆情惊吓，转而促进审定宪法计划之实现。

变更宪法，必须攻击指挥官，及物色平民之统领。西耶士乘法军在德意两地之失败，竟诱起两院之愤怒，卒迫其令指挥官辞职（一七九九年六月十八日）。至于统领人选，西耶士经过长期之迟疑，旋属意于在埃及之拿破仑，九月竟令其返国。六月十八日之事，史称草月之变（Coup d'Etat du 30 Prairial）。

征意之军既大遭失败，而国内王党亦到处叛变，因此山狱党之势力又重现于巴黎。雅各宾俱乐部命名为"自由平等友人会"（Réunion d'Amis de la Liberté et de l'égalite），且刊行日报称《自由人》（Journal de hommes libres），而人则呼之为《虎报》（Journal des Tigres）。

第五节　拿破仑返国与雾月政变

自拿破仑返国之消息传入巴黎，人民大悦，咸以其对外必操胜利，而对内允称领袖也。阿拉尔有云："从此法兰西与此能胜敌人及能演说之英雄同化为一矣。"

下院议长路散波拉巴特（Lucien Bonaparte）与西耶士等之计划既成，上院议员恐下院反抗及组织暴动，遂宣布两院（Conseils）移于圣克鲁（Saint Cloud），并任命拿破仑为巴黎军司令,以担任拥护立法团之安宁。

雾月十九日(Brumaire,十一月一日),拿破仑偕掷弹兵四人赴下院,突然议场四隅发现"打倒狄克推多"之声。且有议员奔向拿破仑,拟加以扑击者,掷弹兵乃拥之而出。

路散波拉巴特乘机怂恿军队,并用下院主席名义,偕西耶士共同命令军队入议场驱逐议员。

是日夜,少数下院议员及元老议会重新开会,遂通过取消指挥官政府,而代之以执政官三人,由西耶士、都哥及拿破仑担任之,并任命委员会以审定宪法。

第七章　革命与欧洲之战

在拿破仑被宣布为终身执政以前,法国与欧洲战争计历十年(一七九二年四月——一八〇二年三月)。战争为路易十六及立法会议所宣布,直至与英国缔结《亚眠(Amiens)条约》,乃告暂时之终结。

战争为革命初所未料及,忆一七九〇年五月所通过之法令,其文云:"法国绝不从事任何战争以肆侵略,更不用其武力以侵犯任何民族之自由。"

在列强方面,亦不愿多所干涉,盖英人颇庆幸法国之内乱,借欲消极报复路易十六援助美国之仇怨;奥、俄正有事于土耳基;普亦因忌奥、俄之成功而积极注意波兰。

然则战争机会果何为而开端乎？综其原因,约有三端:(一)一七九〇年,路易十六曾求援于列邦;(二)一七九一年,法人宣言解放奴隶民族以反抗专制魔王;(三)路易十六因逃后被拘。有此三种原因,于是列强淡然之态度遂一变而为积极之仇视;而法人之爱和平心理亦一转而为好战之行动。布里梭欲借战争以推翻王权，建造共和，竟谓："余惟一之恐惧，即吾人不战争。"

第一节　瓦尔米之役

一七九二年九月，普军趋香宾（Champagne）。乃度穆累（Dumouriez）不向沙隆（Châlons）方面退却以护巴黎，而反趋瓦尔米（Valmy）面沙隆而为阵。度氏之意，盖（一）可以袭击敌军之辎重；（二）可以截击敌军趋巴黎之队伍；（三）自身可等候援军。克列曼（Kellermann）率军自蛮次（Metz）来与度氏之军合。但克氏之军皆志愿军人（普军呼之为律师军、鞋匠裁缝军），乍见整齐之普军，及盛大之炮击，一时为之动摇。幸克氏沉着而敏捷，不假军队以自由思索之余地，旋以剑尖承帽，大呼"国家万岁"，挥军奔驰以进。普军大惊，竟小退。参与此战之大诗人哥德（Gorthe）曾笔之于书云："有询予对此作何感想，予答曰：'自此日此地起，世界历史中将开一新纪元'，并可寄语他人：'予曾身亲其境。'"

瓦尔米战争之本身，并不十分重要，盖是日仅有炮击而无战斗也。然是役所遗精神上之影响，则非常重要。克列曼既强迫无敌之敌人不敢前进，于是各路青年共和军之勇气遂为之倍增。至于普军，因秋雨连绵，竟致痢疾流行，据哥德云，军营竟一变而"流行病院"。故普军虽未战败，其实无异于败也。

第二节 第一次联军

法人外肆侵略（度穆累占比利时），内杀路易，首先起而反抗者，即为英国。英国因无陆军，乃联合荷兰、萨丁（Sardaigane）、那不勒（Naples）、葡萄牙、西班牙、俄国、普鲁士与奥大利，成一强大之同盟军。为讨论对于法国之处置，旋会于安特威普（Anwers）。

法国抵抗此种联军，计费时五年（一七九三年三月——一七九七年十月）。初期边境各地皆受攻击，至一七九五年，除普、西、荷已议和外，仅应付一部分联军，而其中最强者，厥维英人与奥人。

第三节 枉德之战

博都（Poiton）、安如（Anjou）及不列颠（Bretagne）等处之农民叛变，实当时内战之最烈者。乱事始于枉德（Vendee，一七九三年三月），既而蔓延及十省。叛民之在博都与安如者，称枉德派（Vendeens）；在不列颠者，称鸥鹑派（Chonans），总数不下八万人。

叛变之起，源于宗教问题（同情于拒誓之僧侣），既而入于政治问题（因国民公会大征兵），英人且从中接济之。十二月，大败于距南第不远之沙温莱（Savenay，一七九三年十二月）。此后仅为分裂之小队伍而已。嗣经何诗（Hoche）处以和平方法，其乱乃终。

第四节　拿破仑

拿破仑生于哥西嘉岛（Corse）之亚加锡（Ajaccio，一七六九）。初入伯里延（Brienne）军校，继肄业于巴黎军事学校（Ecole militaire à Paris）。一七八五年，出校为炮兵少尉，此时尚憎恶法国，而欲恢复哥西嘉岛之独立。迨一七九三年，哥西嘉岛部分为英人所据，乃转而爱护法国。土伦（Toulon）之役，氏著奇功，且向公安委员会贡献进攻维也纳之计划。一七九五年十月，氏护国民公会以抗王党，不久被任为征意军司令，时年仅二十七岁。

第五节　意大利战争与《坎波福米约条约》

意大利战争历时一年（一七九六年四月——一七九七年四月）。拿氏在此役中所树战迹，即敌人亦大惊异。计俘虏约十万，大炮六百余门。据征意军官某之笔记云："拿氏所率之军甚少，器械、面包、鞋袜、金钱，均不足应用，完全创造一切，拿氏果然创造一切。"

拿氏之胜利，由于敌人之疏失者半，盖敌人常不知利用多数军队，而授拿氏以各个击破之机会。在拿氏方面，则全赖于其部下诸将之毅力及军士之耐劳。

一七九七年四月，结《勒本（Leoben）和约》，十月改为《坎波福米约（Campo Formio）条约》。其条文为德帝承认法兰西有莱因（Rhin）边境，并割让比利时（Belgique）及米兰(Milanais)。且承认拿氏在意大利北部之政治改变，即改热那亚（Genes）为里居尔共和国（Republique Ligurienne），及变米兰(Milanais)、伦巴底(Lombardie)等为西萨宾共和国(Republique Cisalpine)。在拿氏则让威尼斯(Venise)于德帝。

此约系确定并补足巴西尔(Bale)之约(一七九五年四月—七月)，此为第一次联军终止之表示。但革命所标榜之正义自由，及民族权力之尊重等原则，则付诸阙如。

第六节　埃及之出征

《坎波福米约条约》成立之后，法国之敌，惟英国而已。但英国新败西班牙与荷兰之海军，正骄横海上，而法国海军又十分无能，因此拿氏拟在英吉利岛以外攻击英人。印度为英国富源，而埃及适为通印度之路之一，拿氏遂向指挥官政府贡献出征埃及之主张。

一七九八年五月，拿氏率军三万五千人，战舰三百艘，自土伦(Toulon)出发。既据马尔他岛(Malte)，旋于亚布基尔(Aboukir)登陆，而占领亚历山大城(Alexandrie，六月)。七月，进据开罗(Caire)。

八月一日，英将勒尔逊(Nelson)毁法国全部海军于亚布基尔(Aboukir)，从此拿氏归国之路完全断绝。同时，苏丹(Sultan)因英人之怂恿，又向法国宣战，以从事争还埃及(九月)。拿氏陡闻土军集中于叙利亚(Syrie)，遂率军趋赴之（一七九九年二月）。四月，据加萨（Gaza）、牙法（Jaffa），并败土军于拉萨及（Nazareth）之达波（Thabor）。圣安达克（Saint-Jean-d'Acre）因为其同学佛里波（Phelipeaux）所守，为英人所接济，虽围攻甚久，卒不能下。

第二次联军攻法之消息传来，拿氏始秘密返国（八月），埃及军队则付之克列伯（Kleber）。一八〇一年八月，法军为英埃军合攻，不得已降。

出征埃及，毫无结果。但所遗之科学影响则甚大。盖拿氏随军有科学委员会，最有名之学者如孟吉（Monge）、伯尔多来（Berthollet），如佛瓦（Geoffroy-Saint Hilaire）等，皆在焉。此辈学者组成埃及学院（Institut d'Egypte），以研究其地域、出产、古迹等。即因研究古迹之结果，而吾人遂以了然古埃及之历史与生活。

第七节　第二次联军

英国当拿氏出征埃及时，立刻纠合列强成立第二次联军（英、奥、俄、土、那不勒）。其深切之原因，不外法国发展直至莱因（Rhin），为英国及列强所不喜。其机会之原因，则为《坎波福米约条约》成立后，指挥官政府实行之宣传政策与蚕食政策，令人回忆路易十四之行动。

一七九八年初，指挥官政府曾改建两共和国并合并土地于法国。先是法国借词法军官被人杀害，竟占据罗马(Rome)，拘捕教皇，并改教皇领土为罗马共和国(Republique Romaine)。同时，并改瑞士联邦为黑尔维西共和国(Republique Helvetique)。但每次改建国家，必附带课税，及染指该地金库。埃及出征之耗费，则完全赖于征于瑞士之款，及教皇之金库。

此外，指挥官政府又合并两共和国(Mulhouse 及 Geneve)及一亲王国(Montbeliard)。不久，托词维持秩序而占据都灵(Turin)；既而又合并辟门(Piemont)。

列强对法国此种行动，心焉惧之，因而成立联军。然斡旋其中者，仍为英人，联军以两倍之力压迫法军，而法国又以战线过长，故开战之初，节节失败。不久，联军龃龉，法将马色拉(Massena)乘之，竟大败俄军于乌黎世(Zurich，一七九九年九月)。在荷兰方面，英俄联军又败，于是第二次联军复解纽。

第二次联军之结果，为法国势力重新膨胀。盖《吕勒维尔(Luneville)和约》成立后（一八〇一年二月），意大利除威内萨(Venetie)外，又立于法国统治之下。

第八节　亚眠和约

英国本仍拟单独抗法，奈七年战争，耗费过巨，人民不胜重税之苦，多起而作乱。同时，列强惟求和平，英国已失其怂恿之希望。并且各中立国又受俄之指挥成立中立海上同盟，而拿氏又集中军队于英伦海峡准备登陆，因此英人议和。

一八〇二年三月，正式结约于亚眠（Amiens）。英国承认法兰西共和国，并允除开非洲之好望角（Cap），美洲之特里尼答（Trinite），及亚洲之锡兰（Ceylan）外，其余法兰西、西班牙与荷兰之殖民地，均一律交还。此外，并申明于三月中撤退占领马耳他岛与埃及之英军。至于法国，则申明撤退驻那不勒要塞之法军。

第八章 执政政府

执政政府(Consulat)为雾月政变之结果,历时四年余(一七九九年十一月十一日——一八〇四年五月十八日)。在此时中拿破仑初为临时执政,既为第一执政,曾制定第四次宪法,并完全改组行政、司法与财政。第四次宪法,曾两度变更(一八〇二年及一八〇四年),直实行至帝政终止(一八一四)。至于行政、司法与财政之组织,今日犹能寻出其痕迹。

第一节 宪法

执政三人及委员会(Commission Parlementaire)之成立,其目的盖在制定新宪法。此次宪法在实际方面,不啻为拿氏之私人事业,盖各制宪委悉遵循氏之意见以规定条文也。此次宪法,称共和八年之宪法,并未俟人民之通过即已实行。

执行权属执政三人,执政任期十年,得连任。第一次由宪法明定执政三人（拿破仑为第一执政）。实权属第一执政,第二、第三执政仅居咨询地位而已。第一执政有决定和权,签定条约之权,惟须保留以待立法团之赞同。立法权由第一执政及国务会议(Conseil d'Etat)、立法会议(Tribunat)与立法团(Corps legislatif)施行之。惟第一执政有法律创制权及法律公布权。国务会议纂辑法律计划;立法会议审核之;至于立法团,仅为"三百哑人之会议",则惟以不记名投票通过之而已。

宪法复规定成立一超过以上三种会议之一会议机关,称元老院(Senat Conservateur)。在原理方面,元老院应自行选定其议员,但第一次议员由执政任命之。元老院为选举机关,得选举执政及立法会议、立法团与大审院(Tribunal de Cassation)等之议员,又为宪法之保护者。此次宪法付与第一执政之权限,比诸一七九一年之宪法付与路易十六之权限,尤为扩张。宪法宣布后,某阁员之妻曾谓以上三种会议,不啻"无害之游戏器具,小儿尽可玩弄之,而任拿氏一人经理郑重之事务"。人民除对宪法有一次之表决权,此外则毫无表示意义之机会,于是人民之主权扫地以尽。在名义方面,虽向共和之罗马借入执政(Consuls)、元老(Senateurs)、平民议员(Tribuns)等名词,表面俨然共和国家,而其实此次宪法不啻恢复帝制。

第二节　行政司法与财政

各区之行政权，立宪会议曾付于选举之议会（Conseils élus），而执政则付诸委任之职官。无论省、县、市长，及各级议会议员，悉由第一执政任免之，换言之，皆为政府之委员，而非公民之代表。行政制度，一仍一七八九年以前之旧，而为一七八九年之改革家所愿推翻者。

司法除和平裁判官（Jugés de paix）外，选举制亦废除。其他一切裁判官，悉由第一执政或元老院任命之。为求在政府之前保持独立，遂在原则上规定被任之裁判官，不受政府之罢免，但此种原则，直到一八〇七年始实行。

至于财政，拿氏亦以任命之职官代替选举之公民。且每税官，须于任职前缴纳等于一月收入之款额之保证金于国库。

拿氏恢复秩序甚速，盖拿氏用人行政，不问其为共和党或帝制派，只问能胜责任与否。拿氏尝曰须注意"推进一般人才为地方服务"。

第三节　拿破仑与宗教问题

拿氏之言曰："社会无宗教，无异船舶无磁针，惟宗教能为国家贡献坚固而长久之助力。"拿氏径取消惩戒反动僧侣之法令，而维持信仰之完全自由。因此欲与教皇谋和。时教皇为庇雅第七(Pie Ⅶ),亦极愿接收和议。一八〇一年七月,法国与教皇订立《宗教和约》(Concordat),载明共和政府承认加特力教(Catholique)为法兰西民族大多数之宗教,并保证加特力教之自由。在教皇方面,则承认教区之改划与教产之收归国有。此外如教士之薪资,共和政府亦允保证立宪会议之决议,并允保护教会所有之建设。至于主教之任命,则由政府指定,而教皇授予精神上之权力(Investiture Spirituelle)。和约经过立法团之表决,遂一变而为国家之法令,同时又为教会之法令。

拿氏为保证其对僧侣之权力,曾于和约上附以若干条款,称《基本条款》(Articles Organique)。所谓《基本条款》,即维持法国教会之习惯;凡未获得法国政府允许之事,皆禁止举行;如教会学校内部之组织,政府亦得干涉之。教皇虽竭力反对此种《基本条款》,但拿氏异常坚持,终不退让。

第四节　民法

一七九〇年,立宪会议已命令编纂法律。此后国民公会及五百人会议,亦曾准备若干计划,但皆未见诸实行。

一八〇〇年,拿氏特成立一六人委员会以担任编纂民法。六人中,以大审院院长特龙舍(Tronchet)之力独多。每当讨论时,拿氏常参与之,且常资以多少之贡献。民法(Codes Civil)之根据为《罗马法》《王家命令》及《革命法令》。一八〇四年三月成,人称之为《拿破仑法典》(Code

Napoleon)。

第五节　执政政府之其他建设

以上之政治制度、教皇和约及民法等，不过一八〇〇年及一八〇四年间之一部分事业而已。此外，又改组中级学校，颁行官费制，规定荣誉勋章（Legion d'Honneur），奖励工商业，设立法兰西银行，建筑军港、运河及道路等。执政政府为期不过四年，而所建之悠久事业，实有足堪纪载者。

第六节　终身执政与帝制

《亚眠和约》成立后，拿氏心腹遂向元老院提议，应奉第一执政以国家之奖励。嗣经人民投票表决，计赞成终身制者三百六十万人，否决者仅九千人而已（一八〇二年八月）。此外，并畀第一执政以指定承继者之权。

初，王党以为拿氏必努力为路易十八谋，至是大失所望，因此屡谋倾覆拿氏。一八〇四年一月，王党阴谋暴露，其中重要人物如摩罗（Moreau）、必失吕（Pichegru）及加度达尔（Cadoudal）等均陆续被逮。

此次阴谋之发觉，遂促成世袭帝制之成立。一八〇四年五月，元老院宣布决议书（Sénatus Consulte），谓"付托共和政府于皇帝拿破仑"。既而付诸人民表决，计赞成之者三百五十万，而反对之者尚不及三千人。

第九章 帝制

帝政历时十年(一八〇四年五月——一八一四年四月)。在对外方面,此十年为不间断之战争期;法军曾侵入大部分之欧洲各大都城,结果外军陷法国,拿破仑逊位于枫丹白露(Fontainebleau)。在对内方面,拿氏适用执政时代之制度,力求集权,而实行独裁,无多新建设,最重要者为改建大学(一八〇八)。

因取消政治自由与一切监督,及恢复旧制式的专政,遂使富有而通达之中产阶级离弃拿氏。因暴力反抗教皇,遂引起国内之宗教困难,而使僧侣与旧教信徒远绝拿氏。此外对拿氏异常忠诚之民众,因长期征兵,亦对拿氏而失望。

第一节 拿破仑

凯撒(Cesar)之外,拿氏本为历史中之特异物。斯他尔夫(Madame de Stael)极恨拿氏,亦谓"殊不能以常用之字形容之"。

氏之智力极强，且敏锐而明晰，毫不紊乱。氏尝云："万事位置于吾脑中，无异陈列于厨中各抽替之内，如欲中止一事，予即闭此抽替，而另开其他抽替，万事从未混淆，从未使予困难及疲之。"氏精神积极，最不能堪理论之苦，然氏之想像力亦极丰富。氏自命为查理曼大帝（Charlemagne）之承继者，而欲驾驭各国国王与教皇，务使科学与艺术之杰作品，及一切曾经光荣过去世纪者，咸荟萃于惟一城市之巴黎。太因（Taine）谓拿氏"对于一切皆无限制，诚为特别匠心铸成者"。

氏精力过人，不厌工作，尝谓"工作即吾之本分"，又谓从来不知"工作之界限"。无论何时何地，稍有余暇，辄从事工作，平均每日工作计在十八小时以上。且当作事时，心极诚虔，决不他务。与氏共事者某，谓氏"治事三年，等于其他国王之百年"。

第二节　独裁

阁臣每星期召集一次，仅事报告，其范围内之职务，除准备问题及转发命令外，无异局所之领袖。所有办法之决定，悉由拿氏主张之。

拿氏取消立法会议，扩张警察，恢复国家监狱，废除报馆自由，盖不愿承受障碍也。此外，又创建大学，以为侵略思想之手段。

拿氏虽创建宫庭，但不似过去王室之宫庭，并不带丝毫政治意味，无论贵妃宫人，皆不能影响于政治。

第三节　与教皇冲突

拿氏对于教会亦欲施以对于教育之手段，其命令僧侣云："尊敬皇帝，即所以尊敬上帝。"氏不独对僧侣已也，直欲使教皇就其政治之范围。忆氏与英国宣战时，曾命令教皇驱逐其领域内之英人，并令其禁止英国商品输入各埠（一八〇六）。教皇庇雅第七（Pie Ⅶ）拟中立，拿氏径据其领域（一八〇七），既而合并之于帝国（一八〇九）。

此次冲突，产生之政治影响极大。凡爱戴拿氏之僧侣与教徒，悉一变而为仇视，且阴拥戴布尔奔（Bourbons）族。及一八一五年，彼辈对于复辟，特致力焉。

第四节　怨恶之源

拿氏为执政时，国人无不顶戴之。迨帝政成立后五年，怨声竟遍于各阶级。盖取消一切政治自由，成立侦视警察机关，甚至干涉思想，颇使有知识之中产阶级，悉表示不满心理。

其次，实行大陆封锁（Blocus Continental），顿使商业停滞，同时虽发展实业，却又便利一般操纵者。故至一八一一年，经济界发生绝大恐慌，因而倾家覆产者不一而足。

同时，行政区域，日益扩大；战费之大部分，虽为战败者所担负，而国内之直接税，究不足以应付现役之军队。因此创设间接税课，如饮料税、纸叶牌税、车税等（一八〇五）。一八〇六年，又创盐税，既而又设烟草专卖（一八一一）。所有革命推翻之税课，均一一再现。

但怨怒之最大原因，厥维继续征兵。迨一八一三年，兵额竟达一百二十万。一般青年多设法避免调征，拿氏始而责成其父母，既而处以最重之罚金。计一年之中，罚金之数竟达一万七千万，且常派宪兵等住食其家。一八一三年某日，拿氏经过圣安敦区（Saint-Antoine），一应募者竟当面侮辱之，时人且高声呼之为"食人之魔"。

第十章　拿破仑之对外

拿氏之对外历史，充满反抗英国之战争。盖所有战争或联军，英国无不参与其间。其交战原因，不外英国之外交策略，及法国之发展，与拿氏之野心有以致之。战争之次序，概括之如下：

对奥俄之战（一八〇五年第三次联军），结果败奥人于乌尔穆（Ulm），败奥俄之军于奥斯特里慈（Austerlitz），而结《普勒斯波格（Presbourg）和约》。

对普俄之战（一八〇六年及一八〇七年第四次联军），结果败普军于耶拿（Jena）及奥斯塔德（Auerstaedt），并胜俄人于伊洛（Eylau）及佛里伦德（Friedland），而结《的尔西特（Tilsit）条约》。

西班牙之战（一八〇八年及一八一三年）。

对奥大利之战（一八〇九年第五次联军），胜之于伊克密尔（Eckmühl）、伊斯林（Esslin）及瓦格拉门（Wagram），而结《维也纳（Vienne）和约》。

一八〇九年《维也纳和约》，为拿氏历史极盛之末期。计自一八〇七年，即与俄人同盟；而自一八〇六年，曾组织一种新式战争，所谓经济战争，即大陆封锁(Blocus Continental)，竟强迫大部分欧洲国家参与之。直到一八一二年，三年之间，拿氏俨然欧洲之主人。

自一八一二年起，为拿氏衰落及失败之期，为期尚不及二年(一八一二年六月——一八一四年四月)。此期开始，即与俄人决裂而向之宣战，不久，一般战败之民族咸起而反抗法国，直到进薄巴黎，战争始告终止。

俄国之战(一八一二年第六次联军)，胜之于鄂喀河(Moskova)，而占领莫斯科(Moscou)，既而失败退走。

德国之战(一八一三年第七次联军)，战于陆村(Lutzen)、波村(Bautzen)、德勒斯登(Dresde)、勒不士格(Leipzige)等地，结果法军退过莱因。

法国之战(一八一四年)，结果巴黎投降，拿氏逊位于枫丹白露(Fontainebleau)，而被放于厄尔巴(Elbe)岛。此次结《第一巴黎条约》。

拿氏自厄尔巴岛逃归，引起最末次之联军(一八一五)。结果败于滑铁卢(Waterloo)，而结《第二次巴黎条约》。

第一节　战争之原因

战争在原则方面，本为革命战争之继续，及胜利之影响。而实际则为英俄仇视法国之发展,而欲剥夺其战胜之地,以恢复王权。基此双重计划,列强遂从事分离拿氏与法人,而谓所反抗者惟拿氏,及其无限制之野心。

就事实上观之,自拿氏宣布帝政后,英、俄已有修正政治及土地之计划,即一八一五年在拿氏失败后所实现者。忆俄皇亚历山大第一(Alexandre Ⅰ)曾于一八〇四年与英人商订永久同盟,而提出原则云:"为欧洲及法兰西之利益计,必须法国宪法基于君主。"而此同盟之目的,则在推翻拿氏。以后维也纳会议(Congres do Vienne)之必要条件,及一八一五年之条约,十年前已大旨决定之矣。

第二节　与英国决裂之原因

《亚眠和约》(一八〇二年)成立后不过一年,即被破坏(一八〇三年)。破坏原因,除以上所述者外,尚有特别原因,即商业原因与马耳他岛(Malte)问题。

时英国实业最有进步,颇以战争为苦。乃拿氏竭力奖励工商业,实行保护政策。嗣英人请求订立商约,希冀减低关税,而拿氏又拒之,即《亚眠和约》签字前,英国上下两议院已露不满之意,而欲决裂久矣。

其次为马耳他岛问题。盖拿氏视地中海为"法国之湖";并欲瓜分土耳基以冀获得埃及与叙利亚。如英人不撤马耳他岛之驻军,则此岛无异地中海中部之直布罗陀

（Gibraltar），则自土伦（Toulon）至亚历山大城（Alexandrie）之路线，横被梗阻。但拿氏竭力避免决裂，力求俄皇为之斡旋，并允英人占据该岛十年。乃英人不宣战而遽侵占法、荷之船舶，而拿氏亦占领哈诺威（Hanovre）选区。拿氏并派军驻守那不勒（Naples）各埠，以牵制马耳他岛；同时，集中大军于补罗义（Boulogne）。拿氏之意，盖欲威协英人以言和也，结果一切动作咸归失败。

第三节　第三次联军

一八〇五年十月，法、西联合海军提督维尔累（Villeneuve）与英将勒尔逊（Nelson）遇于特拉法加（Trafalgar），联合舰队大败，勒尔逊亦战死。此战之结果，为英人之海上权愈臻坚固，而拿氏之对外策略于以确定，所谓大陆封锁政策（Blocus Continental），皆此次战败之必然结果也。

当拿氏预备攻英时，第三次联军已开始组织（一八〇四年末）。盖俄皇亚历山大第一野心勃勃，既想控制东方及土耳基，并拟操持欧洲之政局。乃规划德国事件，拿氏竟出以之独裁态度（一八〇三）。同时，拿氏又掠安然（Enghien）公于巴敦（Bade）（一八〇四），俄皇认为侵犯主权，从此俄皇便与普鲁士、德皇及英人，继续签订条约以抗法国。

拿氏之海军虽败于特拉法加，而大陆方面则大败奥军于乌尔穆(Ulm,十月);十二月又败奥、俄联军于奥斯特里慈(Austerlitz)。此次战争,俄皇亚历山大第一、奥皇佛兰西斯第二(Francais Ⅱ)及拿氏,皆躬亲指挥,竟有称之为"模范战争"者。

十二月二十六日,结《普勒斯波格(Presbourg)和约》,奥大利割让伊斯的里亚(Istrie)、达尔马提亚(Dalmatie)、威尼斯(Venise)、士威比亚(Sovabe)、的罗尔(Tyrol)等地于法。从此奥大利通亚德里亚(Adriatique)海及意大利之道路为之隔离,而法国反有通土耳基及东方之出口。

第四节 西方皇帝

奥斯特里慈(Austerlitz)战胜之后,拿氏俨然近世之查理曼大帝(Charlemagne)。一八〇六年,拿氏宣布维尔敦巴尔(Wurtemberg)及巴威略(Baviere)两选侯皆膺王冠,以奖其忠诚;在意大利方面,则夺那不勒(Naples)王国于布尔奔族斐迪南第四之手,以惩其联英之举动,而封其兄若瑟(Joseph)为王以代之(一八〇五年十二月二十七日)。一八〇六年六月,改巴达维亚(Batave)共和国为荷兰王国,以予其弟路易(Louis)。此外,其妹婿密拉(Murat),外交部臣达列郎(Tallyerand),均获封地,又赠哈诺威(Hanovre)于普鲁士王。奥斯特里慈(Austerlitz)胜利之最大影响,厥维维国之改变。盖国民公会之军队,及巴西尔(Bale)与吕勒维尔(Lunneviile)之条约,已缩减其西部界域至于莱因(Rhin)。一八〇三年之日耳曼国会议事录(Recez),则消灭若干小国家;计一七九二年小国之数达三百六十,至一八〇五年,仅存八十二而已。其次,西南部亲王以巴威略(Baviere)及维尔敦巴尔(Wurtemberg)为领袖,竟于一八〇六年脱离德国,而组成莱因联邦(Etats Confaderes du Rhin),并与拿氏结永久攻守同盟,承认拿氏为保护者。因此九世纪前成立之日耳曼神圣罗马帝国(Saint Empire Romam Germanique)于以消灭。拿氏径迫佛兰西斯第二(Francais II)取消德国皇帝头衔,佛兰西斯从之,改称奥皇佛兰西斯第二。

第五节 第四次联军

法、西海军虽败于特拉法加,而英、俄却来巴黎议和,其目的盖在推翻法、普之同盟也。英人当议和时,曾要求拿氏归还哈诺威,拿氏许之,但须给普王以补偿。乃英人私向普王通此消息,而未提补偿,普王大怒,立下动员令,而与英、俄、瑞典结第四次同盟(一八〇六年)。

战争分两段:计对普人有耶拿(Jena)及奥斯塔德(Auerstaedt)之战(十月);对俄人有伊洛(Eylau)及佛里伦德(Friedland)之战(一八〇六年十月及一八〇七年六月)。忆拿氏战败普军后,竟直抵柏林(Berlin),再进而与俄人周旋,俄皇乞和。

俄皇与拿氏议和于的尔西特(Tilsit,一八〇七年七月),由普王割让哈诺威与易白河(Elbe)左岸一带领土,以及三次瓜分波兰之地。至于普鲁士之法军,须俟战捐付清后始行撤退。同时,拿氏与亚历山大签定《攻守同盟约》,亚历山大承认拿氏在德国与意大利之改革,并申明担任调停英国,如英人拒绝,则与拿氏联络以反抗之。则担任调停土耳基,如土皇拒不接受,则瓜分之。

拿氏对于普鲁士割让之地,即将易白河(Elbe)与莱因河(Rhin)之间一带,合哈诺威一部分,组成委斯法利亚(Westphalie)王国,给予其幼弟耶罗门(Jerome)。普得于波兰之地,则建瓦萨大公国(Grand duche de Varsovie)以附于萨克逊(Saxe)选侯区,改建之萨克逊王国。

第六节　大陆封锁

一八〇六年五月,英国宣布封锁,禁止与法国通商。拿氏亦于十一月颁布《柏林敕令》,封锁不列颠岛,禁止法人及各联盟国与英国通商及通讯,禁售来自英国或英殖民地之一切货品。一八〇七年十二月,又宣布《米兰敕令》,凡船舶承受英人之要求,或向英国航行,悉剥夺其国籍。

大陆封锁产生之经济与政治之影响,极重要而且复杂。关于经济方面,因英货不能入口,于是旧工业如呢、丝,新工业如绵、铁,皆一时勃兴;蔗糖缺乏,则取之于萝卜。然原料不充，价值甚高。此外，出口货品如酒、麦、麻，类多以英国为尾闾，亦因而停顿。结果引起普遍之憎恶。

至于政治方面，拿氏必欲全欧奉行，乃不惜战争兼并，以贯彻其计划。陆续加入者，虽有俄、奥、普及丹麦；而与英联盟者，仍有瑞典，拿氏遂嗾俄皇侵入芬兰，而自占领波美尼亚（Pomeranie）。此外又合并自延姆斯河（Ems）至易白河（Elbe）间之一带沿海地及不来梅（Breme）与汉堡（Hambourg）自由城；其次为荷兰王国。在意大利方面，则占领教皇领地。葡萄牙不愿奉行大陆封锁政策，拿氏则令如洛（Junot）占据里斯奔（Lisbonne），葡王王室乃逃赴其殖民地巴西（Bresil）。最不幸者，厥维一八〇八年西班牙之出征。

第七节　拿破仑与西班牙

西班牙王查理第四（Charles Ⅳ）为人庸懦，政权落于王后之宠臣龚多瓦（Godoi）之手，太子斐迪南（Ferdinand）颇恨之。当如洛（Junot）征葡萄牙时，拿氏乃借词派军赴半岛；西班牙王室既有内讧，拿氏竟有运用之机会。

一八〇八年三月，亚兰哲寺（Aranjuez）人民反抗龚多瓦，西王不得已褫其职。翌日，又发生新叛变，查理乃逊其位于其子。适密拉（Murat）抵马德里（Madrid），乃劝西王求援于拿氏；同时又劝斐迪南谒拿氏以确定其王位，因此西王父子争来会于巴央英(Bayonne)。

拿氏对于斐迪南,则迫其还王位于其父;对于查理,则令其逊让。拿氏既获西班牙,旋任那不勒王若瑟为王,而以那不勒王位畀密拉。

西班牙人对于巴央英之诡计,颇恨拿氏,遂群起抗拒法军,而延请英人入西班牙。拿氏之精兵三十万人,竟因此葬送于该地。盖西人为争独立,常实行"零星战争"(Guerillas)以挠法军,妇人亦皆出而助战,故法军竟有巴朗(Bailen)之降。此降既增西人之勇气,而拿氏之威严亦露动摇之象。

拿氏亲率十八万人入马德里,立布废除封建权利之令,取消内地税关及异端裁判所等。因急于对付奥大利人,不得已即返法国(一八〇九年一月)。

第八节　第五次联军

奥军自奥斯特里慈以后,经查理大公之力,重新改组,三年之间,竟达四十万人。奥皇佛兰西斯闻巴朗之降,立刻动员,又与英人同盟组织第五次联军。此次联军除英、奥外,尚有西、葡二国。一八〇九年四月,奥军进攻巴威略、意大利及瓦萨大公国。时俄皇已与拿氏结《伊甫(Erfurt)和约》(一八〇八年十月),本应率军抗之,乃因达列郎之怂恿,遂与奥皇暗通声气。

奥人以为可以乘虚袭拿氏之军,乃拿氏胜之于巴威略之多恼河上游（四月），再胜之于维也纳之北瓦格拉门地方（七月）。十月，签订《维也纳和约》，奥大利割让其波兰部分加里细亚（Galicie）一半并入瓦萨大公国，一半让与俄皇。萨尔斯波格（Salsbourg）及因尼河（Inn）上部，则让与巴威略，的里雅斯德（Trieste）、佛里由（Frioul）、喀尼鄂拉（Carniole）、哥罗地亚（Croatie），让与拿氏。拿氏则合达尔马提亚（Dalmatie）及伊斯的里亚（Istrie）组成壹黎里省（Provinces Illyriennes）。

第九节　拿破仑之极盛

《维也纳和约》为拿氏势力极盛之表现，计拿氏操持中欧及西欧之牛耳者约两年。其帝国自罗马达汉堡，计包括法兰西、意大利三之一、瑞士一部分、卢森堡、比利时、荷兰、莱因普鲁士及北海沿岸德国地；此外有壹黎里省。

在他方面与之联盟者，或志愿，或强迫，则有俄、奥、普及丹麦；西部欧洲除英国外，无不俯首帖耳。一八〇九年，拿氏与若瑟芬（Josephine）离婚，再娶佛兰西斯（Francais）之女路易丝玛利（Marie Louise）为后；忆结婚之日，捧持新后之裙拖者皆为王后；新后所生之子，竟膺罗马王之头衔。

一八一一年末，英国因受封锁之影响，大露窘象，如货品堆积，不能销售，人口增加，食物不足，工人暴动，政府借款，种种皆足以衬出拿氏之势力达于极峰。

第十一章 拿破仑帝制之式微

拿氏之势力,外强中干,盖其帝国完全建于武力之上,而帝国中之民族,有法人、比人、荷人、德人、意人等,其间毫无共和之联系。如大陆封锁,对于法人与莱因之德人固为有利;而对于荷人与汉堡之德人,则为大害。至于莱因联邦,尤不可恃,盖拿氏征兵甚众,而对于该地毫无补益也。此外,俄、普、奥虽为同盟,然皆源于战败,因恐惧而出此,而其惟一之计划,则无日不思所以报复之也。忆维也纳和议前夕,一萨克逊学生(名 Frédéric Staabs)拟暗刺拿氏,其答拿氏云:"刺汝非犯罪,乃责任也。"此种精神实无异西班牙人之精神,同时又为日耳曼爱国运动之先锋,并为推翻拿破仑势力之一种宣告。

第一节 普鲁士之改革

预备报复拿氏最急进之民族,首推普鲁士,盖德人自战败后,领土无异瓜分,欲图解救德国,惟有以普鲁士为预备之地。一般爱国之士如哈尔敦伯尔（Hardenberg）、沙尔伦何斯提（Scharnhorst）、斯太因（Stein）、克来斯洛（Greisenau）等，皆努力于振兴德国，而以普鲁士为工具者。

此辈实施计划之第一条件，厥维改革普鲁士，必要者为社会改革与军事改革。社会改革始于斯太因，而完成于哈尔敦伯尔。一八〇七年十月，斯太因颁布敕令，允许中产阶级及农民有权购买贵族所售之土地；并解除农民一切私人之服务，惟仍保存徭役（Corvée）之习惯。乃一八〇八年十一月，拿氏要求取消斯太因，斯氏遂遁入俄国。

承继斯太因之哈尔敦伯尔，又于一八一一年颁布敕令，取消一切封建赋税，以完全解放农民；凡农民世袭耕种之地，以三分之二归农民私有。惟此次敕令未见实行。

至于军事改革，则赖于沙尔伦何斯提及克来斯洛两人之努力，如改善纪律，取消体罚，废除佣兵，禁止包办军队，开中产阶级充任军官之路；又建军事学院，并规定兵士短期训练法。故一八一三年初，普鲁士对抗拿氏，竟有前线兵三十五万人。

社会改革与军事改革之外，举凡中央政府，财政行政，皆略有变更：如以部臣代替阁员团，扩充饮料税于乡间，组织市自治区等。一八一〇年，因汉波尔（Guillaume de Humbold）之提议，又创柏林大学，盖欲以"智识之力补救物力之损失也"。故预备军队之力出于沙尔伦何斯提，而付普鲁士以新灵魂之功，则属于大学。

第二节　第六次联军

亚历山大与拿氏之决裂，其原因不外俄贵族仇视法国，及亚历山大之野心。盖俄国之产品如麦、麻及木料等，多以英国为销场，自大陆封锁宣布后，俄贵族受损甚巨。加以法国自由平等之说，颇足引起农奴之野心。故一般贵族不特仇视法人，且因俄皇与拿氏联盟，竟有欲刺之者。

亚历山大之性质，变易不常，惟以利害为转移。自一八〇九年，拿氏明白拒绝俄人染指君士坦丁堡(Constantinople)，并建设瓦萨大公国后，亚历山大自是貌为亲密，阴图反抗。及拿氏励行封锁，合并不来梅(Breme)、汉堡(Hambourg)等城，及鄂尔敦波格(Oldenbourg)大公国(一八一一年)，两人之竞争心理，愈益急迫。一八一二年四月，俄皇自视力量已充，径致哀的美敦书于拿氏，六月，遂宣战。

俄皇方面有英国与瑞典，拿氏方面亦有奥大利及普鲁士。但奥、普皆貌为联军，而阴与俄皇通消息。

第三节　莫司科之火

法军自麦麦尔河(Miemen)前进，俄人力避剧战，且每退时，常驱走居民，盖俄皇之意在以"时间、清野及水土，以为防御也"。法军抵俄国地界，农民皆埋藏其粮食，自焚其村落，法军眼前，惟一片荒地而已。八月抵斯摩棱斯科（Smolensk），拿氏拟包围俄军，乃一度激战之后，俄人遂纵火焚其城。

俄军大元帅古都所夫（Koutousof）停军于波洛地洛（Borodino）之南，建工事以守之。九月，拿氏攻之，两方大炮合计千二百门，轰击之余，法军损失三万，俄军亦死四万人，但俄人退却时，秩序谨严，大有卷土重来之概。

拿氏长驱入莫司科，以为亚历山大必来乞和，否则俟来年春暖，再向圣彼得堡（Saint Petersbourg）进攻，乃入城之次日，四处火起，竟毁其城之大半。拿氏仍坚持暂住，盖恐退走之消息发生不良之影响也。因此延误一月之温和天气；十月，冰冻骤降，拿氏乃决意离开其地。

沿途饥寒交迫，困顿异常，且时为古都所夫之军及哥萨克兵所袭击；十二月中旬，始抵科佛那（Kovno）。计此次出征俄国，所有死亡、俘虏及私逃者，约达三十三万人。

第四节 第七次联军

拿氏在俄惨败之后，一般被征服者皆额手相庆，而图报复最急者，厥维普鲁士人。时柏林大学哲学教授斐布特（Fichte），停止授课，谓必"直到和平之时"，并向其生徒约会于战场之上。至于奥大利，表面似守中立，实因补充军备，尚须时日，且暗与俄、普、英协议，以准备加入第七次联军。

时联军以为法国陷于绝境，乃拿氏又立集军队三十万人。惟军士年龄普通不过十八九岁，鲜能承受长期之疲劳。又侵俄时，损失马匹过多，未能及时补充，每到追袭敌人时，殊嫌无法以资应付。

一八一三年五月，拿氏败普、俄联军于陆村（Lutzen），追击之于波村（Bautzen）及维尔申（Wurshen），直抵阿得河（Oder），联军请求休战，梅特涅（Metternich）居间调停，拿氏许之。六月，签订休战约，决开和会于巴拉加（Prague）。

奥人本以中立资格自任调人，乃开会前一星期，已加入联军。而梅特涅之计划，则在弱法国以抑拿氏，故提出之条件，必法兰西回复革命以前之疆域。迨奥人兵力集中，乃立宣告闭会，而向拿氏宣战。

八月，联军五十万人三路进攻，拿氏以四十万人当之。拿氏战于德勒斯登（Dresde），而西勒西亚（Silesie）及白郎丁堡（Brandebourg）两地之军，皆被联军击败，拿氏不得已向勒不士格（Leipzig）退却，联军以三十万人压来，拿氏应之以十五万人，激战四日（十月十六日至十九日），法军大败。德人称此次战争为"民族之战"（Bataille des Nations）。

第五节　巴黎之降

勒不士格败绩之后，法人在德国之统治完全倾覆；莱因联邦亦被摧毁。同时，惠灵吞(Wellington)亦占据马德里(Madrid，一八一三年五月)，六月，尽逐法军于西班牙之外。

拿氏既败，联军旋会于佛兰克福(Francfort)，仍献和于拿氏。但同时向法人宣言，谓拿氏拒绝和议，不得已继续战争，惟战争之目的，非反抗法国，乃仅对付拿氏一人。

十二月及一八一四年一月，联军分三路越莱因，二月，败拿氏于霍底延(Rothiere)。拿氏仍鼓其余勇，奔走指挥马尔内(Marne)及塞伦(Seine)一带，且连战皆胜。三月，以二万八千人遇敌军十万人于亚尔西俄北(Arcissur-Aube)，不得已退走；但拿氏不返巴黎，而向圣底叶(Saint-Dizier)前进，盖欲入洛林(Lorraine)以集合要塞防军，而断敌人辎重之路也。故拿氏扬言云："予距明星(Munich)，此联军距巴黎尤近也。"联军已有退向蛮次(Metz)之意，乃巴黎传出消息，如联军逼近京都，则拥护布尔奔(Bourbons)之党，将不利于拿氏，俄皇遂决意向巴黎前进。

包围巴黎之军约十一万，而防守该城者，合计残军、团防、志愿军、废兵、高级科学技术学校(Ecole Polytechnique)之学生，都不过四万人。战争未及一日，伤亡之数已达九千，三月三十日夜降。翌日，俄皇及普鲁士王率军入其城。同时，奥军据里昂(Lyon)，英将惠灵吞挥军向都鲁斯(Toulouse)进发而占领之。

第六节　拿破仑逊位及第一次《巴黎条约》

忆处决安然(Enghien)公后，王党已偃息旗鼓。当拿氏虐待教皇时，僧侣及旧教信徒多趋附于王党旗帜之下。迨联军侵入法国蒲洛温斯(Provence)伯及亚多瓦(Artois)伯，皆竭力运动联军以谋复辟。蒲洛温斯伯自称路易十八，英人拥之甚力，俄皇对之尚怀疑，嗣经达列郎之周旋，俄皇乃允。旋联军各君主发出宣言："决不与拿破仑或其家族中人议和。"

四月一日，达列郎召集一小部分元老议员组织临时政府，而自为领袖。三日，元老议员宣布拿氏退位，谓其"违反宪法以征兵课税，实属触犯誓词并侵害民权"。

时拿氏率军六万人驻于枫丹白露(Fontainebleau)，尚拟再战。殊将领厌战，劝其逊位于罗马王；并且马尔蒙(Marmont)将军又私与德将石瓦尔村伯(Schwarzenberg)妥协，而率军他往。拿氏势蹙，不得已无条件逊位（四月六日）。联军畀以厄尔巴(Elbe)岛，仍用皇帝称号，每年由法国政府给以二百万佛郎。拿氏逊位之日，元老院即宣布路易十八为王。

拿氏既退位，旋订《巴黎和约》（五月三十日），法国边境仍如一七九二年之旧，惟从革命诸战中仅获得萨瓦(Savoil)、亚威农(Avignon)及蒙伯里雅(Montbeliard)而已。联军驻法者须立刻撤退；法国须交还德、意、比等地之堡垒；泊于安特威普(Anvers)之船只四十三艘，及大炮一万二千尊，悉交付于联军；英人仍占有马耳他岛，及夺得法国之殖民地如毛里西亚(Mourice)岛；比利时合并于荷兰，组成尼柔兰(Pays Bas)王国；威内萨(Venetie)及伦巴底(Lombardie)应给与奥大利。其余法国放弃之地，须于两月后在维也纳开会议以规定分配之。

第七节 《巴黎和约》后之法国舆情

此次法人大感败绩之苦。而其实此次停战完全出于达列郎之运动，而由路易十八之弟亚多瓦(Artois)伯所签字。故民众咸认此次停战为布尔奔族给与联军之酒资，因此对于拿氏之憎恶完全忘却，转视拿氏为干城，而视路易十八为外人夹带中之人物。

布尔奔族既不设法减少人民之轻视，反积极恢复旧日帝制之形式；如不承认人民之尊严而自以为"受命于天"，拒绝承受元老院所准备之宪法而竟代以宪章(Charte)；所有命令之日期，均称第十九年，其意盖不承认共和与拿氏之帝制也。对于圣西尔(Saint-Cyr)军校，并拟仅收贵族少年；又托词节省经费，裁撤大批军官，或给以半薪，因此军官受窘者不下二万二千人。同时，对于从前出亡之军官悉复原职。此外，出亡贵族与僧侣，对于购买国有财产者，常与之为难，冀图恢复旧业。

民众对于复辟之感想极为恶劣，而盼望拿氏归来之热烈心情，固不待拿氏归来而始发动也。

第八节　自厄尔巴岛归来

拿氏身居厄尔巴（Elbe）岛，而对于法国之舆情，知之甚稔；并知路易十八在维也纳会议中，竭力运动联军各君主，必放逐拿氏于大西洋荒岛中。因此拿氏决意推翻布尔奔族。

拿氏勾留岛中，不觉十月。一八一五年二月，偕旧部千人遁出，三月二十日，入修列利宫（Tuileries）。当拿氏经过甲朴（Gap）及哥列诺伯勒（Grenoble）时，农民群起追随；凡被派遣以阻止拿氏之军队，亦悉来归附。勒伊（Ney）曾以"囚篡逆者于铁笼以归"许路易十八，卒亦令所统军队欢迎拿氏。

拿氏入修列利宫，见者大悦。爹博（Thiebault）统领竟谓"疑是耶稣之复活"。而路易十八则已于前夕逃赴比利时矣。

第九节　拿破仑与欧洲

拿氏欲保证其帝位，对内发布帝国宪法之《补则》（Acte Additionne），即建设一种解放之帝制，即皇帝政权由上下两院限制之；阁臣对两院负责，征兵课税，均须经过两院之表决；至于私人自由，亦由附则载明保证之。

同时，通告各国君主，决诚意遵守《巴黎条约》。而各国君主始终认其为"世界休息之敌人"，不愿接收通告，并申明共同集中军队八十万人，直到推翻拿氏为止。

第十节　滑铁卢之役

英将惠灵吞（Wellington），普将布吕舍（Blucher），率军入比利时，拿氏趋前迎击。拿氏本有军队十五万四千人，嗣经王党运动，骤然脱去军籍者三万人。拿氏率军赴查勒罗（Charleroi）时，前军司令布尔孟（Bourmont）伯又遁去。

六月十六日，战于里尼（Ligny），毫无结果。翌日，遇于滑铁卢（Waterloo）。十八日，因士兵休息，进攻稍迟，致普军来与英军合，竟无法进展；英军炮击急骤而准确，法军不能抗，普军穷追甚急，法军大溃。

第十一节　第二次《巴黎条约》及拿破仑之末日

滑铁卢战后四日，下院宣布拿氏逊位，并任命临时政府，以福舍（Fouche）为主席。

联军既入巴黎，立刻解散临时政府及下院，路易十八则随英军之后入城而赴修列利宫。但联军仍继续入法，数达百万，计占据法国四分之三土地；故法国史家胡塞（Henry Houssaye）称此时之法国为"钉于十字架上之法国"。

十一月,签订第二次《巴黎条约》,回复法国之界域如一七九〇年之旧。亚威农外,如萨瓦(Savoie)与尼西(Nice),均被夺去。其次,如北部之萨尔(Sarre)地带及马里羊堡(Marienbourg)、腓力维尔(Philippeville)等堡垒,均须割让。此外,应付偿款七万万佛郎。东北堡垒,由联军合派十五万人驻守五年。

条约签订前一月,拿氏已被送往森里勒拿(Sainte Helene)。先是拿氏逊位后,旋赴洛石福(Rochefort),盖拟径往美洲也。乃英国巡逻舰早已伺于岸边,拿氏求自由生活于英国,不许,竟被待遇如俘囚。拿氏居于岛中者六年,生活极不自由,死时年五十二岁(一八二一年五月五日)。

附录

各国王朝系统表

英国王朝系统表

伊克伯耳(Egbert)	八〇〇
伊德耳勿弗(Ethelwolf)	八三六
伊德耳巴德(Ethelbald)	八三七
伊德耳伯耳(Ethebert)	八六〇
伊德耳海德(Ethelred)	八六六
亚耳弗来德大王(Alfred the Great)	八七一
古爱德华(Edward the Ancient)	九〇一
亚德耳司丹(Athelstan)	九二五
伊特门第一(Edmond Ⅰ)	九四一
伊第德(Edred)	九四六
伊德维(Edwy)	九五五
伊德加(Edgard)	九五七
爱德华第二(Edward Ⅱ)	九七五
伊德耳海德第二(Ethelred Ⅱ)	九七八

苏朗(Suenon) 一〇一三
伊德耳海德第二(复位) 一〇一四——〇一五
加纽提大王(Kanut the Great) 一〇一五——〇一六
伊特门第二(伊德耳海德之子) 一〇一六——〇一七
哈霍德第一(Harold Ⅰ) 一〇三六
哈耳加纽提(Hard—Kanut) 一〇三九
忏悔之爱德华(Edward the Canfesser) 一〇四二
哈霍德(Harold) 一〇六六

诺尔曼王朝(Normands)

威廉第一(William the Conqueror) 一〇六六
威廉第二 一〇八七
亨利第一(Henry Ⅰ) 一一〇〇
斯底芬(Stephen) 一一三五

金雀花王朝(Plantagenets)

亨利第二 一一五四
狮心理查(Richard the Lion—Hearted) 一一八九
失地约翰(John Lackland) 一一九九
亨利第三 一二一六
爱德华第一 一二七二
爱德华第二 一三〇七
爱德华第三 一三二七
理查第二 一三七七

兰加斯特王朝（Lancaster）

亨利第四	一三九九
亨利第五	一四一三
亨利第六	一四二三

约克王朝（York）

爱德华第四	一四六一
爱德华第五	一四八三
理查第三	一四八三

秋特勒王朝（Tudars）

亨利第七	一四八五
亨利第八	一五〇九
爱德华第六	一五四七
冉葛累（Joan Grey）	一五五三
玛利（Mary）	一五五三
伊利沙白（Elisabeth）	一五五八

斯都亚德王朝

占士第一（James Ⅰ）	一六〇三
查理第一（Charles Ⅰ）	一六二五——一六四九

共和（一六四九——一六六〇）

克林威尔阿里维之护国政治（Protectorate of Oliver Cromwell）　　一六五三——一六五八

克林威尔理查之护国政治（Protectorate of Richard Cromwell）　　一六五八——一六五九

查理第二	一六六〇
占士第二	一六八八
威廉第三与玛利	一六八九
安那（Anne）	一七〇二

哈诺威王朝

乔治第一（George Ⅰ）	一七一四
乔治第二	一七二七
乔治第三	一七六〇
乔治第四	一八二〇
威廉第四	一八三〇
维多利亚（Vetoria）	一八三七
爱德华第七	一九〇一
乔治第五	一九一〇

法国王朝系统表

谋洛维基朝（Merovingiens）

法拉孟（Pharamond）	四二〇—四二八
克洛第雍（Clodion）	四四八
谋洛维（Merovel）	四五八
喜得里克第一（Childeric Ⅰ）	四八一
克洛维司第一（Clovis Ⅰ）	五一一
喜得伯尔第一（Childebert Ⅰ）	五五八
克洛得尔第一（Clotaire Ⅰ）	五六一

加里伯尔(Caribert)	五六七
喜伯里克第一(Chilperic Ⅰ)	五八四
克洛得尔第二	六二八
达哥伯尔第一(Dagobert Ⅰ)	六三八
克洛维司第二	六五六
克尔得尔第三	六七〇
喜得里克第二	六七三
爹里第三(Thierry Ⅲ)	六九一
克洛维司第三	六九五
喜得伯尔第三	七一一
达哥伯尔第三	七一五
喜伯里克第二	七一七
克洛得尔第四	七二〇
爹里第四	七三七
虚位	七四二
喜得里克第三	七五二

加洛林朝(Carloringiens)

丕平(Pepin)	七六八
查理曼(Charlemagne)	八一四
路易第一(Louis Ⅰ)	八四〇
查理第一(Charles Ⅰ)	八七七
路易第二	八七九
路易第三及加洛曼(Carloman)	八八四

查理第二	八八七
犹德（Eudes）	八九八
查理第三	九二三
哈乌尔（Raoul）	九三六
路易第四	九五四
罗塞（Lothaire）	九八六
路易第五	九八七

喀白朝

喀白（Hugues Capet）	九九六
罗白尔第二（Robert Ⅱ）	一〇三一
亨利第一（Henri Ⅰ）	一〇六〇
腓力布第一（Philippe Ⅰ）	一一〇八
路易第六	一一三七
路易第七	一一八〇
腓力布第二	一二二三
路易第八	一二二六
路易第九	一二七〇
腓力布第三	一二八五
腓力布第四	一三一四
路易第十	一三一二
腓力布第五	一三二六
查理第四	一三二八

华洛亚朝(Valois)

腓力布第六	一三五〇
约翰第二(Jean Ⅱ)	一三六四
查理第五	一三八〇
查理第六	一四二二
查理第七	一四六一
路易第十一	一四八三
查理第八	一四九八

华洛亚阿尔良朝(Valois—Orleans)

路易第十二	一五一五

华洛亚安古列门朝(Valois—Angouleme)

佛兰西斯第一(Francais Ⅰ)	一五四七
亨利第二	一五五九
佛兰西斯第二	一五六〇
查理第九	一五七四
亨利第三	一五八九

布尔奔朝(Bourbons)

亨利第四	一六一〇
路易第十三	一六四三
路易第十四	一七一五
路易第十五	一七七四
路易第十六	一七九二
第一次共和	一八〇四

拿破仑一世(Napoleon Ⅰ)　　　　　一八一四

路易第十六　　　　　　　　　　　一八二四

查理第十　　　　　　　　　　　　一八三〇

布尔奔阿尔良朝(Bourbons—Orleans)

路易腓力布(Louis—Philippe)　　　一八四八

第二次共和　　　　　　　　　　　一八五二

拿破仑第三　　　　　　　　　　　一八七〇

第三次共和

总统

爹亚(Thiers)　　　　　　　　　　一八七一

麦马韩(Mae—Mahon)　　　　　　一八七三

厄危(Jules Grevy)　　　　　　　　一八七九

嘉乐(Carnot)　　　　　　　　　　一八八七

加西米白里耶(Casimir—Perier)　　一八九四

斐力佛尔(Felix Faure)　　　　　　一八九五

卢白(Emile Loubet)　　　　　　　一八九九

法里叶(Armand Fallieres)　　　　 一九〇六

普恩嘉赘(Raymond Poincare)　　　一九一三

保禄德沙来(Paul Deshanel)　　　　一九二〇

弥勒郎(Alexandre Millerand)　　　一九二〇

杜美格(Gaston Doumergue)　　　　一九二四

杜美尔(Paul Doumer)　　　　　　 一九三一

勒布仑(Lebrun)　　　　　　　　　一九三二

俄国王朝系统表

路列克朝(Rurik)

路列克(大公)	八六二——八七八
阿列克(Oleg)	九一三
伊葛耳(Igor)	九四五
阿尔加(Olga)	九二七
司维多司老第一(Suiatoslau Ⅰ)	九五七
雅洛波耳克第一(Iaropolk Ⅰ)	九八〇
维拉的米第一(Wladimir Ⅰ)	一〇一五
司维多波耳克(Sviatopolk)	一〇一九
雅洛司老第一(Iaroslau Ⅰ)	一〇五四
伊西雅司老第一(Isiaslau Ⅰ)	一〇七八
司维多司老第二	一〇七三——一〇七六
维色无洛第一(Vsovolod Ⅰ)	一〇七八——一〇九三
司维多波耳克第二	一一一三
维拉的米第二	一一二五
门司的司老第一(Mstislau Ⅰ)	一一三二
雅洛波耳克第二	一一三九
维雅捷司老(Viaczeslau)	一一三九
维色无洛第二	一一四六
伊葛耳第二	一一四六
伊西雅司老第二	一一四六——一一五四
如里第一(Joury Ⅰ)	一一四九——一一五七

伊西雅司老第三 　　　　　　　　　　一一六一

洛的司老(Rotislau) 　　　　　　　一一五四——一一六二

安德第一(Andrei Ⅰ) 　　　　　　一一五七——一一七四

米塞第一(Michel Ⅰ) 　　　　　　　　一一七七

维色无洛第三 　　　　　　　　　　　一二二二

如里第二 　　　　　　　　　　　　　一二三八

君士坦丁(Constantin) 　　　　　一二一七——一二一八

雅洛司老第二 　　　　　　　　　一二三八——一二四〇

亚历山大第一(Alexandre Ⅰ) 　　　　一二六三

雅洛司老第三 　　　　　　　　　　　一二七〇

瓦西里第一(Vasili Ⅰ) 　　　　　　　一二七六

德米梯第一(Dmitri Ⅰ) 　　　　　　　一二九四

安德第二 　　　　　　　　　　　　　一三〇四

达里延(Daniel) 　　　　　　　一二九五——一三〇四

瓦西里 　　　　　　　　　　　　　　一三〇四

米塞第二 　　　　　　　　　　　　　一三一三

如里 　　　　　　　　　　　　　　　一三二三

德米梯第二 　　　　　　　　　　　　一三二六

亚历山大第二 　　　　　　　　　　　一三二八

莫斯科大公

伊桓第一(Ivan Ⅰ) 　　　　　　　　　一三四〇

西麦翁(Simeon) 　　　　　　　　　　一三五三

伊桓第二 　　　　　　　　　　　　　一三五九

德米梯第二	一三六二
德米梯第三	一三九九
瓦西里第二	一四二五
瓦西里第三	一四六二
伊桓第三	一五〇五
瓦西里第四	一五三三
伊桓第四（称皇帝）	一五八四
体何德第一（Teodor Ⅰ）	一五九八
波里司（Boris Godounou）	一六〇五
体何德第二	一六〇五
伪德米梯（Le Fanv Dmitri）	一六〇五
瓦西里第五	一六一〇
波兰之维拉的司拉（Vladislas d Pologne）	一六一三

罗曼诺夫朝（Romanov）

米塞	一六四五
亚立西第一（Alexis Ⅰ）	一六七六
体何德第三	一六八二
伊桓第五及彼得第一（Peter Ⅰ）	一六八二—一六八六
苏斐亚（Sophie）	一六八六—一六八九
彼得第一	一七二五
加他林第一（Catherine Ⅰ）	一七二七
彼得第二	一七三〇

安那（Anna Courlande）	一七四〇
伊桓第六	一七四一
伊丽沙白（Elisabeth）	一七六二
彼得第三	一七六二
加他林第二	一七九六
保罗第一（Pau Ⅰ）	一八〇一
亚历山大第一	一八二五
尼古拉第一（Nicolas Ⅰ）	一八五五
亚历山大第二	一八八一
亚历山大第三	一八九四
尼古拉第二	一九一七

苏维埃政府（Soviet）

列宁（Lenine）	一九二四
加利宁（Kalinin）	

霍亨索伦族之白郎丁堡选侯及普鲁士王系统表

弗勒德勒第一（Frédére Ⅰ）	一四一七
弗勒德勒第二	一四四〇
亚尔伯尔（Albert）	一四六九
约翰（Jean）	一四八六
若新第一（Joachim）	一四九九
若新第二	一五三五
约翰乔治（Jean—Georges）	一五七一

若新弗勒德勒(Joachim—Frédéric)	一五九八
约翰西日蒙(Jean—Slgismond)	一六〇八
乔治威廉(Georges—Guillanme)	一六一九
弗勒德勒威廉(Frédéric—Guillanme)	一六四〇
弗勒德勒第三(选侯)	一六八八
（普王）	一七〇一

普鲁士王

弗勒德勒第一	一七〇一
弗勒德勒威廉第一	一七一三
弗勒德勒第二	一七四〇
弗勒德勒威廉第二	一七八六
弗勒德勒威廉第三	一七九七
弗勒德勒威廉第四	一八四〇
威廉第一(普王)	一八六一
（德皇）	一八七一
弗勒德勒第三	一八八八
威廉第二	一八八八
共和	一九一八
总统	
爱倍尔(Ebert)	一九一九
兴登堡(Hindenburg)	一九二五

奥大利边伯及皇帝系统表

巴奔伯尔族（Babenberg，九七三——一二四六）

里泊德第一（边伯）	九七三——九九四
亨利第一	一〇一八
亚达耳伯尔（Adalbert）	一〇五六
伊勒司提（Ernest）	一〇七五
里泊德第二	一〇九六
里泊德第三	一一三五
里泊德第四	一一四一
亨利雅苏哥米特（Henri Jasomirgott，公爵）	一一七七
里泊德第五	一一九四
弗勒德勒第一	一一九八
里泊德第六	一二三〇
弗勒德勒第二	一二四六

虚位

哈蒲斯堡族（Habsbourg）

鲁多尔夫第一（Rodolphe Ⅰ）	一二七三——一二九一
亚尔伯耳第一（Albert Ⅰ）	一二八三——一三〇八
里泊德及弗勒德勒	✝一三二六及✝一三三〇
亚尔伯耳	一三三〇——一三五八
鲁多尔夫	一三五八——一三六五
亚尔伯耳第三	一三九五
亚尔伯耳第四	一四〇四

亚尔伯耳第五 一四三九

拉第拉司(Ladislas) 一四五七

弗勒德勒第五(德皇称弗勒德勒第三,集其族之各地领土于手中)

马克西米连(Maximilieu) 一四九三——一五一九

斐迪南第一(Ferdinand Ⅰ) 一五一九——一五六四

马克西米连第二 一五六四——一五七六

鲁多尔夫第二 一六一二

马底亚司(Mathias) 一六一九

斐迪南第二 一六三七

斐迪南第三 一六五七

里泊德第一 一七〇五

若瑟第一(Joseph Ⅰ) 一七一一

查理第六(Charles Ⅵ) 一七四〇

哈蒲斯堡洛林族(Habsbourg Lorraine)

玛利德利珊及佛兰西斯第一 一七四〇——一七六〇

若瑟第二 一七九〇

里泊德第二 一七九二

佛兰西斯第二(奥皇,一八〇六) 一八三五

斐迪兰第四 一八四八

佛兰西斯若瑟 一九一六

查理 一九一八

各国王朝系统表 ·487·

共和

塞兹（Seitz）

意大利王朝系统表

萨丁王

维多亚麦德第二（Victor—Amédée Ⅱ）

萨瓦公	一六七五
西西里王	一七一三
萨丁王	一七二〇

查理伊马努纽第三（Charles—Emmanuel Ⅲ）

	一七三〇
维多亚麦德第三	一七七三
查理伊马努纽第四	一七九六

维多伊马努纽第一（Victor—Emmanuel Ⅰ）

	一八〇二
查理非里克司（Charles—Félix）	一八二一
查理亚尔伯尔（Charles—Albert）	一八三一
维多伊马努纽第二	一八四九

意大利王

	一八五九
维多伊马努纽第二	一八五九
汉伯尔第一（Hambert Ⅰ）	一八七八
维多伊马努纽第三	一九〇〇

西班牙王朝系统表

奥大利族

伊萨伯拉（Isabelle,Castille ,女王）

一四七四——一五〇四

斐迪南（Ferdinand,Aragon 王）一四七九——一五一六

查理第一（Charles Ⅰ,即 Charles Qnint）

一五一六——一五五六

腓力布第二（Philipps Ⅱ）　　一五五六——一五九八

腓力布第三　　　　　　　一五九八——一六二一

腓力布第四　　　　　　　一六二一——一六六五

查理第二　　　　　　　　一六六五——一七〇〇

布尔奔族

腓力布第五,一七〇〇年逊位　　　　一七二四

路易第一（Louis Ⅰ）　　　　　一七二四

腓力布第五,复辟　　　　一七二四——一七四六

斐迪南第六　　　　　　　一七四六——一七五九

查理第三　　　　　　　　一七五九——一七八八

查理第四　　　　　　　　　　　一八〇八

斐迪南第七,一八〇八年逊位　　　　一八〇八

若瑟波拉巴特（Joseph Bonaparte）

一八〇八——一八一三

斐迪南第七,复辟　　　　一八一三——一八三三

伊萨伯拉第二　　　　　　一八三三——一八六八

色拉洛将军(Serrano)　　　　　一八六八——一八七〇

亚麦德第一(Amédée Ⅰ),一八七〇年逊位

　　　　　　　　　　　　　　　一八七三

亚尔峰斯第十二(Alphonse ⅩⅡ)

　　　　　　　　　　　　一八七四——一八八五

亚尔峰斯第十三,一八八六年逊位　　一九三一

　共和

萨摩拉(Zamora)

葡萄牙王朝系统表

不艮地族(Bourgogne)

亨利(Henri)伯爵　　　　　　　　一〇九五

亚尔峰斯第一,国王　　　　　　　　一一一二

桑石第一(Sanche Ⅰ)　　　　　　一一八五

亚尔峰斯第二　　　　　　　　　　一二一一

桑石第二　　　　　　　　　　　　一二二三

亚尔峰斯第三　　　　　　　　　　一二四八

德利司(Denys)　　　　　　　　　一二七九

亚尔峰斯第四　　　　　　　　　　一三二五

伯多禄第一(Pierre Ⅰ)　　　　　　一三五七

斐迪南　　　　　　　　一三六七——一三八三

亚维斯族(Avis)

约翰第一(Jean Ⅰ)　　　　　　　一三八五

爱德华(Edovard)	一四三三
亚尔峰斯第五	一四三八
约翰第二	一四八一
伊马努纽(Emmanuel)	一四九五
约翰第三	一五二一
塞巴斯殿(Sébastien)	一五五七
亨利,教皇阁员(Cardinal)	一五七八

(西班牙统治,一五八〇——一六四〇)

伯拉冈斯族(Bragance)

约翰第四	一六四〇
亚尔峰斯第六	一六五六
伯多禄第二,摄政	一六六七
国王	一六八三
约翰第五	一七〇六
若瑟	一七五〇
玛利	一七七七
约翰第六,摄政	一七九二
国王	一八一六
伯多禄第四	一八二六
玛利第二	一八二六
米塞尔(Dom Miguel)	一八二八
玛利第二,复辟	一八三三

萨克逊哥布哥达族(Saxe—Cobourg—Gotha)

伯多禄第五	一八五三
路易第一（Louis Ⅰ）	一八六一
加尔洛斯第一（Carlos Ⅰ）	一八八九
马诺厄尔（Manoel）	一九〇八——一九一〇
共和	

瑞典王朝系统表

西基约尔丹然族（Skioldungiens）

鄂洛夫（Olof）	一〇〇一——一〇二二
亚南德（Anand）	一〇二二
伊曼德（Emund Ⅲ）	一〇五〇

斯登基尔族（Stenkil）

斯登基尔第三	一〇六〇
伊里克第七（Eric Ⅶ）	一〇六七
伊里克第八	一〇六七
亚京（Haquin）	一〇八〇
安日第一（Inge Ⅰ）	一〇九〇
哈尔司当（Halstan）	一一一二
腓力布（Philippo）	一一一八
安日第二	一一二五

斯威尔克（Sverker）族与伊里克（Eric）族

斯威尔克第一	一一三〇
伊里克第九	一一五〇

查理第七　　　　　　　　　　　一一五五

加纽堤(Canut)　　　　　　　　一一六七

斯威尔克第二　　　　　　　　　一一九五

伊里克第十　　　　　　　　　　一二〇八

约翰第一(Jean Ⅰ)　　　　　　一二一六

伊里克第十一　　　　　　　　　一二二二

福尔根然族(Folkungiens)

瓦尔德马尔(Valdemar)　　　　一二五〇

拉第拉斯(Magnus Ladulas)　　一二七五

毕尔热(Bisger)　　　　　　　　一二九八

马尼司第二(Magnus Ⅱ)　　　　一三一九

伊里克第十二　　　　　　　　　一三五七

亚京第二　　　　　　　　　　　一三六二

外国君主

亚尔伯尔(Albert de Mecklembourg)

　　　　　　　　　　一三六三——一三八八

马加立(Marguerite Waldemar)

　　　　　　　　　　一三八八——一四一二

伊里克第十三　　　　　　　　　一四三五

克里司多夫(Christophe)　　一四四〇——一四四八

查理第八　　　　　　　　　　　一四五七

克利斯点第一(Chirstian Ⅰ)　　一四六四

斯德隆司都尔(Sténon—Sture)一四七一——一五〇四

约翰第二	一四九七——一五〇一
斯枉里尔松司都尔(Swante—Nilsson—Sture)	一五〇四——一五一二
斯德隆司都尔第二	一五一二——一五二〇
克利斯点	一五二〇——一五二一

瓦沙族（Wasa）

巨斯达夫第一(Gustave Ⅰ)	一五二三——一五六〇
伊里克第十四	一五六八
约翰第三	一五九二
西祺门(Sigismond)	一六〇四
查理第九	一六一一
巨斯达夫第二	一六三二
克利斯丁	一六五四

杜奔族（Deux—Ponts）

查理第十	一六六〇
查理第十一	一六九七
查理第十二	一七一八
乌尔伊利诺(Ulrique—Eléonore)	一七二〇
佛勒德勒第一(Frédéric Ⅰ)	一七五一

霍尔斯登哥多族（Holstein—Gottorp）

亚多尔夫佛勒德勒(Adolphe—Frédéric)	一七七一
巨斯达夫第三	一七九二
巨斯达夫第四	一八〇九

| 查理第十三 | 一八一八 |

伯尔那多族(Bernadotte)

查理第十四	一八四四
鄂斯加尔第一(Oscar Ⅰ)	一八五九
查理第十五	一八七二
鄂斯加尔第二	一九〇七
巨斯达夫第五	

那威王朝系统表

安格林族(Yngling)

哈阿尔德(Harald)	八六三——九三三
伊里克(Eric Blodoexe)	九三六
亚京第一(Haquin Ⅰ)	九五〇
哈阿尔德第二	九七八
亚京伊雅尔(Haquin Iarl)	九九五
鄂拉夫(Olaf)	一〇〇〇
苏隆(Suénon)	一〇一四
鄂拉夫第二	一〇一五——一〇二八
苏隆第二	一〇三〇——一〇三四
马尼斯第一(Magnus Ⅰ)	一〇四七
哈阿尔德第三	一〇六六
马尼斯第二	一〇六九
鄂拉夫第三	一〇九三

马尼斯第三	一一〇三
鄂拉夫第四	一一〇三——一一六
厄斯登(Eysten)	一一〇三——一二二
西居耳第一(Sigurd Ⅰ)	一一三〇
马尼斯第四	一一三五
哈阿尔德第四	一一三六
安日第一(Inge Ⅰ)	一一三六
西居耳第二	一一六一
厄斯登第二 ｝混乱时期	一一四二——一一五七
马尼斯第五	一一四二
亚京第三	一一六一——一一六二
西居耳第三	一一六三
马尼斯第六	一一八五
斯维尔(Sverre)	一一八七——一二〇二
亚京第四	一二〇四
居多耳门(Guttorm)	一二〇五
安日第二	一二一七
亚京第五	一二六三
马尼斯第七	一二八〇
伊里克第二	一二九九
亚京第六	一三一九

福尔铿族(Folkungs)

马尼斯第八	一三五〇

亚京第七	一三八〇
鄂拉夫第五	一三八七

各族亲王

马加立(Marguerite de Waldemar)	一四一二
伊里克第三(Poméranie)	一四四二
克利多夫(Christophe de Baviere)	一四四八
查理第一	一四五〇

一四五〇年以后,那威依附丹麦,直至一八一四年,以后并于瑞典。一九〇六年,那威脱离瑞典而独立。

哈阿康第七(Haakon Ⅶ)

丹麦王朝系统表

西基约尔丹然族(Skioldungiens)

哈阿尔德第一(Harald Ⅰ)	九三六—九八五
苏隆第一(Suénon Ⅰ)	一〇一四
加纽堤第二(Canut Ⅱ)	一〇三六
加纽提第三	一〇四二
马尼斯(Maguns)	一〇四七

伊斯的里底德族(Estrithides)

苏隆第二	一〇七七
哈阿尔德第二	一〇八〇
加纽堤第四	一〇八六
鄂洛夫第一(Olof Ⅰ)	一〇九五

伊里克第三(Eric Ⅲ) 一一〇三

尼哥拉司(Nicolas) 一一三四

伊里克第四 一一三七

伊里克第五 一一四七

苏隆第三及加纽堤第五 一一五七

瓦尔德马尔第一(Waldemar Ⅰ) 一一八二

加纽堤第六 一二〇二

瓦尔德马尔第二 一二〇二——一二四一

瓦尔德马尔第三 一二一九——一二三一

伊里克第六 一二四一——一二五〇

亚伯尔(Abel) 一二五二

克利多夫(Christophe Ⅰ) 一二五九

伊里克第七 一二八六

伊里克第八 一三二〇

克利多夫第二 一三三四

虚位 一三三四——一三四〇

瓦尔德马尔第四 一三七五

鄂洛夫第二 一三七六——一三八七

马加立(Marguerite) 一四一二

伊里克 一三九六——一四三九

克利多夫 一四四〇——一四四八

鄂尔敦堡族(Oldenbourg)

克利斯点第一(Christoin Ⅰ) 一四四八——一四八一

约翰（Jean）	一五一三
克利斯点第二	一五二三
佛勒德勒第一（Frédéric Ⅰ）	一五三四
克利斯点第三	一五五九
佛勒德勒第二	一五八八
克利斯点第四	一六四八
佛勒德勒第三	一六七〇
克利斯点第五	一六九九
佛勒德勒第四	一七三〇
克利斯点第六	一七四六
佛勒德勒第五	一七六六
克利斯点第七	一八〇八
佛勒德勒第六	一八三九
克利斯点第八	一八四八
佛勒德勒第七	一八六三
克利斯点第九	一九〇六
佛勒德勒第八	一九一二
克利斯点第十	

荷兰国王系统表

联省省长

威廉第一	一五七九——一五八四
摩里司	一六二五

亨利佛勒德勒　　　　　　　　　一六四二

威廉第二　　　　　　　　　　　一六五〇

  共和

威特若望(最高国家秘书)　　　　一六七二

  联省省长

威廉第三　　　　　　　　　　　一七〇二

  共和

汉芮司(Hemsius,最高国家秘书)　一七二〇

  联省省长

威廉第四　　　　　　　　一七四七——一七五一

威廉第五　　　　　　　　　　　一七九五

  巴达维(Batave)共和国

西梅尔朋兰克(Schimmelpenninck,最高国家秘书)

                    一八〇五——一八〇六

  荷兰王国

路易波拉巴堤(Louis Bonaparte)

                    一八〇六——一八一〇

  尼柔兰王国

威廉第一　　　　　　　　一八一四——一八四〇

威廉第二　　　　　　　　　　　一八四九

威廉第三　　　　　　　　　　　一八九〇

威来尔密伦(Wilhelmine)

比利时王朝系统表

里泊德第一（Leopold Ⅰ） 一八三一——一八六五

里泊德第二 一九〇九

亚尔伯尔第一（Albert Ⅰ）

波兰王朝系统表

皮阿司特王朝（Piasts）

皮阿司特（Piast,公爵） 八四二—九九二

波勒司拉司第一（Boleslas Ⅰ,称王）

九九二——一〇二五

加西米尔第三（Casimir Ⅲ,大王） 一三三三

安如王朝（Anjou）

路易（Louis,匈牙利王） 一三七〇

于特维（Hedwige,路易之女） 一三八二

耶奇鲁王朝（Jagellous）

拉第拉司第五（Ladislas Ⅴ,于特维之夫） 一三八六

拉第拉司第六 一四三四

加西米尔第四 一四四五

约翰第一（Jean Ⅰ） 一四九二

亚历山大第一 一五〇一

西祺门第一（Sigismond Ⅰ） 一五〇六

西祺门第二 一五四八

各国王朝系统表 ·501·

选举之国王

亨利(Henri de Valois)	一五七三
爱底年(Etienne Bathori)	一五七五
西祺门第三	一五八七
拉第拉司第七	一六三二
约翰加西米尔(Jean—Casimir)	一六四八
米舍尔(Michel Koribut Wisnioviecki)	一六六九
沙伯斯基(Jean Sobieski)	一六七四
奥古斯都第二(Auguste Ⅱ de Saxe)	一六九七
历山斯基斯达里司拉司(Stanislas Leczinski)	一七〇四
奥古斯都第二(第二次)	一七〇九
奥古斯都第三	一七三三
波里雅士司基(Stanislas Poniatowski)	一七六四

波兰共和国

总统

彼尔硕德斯基(Pilsudski)	一九一九

匈牙利王朝系统表

亚尔巴族(Arpades)

亚尔巴(Arpad)	八九〇
梭尔登(Soltan)	九〇七
多克绥司(Toxus)	九五八

热萨(Geysa)	九七二
瓦以克(Waic)第一国王	九九七
伯多禄(Pierre)	一〇三八
亚巴(Aba)	一〇四一
伯多禄,复位	一〇四四
安得烈第一(André Ⅰ)	一〇四六
伯拉第一(Béla Ⅰ)	一〇六一
沙罗门(Solomon)	一〇六三
热萨第二	一〇七四
拉第那司第一(Ladislas Ⅰ)	一〇七七
哥罗门(Colomon)	一〇九五
瓦以克第二	一一一四
伯拉第二	一一三一
热萨第三	一一四一
瓦以克第三	一一六一
拉第那司第二及瓦以克第四	一一六二
伯拉第三	一一七三
伊麦里克(Emeric)	一一九六
拉第那司第三	一二〇四
安得烈第二	一二〇五
伯拉第四	一二三五
瓦以克第五	一二七〇
拉第那司第四	一二七二

各国王朝系统表 ·503·

安得烈第三 一二九〇
温色拉司(Wenceslas) 一三〇一
鄂多(Othon) 一三〇五

安如族(Anjou)

沙罗伯尔(Charobert) 一三〇八
路易第一(Louis Ⅰ) 一三四二
玛利(Marie) 一三八二
查理(Charles) 一三八五

卢森堡族(Luxembourg)

西祺门(Sigismond) 一三八六

哈蒲斯堡族(Habsbourg)

亚尔伯尔(Albert) 一四三七
伊利沙白(Elisabeth) 一四三九

耶奇鲁族(Jagellons)

拉第那司第五(Ladislas Ⅴ) 一四四〇

奥大利族(Autriche)

拉第那司第五 一四四五

安里雅德族(Hunyade)

马底亚司(Mathias Corvin) 一四五八

耶奇鲁族

拉第那司第六 一四九〇
跑易第二 一五一六

奥大利族

斐迪南第一（Ferdinand Ⅰ） 　　　　　一五二六

共和

加罗里（Karolyi） 　　　　　　　　　　一九一八

苏维埃共和

比拉昆（Pela Kuu） 　　　　　　　　　一九一九

摄政政府

荷尔地（Horthy） 　　　　　　　　　　一九二〇

土耳基历代苏丹系统表

鄂斯曼第一（Othman，一三〇〇年称苏丹）一三〇〇

奥罕（Orkhan） 　　　　　　　　　　　一三二六

玛拉德第一（Amarat Ⅰ） 　　　　　　　一三六〇

倍齐德第一（Bajazet Ⅰ） 　　　　　　　一三八六

苏力曼第一（Seliman Ⅰ） 　　　　　　　一四〇二

穆沙（Mousa） 　　　　　　　　　　　一四一〇

穆罕默德第一（Mahomet Ⅰ） 　　　　　一四一三

玛拉德第二 　　　　　　　　　　　　　一四二一

穆罕默德第二 　　　　　　　　　　　　一四五一

倍齐德第二 　　　　　　　　　　　　　一四八一

栖林第一（Selim Ⅰ） 　　　　　　　　　一五一二

苏力曼第二 　　　　　　　　　　　　　一五二〇

栖林第二 　　　　　　　　　　　　　　一五六六

玛拉德第三	一五七四
穆罕默德第三	一五九五
阿默德第一（Achmet Ⅰ）	一六〇三
穆斯塔法第一（Mustapha Ⅰ）	一六一七
鄂斯曼第二	一六一八
穆斯塔法第一（第二次）	一六二二
玛拉德第四	一六二三
易布剌希谟（Ibrahim）	一六四〇
穆罕默德第四	一六四八
苏力曼第三	一六八七
阿默德第二	一六九一
穆斯塔法第二	一六九五
阿默德第三	一七〇三
玛麦德第一（Mahmoud Ⅰ）	一七三〇
鄂斯曼第三	一七五四
穆斯塔法第三	一七五七
亚伯都哈密德第一（Abdul—Hamid Ⅰ）	一七七四
栖林第三	一七八九
穆斯塔法第四	一八〇七
玛麦德第二	一八〇八
亚伯都麦齐德（Abdul—Medjid）	一八三九
亚伯都亚齐士（Abdul—Aziz）	一八六一
玛拉德第五	一八七六

亚伯都哈密德第二	一八七六
穆罕默德第五	一九〇九
穆罕默德第六	一九一五
土耳基共和国	一九二二

总统

凯穆尔（Mustapha Kemal）	一九二三

美国历任总统次序表

华盛顿（George Washington）	一七八九——一七九七
亚丹姆斯（Adams）	一七九八——一八〇一
哲斐孙（Thomas Jefferson）	一八〇九
迈狄逊（Madison）	一八一七
孟禄（James Monroe）	一八二五
昆赛亚丹姆斯（Quincy Adams）	一八二九
杰克生（Jackson）	一八三七
波伦（Buren）	一八四一
哈利逊（Harrison）	一八四一
泰勒（Tyler）	一八四五
卜克（Polk）	一八四九
戴乐（Taylor）	一八五〇
费尔满（Fillmore）	一八五三
皮尔斯（Pierce）	一八五七
布卡南（Buchanan）	一八六一

林肯（Abraham Lincoln） 一八六五

约翰生（Johnson） 一八六九

格兰忒（Grant） 一八七七

海斯（Hays） 一八八一

加非尔（Garfeld） 一八八一

亚述（Arthur） 一八八五

克利扶兰（Cleveland） 一八八九

班杰明哈利逊（Benjamin Harrison） 一八九三

克利扶兰（第二度） 一八九七

麦金莱（Mackinley） 一九〇一

罗斯福（Theodore Roosevelt） 一九〇九

塔虎脱（Taft） 一九一三

威尔逊（Woodrow Wilson） 一九二一

哈定（Warren Hrarding） 一九二三

顾理治（Calvin Coolidge） 一九二九

胡佛（Herbert Clark Hoover） 一九三二

罗斯福（Franklin Roosevelt）

参考书

中文书目

《中古欧洲史》　　　　　　　　何炳松
《近世欧洲史》　　　　　　　　何炳松
《西史纲要》　　　　　　　　　张仲和
《世界各国志》　　　　　　　　商务印书馆
《西洋近世史》　　　　　　　　张仲琳
《西洋大历史》　　　　　　　　李泰棻
《世界史纲》　　　　　　　　　韦尔斯
《西洋史》　　　　　　　　　　陈衡哲
《人类的故事》　　　　　　　　沈性仁译
《欧洲文艺复兴史》　　　　　　蒋方震
《西洋哲学史》　　　　　　　　瞿世英译
《近代名人与近代思想》　　　　钟建闳译
《西洋近代文化史大纲》　　　　高维昌
《西洋哲学概论》　　　　　　　王平陵译编

《近代思想解剖》	商务印书馆
《法兰西学术史略》	李璜译
《欧洲政治思想史》	高一涵
《政治学史概论》	张景琨译述
《欧美各国宪法史》	潘大逵
《西洋科学史》	尤佳章译
《科学概论》	王星拱
《泰西进步概论》	伍光建译
《科学发达略史》	中华书局
《科学名人传》	中国科学社
《新史学》	何炳松译
《经济思想史》	臧启芳译述
《经济学史》	王建祖译
《各国经济史》	新生命书局
《近世欧洲经济发达史》	李光忠译
《西洋经济思想史》	邹敬芳
《最新世界殖民史》	葛绥成译
《欧洲文学史》	周作人
《法国文学史》	王维克译
《德国文学史大纲》	张传普
《德国文学概论》	刘大杰
《国际法大纲》	周鲠生
《法国的政治组织》	钱端升

《西洋美术史》	吕澂编译
《西欧近古史要》	莫善诚译
《西欧中古近代史要》	吴挹青译
《美国史》	魏野畴译
《新土耳其》	柳克述
《法国革命史》	伍光建译
《法国革命史》	孙望涛译
《法国大革命史》	杨人楩译
《法国大革命史》	刘镜圆译
《法国革命史》	马宗融

西文书目

Les D'ebuts de l'Age Moderne   Hauser et Renaudet

Histoire Moderne   Malet

La Fin du Moyen Age
               Pirenne, Renaudet, Perroy et Handelsman

Les Temps Modernes   Malet

Les Guerres de Religion et la Préponderance Espaguole   Hauser

Histoise de la Civilisation en Europe   Guizot

Histoire de la Civilisation Francaise   Rambaud

Histoire Universelle   Duruy

Histoire du Moyen Age et des Temps Modernes
                                                  Mariéjol

Histoire des Temps Modernes	Lacour—Gayet
Nouvelle Histoire de France Illustrée	Malet
Histoire de l'Angleterre	Prentont
Histoire des Etats—Unis d' Amérique	A. de Lapradelle
Histoire de l'Autriche—Hongrie	Léger
Histoire de la Pologne	Grappin
Histoire de Russie	Léger
Histoire Illustrée de la Littérature Francaise	Ch. —M. des Granges
Histoire de la Littérature Francaise	Lanson
Histoire do France Contemporaine	Lanisse
Histoire Politique de la Révolution Francaise	Aulard
La Révolution	Modelin
Histiore de la Révolution Francaise	Mignet
X V Ⅲ Siécle	Malet
Histoire de la Révolution Francaise	Carlyle
Dictionnaire Encyclopédique	Wahl
Dictionnaire Encyclopédique	Grégoire
Larousse Universel	Augé
Atlas Général (Histoire et Géographie)	Vidal—Lablache